HISTOIRE DE BOMBAY/MUMBAI

DES MÊMES AUTEURS

Vanessa Caru

Des toits sur la grève. Le logement des travailleurs et la question sociale à Bombay (1850-1950), Paris, Armand Colin, 2013.

Christophe Jaffrelot

Gujarat under Modi. Laboratory of today's India, New York, Oxford University Press et Hurst, Londres, 2024.

India's first Dictatorship – The Emergency, 1975-77 (avec Pratinav Anil), Londres/New York/ New Delhi, Hurst/Oxford University Press/Harper Collins, 2020.

L'Inde contemporaine. De 1990 à aujourd'hui, Paris, Fayard, « Pluriel », 2019.

L'Inde de Modi : national-populisme et démocratie ethnique, Paris, Fayard, 2019.

Le Syndrome pakistanais, Paris, Fayard, 2013.

Les Géants d'Asie en 2025 – Chine, Japon, Inde (avec J.-M. Bouissou et F. Godement), Arles, Picquier, « L'Asie immédiate », 2012.

Inde : l'envers de la puissance. Inégalités et Révoltes, Paris, Presses du CNRS, 2012.

Passions révolutionnaires. Amérique Latine, Moyen-Orient, Inde (avec Hamit Bozarslan et Gilles Bataillon), Paris, Éditions de l'EHESS, 2011.

Inde : la démocratie par la caste. Histoire d'une mutation socio-politique (1885-2005), Paris, Fayard, « L'espace du politique », 2005.

Le Pakistan, Paris, Fayard, 2000.

Ambedkar, leader intouchable et père de la Constitution indienne, Paris, Presses de Sciences Po, 2000.

La Démocratie en Inde. Religion, caste et politique, Paris, Fayard, « L'espace du politique », 1998.

Les Nationalistes indous. Idéologie, implantation et mobilisation des années 1920 aux années 1990, Paris, Presses de la FNSP, 1993.

Vanessa Caru et Christophe Jaffrelot

Histoire de Bombay/Mumbai

Les grandes études internationales

Fayard/CERI

Collection « Les grandes études internationales »
Cette collection de livres est publiée à l'initiative de Sciences Po
et dirigée par Stéphanie Balme, directrice du CERI
(Centre de recherches internationales, unité mixte Sciences Po-CNRS),
et Judith Burko

En couverture : Sudhir Patwardhan, *Lower Parel*, 2001.

Création graphique : Un chat au plafond

Cartographie : Atelier de cartographie, Sciences Po

ISBN : 978-2-213-65163-7

Dépôt légal : septembre 2024.

Remerciements

Christophe Jaffrelot tient à remercier Marie-Caroline Saglio-Yatzimirsky et Didier Sandman pour leur relecture attentive de sa partie, ainsi bien sûr que Vanessa Caru !

Vanessa Caru tient à remercier Jacques Pouchepadass qui lui a donné l'opportunité de contribuer à l'écriture de ce livre, en lui en transmettant le contrat. De nombreuses personnes ont relu attentivement certains chapitres de sa partie du manuscrit et ont participé à les améliorer par leurs remarques bienveillantes : Natacha Levet, Nadia Vargaftig, Corinne Lefèvre, Camille Lefebvre, Virginie Dutoya, Paul Boulland, Mathieu Bonzom, Christophe Jaffrelot, Robin Toublanc, qu'ils et elles en soient chaudement remerciés. Les longues conversations et les déambulations effectuées à Bombay/Mumbai avec Neera Adarkar, Rekha Sabnis, Meher Kelawala Mistry, Rusheed Wadia, Abodh Aras et Arvind Adarkar ont aussi profondément nourri sa partie de l'ouvrage et la manière dont elle a approché la ville. Enfin, le personnel des Maharashtra State Archives à Bombay/Mumbai, ainsi que celui de la British Library à Londres ont toujours été d'une grande assistance, qu'il faut saluer.

Les auteurs sont particulièrement reconnaissants à Pauline Labey pour le suivi éditorial remarquable de leur manuscrit. Ce livre a aussi été porté par les soins attentifs d'Aurélie Pawlak, Zoé Chatelet, Judith Burko Beserman et Alain Dieckhoff. De vifs remerciements vont enfin au service de cartographie de Science Po pour le travail accompli sur les cartes de cet ouvrage, tout particulièrement à Patrice Mitrano.

À la mémoire de Jacques Pouchepadass,
dont la trajectoire nous a profondément inspirés

Avant-propos

Deux noms pour désigner une même ville, loin d'être anecdotique, ce choix toponymique nous fait entrer de plain-pied dans des enjeux fondamentaux, non seulement de l'histoire de Bombay/Mumbai, mais des évolutions politiques récentes les plus marquantes de la ville. C'est en effet en novembre 1995, sous le gouvernement du parti régionaliste d'extrême droite hindou, la Shiv Sena (armée de Shivaji[1]), qu'est officialisé ce changement. Bombay devient alors Mumbai, afin de donner à voir, dans la perspective des shiv sainiks, l'origine locale du toponyme et de transcrire en anglais sa prononciation marathi, langue majoritaire de l'État du Maharashtra, dans lequel la ville se situe[2].

D'autres métropoles ont, elles aussi, modifié ou changé leurs noms hérités de la période de domination coloniale. De telles décisions participent d'un mouvement plus large visant à décoloniser les esprits. En réinscrivant une histoire longue dans la toponymie, elles opèrent une mise à distance de ce passé. Si cette dimension n'est pas absente dans le cas de Mumbai, elle est toutefois loin d'en épuiser tous les enjeux. Preuve en est la brève mais intense controverse qui a suivi cette décision et le fait que, dans la

1. Shivaji Bhonsle est un souverain indien du XVIIe siècle, issu de la caste des marathes, qui est à l'origine de la fondation de l'empire du même nom. Il a été érigé au statut d'icône par les partis nationalistes hindous qui en ont fait une des incarnations du héros hindou.

2. L'Inde actuelle est une république fédérale composée d'États régionaux et de territoires de l'Union indienne.

pratique, les deux noms soient encore usités par les habitantes et habitants de la cité, selon leur langue d'expression, leur habitude ou encore leur positionnement politique. Décidé par la Shiv Sena, ce changement s'inscrit en effet aussi dans l'idéologie xénophobe du parti qui s'est construit comme un groupe de défense des « fils du sol », à savoir des populations de langue marathi contre celles originaires des autres États de l'Inde, avant de se faire le défenseur des hindous face aux musulmans.

C'est cette connotation particulière, renforcée par le contexte traumatique dans lequel la décision fut mise en œuvre, au lendemain des émeutes intercommunautaires les plus meurtrières que la ville ait jamais connues en 1992-93, qui expliquent que certains segments de sa population – une partie de la presse anglophone, du parti du Congrès[1], des intellectuels, des leaders de certaines minorités, notamment – y aient été opposés. Ils l'interprétaient comme le signe de l'abandon du statut de la ville comme symbole de la diversité indienne et un renoncement aux espoirs que le nom de Bombay avait pu porter, notamment au lendemain de l'indépendance du pays en 1947 lorsque la ville était perçue et présentée comme un modèle de cosmopolitisme. Comme l'écrit l'anthropologue Thomas Blom Hansen, pour les tenants de Bombay, « ce nom contenait une expérience unique de la modernité coloniale et postcoloniale – dynamique, intensément commerciale, hétérogène, chaotique et pourtant spontanément tolérante et ouverte d'esprit[2] ».

L'étymologie de ce toponyme avait, elle aussi, donné lieu à des débats, notamment au tournant du XXe siècle, entre savants indiens et britanniques. Le bilan qu'en tira en 1909 le *Gazetteer* – manuel de gouvernement de trois tomes publié par un administrateur

1. Fondé en 1885, le Congrès national indien a été l'un des acteurs majeurs de la lutte pour l'indépendance et le parti majoritaire en Inde au lendemain de celle-ci.

2. Sur le changement de nom, voir la très éclairante introduction de l'ouvrage de Thomas Blom Hansen, *Wages of Violence : Naming and Identity in Postcolonial Bombay*, Princeton, Princeton University Press, 2001, p. 1-19.

colonial sur l'histoire et les caractéristiques de la cité[1] – montre que l'interprétation qui faisait découler le nom « Bombay » du portugais « Buon Bahia » (bonne baie), lui conférant ainsi une origine purement coloniale – les Portugais avaient été les premiers Européens à s'imposer dans la région au début du XVIe siècle avant de céder ce territoire aux Britanniques en 1661 –, avait déjà été écartée. Elle le fut au profit d'une interprétation la faisant dériver du nom d'une déesse à laquelle une partie des communautés de pêcheurs kolis, considérées comme les premières habitantes et premiers habitants de l'archipel devenu métropole, vouait un culte, Mumbadevi[2]. Une déformation et/ou une appropriation de ce nom par les colonisateurs – les deux opérations allant souvent de pair – *via* d'abord le portugais, « Bombaim », finit par donner en anglais « Bombay », sans pour autant que ce toponyme ne remplace alors l'usage des appellations en langues locales, comme le montre le titre de la première histoire de la ville publiée en marathi en 1863, *Mumbaiche Varnan* (*Histoire de Bombay*).

Ces débats font surgir nombre des thèmes que cette nouvelle histoire de la ville entend parcourir – l'enchevêtrement des histoires régionales et coloniales dans la fabrique de la ville, les effets de la domination européenne et ses conséquences sur le présent, le caractère composite de la population d'une cité qui s'est construite grâce à l'apport de migrants et de migrantes venues de toute l'Inde, attirées par la promesse de jours meilleurs que pouvait susciter la réussite commerciale et industrielle apparente de l'agglomération à partir du XIXe siècle. Cet ouvrage constitue en effet la première tentative de proposer, en français, une synthèse de l'histoire d'une ville qui, bien que capitale économique de l'une

1. Edwardes S. M., *The Gazetteer of Bombay City and Island*, vol. I, New Delhi, Cosmo, [1909] 2001, p. 20-31.

2. Marika Vicziany et Jayant Bapat expliquent en effet dans un des rares articles consacrés au culte de Mumbadevi qu'elle n'appartenait pas au panthéon de toutes les communautés kolis de l'archipel. Cf. Vicziany M. et Bapat J., « Mumbadevi and the other Mother Goddesses in Mumbai », *Modern Asian Studies*, vol. 43, n° 2, 2009, p. 511-541.

des principales puissances du monde actuel, demeure assez peu connue du public francophone. Ce dernier la saisit encore trop souvent au travers d'images récurrentes et parfois exotisantes : son urbanisme monstrueux qui juxtapose gratte-ciel et bidonvilles et laisse voir l'écart choquant des inégalités, l'exubérance et le rayonnement de sa production cinématographique, qui lui ont valu l'appellation de Bollywood – contraction de « Bombay » et de « Hollywood »…

Remettre en perspective ces clichés en ressaisissant les logiques qui, sur le temps long, ont présidé à la fabrique sociale, politique, économique et culturelle de Bombay/Mumbai est l'une des ambitions de ce livre. Comprendre notamment les terribles conditions dans lesquelles est forcée de vivre la majorité de sa population nécessite de réinscrire la ville dans une approche qui tient ensemble l'histoire de la colonisation et d'un capitalisme des plus prédateurs. Un des traits saillants de l'histoire de la cité, qui court depuis le XIXe siècle et que nous analyserons jusque dans ses développements les plus récents, vient de l'accaparement par ses classes possédantes aussi bien coloniales qu'indiennes – et notamment ses puissants capitalistes – des principales ressources de la ville (la terre, le logement, les infrastructures de transport, l'eau, etc.) et leur refus d'assumer le coût de conditions de vie décentes pour des travailleurs et travailleuses qui ont contribué par leur labeur à la prospérité de la cité.

La tâche consistant à rédiger une histoire générale de Bombay/Mumbai a été facilitée par l'existence d'une foisonnante et passionnante littérature indienne et internationale sur la ville, à laquelle nous sommes très fortement redevables et dont nous avons tenté d'offrir un aperçu au cours des différents chapitres. Deux événements ont d'ailleurs contribué ces dernières décennies à stimuler la production d'études sur Bombay/Mumbai en Inde et ailleurs : l'effacement progressif, au cours des années 1980, de la classe ouvrière organisée de l'industrie textile dont les mobilisations ont profondément influencé la vie politique et urbaine et le traumatisme causé par les tragiques émeutes intercommunautaires de

1993. Le premier a favorisé la conduite de nouvelles enquêtes sur les ouvriers et les ouvrières de la ville, mettant parfois en œuvre des méthodes jusqu'alors peu usitées comme la constitution de sources orales, telles que celles recueillies dans l'ouvrage de N. Adarkar et M. Menon qui nous livre un récit fascinant des quartiers usiniers[1]. Les répercussions du second dans le champ académique sont multiples, mais une des plus directes a été l'essor d'études consacrées à l'émergence et l'enracinement au sein de la ville de la mouvance de la Shiv Sena et aux violences urbaines.

La publication d'ouvrages de synthèse en anglais[2] est le signe de l'accumulation de savoirs permise par la vivacité et l'inventivité de cette véritable bombayologie/mumbaiologie. Mais ils en signalent, par le même mouvement, les manques. Ainsi, si la période de domination britannique et tout particulièrement les décennies 1880-1920 ont fait l'objet de très nombreux travaux, leur densité s'amoindrit considérablement lorsqu'il s'agit de la période de domination portugaise ou plus encore de l'histoire précoloniale de l'archipel, sur laquelle n'ont été publiées que quelques études archéologiques. De la même manière, si les enjeux liés aux changements environnementaux, auxquels Bombay/Mumbai et plus spécifiquement ses populations les plus précaires sont violemment exposées, sont pris en charge par des études portant sur le contemporain, ce champ reste encore très peu balisé, et le modeste effort entrepris dans ce sens par cet ouvrage nécessitera d'être poursuivi dans le futur.

Outre l'abondante bibliographie dans laquelle nous avons largement puisé, nous avons eu recours à un certain nombre de fonds d'archives et au premier chef aux abondantes collections conservées aux Maharashtra State Archives à Mumbai, ainsi qu'à la British Library de Londres. Si les sources officielles deviennent

1. Adarkar N. et Menon M., *One Hundred Years One Hundred Voices. The Millworkers of Girangaon : an Oral History*, Calcutta, Seagull, 2004.

2. Comme par exemple : Dossal M., *Theatre of Conflict, City of Hope : Mumbai, 1660 to Present Times*, New Delhi, Oxford University Press, 2010.

moins abondantes à partir des années 1930 et, pour la majeure partie d'entre elles, ne sont pas consultables pour les périodes postérieures aux années 1960, les archives de la presse et les sources collectées (brochures, histoires orales, etc.) par diverses organisations et associations de la ville constituent autant de matériaux pour analyser les périodes plus contemporaines. Des efforts récents ont aussi donné lieu à l'édition et la traduction en anglais de sources en langues indiennes jusqu'alors peu accessibles, permettant d'enrichir les points de vue sur la cité[1]. Enfin, nous avons aussi utilisé, par petites touches tant elles sont fourmillantes, les nombreuses productions culturelles – littérature, théâtre, musique, mais aussi cinéma et peinture – réalisées sur et dans la ville.

1. Ranganathan M., *Govind Narayan's Mumbai. An Urban Biography from 1863*, New York, Anthem Press, 2008 ou plus récemment l'édition commentée faite du texte en Sanskrit *Mumbai Mahatmya* qui raconte une des versions du mythe de Mumbadevi : Sohoni P., « A Story without Architecture : The Mythical Origins of Mumbai », *South Asian Studies*, vol. 39, n° 1, 2023, p. 1-9.

Chapitre un

Des îles (jusqu'aux années 1810)

Récemment des équipes de scientifiques soucieuses d'alerter le grand public des effets du changement climatique sur la montée des eaux océaniques ont rendu accessibles des cartes en ligne. L'une d'entre elles donne à voir ce que pourrait être la situation de la planète en 2050 si nous laissons notre système de production poursuivre sa trajectoire destructrice. Un zoom sur la presqu'île de Mumbai/Bombay nous la fait apparaître en large partie sous les eaux de la mer d'Arabie, tout particulièrement les terres situées le long de sa côte est et de sa partie centrale[1]. Passés l'effroi et l'angoisse que procure cette projection, les contours ainsi dessinés finissent par éveiller une certaine familiarité à qui connaît un tant soit peu l'histoire du développement de la cité. Ce tracé des terres encore immergées en 2050 recoupe très largement celui des sept îles originelles (voir la carte n° 2, p. 19) que l'action humaine a jointes, durant la période de domination coloniale, pour donner à la ville la forme que nous lui connaissons aujourd'hui. La superposition pourrait presque laisser croire à un retour en arrière, où futur et passé s'interpénètrent. Cette impression dissimule toutefois le fait que la forme urbaine actuelle est le produit de profondes dévastations et modifications environnementales qui, désormais, sont devenues la source des destructions à venir, dont les conséquences humaines s'annoncent dramatiques.

1. « Land projected to be below annual flood level in 2050 », en ligne sur Climate Central, consulté le 25 août 2022.

Outre qu'elles nous signalent combien le passé et le futur de Mumbai/Bombay sont étroitement liés aux transformations de son environnement, ces cartes pointent aussi la difficulté à choisir où faire débuter l'histoire de la cité. Contrairement à d'autres villes indiennes comme Delhi ou Pune, qui ont été les capitales d'importantes dynasties, Bombay connut un développement limité durant la période précoloniale. Jusqu'au XVIIe siècle, le vocable même ne désignait que la plus grande des sept îles de l'archipel et il est difficile de discerner, à partir de cette bande de terre en forme de « H », les contours de la cité contemporaine. Pour ces raisons et du fait de la plus grande rareté des sources et des problèmes d'interprétation que soulèvent parfois les matériaux précoloniaux, la quasi-totalité des histoires de la ville entament leur récit avec l'arrivée des Britanniques, dans la seconde moitié du XVIIe siècle, et plus rarement avec celle des Portugais au début du XVIe siècle. Ce choix de périodisation oblitère toutefois des généalogies plus anciennes du territoire, qui affleurent par moments, notamment sous la toponymie, des mythes ou encore des processions embrassant une partie de l'espace urbain[1]. Il ne permet pas, en outre, de rendre compte des débuts très modestes de la ville sous les Britanniques, jusqu'à ce que ces derniers, au début du XIXe siècle, parviennent à soumettre à leur domination l'arrière-pays et à réorganiser les circuits commerciaux selon les besoins du capitalisme colonial.

1. Voir par exemple Chopra P., « La ville imaginée : nommer les divisions de Bombay coloniale (1800-1918) », *in* Topalov C. (dir.), *Les Divisions de la ville* [en ligne], Paris, Éditions de la Maison des sciences de l'homme, 2002, p. 125-156.

Carte n° 2 : L'archipel de Bombay/Mumbai, avant le XVIe s.

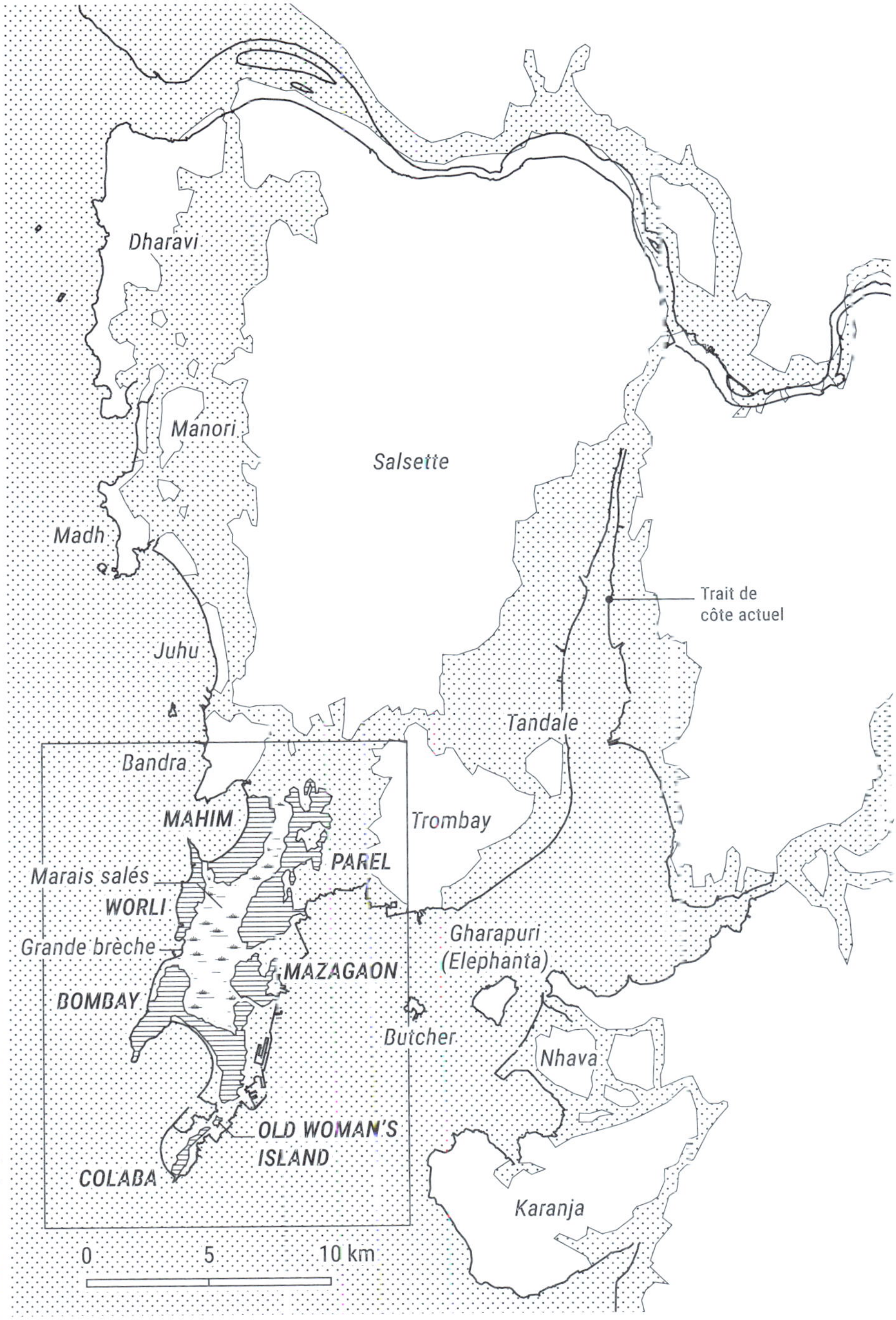

Sources : Copy of a map of the Island of Bombay and Colaba prepared in 1843, British Library Board, *Materials Towards a Statistical Account*, volume 3, 648 ; Dossal, M. (2010). *Theatre of conflict, city of hope : Mumbai : 1660 to present times*. Oxford University Press ; Edwardes, S.M. (1909). The Gazetteer Of Bombay City And Island, volume 1.

Bombay avant Bombay

Un archipel à l'écart des grandes routes commerciales

Comme l'écrit en 1900 José Gerson da Cunha, l'un des premiers historiens de la ville, Bombay est « entourée de sites de civilisations très anciennes – bouddhiste, shivaïte, musulmane et portugaise[1] ». L'archipel d'origine volcanique appartient à une côte, la côte du Konkan, marquée par une longue histoire d'échanges, possédant des réseaux marchands inter-régionaux et de longue distance actifs dès l'Antiquité.

Un ensemble de documents et de découvertes archéologiques attestent ainsi de la fondation, sous l'empire bouddhiste Maurya (325-125 avant notre ère), de la ville de Sopara, située à une cinquantaine de kilomètres au nord du site actuel de Bombay, et de son importance comme port et comme centre de pèlerinage (voir la carte n° 6, dans le second rabat). Sa mention dans un manuscrit grec datant du IIe ou Ier siècle de notre ère, le *Periplus Maris Erythraei* (Périple de la mer Érythrée) témoigne de son insertion dans les voies commerciales ralliant, par l'océan Indien, l'Inde à Rome *via* les ports de la mer Rouge. La découverte, au cours du Ier siècle, par les marins romains et grecs, de la possibilité d'utiliser pour la navigation longue distance, comme le faisaient déjà les navires indiens et arabes, les vents de mousson permit l'accélération de ce commerce fondé sur des produits de luxe, comme les pierres précieuses ou le poivre long[2]. Au fil des siècles, la vocation commerciale des ports de la côte du Konkan se poursuivit, même si la géographie des flux se modifia, les échanges avec les territoires arabes se substituant au négoce avec le monde romain.

1. Da Cunha J. G., *The Origin of Bombay*, Bombay, Asiatic Society Library, 1900, p. 4.
2. Neelis J., *Early Buddhist Transmission and Trade Networks*, Leyde, Brill, 2011, p. 207.

L'espace qui compose aujourd'hui l'agglomération de Mumbai (Greater Mumbai Metropolitan Region) comporte des traces de ces implantations anciennes, dont certaines sont devenues des lieux d'excursion prisés par les habitantes et les habitants de la cité ou les visiteurs de passage. Ainsi, la centaine de grottes bouddhistes de Kanheri, creusées entre le IIe siècle avant et le XIe siècle après notre ère, se trouvent aujourd'hui intégrées au parc national, le Sanjay Gandhi National Park, situé au nord de la ville. La plus grande partie d'entre elles a été excavée au moment de l'apogée du commerce maritime entre l'Inde occidentale, l'Égypte et Rome, du Ier au IVe siècle de notre ère, grâce aux surplus économiques dégagés par celui-ci. Parmi les donateurs et donatrices des monastères, les marchands représentent le groupe le plus nombreux mentionné dans les inscriptions, certains ayant parcouru de longues distances au travers des plateaux du Deccan pour rallier la côte[1]. Situées dans les montagnes des Ghâts occidentaux, surplombant les enclaves côtières et à proximité des cols qui commandaient les routes vers l'arrière-pays, ces grottes constituaient des centres religieux qui jouaient à la fois le rôle de lieux de commerce, grâce aux marchés qui les environnaient, et de consommation d'un nombre important de produits.

Sur le quai en contrebas de la Gateway of India, au sud de la ville, des voyageurs et voyageuses se pressent pour embarquer à destination de l'île d'Elephanta (voir la carte n° 2, p. 19), ainsi dénommée par les Portugais qui y trouvèrent une statue d'éléphant, désormais visible dans les jardins du musée du Dr Bhau Daji Lad. Port de commerce ancien puisque la découverte de restes d'amphores et de monnaies romaines atteste d'échanges avec le monde méditerranéen antique, l'île est surtout connue pour les grottes sculptées dédiées à Shiva qu'elle abrite En l'absence d'inscription, le moment de leur excavation ainsi que l'origine de leurs commanditaires restent débattus. La fourchette retenue

1. Ray H.P., « The West Coast of India and the Maritime World of the Western Indian Ocean », *The African Archeological Review*, vol. 31, n° 4, 2014, p. 594-595.

pour leur datation couvre les VIe et VIIe siècles de notre ère. Leur construction est attribuée, selon les travaux, à diverses dynasties ayant dominé la région : les Mauryas du Konkan (pour les distinguer de l'ancien empire Maurya), les Bappuras ou encore les Chalukyas de Badami (560-754)[1]. Un poème contenu dans une inscription du VIIe siècle, dédiée au souverain Pulakeshin II, dépeint de manière très graphique le combat féroce ayant opposé ce représentant de la dynastie Chalukya aux Mauryas et la prise de leur capitale, Puri. Décrite comme « la Fortune de l'Océan occidental », la localisation de cette dernière reste incertaine, mais une des hypothèses l'identifie à Gharapuri, l'ancien nom d'Elephanta.

Environné de ces sites majeurs, l'archipel de Bombay à proprement parler semble ne pas avoir connu d'implantation de taille significative avant le XIIIe siècle. De nombreuses histoires de la ville, écrites depuis le XIXe siècle, présentent les Kolis, communautés de pêcheurs encore présentes aujourd'hui, bien que très sévèrement marginalisées, comme les habitantes et habitants originels de cet espace. Ces communautés n'ont pas laissé de traces qui permettraient de dater de manière précise le début de leur présence sur l'archipel. Le soldat et indologue Edward Moor consigna quant à lui dans son *Hindu Pantheon*, publié en 1810, avoir visité sur une colline de l'archipel connue depuis la domination britannique sous le nom de Malabar Hill les ruines d'un temple « autrefois d'une apparence plutôt élégante », détruit vraisemblablement par les Portugais. Certains écrits l'attribuent à la dynastie des Silharas, ce qui ferait de ces vestiges l'une des traces les plus anciennes qui nous soit parvenue[2]. L'une des trois branches des Silharas qui dominèrent la région entre 810 et 1260 régna en effet sur le nord du

1. Kan Ishikawa, « On the date and patronage of Elephanta : Historical background of the great cave temple », *in* Padigar, Shrinivas, V. et Shivananda, V. (dir.), *Pratnakirti, Recent Studies in India Epigraphy, History, Archaeology and Art, Essays in Honour of Prof. Shrinivas Ritti*, Delhi, Agam Kala Prakashan, 2012, p. 352-356.

2. C'est notamment le cas du *Gazetteer*, publié en 1909 par les autorités coloniales, cette attribution étant ensuite reprise, sans être plus formellement

Konkan depuis sa capitale installée à Thane (alors connue comme Srishtanaka), dans le nord-est de l'île de Salsette, à une vingtaine de kilomètres au nord de Bombay. Cette période fut marquée par une certaine prospérité économique, notamment du fait des échanges entretenus avec les mondes arabes et perses, Thane devenant en particulier un lieu important du commerce des chevaux. Cela se traduisit par un patronage soutenu des arts et l'érection de lieux de culte, dont l'un des plus beaux exemples est le temple d'Ambarnath, visible dans ce qui est désormais une banlieue de la ville[1].

Dans le cas de l'édifice de Malabar Hill, la présence, à l'extrémité de la colline, d'un rocher percé dont la forme rappelait le *yoni*, le symbole de la puissance féminine, aurait, selon Edward Moor, contribué à la renommée du lieu, alors désigné comme « Srigundi », soit la « pierre de chance »[2]. Passer au travers du trou de la roche permettrait aux pèlerins de se purifier. Edward Moor témoigna de la vivacité de ce rituel au début du XIXe siècle, s'y essayant lui-même piteusement à plusieurs reprises sans parvenir à passer l'étape où « sa tête et ses mains restent bloqués, exposés aux spectateurs riant ou compatissant[3] ». Une légende plus tardive concernant le temple, consignée en sanskrit sous le titre *Walukeshwar Mahatmya* (la grandeur de Walukeshwar), relie quant à elle la fondation de l'édifice à l'épopée mythique du roi Rama. Celui-ci aurait fait étape sur la colline, alors qu'il était en route pour le royaume de Lanka pour sauver sa femme Sita enlevée par le démon Ravana. Rama avait pour habitude de vénérer tous les jours un lingam (figure phallique du dieu Shiva) apporté par son frère Lakshmana. Or, ce jour-là, celui-ci était en retard si bien que Rama en fabriqua un en sable afin de pratiquer ses dévotions, ce qui serait l'origine du nom du temple, Walkeshwar, du sanskrit « *valûka* », sable et « *isvara* », seigneur.

étayée dans diverses publications, notamment en ligne. Cf. Edwards S. M., *The Gazetteer…*, *op. cit.*, vol. 3, p. 359-360.

1. Pandit S. A., *Mumbai beyond Bombay*, Pune, Aprant, 2020, p. 77-79.

2. Chopra P., *La ville…*, *op. cit*

3. Moor E., *The Hindu Pantheon*, New Delhi, Indological Book House, [1810] 1968, p. 307.

Rama aurait aussi tiré une flèche (*ban*) dans le sol, faisant jaillir une source pour épancher sa soif, geste qui aurait donné naissance au bassin qui jouxte le temple, connu sous le nom de Banganga[1]. Cette superposition du mythe et de l'histoire confère à ce lieu, qui reste aujourd'hui l'un des plus sacrés de Bombay, une épaisseur certaine. Le temple qui y est à présent visible a été édifié au XVIIIe siècle sous l'égide de Rama Kamat, un influent résident de la ville qui fut un temps à la tête des troupes indiennes de l'armée britannique stationnées dans l'archipel.

Une première implantation urbaine : Mahim (XIIIe-XVe siècle)

Lorsqu'à la fin du XVe siècle, le pilote arabe Ahmad b. Majid al-Nadji consacra une section de son ouvrage *Kitab al-Fawa'id fi usul al-bahr wa'l-qawa'id* à la côte orientale de l'Inde, il y dépeignit l'archipel de la manière suivante :

> Cette colline (Dharavai) fait partie de l'île de Fila Tana (Salsette) entre le golfe de Maha'im (Mahim) et Khor Fali. Les cocotiers signalent Maha'im, vous les voyez partout lorsque vous jetez l'ancre dans le golfe. Il y a une plage blanche que la vigie peut apercevoir et il peut aussi voir Nal Qaisir (pointe de Worli), qui est une construction sur un cap du golfe. Lorsque vous entrez dans le golfe, il sera sur votre droite, tel un phare. [...] Parfois vous pouvez voir la colline d'Anfalus (Cumballa ou Trombay ?), lorsque vous faites un atterrage directement depuis le large. C'est au sud de Maha'im. (Puis vous voyez) Mambayah (l'île de Bombay) et Shahbar (l'île de Chembur) et lorsque vous avez laissé ces deux-là derrière vous, vous voyez Qaidil (l'île de Khandari) qui se trouve au nord de Khor Shaiyul (Chaul)[2].

1. Ranganathan M., *Govind Narayan's Mumbai. An Urban Biography from 1863*, New York, Anthem Press, 2008, p. 80.

2. Tibbetts G. R., *Arab Navigation in the Indian Ocean before the coming of the Portuguese, being a translation of Kitab al-Fawa'id fi usul al-bahr wa'l-qawa'id of Ahmad b. Majid al-Nadji*, Londres, The Royal Asiatic Society of Great Britain and Ireland, 1981, p. 198-199.

Outre sa brièveté, cette vue depuis un navire nous interpelle doublement. Elle englobait, d'une part, un ensemble de collines et d'îles plus vaste que les sept éléments aujourd'hui communément désignés comme formant l'archipel de Bombay : du sud au nord, les îles de Colaba, Old Woman Island, Bombay, Mazagaon, Parel, Worli et Mahim (voir la carte n° 2, p. 19). L'isolement de cet ensemble paraît donc être une construction postérieure. D'autre part, le seul lieu minutieusement décrit est l'île de Mahim, ce qui atteste de sa relative importance aux yeux des voyageurs et marchands de l'époque.

Cette île connut en effet, au cours du XIIIe siècle, la première implantation urbaine de l'archipel, comme l'attestent des vestiges datant de la période médiévale. Ainsi, son fort, situé à l'embouchure de la rivière Mithi, possède, en dépit de modifications postérieures, des traits architecturaux particuliers qui suggèrent qu'il est le seul édifice de ce type à pouvoir être attribué à la période pré-portugaise. Des fragments architecturaux, incluant notamment une pierre mémorielle et une statue de la divinité Hanuman, ont été mis au jour à proximité de cet édifice et sont aujourd'hui visibles dans l'enceinte du commissariat de Mahim. Enfin, dans le temple de Shitaladevi, situé sur L. J. (Lady Jamshetjee) Road, d'autres vestiges sont toujours l'objet de dévotions[1].

Des traditions orales, ainsi qu'une chronique compilée en marathi au XVIe siècle, intitulée *Mahikavatichi Bakhar* (chronique de Mahikavati), attribuent le développement de Mahim à un roi du nom de Bimba, donné comme originaire de la province du Gujarat, qui y aurait installé sa capitale, Mahikavati. S'il est possible de douter de la fiabilité de cette chronique, une inscription du XIVe siècle, ainsi qu'un ensemble de documents administratifs du XVe siècle rédigé en persan, langue d'administration de la plupart des États musulmans de la période précoloniale, mentionnent le nom de Bimba, qui ne serait donc pas qu'un personnage de

1. Pandit S. A., *Mumbai…*, *op. cit.*, p. 100-101.

légende[1]. Jusque dans les années 1340, les sultans turcs ou afghans de Delhi menèrent en effet d'importantes campagnes dans les régions du Deccan et du Gujarat, entraînant des migrations de population. Une des hypothèses des historiennes et historiens fait par conséquent de Bimba un des fils du roi Ramadeva, de l'importante dynastie des Yadava de la région du Deccan et dont l'influence s'étendait jusqu'au Konkan. Après la défaite de son père en 1295 face au sultan de Delhi 'Ala' al-din Khalji, Bimba aurait fui pour s'installer avec une partie des gens de sa cour dans le nord du Konkan. Le fait qu'en 1416 un certain Nayakrao Kavale, qui disait descendre de Purushottam Kavale, prêtre royal arrivé avec Bimba, ait pu, afin de prouver ses droits remis en cause sur des villages, faire lire devant la cour de justice des pierres de donation placées aux frontières de ces derniers, incite à penser que le nouveau roi aurait ainsi partagé avec sa suite ses nouvelles possessions. Si très peu d'informations vérifiables nous sont parvenues à propos de Bimba, sa mémoire joue un rôle important pour certaines communautés de Bombay, comme les Pathare Prabhu, un groupe de scribes qui fait remonter son installation dans l'archipel au règne de ce souverain.

Au début du XIVe siècle, le Konkan passa sous le contrôle, direct ou indirect, lorsqu'ils obtinrent la reconnaissance des chefs locaux, des sultans de Delhi. Ce fut notamment le cas du roi Hambirarao, premier souverain dont, après le déclin des Yadava, des inscriptions furent retrouvées dans la région de Bombay. Si l'on en croit la répartition géographique de ces dernières, toutes datées de la décennie 1360, ses possessions allaient de Thane au nord à la crique de Murud, à environ 150 kilomètres au sud de Bombay[2]. Cette période de domination du sultanat de Delhi favorisa l'ascension de certains groupes dont les chefs purent, parfois,

1. *Ibid.*, p. 103. L'ensemble de documents en persan est évoqué dans l'article de Rosalind O'Hanlon, « Brahman communities and early modernity in India », *The American Historical Review*, vol. 118, 2013, p. 781.

2. Pandit S. A., *Mumbai…*, *op. cit.*, p. 151-153.

se convertir à l'islam. La région du Konkan connut ainsi alors plusieurs souverains issus des communautés tribales kolies, comme ce serait le cas à Jawhar, à une centaine de kilomètres au nord de Bombay, où la principauté s'est maintenue jusqu'à l'indépendance. De manière plus épisodique, l'archipel de Bombay, ainsi qu'une large partie de l'île de Salsette, passèrent, à la fin du XIVe siècle, sous le contrôle d'un dénommé Alunaka Rana qui serait originaire de la même communauté. Une première inscription, datée de 1377 et retrouvée dans ce qui est aujourd'hui un des quartiers nord de la ville, Andheri, atteste de son allégeance aux sultans de Delhi. Les difficultés rencontrées par ces derniers, engagés notamment dans une guerre de succession, semblent avoir favorisé l'émancipation d'Alunaka Rana, puisqu'une seconde inscription, datée cette fois de 1396, lui confère le titre de roi, en sa capitale de Thane.

L'affaiblissement du sultanat de Delhi permit, à la fin du XIVe et au début du XVe siècle, l'affirmation de sultanats locaux, notamment dans les deux régions voisines du Konkan, le Gujarat (Muzzaffarides) et le Deccan (Bahmanides). Ces pouvoirs plus proches avaient intérêt à assurer leur contrôle direct sur le commerce des ports de Mahim et de Thane. Le premier passa ainsi sous l'influence des sultans du Gujarat, devenant une *qasba*, c'est-à-dire un de leurs postes militaires tandis que les Bahmanis du Deccan exerçaient leur emprise sur une large partie de la région de Thane. La rivalité entre les deux sultanats culmina vers 1430 lorsque les Bahmanis attaquèrent et prirent la forteresse de Mahim, entraînant un conflit qui renforça la mainmise des sultans du Gujarat sur cette zone. Cette période vit la première implantation de communautés musulmanes du Konkan, qui revendiquaient comme ancêtres des marins arabes et étaient principalement engagées dans les activités maritimes. Ces dernières sont à l'origine de la fondation en 1802 de la plus vieille mosquée de Bombay, la Jama Masjid (Grande mosquée), dont l'édifice s'élève toujours sur Janjikar Street, dans le quartier de Kalbadevi. Daterait aussi de cette époque l'érection à Mahim du tombeau de Shaykh Makhdum 'Ali Paro, un migrant érudit d'origine arabe mort en 1432. Jusqu'à la fin du XIXe siècle, le quartier qui l'environne était connu sous le nom de « catacombe des martyrs » (*ganj-i shahidan*), puisqu'il aurait recouvert un cimetière contenant les corps des combattants tués durant les affrontements qui opposèrent les sultans du Gujarat et du Deccan. D'abord sous patronage princier, le mausolée-sanctuaire (*dargah*) fut peu à peu investi au XIXe siècle par les musulmans konkanis. Il vit sa réputation croître avec le développement de la ville et la migration vers la cité de nouvelles populations, devenant un des hauts lieux de la géographie musulmane de la cité. Ses hagiographes du XIXe et du début du XXe siècle conférèrent au saint une vie de miracles en lien avec l'océan, et notamment de nombreux sauvetages de pèlerins en route pour la Mecque, soulignant le rôle que jouait alors le port de Bombay dans ce pèlerinage pour de nombreux dévots d'Asie du Sud. Mais Shaykh Makhdum 'Ali Paro est aussi le protagoniste d'histoires plus ancrées dans l'espace urbain. Il aurait ainsi, durant la période de domination britannique, sauvé la vie d'un policier menacé par un gang de contrebandiers. Cet épisode serait à l'origine du bureau que possède la police à l'entrée du sanctuaire et du fait qu'elle prenne activement part à la fête annuelle (*'urs*), donnée le jour anniversaire de la mort du saint, un de ses représentants étant le premier à offrir un *chaddar* (châle) à l'ouverture des festivités[1].

De l'Ilha Boa Vida…

La création de la Provincìa do Norte

Le début du XVIe siècle est marqué par l'arrivée des Portugais dans la région. Après l'ouverture de la route maritime du Cap de Bonne-Espérance par Bartolomeu Dias en 1488, ces derniers furent en mesure de concurrencer les réseaux commerciaux qui,

1. Papas A., « Bombay Mystical City : Muslim Shrines and Saints in the Urban Fabric from 1800 to Present », *in* Ephrat D. *et al.*, *Saintly Spheres and Islamic Landscapes*, Leyde, Brill, 2021, p. 335-365.

suivant un trajet complexe par la terre et par la mer, acheminaient jusque-là vers les marchés européens le poivre, venu en grande partie de la côte de Malabar dans le sud de l'Inde, et les épices, notamment les clous de girofle et la noix de muscade en provenance des Moluques. Voulant s'assurer la maîtrise de ce commerce, les Portugais cherchèrent à se doter sur la côte occidentale de l'Inde d'une chaîne de forteresses. Un des objectifs était de contrôler l'activité des marchands gujaratis, très actifs dans les échanges avec la mer Rouge, afin de lever des frais de douanes sur leurs cargaisons. Au cours du siècle précédent, le sultanat du Gujarat avait en effet bâti sa prospérité sur son rôle de plaque tournante du commerce maritime. Première escale des navires venus de la péninsule Arabique, il jouissait à la fois de la renommée de son artisanat textile dont les étoffes étaient exportées dans toute l'Asie et de sa position géographique qui en faisait le principal débouché de Delhi vers la mer. Ses communautés marchandes, hindoues et musulmanes, en avaient fait, dès la fin du XVe siècle, la plus grande puissance économique de l'océan Indien.

Ce fut dans ce contexte que des vaisseaux portugais commencèrent à patrouiller au large de l'archipel de Bombay, entre 1521 et 1524, dans le but d'intercepter des navires marchands. Les Portugais étaient coutumiers de ce type d'activité, les « prises », qui consistait à piller les cargaisons. Bien qu'avec réticence, le roi du Portugal avait accepté ces agissements, n'étant pas en mesure de récompenser les nobles engagés dans ces expéditions[1]. L'île aurait alors reçu du commandant Heitor Da Silvera, impressionné par sa beauté et son abondant gibier, le titre d'île de la bonne vie, *Ilha Boa Vida*[2]. Ils choisirent toutefois le port plus important de Bassein/Baçaim (aujourd'hui Vasai), situé à une soixantaine

1. Subrahmanyam S., *L'Empire portugais d'Asie, 1500-1700*, Paris, Points Seuil, 2013, p. 116-122.

2. David M. D., *History of Bombay, 1661-1708*, Bombay, Bombay University Press, 1973, p. 17.

de kilomètres au nord, pour installer le chef-lieu de ce qui finit par être désigné comme la Province du Nord, *Provincìa do Norte* (voir la carte n° 6, dans le second rabat).

Depuis le début des années 1530, ces territoires étaient plus ou moins passés sous le contrôle des Portugais, mais ces derniers parvinrent en 1534-1535 à s'en faire attribuer la pleine possession. Le sultan du Gujarat, Bahadur Shah, était alors menacé par les troupes de l'empereur moghol, Humayun. Arrivés de l'Asie centrale par l'Afghanistan, les Moghols, une branche des Mongols turquisés, s'étaient lancés depuis le milieu des années 1520 à la conquête de l'Inde du Nord. Animés, tout comme les premiers sultans de Delhi, d'une ambition impériale, ils se heurtèrent – dans leur tentative d'étendre leur contrôle jusqu'à la mer – à la résistance du sultan du Gujarat. Ce dernier décida alors de faire alliance avec les Portugais. En 1534, par le traité de Bassein, il leur céda le port du même nom et ses dépendances dont l'archipel de Bombay, puis l'année suivante le droit de construire une forteresse sur l'île de Diu, dans le golfe de Cambay, en échange de la promesse d'une aide militaire[1].

Devenu une des sous-divisions dépendant de Bassein, l'archipel se trouva intégré au système de défense sophistiqué de la province, qui égrenait des fortifications le long des côtes et au sommet des collines, et dont les pièces maîtresses étaient les forteresses de Bassein, Diu ou encore Thane. Les Portugais reconstruisirent ainsi le fort de Mahim et érigèrent des édifices de taille plus modeste à Sewri, sur la côte est, et à Worli, sur la côte ouest. La protection de l'île de Bombay était quant à elle assurée par un manoir fortifié. Ces forts et fortins ont été reconstruits ou bien souvent considérablement modifiés durant la période de domination britannique, si bien que peu de traces subsistent de l'influence portugaise dans les vestiges visibles aujourd'hui.

1. Pearson M., *Merchants and Rulers in Gujarat. The Response to the Portuguese in the Sixteenth Century*, Berkeley/Los Angeles, University of California Press, 1976, p. 75-76.

Le contrôle des territoires de la *Provincìa do Norte* offrit aux Portugais le moyen de garantir l'approvisionnement alimentaire de leurs installations de Goa, conquises en 1510 par Afonso de Albuquerque, et de « flatter les dernières prétentions seigneuriales des *fidalgos* », la petite noblesse de service qui fut l'un des fers de lance de l'expansion en Asie[1]. Dotée d'une taille quatre fois supérieure au territoire de Goa et de terres agricoles productives, la province constitua en effet alors, après le Brésil, la plus grande possession de leur empire, qu'ils s'ingénièrent à exploiter en mettant en place un système féodal de tenure foncière. Le territoire fut divisé en fiefs attribués par la Couronne à des individus ou des institutions, en remerciement de leurs services. Dans le cas des congrégations religieuses, ces concessions pouvaient être accordées à perpétuité. En échange, le souverain du Portugal était en mesure d'exiger de ses tenanciers un service militaire, qui pouvait être transformé en impôt, le *foro*, d'où le nom conféré à ce système, l'*aforamento*[2].

Congrégations religieuses et Fazendars

Lorsque John Fryer, nouvellement appointé médecin pour l'East India Company, arriva dans l'archipel au début des années 1670, cela faisait tout juste cinq ans que Bombay avait été cédée à l'Angleterre par le Portugal. La description qu'il en livra, dans un récit de voyage publié en 1698, donne à voir ce qui en constituait alors les traits saillants aux yeux d'un Britannique blanc et éduqué. La carte ci-après, qui accompagnait le texte, montre notamment ce qu'il perçut comme les principaux points de repères de l'archipel. Mahim (*Mayem*) et son fort y sont représentés, mais aussi désormais deux autres noyaux d'habitation : Bombay et Mazagaon (*Massegoung*), qu'il décrit comme « une belle ville de pêche », dotée d'une église. Aux alentours de ces bourgades, se trouvent des « bois de cocotiers (sous lesquels habitent les Banderines [*sic*] qui les taillent et

1. Subrahmanyam S., *L'Empire…*, *op. cit.*, p. 73.
2. David M. D., *History…*, *op. cit.*, p. 20.

les cultivent[1]), ces jardins étant les plus grandes acquisitions et propriétés de l'île à des miles à la ronde ». Peu impressionné par la mise en culture de l'archipel, son goût pour la chasse lui fit en revanche vanter la prolifique faune de l'île voisine de Salsette où il poursuivit « paons, colombes et pigeons, chitrels [*sic*] ou chevreuils tachetés », et croisa dans son ascension vers les grottes de Kanheri « singes, tigres, buffles sauvages et des chacals ; [...] des nuées de perroquets ». Tous leurs habitats sont aujourd'hui confinés à l'enceinte du parc national de Sanjay Gandhi[2].

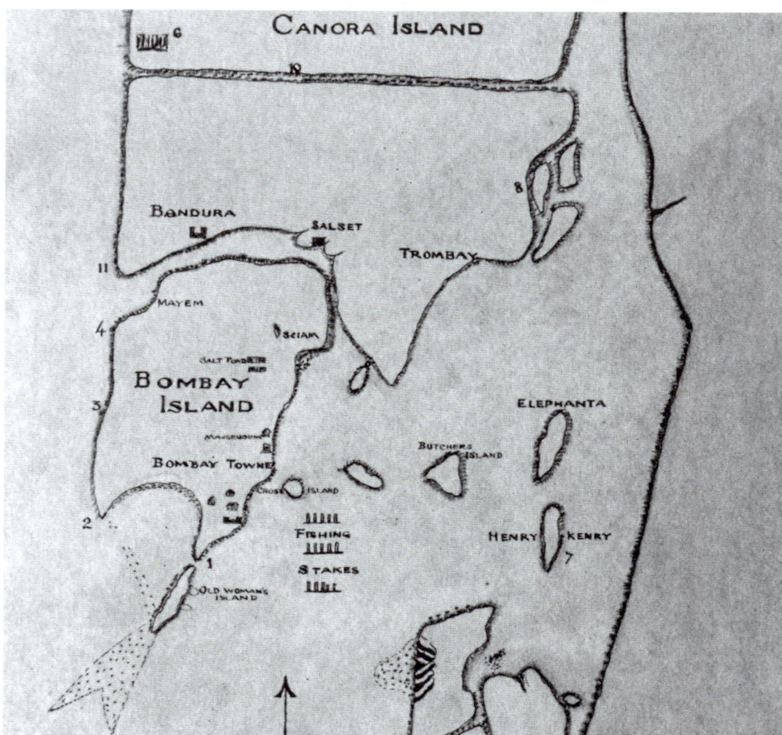

Illustration n° 1 : Plan de Bombay
par Fryer, Mumbai, Maharashtra (1672)

1. J. Fryer fait ici allusion à la communauté des Bhandaris dont la principale occupation était la culture des palmiers, pour en tirer de l'alcool de palme.
2. Fryer John, *A New Account of Persia and East India*, Londres, Chiswell, 1672, p. 66-72.

Ce qui transparaît de manière très nette dans le récit de Fryer, qui parcourut l'archipel en profitant à de nombreuses reprises de leur hospitalité, c'est la manière dont couvents et églises constituaient, durant la période de domination portugaise, un maillage du territoire aujourd'hui peu perceptible. Lorsque la Couronne britannique entra en possession de l'archipel, en 1665, les *fazendars* (propriétaires terriens) détenaient des tenures dans les îles de Mazagaon, Parel et Worli, tandis que l'île de Bombay était le domaine d'une seule tenancière, Dona Ignez de Miranda de Castro, veuve de Rom Rodriguo de Moncanto. Les congrégations religieuses contrôlaient pour leur part le plus grand nombre de terres et de villages de l'archipel et surtout de Salsette, ce qui affleure parfois dans la toponymie actuelle, comme dans le nom de Santacruz (sainte croix) qui désigne un quartier du nord de la ville. Les franciscains s'installèrent en premier, en 1534, suivis des jésuites en 1542 et enfin des dominicains en 1548. Les jésuites se virent ainsi attribuer de vastes propriétés sur une île voisine de l'archipel, Bandra, qui devint l'épicentre de leur activité missionnaire. Ils y établirent en 1576 une église : Santo André. En dépit des modifications ultérieures, l'édifice conserve encore des bas-reliefs datant de la fin du XVIIe siècle. Le bâtiment le plus remarquable de leur installation, qui se tenait à l'emplacement actuel du dépôt de bus de Bandra, a toutefois été démoli en 1739 par les Britanniques. Il s'agissait du couvent fortifié de Sainte Anne, doté de murs défensifs et de remparts abritant des pièces d'artilleries, où Fryer fut reçu en son temps avec « de la musique vocale et instrumentale et du très bon vin ». En acquérant la concession à perpétuité de villages, les ordres religieux devaient en effet en assurer la défense. Les jésuites de Bandra disposaient ainsi d'une milice de près de 100 hommes. Ces couvents fortifiés, qui matérialisent l'imbrication du processus de colonisation et des mouvements missionnaires, constituent un des traits architecturaux caractéristiques de la *Provincia do Norte*. Les ordres implantaient aussi des lieux de culte dans les villes et villages. Ainsi, les franciscains dotèrent Mahim d'un édifice dédié à saint Michel, Bombay d'une église Notre-Dame-de l'Espérance (*Nossa Senhora da Esperança*), érigée vers 1565 sur une parcelle qui devait jouxter l'actuelle gare de Chhatrapati Shivaji (ou CST – ancienne Victoria Terminus) et Mazagaon d'un sanctuaire pour Notre-Dame de la Gloire (*Nossa Senhora da Gloria*). De ces trois édifices, seule demeure aujourd'hui l'église Saint-Michel, dont le bâtiment actuel, moderne s'élève sur son emplacement initial, le long de Mahim Causeway[1].

Confier des terres aux congrégations permettait leur exploitation et les différents ordres parvinrent à dégager d'importants revenus, notamment de leurs vergers. Une variété de mangue porte d'ailleurs le nom d'Alphonso, du nom du navigateur et vice-roi portugais, Afonso de Albuquerque. Cette nouvelle espèce aurait vu le jour grâce à des greffes pratiquées par les Portugais. Elle était particulièrement cultivée à Mazagaon, où le voyageur français Louis Rousselet qui y séjourna dans les années 1860 décrivit des « manguiers, d'une taille énorme », notant que « les mangues Alphonse de Mazagaon se paient très cher »[2]. Leur succès ne s'est pas démenti jusqu'à aujourd'hui quand, lorsqu'en vient la saison en mai-juin, on se les arrache sur les marchés. Elles ne proviennent plus, toutefois, depuis longtemps de Mazagaon, mais du sud de la région du Konkan.

Ces concessions foncières servaient aussi un autre but de la colonisation portugaise, à savoir la propagation de la foi chrétienne. Des bulles papales des XVe et XVIe siècles avaient conféré à la couronne portugaise le patronage (*padroao*) : en échange de revenus et de privilèges, elle devait contribuer à l'effort missionnaire en Asie et en Afrique. Près d'un tiers du budget de la

1. Mendiratta S. L., « Uncovering Portuguese Histories within Mumbai's Urban History », *Mumbai Reader*, n° 6, 2011, p. 488-501, et Rossa W., « Bombay before the British : The Indo-Portuguese Layer », *Mumbai Reader*, n° 10, 2006, p. 262-269.

2. Rousselet L., *L'Inde des rajahs, voyage dans l'Inde centrale et dans les présidences de Bombay et du Bengale*, Paris, Hachette, 1871 (2e édition), p. 22-23.

Province du Nord était ainsi consacré à des œuvres religieuses. Toutefois, l'intensité et les modalités de cette activité varièrent dans le temps. Les premières décennies de la domination portugaise furent marquées par une relative tolérance qui permit à des nouveaux chrétiens[1], comme le médecin et botaniste Garcia da Orta, de s'intéresser aux traditions locales de médecine, d'échanger avec des praticiens locaux et d'exercer dans une cour princière indienne. De ces imprégnations et d'une étude attentive des plantes et épices cultivées en Inde, il tira un ouvrage publié en portugais en 1563, les *Colóquios dos Simples e Drogas e Cousas Medicinais da Índia* (*Colloque des simples et des drogues de l'Inde*), considéré comme l'un des premiers traités de médecine tropicale. Da Orta est aussi une figure connue de l'histoire locale puisqu'il serait à l'origine de la construction du manoir fortifié qui devint le Bombay Castle.

Les années 1540-1560 marquèrent un net durcissement avec l'arrivée des jésuites et la mise en place de l'Inquisition à Goa. Les efforts de conversion s'accentuèrent et passèrent parfois par le recours à la violence. Un passage de la chronique marathi précédemment évoquée et compilée au moment des faits, la *Mahikavatichi Bakhar*, exprime crûment ce changement : « Les étrangers ont donné aux paysans et aux commerçants tout ce qu'ils voulaient et ont ainsi établi une colonie florissante dans la région. Ils ne se sont pas mêlés de la religion de la population locale. [...] Cela a duré 25 ans, puis ils ont commencé à montrer leur vrai visage. Les gens ont été terrorisés et menacés d'être arrêtés et envoyés à Goa s'ils persistaient à suivre la foi hindoue ou musulmane. Par crainte, beaucoup ont fui la région et certains ont été faits prisonniers à Goa[2]. » Outre les conversions forcées des orphelins et orphelines recueillies par les institutions religieuses et celles obtenues en échange de charité,

1. Expression employée pour décrire les juifs et les musulmans convertis au christianisme dans la péninsule Ibérique.

2. *Mahikavatichi Bakhar*, Pune, Sarita Prakashan, 2013, p. 63. Traduit par Sudnya Athale.

une attention particulière fut portée à la christianisation des élites religieuses qui put passer par une destruction systématique des lieux de culte non-chrétiens. Des mesures de ce type furent mises en œuvre entre 1584 et 1587 sur l'île de Salsette, où les monastères bouddhistes creusés dans la roche de Kanheri et de Mandpeshwar furent convertis en églises[1]. De cette période pourraient aussi dater la destruction du temple original de Walkeshwar, ainsi que des dommages visibles aujourd'hui sur certaines des sculptures de l'île d'Elephanta. Pour l'historien S. Pandit, ce n'est pas un hasard si sont alors élaborées des chroniques en langue vernaculaire, comme la *Mahikavatichi Bakhar*. Dans un contexte de persécutions religieuses et d'ébranlement de l'assise des élites locales, ce type de texte, qui retrace les généalogies de certaines communautés, cherche à préserver leurs traditions et peut être interprété comme un signe de résistance aux évolutions en cours[2]. Avec la mise en place du tribunal de l'Inquisition, enfin, la volonté de contrôle s'étendit aux pratiques des communautés chrétiennes, et notamment aux nouveaux chrétiens issus de la péninsule Ibérique. La famille de Garcia da Orta fut ainsi poursuivie un an après sa mort qui survint en 1568, le cadavre de ce dernier étant exhumé et brûlé en décembre 1580 sur ordre des inquisiteurs. Persécutions et prosélytisme connurent cependant un ralentissement au XVIIe siècle, en large partie parce que les autorités finirent par comprendre que ces mesures violentes mettaient en péril leurs possessions.

L'effort missionnaire des Portugais eut une conséquence durable, celle de la création de nouvelles communautés, connues jusqu'à la fin du XIXe siècle sous les noms de « Christian Koli », « Native Catholics » ou encore « Native Portuguese ». En 1887, elles décidèrent de prendre la dénomination d'« East Indian » afin de se démarquer des migrants catholiques venus de Goa qui affluaient alors de plus en plus nombreux vers Bombay à la recherche de

1. Pearson M. N., *The Portuguese in India*, *New Cambridge History of India I.1*, Cambridge, Cambridge University Press, 1987, p. 116-130.

2. Pandit S. A., *Mumbai beyond…*, *op. cit.*, p. 104-105.

travail. Elles affirmaient ainsi leur longue relation avec la couronne britannique. La ville resta en effet liée aux territoires portugais qui l'environnaient, même après son passage sous domination des Anglais. Lorsque les Portugais perdirent Bassein en 1739, une partie de ses habitantes et habitants vinrent y trouver refuge. Ils s'installèrent dans les quartiers déjà majoritairement chrétiens, comme celui de Cavel, où ils furent désignés comme *Norteiros*, de la Province du Nord. Au cours du XIXe siècle, Bombay servit d'asile aux opposants qui s'élevèrent contre les autorités de Goa, comme en 1835 Bernardo Peres da Silva ou encore, en 1862, Francisco Luis Gomes qui réclamait l'autonomie politique par rapport à la couronne portugaise. Bernardo Peres lança même depuis Bombay, avec l'aide d'un riche marchand indo-portugais, Rogério de Faria, une expédition pour prendre Goa par la force. La flotte, qui transportait 300 mercenaires, s'abîma dans un orage et dut rebrousser chemin. Beaucoup de Goanais émigrèrent aussi pour des raisons économiques. Ce mouvement s'accentua dans les années 1870 avec l'essor industriel de Bombay et l'ouverture par la Shepherd & Co. d'une ligne régulière de ferry qui reliait tous les ports entre Goa et Karachi[1]. La présence de ces populations catholiques contribua à l'essor de nouvelles formes de dévotion dans l'espace urbain. La plus connue aujourd'hui est le culte rendu à la Vierge de la basilique du Mont Marie, à Bandra, où les fidèles viennent déposer des *ex-voto* de cire qui figurent les parties du corps qui les font souffrir et qu'ils espèrent voir guéries. Un premier sanctuaire fut construit dans ce lieu vers 1640 mais ce n'est qu'après sa reconstruction, au milieu du XVIIIe siècle, que ce culte semble avoir pris son essor. L'édifice actuel est toutefois le fruit d'une réédification effectuée au début du XXe siècle, dont le style rappelle bien plus le néo-gothique mis à la mode par les Britanniques que l'architecture des églises de Goa[2].

1. Albuquerque T., *Goan Pioneers in Bombay*, Goa, Broadway Publishing House, p. 15-16 et p. XXVIII-XXIX.

2. Mendiratta S. L., « Uncovering... », art. cit., p. 496.

…À « la pauvre petite île »

L'entrée en scène de l'East India Company

L'expérience impériale portugaise ne tarda pas à susciter des convoitises auprès des autres pouvoirs européens, qui cherchèrent au cours du XVIIe siècle à accroître leurs sources de revenus par le contrôle des circuits de commerce. Un des moyens forgés au service de cette politique mercantiliste fut la création des compagnies à charte. Ces associations commerciales se virent conférer, par l'octroi de chartes royales, le monopole du commerce dans certaines zones, ainsi qu'un certain nombre de droits de souveraineté (notamment celui de lever des impôts). La fondation de l'East India Company (EIC) britannique en 1600 fut suivie en 1602 par celle de la Vereenigde Oostindische Compagnie (VOC) hollandaise, puis de leur homologue française, la Compagnie des Indes Orientales, en 1664. L'enjeu était de maîtriser les routes commerciales de l'Asie et tout particulièrement celles des épices, ce qui poussa l'EIC à fonder des établissements, appelés « *factory* », à la fois comptoirs pour les marchands et escales pour les marins. La compagnie britannique n'était alors, dans le sous-continent indien, que la représentante de l'un des pouvoirs européens rivaux qui cherchaient à s'emparer du commerce mené désormais sous l'égide de la puissante dynastie moghole. Au cours du XVIe siècle, cette dernière était en effet parvenue à imposer son contrôle sur une large partie de cet espace et notamment, avec la victoire emportée par l'empereur Akbar en 1572, à annexer le Gujarat, devenu l'une des douze provinces (*suba*) de l'empire.

Entre le XVIe et le XVIIIe siècle, le Gujarat était l'une des principales zones manufacturières d'Asie du Sud, notamment du fait de sa florissante activité textile. Il concentrait alors, selon les estimations faites par les historiens, près d'un quart de la capacité productive mondiale. C'est donc, sans surprise, dans cette province que l'EIC chercha tout d'abord à prendre pied. Impressionnées par les revers que la Compagnie infligea aux Portugais, les autorités mogholes autorisèrent ses représentants à s'installer à Surat. Stimulée par l'ensablement de sa rivale, Cambay, et par la demande moghole, cette ville était à cette époque devenue le plus grand port de la région. Bien reliée à son arrière-pays grâce à la vallée de la rivière Tapi, elle était le point d'arrivée des caravanes venues d'Agra, d'Ahmedabad, d'Ujjain ou encore de Lahore (voir la carte n° 6, dans le second rabat).

Insatisfaite cependant du contrôle exercé par les gouverneurs moghols de Surat et par les taxes qu'ils prélevaient sur les marchandises échangées, l'EIC se mit en quête d'un autre lieu pour implanter une *factory*. En 1660, des négociations furent ouvertes avec la couronne portugaise. Celle-ci se trouvait alors en mauvaise posture, menacée à la fois par l'Espagne et, dans ses colonies asiatiques, par l'expansion hollandaise. Les Hollandais, et notamment leurs visées sur l'île de Ceylan (actuel Sri Lanka), inquiétaient aussi les Britanniques qui décidèrent de suspendre leur rivalité avec le Portugal. Le 23 juin 1661 fut conclu le contrat de mariage entre Charles II (1660-1685), roi d'Angleterre, et Catherine de Bragance, la sœur du roi Afonso VI (1656-1683). Outre une coquette dot, la couronne portugaise acceptait de céder les ports de Bombay et Tanger aux Britanniques, en échange de leur aide militaire contre l'Espagne et la Hollande[1].

Le nouveau vice-roi portugais, Antonio de Mello de Castro, envoyé en 1662 en Inde, ne transféra pourtant pas les îles au représentant britannique. Ce refus semblait lié à la fois aux pressions des colons installés sur place, inquiets de leur devenir, et au contexte de la prise de l'établissement portugais de Cochin, situé dans l'État actuel du Kérala, par les Hollandais. En dépit de l'engagement pris, les Britanniques n'intervinrent pas, échaudés par la conclusion récente d'un traité entre le Portugal et la Hollande. De Castro ne consentit au transfert

1. David M. D., *History…*, *op. cit.*, p. 33.

qu'en 1665, tout en profitant de la confusion qui régnait autour de la désignation de Bombay – ce terme désignait-il l'ensemble de l'archipel ou uniquement son île la plus importante qui en portait le nom ? – pour en exclure les possessions de Colaba, Mahim et Sion. L'année suivante, le gouverneur britannique, Humphrey Cooke, annexa ces territoires, à l'exception des plus méridionaux de Colaba et Old Woman. Mais il ne parvint pas à faire aboutir les prétentions des Britanniques sur les possessions voisines portugaises de Salsette et de Thane, dont l'archipel dépendait totalement pour son approvisionnement en nourriture et en eau douce, puisqu'il ne comptait qu'une seule source, située à Mazagaon. Durant les soixante-dix années qui suivirent, jusqu'à la perte de Salsette par les Portugais, les deux rivaux, séparés uniquement par la crique de Mahim, se firent face, dans un état d'hostilité larvée, et fortement entretenue par les taxes prélevées par les Portugais sur les denrées qu'ils acheminaient vers l'archipel.

« Deux moussons c'est la durée de vie d'un homme »

Coupé des terres agricoles productives de la *Provincìa do Norte*, l'archipel se révéla d'un intérêt économique très réduit pour les nouveaux arrivants qui, contrairement à leurs prédécesseurs, ne semblèrent pas s'émouvoir du cadre bucolique de leur acquisition. Les premières descriptions qu'ils en firent insistent sur son dénuement, « une pauvre petite île » selon l'amiral Pepys. Au moment où la couronne britannique entra en possession de l'archipel, sa population était évaluée à 10 000 habitants et habitantes et son revenu à 1 000 livres. Celui-ci était issu des deux principales productions agricoles locales – la culture des cocotiers pour la fibre de coco et des palmiers dont la communauté des Bhandaris tirait de l'alcool de palme – et des produits de la pêche. La prise la plus commune des pêcheurs kolis était le bombil, aussi connu sous le nom de « Bombay Duck », qui doit une partie de sa renommée à l'odeur forte qu'il dégage une fois séché. Ce poisson-lézard, *Harpadon nehereus* de sa désignation savante, n'est pas, comme il a pu être souvent présenté, une espèce qui ne serait endémique qu'aux eaux de Bombay, mais nulle part ailleurs il n'est, jusqu'à aujourd'hui, un plat aussi courant. Au point que lorsque Govind Narayan, professeur et journaliste, rédigea sa *Mumbaiche Varnan*, la première histoire de la ville publiée en marathi en 1863, il y fit figurer une légende qui rend compte à la fois de l'aspect flasque du poisson et de son lien particulier à la cité. Celle-ci puise dans les événements du *Ramayana* puisqu'elle relate que Rama, en construisant le pont qui allait lui permettre de se rendre dans l'île de Lanka et de libérer sa femme, reçut l'aide de tous les poissons, sauf du bombil. En colère, le prince se serait saisi de ce dernier et l'aurait jeté si puissamment en l'air qu'il serait retombé dans la baie de Bombay, se brisant dans sa chute brutale toutes les arêtes[1].

À côté des ports du Gujarat et de leur riche production textile, Bombay faisait donc piètre figure, n'offrant aucun produit qui pouvait alimenter le commerce. Pis, l'archipel, du fait de son milieu marécageux et des modes de culture de ses habitantes et habitants, fut perçu par les Britanniques comme foncièrement insalubre. La forte mortalité qui touchait alors ces derniers aurait inspiré le proverbe « deux moussons c'est la durée de vie d'un homme ». Cette situation interpella le médecin John Fryer lorsqu'il séjourna à Bombay au début des années 1670. Après avoir expliqué que la pratique locale d'utiliser du « poisson pourri » comme fumier avait d'abord été incriminée, sans que son interdiction n'entraînât d'améliorations notables, il cita pêle-mêle d'autres facteurs pouvant nuire à la santé de ses compatriotes : la « putréfaction de l'air » due à la présence des marais, le manque d'aliments frais (qui devaient y être acheminés), mais aussi la consommation d'« alcools forts », peu adaptées selon lui au climat. D'autres

1. Ranganathan M., *Govind Narayan's…*, *op. cit.*, p. 132.

difficultés liées à l'administration de l'archipel (tensions avec les *fazendars* portugais, rivalités avec les autres compagnies, etc.) ne tardant pas à se rajouter à ces conditions déjà ardues, la couronne britannique jugea plus sage de le céder dès 1668 à l'EIC pour un loyer annuel de 10 livres.

La « Cendrillon des implantations britanniques en Inde »

Un comptoir isolé

L'installation de l'EIC, et le transfert de son siège auparavant à Surat en 1687, se traduisit par l'émergence d'un nouveau centre urbain situé sur l'île de Bombay. La demeure bâtie par Garcia da Orta avait fait l'objet, dès 1665, de travaux de fortifications et, désormais connue sous le nom de Bombay Castle (voir illustration n° 2), elle devint le point autour duquel s'organisa la nouvelle *factory*. Des restes des murs du bâtiment original seraient encore visibles dans l'édifice qui se dresse désormais sur le site, le quartier général de la marine (INS Angre), mais celui-ci n'est malheureusement pas ouvert au public. L'abandon de Mahim s'explique en partie par l'évolution des techniques de navigation qui nécessitait désormais des eaux profondes et non plus le recours à des criques étroites. La baie de Bombay présentait l'avantage d'offrir une protection naturelle contre le vent et les intempéries qui pouvaient être fort violents pendant la mousson. Il est d'ailleurs souvent fait état, dans les ouvrages portant sur l'histoire de la ville, de la nature particulièrement favorable de son port en eau profonde pour expliquer l'essor important qu'elle connut aux siècles suivants. Le recours au déterminisme naturel n'est, toutefois, que peu à même de faire comprendre comment Bombay finit par jouer le rôle fondamental qu'elle remplit aux XIXe et XXe siècles.

Illustration n° 2 :
Vue du Bombay Castle, depuis l'ouest (1810).

En dépit de son site portuaire avantageux, les débuts du nouvel établissement de l'EIC furent en effet chaotiques et poussifs, l'historien Percival Spears n'hésitant pas à la décrire, avec un certain humour, comme la « Cendrillon des implantations britanniques en Inde, la plus insalubre, la plus pauvre et la plus méprisée ». Bien que Bombay fût la seule entité sur laquelle l'EIC jouissait de la pleine souveraineté politique, elle faisait pâle figure à côté des trois autres : Madras (Fort St George), Calcutta (Fort William) et Surat. Nous avons déjà évoqué le dynamisme du port gujarati qui comptait alors près de 400 000 habitants et habitantes. Des comptoirs britanniques, Madras (Chennai) était le plus ancien, mais aussi le plus prospère, avec une population estimée à 300 000 personnes. Établie en 1690, la *factory* de Calcutta (Kolkata) était encore peu peuplée, avec 10 000 à 12 000 habitants et habitantes, mais en pleine croissance[1].

1. Spears P., *The Nabobs. A Study of the Social Life of the English in Eighteenth Century India*, Londres, Oxford University Press, p. 66 et p. 10-11.

La situation peu enviable de Bombay tenait tout d'abord au fait qu'elle était isolée et relativement à l'écart des routes de commerce. Contrairement à Calcutta, elle n'était pas un port de fond d'estuaire et était coupée de son arrière-pays par les montagnes Sahyadri. Cet enclavement était encore accentué par le fait que l'île voisine de Salsette, qui la séparait du continent, n'appartenait pas aux Britanniques. Ce ne fut qu'en 1803 qu'elle fut définitivement gagnée sur la Confédération marathe, une dynastie qui avait profité de l'affaissement du pouvoir moghol pour étendre son influence en Inde centrale. Castes de paysans des plateaux du Deccan, les Marathes avaient d'abord servi de troupes d'appoint aux sultans d'Ahmadnagar contre les Moghols avant de se battre pour leur propre compte sous la direction de Shivaji (1630-1680) qui fonda la Confédération. Au début des années 1740, ils dominaient non seulement la région du Deccan mais étaient parvenus à annexer les provinces du Malwa et du Gujarat, ainsi que les possessions portugaises de Bassein et Salsette, exerçant ainsi leur pouvoir sur toute l'Inde occidentale.

Bombay se trouvait, par conséquent, dans une situation de grande dépendance vis-à-vis de Surat et du Gujarat. Elle jouait principalement le rôle d'un port de transbordement de marchandises acheminées depuis cette région par des commerçants locaux avant d'être réexpédiées vers l'Europe. Mais lorsque la prospérité de Surat commença à décroître au milieu du XVIIIe siècle, du fait de l'ensablement de son site, mais surtout de la fin de la « paix moghole », Bombay ne fut pas en mesure d'en profiter. L'ensemble du commerce britannique de la côte occidentale de l'Inde était en effet frappé de déclin depuis les années 1740, en raison de la baisse de la demande en indigo, commerce dans lequel Surat était très impliquée, et du déplacement des flux vers le Bengale et surtout Calcutta qui profita pleinement de l'intensification des échanges avec la Chine.

Moghols, Portugais, Marathes, de puissants rivaux

L'archipel était, ainsi, entouré de puissants rivaux : Moghols, Marathes, Portugais et, dans une moindre mesure, Hollandais, ces derniers ayant mené une attaque infructueuse contre la ville en 1673. Cette situation politique rendait l'implantation britannique à Bombay précaire et celle-ci subit de plein fouet, au début de son histoire, la rivalité entre les Moghols et les Marathes, opposés aussi sur les mers. Au début des années 1680, la ville se retrouva prise entre la flotte du souverain marathe Shambhaji qui avait saisi et fortifié l'île de Khanderi et, à 35 kilomètres au sud, l'île-forteresse de Janjira, base des marins sidis, une communauté d'origine est-africaine alliée des Moghols. En dépit de sa volonté de se tenir à l'écart des affrontements, l'EIC n'était alors aucunement en mesure d'imposer ses volontés à ces deux puissances, comme l'énoncèrent les ordres envoyés à Bombay par le gouverneur britannique de Surat en janvier 1684 : « Vous devez user de tous les artifices pour rester en bons termes avec eux ; de même que nous ne voulons en aucun cas nous quereller avec Shambhuji Rajah, de même nous ne pouvons en aucun cas, par prudence, nous brouiller avec les Siddi en ce moment, car le moment est très mal choisi. » Durant plusieurs années, la flotte sidi vint ainsi s'abriter durant les turbulents mois de mousson dans la rade de Bombay et, depuis le village de Mazagaon où elle s'était établie, lança des raids contre les territoires marathes qui se trouvaient sur la terre ferme, à l'est de l'archipel[1].

Après la perte au début des années 1680 du commerce du poivre des Indes orientales au profit des Hollandais, l'EIC décida de reconcentrer ses intérêts sur l'Inde. Ses actionnaires de Londres promurent alors une politique plus agressive à l'égard du pouvoir moghol, en vue de lui arracher de nouvelles concessions commerciales.

1. Sarkar J., *History of Aurangzib, based on original sources*, vol IV, Calcutta, M. C. Sarkar and Sons, 1930, p. 308-309.

Cela se traduisit à Bombay par l'instauration d'une imprudente – au vu du rapport de force alors en vigueur – guerre commerciale qui faillit bien se terminer par une destruction totale de l'implantation britannique. Comme les Portugais avant eux, les Britanniques se lancèrent dans une tactique de « prises », attaquant des vaisseaux moghols. L'empereur Aurangzeb étant engagé dans une série de conflits avec la Confédération marathe, aujourd'hui désignés comme les guerres du Deccan (1680-1707), la Compagnie chercha à profiter de la situation. Mais, dans ce contexte, la saisie en janvier 1689 d'un navire transportant du grain destiné à l'approvisionnement des troupes mogholes et le refus inconsidéré du gouverneur de Bombay de rendre la cargaison débouchèrent sur de sévères représailles. Un mois plus tard, Sidi Yakut Khan, amiral de la flotte moghole, lança depuis l'île-forteresse de Janjira un assaut sur l'archipel, à la tête d'une troupe comportant entre 6 000 et 14 000 hommes. Ils débarquèrent au nord, à Sewri, et, face à l'impréparation totale des Britanniques, mirent moins d'une semaine pour occuper le reste de l'archipel et atteindre la ville de Bombay, provoquant la fuite de nombreux habitants et habitantes, le reste de la population trouvant refuge dans le fort, seul lieu qui resta alors aux mains de l'EIC. Celle-ci dut hâtivement demander de l'aide aux Marathes pour recruter 2 000 mercenaires locaux, qui constituèrent le gros des troupes de défense.

S'ensuivit un siège de quinze mois, dûment documenté par le journal tenu par le capitaine James Hilton durant toute sa durée. Alors que les troupes de Sidi Yakut Khan mettaient à profit les bâtiments de la ville et la colline adjacente de Dongri pour installer des batteries de canons et bombarder les assiégés, Hilton décrivait une déroute totale. Manquant de nourriture, confrontés au déclenchement d'une épidémie de peste, les défenseurs du fort durent faire face à la défection de près d'un tiers d'entre eux, qui rejoignirent les troupes mogholes et pour certains se convertirent à l'islam. La situation semblait si désespérée que l'EIC envisagea un temps de faire sauter le fort et de faire voile vers l'Angleterre avec ses vaisseaux restants. En juin 1690, le siège fut finalement levé, après qu'une paix aux conditions humiliantes eut été conclue. Non seulement les Britanniques ne gagnèrent aucune concession commerciale, mais ils durent s'engager à payer de lourdes indemnités au pouvoir moghol. La Compagnie mena une campagne de désinformation pour cacher ces termes à Londres et faire croire au caractère justifié de cette guerre, ainsi qu'à son succès, masquant les conséquences catastrophiques de cet épisode sur Bombay. À la levée du siège, la majeure partie de la ville était en effet en ruines, tout comme les aménagements qui avaient été entrepris aux alentours, tels que les digues pour gagner des terres arables. James Hilton décrivit les restes de la cité comme « un des déserts lugubres », puisque « sur les sept ou huit cents Anglais qui habitaient [Bombay] avant la guerre, l'épée et la peste n'en avaient pas épargné plus de soixante », soit un taux de mortalité de près de 80-90 %. Il est vraisemblable que les autres communautés qui vivaient alors dans l'archipel aient connu le même sort.

Le fiasco de 1689 fit prendre conscience aux Britanniques de la nécessité de renforcer les défenses de la ville, contre la puissance moghole mais aussi, à partir du début du XVIIIe siècle, contre les opérations d'un autre seigneur des mers, Kanhoji Angre. Allié des Marathes, celui-ci domina la côte durant près d'un quart de siècle et s'empara de vaisseaux hollandais, portugais et britanniques. Le déroulement du siège avait révélé les faiblesses de l'implantation, notamment l'éloignement du fort des principaux bâtiments de la ville qu'il n'était pas en mesure de protéger et qui étaient devenus, aux mains ennemies, de véritables menaces. Une des premières mesures prises fut la construction, au sommet de la colline de Dongri, d'un nouveau fort. Des travaux plus ambitieux, qui se poursuivirent jusqu'en 1716, visèrent à entourer la cité d'un mur de bastions semi-circulaire. En 1739, la prise de Bassein par les Marathes accrut encore les craintes d'une attaque contre Bombay. La Compagnie fit alors creuser un fossé autour des murs. Achevé en 1843, celui-ci fut surnommé « le fossé des Marathes » (« the Maratha ditch »), en partie financé par les marchands de la ville. Cela s'accompagna de la décision de créer un espace *non aedificandi* entre les murailles et la cité afin de dégager un champ de tir aux canons, ce qui fut à l'origine des *maidan* encore visibles aujourd'hui, rares espaces ouverts de la cité où se déroulent réunions politiques et parties de cricket. Tous les arbres compris dans un rayon de 100 mètres autour du mur furent coupés, et tous les édifices en dur pouvant obstruer la ligne de défense détruits. Ce fut le cas notamment du temple de Mumbadevi, la déesse de certaines communautés kolies, dont l'installation remontait vraisemblablement au XIVe siècle. Un nouveau sanctuaire fut bâti dans le quartier de Pydhonie, au cours des années 1830, où il est toujours visible sur Mumbadevi Road.

Ces précautions s'étendirent jusqu'aux autres collines et promontoires voisins, bien souvent coiffés d'églises portugaises, qui furent rasées pour les mêmes raisons. À la fin des années 1760, ce dispositif défensif fut complété par l'érection à Bori Bunder, au nord du fort, d'un nouvel édifice, appelé fort Saint George. Ses murs de granite noir rejoignaient ceux du Bombay Castle, formant une ligne de fortification continue. Une trace en est encore visible aujourd'hui, enclose dans le mur d'enceinte de l'hôpital Saint George, situé à l'est de la gare actuelle de Chhatrapati Shivaji Terminus (anciennement Victoria Terminus). Si on y ajoute la reconstruction des forts portugais de Worli, Sewri et Sion, et la construction du nouveau fortin de Rewa (appelé aussi Kala Killa – le fort noir) – dont les murailles sont aujourd'hui prises dans le bidonville de Dharavi – qui surveillaient toutes les criques où une flotte ennemie pouvait accoster, l'archipel se retrouva un des mieux protégés au monde. Afin de financer ces aménagements défensifs, l'EIC dut mettre en place une administration plus efficace, lui permettant d'augmenter les taxes prélevées sur les populations locales. L'épisode du siège, et les nombreuses défections qui l'émaillèrent, lui servit aussi de prétexte pour affermir son contrôle sur l'archipel, et notamment sur ses ressources foncières. Cela se fit aux dépens des propriétaires catholiques et tout particulièrement des ordres religieux implantés par les Portugais qui y possédaient de vastes propriétés. Ainsi, en 1706, les jésuites de Parel furent expropriés et leurs bâtiments détruits, en représailles de l'aide présumée que le père supérieur jésuite de Bandra aurait fournie aux Sidis pendant le siège. Un sort identique semble avoir frappé, la famille De Sosa qui jouissait jusque-là du fief de Mazagaon[1].

La crise suscitée par la quasi-destruction de son implantation à Bombay eut donc pour conséquences de renforcer le contrôle militaire, politique, mais aussi économique de la Compagnie sur l'archipel. Ce ne fut cependant qu'à partir du milieu du XVIIIe siècle que sa position dans la région devint moins fragile. Elle profita notamment des rivalités qui virent le jour au sein de la Confédération marathe pour accroître son emprise navale dans la mer d'Arabie. Le royaume fondé par Shivaji avait évolué à partir des années 1720 en une confédération au sein de laquelle le pouvoir n'était plus exercé par le roi, mais par un Premier ministre héréditaire, appelé *Peshwa*, appartenant à une famille de brahmanes. Des dynasties subalternes avaient en outre vu le jour, du fait des nombreuses annexions opérées. Or, en 1756, le *Peshwa* de Poona confronté à la rébellion de son ancien amiral, fit appel aux Britanniques. La défaite de ce dernier acquise, la puissance maritime marathe – qui avait été un des fondements de leur domination – s'en trouva fortement amoindrie et ne retrouva jamais son niveau antérieur. Toutefois, alors que les Britanniques avaient annexé d'importants territoires sur la côte est, notamment le Bengale en 1757, ce processus fut beaucoup plus modeste sur la côte occidentale. Reste que l'équilibre politique en sortait modifié : l'EIC s'était imposée comme la principale puissance européenne en Inde et comme une force militaire qu'il n'était plus possible d'ignorer. En 1774, avec le déclenchement de la première guerre anglo-marathe, les Britanniques s'emparèrent de Salsette et de Bassein, territoires sur lesquels ils lorgnaient depuis leur installation. L'ouverture d'une querelle de

1. Hunt M. R., « The 1689 Mughal Siege of East India Company Bombay : Crisis and Historical Erasure », *History Workshop Journal*, n° 84, 2017, p. 149-169 et Hunt M. R. et Stern P. J., « Bombay : The Genealogy of a Global Imperial City », *Urban History*, n° 48, 2021, p. 461-478.

succession parmi les *Peshawa* leur offrit l'opportunité d'affermir leur emprise. En apportant leur soutien à l'un des prétendants, Raghunath Rao, ils se virent reconnaître la possession de Salsette et finirent, avec la conclusion du traité de Bassein en 1803, par exercer un contrôle sur les affaires des *Peshwa* de Poona. Cela leur permit de s'assurer des liaisons plus suivies avec le continent : en 1803, la construction de la Sion Causeway relia de manière permanente l'archipel à son arrière-pays tandis qu'une ligne de ferry était ouverte en direction de Thane[1].

Une fabrique urbaine particulière

Attirer marchands et artisans

Le manque d'attractivité de leur nouvelle acquisition força les Britanniques à mettre en place une politique particulière, afin d'attirer de nouveaux habitants et habitantes, ce qui eut des conséquences majeures sur la fabrique – aussi bien sociale, économique et architecturale – de la ville et lui conféra une identité particulière par rapport aux deux autres grandes implantations britanniques qu'étaient Madras et Calcutta.

Sous le gouverneur Gerald Aungier (1669-1677), un ensemble de mesures furent ainsi mises en œuvre pour faire venir dans la nouvelle *factory* marchands et artisans, afin de disposer de produits à exporter et d'accroître les revenus de la Compagnie. En 1670, toutes les marchandises qui y étaient importées ou exportées furent exemptées de taxes pendant cinq ans. Les nouveaux venus recevaient la protection du gouverneur contre toute arrestation ou procès en cas de dettes contractées hors de la ville, tandis que les artisans étaient dispensés en 1676 de la *militia*. Le gouverneur Aungier se montra, en outre, soucieux de ménager les sensibilités religieuses et

1. Kosambi M., *Bombay and Poona : A Socio-Ecological Study of Two Indian Cities, 1650-1900*, Stockholm, Stockholm University Press, 1980, p. 51.

culturelles des communautés locales. S'il remplaça la loi portugaise par la loi anglaise, il chercha à leur maintenir des formes d'autonomie, notamment en laissant en place le système des *panchayat*[1] qui visait à arbitrer des différends religieux ou de castes. L'installation de missions chrétiennes fut par ailleurs interdite dans l'archipel jusqu'en 1814. La construction de la première église anglicane de Saint Thomas, aujourd'hui située près des Horniman Circle Gardens et qui donna son nom à la porte ouest de l'enceinte, « Churchgate », ne fut d'ailleurs achevée qu'en 1718.

Les populations visées par ces mesures étaient essentiellement les dynamiques communautés marchandes gujaraties. Mais, comme l'a souligné Rajnarayan Chandavarkar, « de manière significative, les groupes marchands qui jouèrent un rôle primordial dans les premiers temps de l'histoire économique de Bombay n'étaient pas les éléments dominants de l'économie commerciale du Gujarat ». Les puissants commerçants banias et les grands banquiers jains avaient des intérêts trop fermement établis dans les réseaux économiques gujaratis pour avoir besoin de se placer sous le patronage des Européens. Si bien qu'ils choisirent de rester à Surat, n'envoyant à Bombay que leurs agents. Ce furent donc des communautés qui occupaient jusqu'alors des positions économiques relativement marginales au Gujarat qui saisirent l'opportunité offerte par les autorités de la Compagnie et tentèrent leur chance dans le nouveau comptoir. Certaines d'entre elles, comme les Bohras, descendants d'hindous convertis à l'islam ismaélien au XIe siècle, faisaient de plus l'objet de suspicions religieuses, par la proximité de leurs coutumes avec celles des hindous, et trouvèrent ainsi un moyen de s'en prémunir[2].

Parmi ces groupes, un en particulier joua un rôle de premier plan dans les débuts de l'essor commercial de la ville, à savoir les Parsis. Arrivés de Perse aux alentours du VIIIe siècle, fuyant

1. Conseil composé d'anciens ou de membres éminents d'une communauté ou d'un village.

2. Chandavarkar R., *The Origins of Industrial Capitalism*..., p. 55 et 56.

les persécutions religieuses, ces zoroastriens s'étaient installés au Gujarat. Bien que s'étant d'abord consacrés aux travaux agricoles, ils avaient fini par prendre modestement pied dans les circuits commerciaux de la région, notamment en approvisionnant à Surat les bateaux marchands en nourriture et en alcool. Ils étaient aussi actifs dans le secteur artisanal, notamment textile, les *baftas*[1] produits par les tisserands parsis étant très recherchés. Cette proximité avec le milieu manufacturier pouvait apparaître, aux yeux des compagnies de commerce européennes, comme un atout. Dès la fin du XVIIe siècle, les commerçants parsis recherchèrent activement le patronage des Hollandais, puis, lorsque l'influence de ces derniers commença à décliner à partir de 1750, celui des Britanniques, afin de compenser leur position autrement marginale au sein des réseaux économiques. Ce fut pour ces mêmes raisons qu'ils comptèrent parmi les premiers à venir s'installer dans le nouveau comptoir, quittant Surat où ils ne représentaient qu'une faible minorité face à la communauté dominante des Banias[2]. Les activités qu'ils y établirent étaient étroitement liées à la Compagnie, dont ils devinrent les principaux *compradores*[3]. La majorité d'entre eux travaillaient au départ comme tisserands, charpentiers ou artisans de toutes sortes, tandis qu'une petite minorité de commerçants et d'entrepreneurs pourvoyaient aux besoins variés de l'EIC. Les fondateurs des familles qui devaient devenir célèbres au cours du XIXe siècle débutèrent de cette manière. La famille de Jeejeebhoy Dadabhoy (1785-1849) bâtit ainsi sa fortune en approvisionnant la Compagnie en vêtements, tout comme l'ancêtre de la famille Petit, arrivé à Bombay en 1789, débuta

1. Toile tissée épaisse, souvent de coton.

2. Guha A., « More about the Parsi Seths. Their Roots, Entrepreneurship and Comprador Role, 1650-1918 », *Economic and Political Weekly*, vol. 19, n° 3, 1984, p. 117-119 et Das Gupta A., *Indian Merchants and the Decline of Surat c. 1700-1750*, Wiesbaden, Franz Steiner Verlag, 1979.

3. Marchands locaux qui servaient d'intermédiaires aux commerçants européens lors de transactions.

comme *dubash* (interprète) et comme courtier pour un certain nombre de vaisseaux français et hollandais[1].

Bombay finit par devenir, au XIXe siècle, le point central de la communauté parsie indienne, dont l'influence s'étendait sur toute la diaspora. Le gouverneur Aungier leur accorda dès 1673 une parcelle sur la colline de Malabar Hill afin qu'ils y construisent une tour du silence, leur permettant ainsi d'accomplir leurs rites mortuaires. Leurs croyances leur interdisant de polluer la terre, le feu ou tout autre élément avec leurs cadavres, cette tour – en fait une structure assez basse, toujours située au même endroit à Bombay – est utilisée pour exposer les corps, afin qu'ils soient mangés par des vautours. L'impérialiste Rudyard Kipling y fait référence dans ses mémoires publiées en 1937, *Something of Myself : For my friends known and unknown*. L'auteur passa en effet les six premières années de sa vie à Bombay, à la fin des années 1860. Évoquant les quelques souvenirs qu'il conservait de cette période, il mentionna ne pas avoir compris « la détresse de [sa] mère lorsqu'elle trouva "une main d'enfant" dans [leur] jardin ». Le plaisir de l'anecdote réside dans l'écart entre la naïveté du petit Kipling qui « voulait voir cette main d'enfant » et la connaissance de l'écrivain devenu adulte qui attribua l'étonnante découverte à la proximité des tours du silence. Le motif semble avoir connu une rémanence littéraire puisque dans son *Midnight's Children* (*Les Enfants de minuit*, 1981), Salman Rushdie fait atterrir sur la figure du père de son narrateur « une main de Farsi à peine mâchée », lâchée par « vautour depuis les tours du silence ». En 1709 fut construit le premier temple de feu de la ville, le Banaji Limji Agiary, du nom du riche marchand qui en a financé la construction. Le bâtiment coiffé d'une toiture pyramidale en tuiles de Mangalore visible aujourd'hui sur Banaji Street n'est toutefois pas l'original, qui fut très largement détruit dans l'incendie de 1803, mais une reconstruction effectuée en 1854.

1. Dobbin C., *Urban Leadership in Western India. Politics and Communities in Bombay City, 1840-1885*, Oxford, Oxford University Press, 1972, p. 9.

La détérioration progressive au cours du XVIIIe siècle de la situation des villes situées aux alentours, du fait de guerres entre souverains locaux rivaux, finit également par contribuer à la croissance démographique de Bombay. En 1780, elle comptait 113 726 habitants et habitantes. À la suite du sac de Surat en 1670 par les Marathes, une partie des marchands de la ville vinrent s'installer dans la *factory*. L'occupation de l'arrière-pays du port gujarati par le souverain marathe Baji Rao I (1720-1740) acheva d'accentuer son déclin. Il en fut de même après l'attaque de Poona en 1763 par les troupes du nizam d'Hyderabad[1]. Le déclenchement d'épisodes de famine dans les campagnes environnantes, en 1803-1806 puis en 1811-1812, précipita d'autres migrations. Bombay vit notamment affluer en 1812 près de 20 000 personnes qui fuyaient la misère de leurs villages[2]. D'autres groupes, comme celui des Bene-Israel, y furent attirés par les liens qu'ils forgèrent avec l'EIC. Ces juifs marathiphones installés sur la côte du Konkan depuis le XIIIe siècle trouvèrent à s'employer dans les troupes de la Compagnie et s'installèrent à Bombay vers 1750. L'un d'entre eux, Samuel Diverkar, commandant du 6e bataillon marathe d'infanterie légère, laissa une certaine empreinte dans l'espace urbain. Une des rues situées dans le quartier où s'étaient installés les membres de sa communauté, Tantanpura, porte son prénom, Samuel Street. Il y fit construire en 1796 la plus ancienne synagogue de la ville, Shaar Harahamim (porte de la miséricorde), en remerciement d'avoir été épargné pendant la guerre contre la principauté de Mysore (1780-1784) alors qu'il avait été fait prisonnier par les troupes de Tipu Sultan[3].

1. Kosambi M., *Bombay and Poona*..., *op. cit.*, p. 60.

2. Dossal M., *Theatre of Conflict, City of Hope : Mumbai, 1660 to Present Times*, New Delhi, Oxford University Press, 2010, p. 67.

3. Lentin S. S., « The Jewish presence in Mumbai, their contribution to the city's economic, social and cultural fabric », *in* Verghese A. (dir.), *Mumbai Socio-cultural perspectives : Contributions of Ethnic Groups and Communities*, Mumbai, Sophia College, 2013, p. 116-118.

L'essor du commerce et des chantiers navals (seconde moitié du XVIIIe siècle)

La situation économique de l'enclave commença à s'améliorer au cours de la seconde moitié du XVIIIe siècle. Cela était dû en partie à l'augmentation du volume des marchandises qui transitaient désormais par son port, devenu le premier centre commercial de l'Inde de l'Ouest. Les bateaux y acheminaient des perles, de la soie brute, des dattes et de l'eau de rose depuis Basra, Muscat et autres ports du golfe Persique. De la péninsule Arabique venaient le café, l'or et le miel, de Java et Sumatra des épices, des parfums et du sucre. Des liaisons régulières reliaient aussi Bombay à l'Afrique de l'Est d'où étaient expédiés de l'ivoire et des esclaves. Les Britanniques poursuivirent en effet ce trafic, commencé par les Portugais. En 1789, la ville comptait 431 esclaves dont la majorité avait été amenée de Madagascar pour servir comme soldats et comme travailleurs. Après l'abolition de la traite en 1807, il arriva qu'en interceptant des navires négriers la Royal Navy en libérât les occupants à Bombay, où ils trouvaient à s'employer sur le port ou étaient pris en charge par des institutions religieuses. Ces derniers furent désignés comme « Bombay Africans » (Africains de Bombay). Un certain nombre d'entre eux accompagnèrent à partir des années 1860 les missions dites d'exploration de l'Afrique dirigées notamment par David Livingstone et finirent par jouer un rôle actif dans la lutte contre l'esclavage sur le continent[1]. Les principales exportations du port consistaient alors en l'acheminement de poivre venu de la côte de Malabar, de cotonnades et de « produits de Surat » (*Surat goods*), terme qui regroupait un certain nombre de marchandises, notamment textiles, fabriquées à Broach, Jambusar ou d'autres centres manufacturiers du Gujarat et qui étaient très prisées

1. Une exposition leur a été consacrée en 2007 à la Royal Geographical Society de Londres.

aussi bien en Europe, dans le golfe Persique que sur le marché intérieur indien[1]. À partir des années 1780, un nouveau produit fit son apparition : le coton brut, envoyé d'abord vers le marché chinois. Durant les années 1770, la Chine avait dû faire face à une succession de mauvaises récoltes, ce qui avait stimulé les importations. Après 1800, la Grande-Bretagne devint aussi un marché important pour le coton indien. Du fait du développement de ce commerce, le « Bombay Green », un espace ouvert situé au cœur de la ville fortifiée et qui servait à de nombreuses fonctions (lieu de rendez-vous informel, terrain de pratique pour les troupes, etc.) ne tarda pas à devenir le « Cotton Green ». Les balles de coton, dans l'attente d'être achetées et chargées sur les bateaux, y étaient entreposées, ainsi que les balances et les presses nécessaires à la vente et au conditionnement du produit[2].

Le relatif essor économique de la *factory* résulta aussi du développement des chantiers navals. En 1736, les autorités de la Compagnie parvinrent en effet à persuader un charpentier et marchand de bois de Surat, le parsi Lowjee Nusserwanjee Wadia, de venir s'installer à Bombay. En 1781, c'étaient près de 500 charpentiers de marine qui y travaillaient et leurs bateaux étaient réputés pour être aussi robustes et d'aussi bonne facture que ceux construits dans les chantiers britanniques. Entre 1736 et 1821, 159 navires d'un tonnage supérieur à 100 tonnes sortirent ainsi des chantiers de Bombay. Il en subsiste une trace à Gosport, près de Southampton, où est conservée une frégate en teck, la *Trincomalee*, achevée en 1817 sur les chantiers Wadia. Selon l'historienne Louiza Rodrigues, l'essor des chantiers navals entraîna un premier épisode majeur de déforestation des forêts de tout l'ouest de l'Inde, particulièrement des tecks, principal arbre employé pour la construction navale du fait

1. Wadia R. S., « Bombay Parsi Merchants in the XVIIIth and XIXth centuries », *in* Hinnells J. R. et Williams A. (dir.), *Parsis in India and the Diaspora*, Londres, Routledge, 2008, p. 123.

2. Tindall G., *City of Gold. The Biography of Bombay*, Londres, Penguin Books, 1982, p. 62.

de sa résistance aux insectes et aux déformations. La construction d'un navire de guerre de 74 canons nécessitait en effet l'abattage de près de 980 arbres, ce qui fit du bois un produit très recherché. Durant les guerres napoléoniennes, la demande accrue des chantiers navals poussa les autorités de la Compagnie à faire passer sous l'administration de Bombay les forêts lointaines, mais riches en teck, des régions de Kanara (partie centrale de la côte occidentale) et de Malabar (partie méridionale), accroissant considérablement la zone touchée par les conséquences écologiques ces coupes. Mais l'espace le plus exploité, du fait de sa proximité avec la ville, restait les importantes forêts de l'île voisine de Salsette. Les coupes – y compris de spécimens jeunes motivées par l'appât du gain alors qu'ils ne pouvaient servir à la construction – y furent si abusives que les autorités durent envisager, dès 1810, d'y replanter des arbres[1].

L'activité des chantiers navals crût au point de susciter en 1750 de nouveaux aménagements portuaires et notamment la construction d'une cale sèche. Entre 1807 et 1810 lui fut adjoint le Duncan Dock, du nom de Jonathan Duncan, gouverneur de Bombay entre 1795 et 1811, composé de deux cales sèches. Ces installations ont perduré jusqu'à aujourd'hui où elles sont utilisées par la marine indienne pour la réparation de ses bâtiments. Bordées par la Shahid Baghat Singh Road, elles jouxtent quelques-uns des plus anciens bâtiments administratifs de la cité. Au nord de la rue – à proximité du Town Hall – se trouve d'abord l'ancien bâtiment des douanes (Old Customs House) qui abrite aujourd'hui le Collector's Office. À l'origine construit par les Portugais pour y loger leurs soldats, l'édifice fut récupéré par l'EIC en 1665 qui y installa une partie de son personnel civil. Après avoir été agrandi au début du XVIIIe siècle, le bâtiment accueillit en 1802 l'administration des douanes. Sa forme actuelle résulte de réaménagements plus récents, notamment de l'ajout du porche d'entrée. En descendant ensuite la rue vers le sud et longeant l'enceinte

1. Rodrigues L., *Development and Deforestation. The Making of Urban Bombay, c. 1800-1880*, Delhi, Primus Books, 2019, p. 31-51.

actuelle du Naval Dockyard, jusqu'à l'intersection avec la Bombay Samachar Marg (ancienne Apollo Street), on peut apercevoir le Writers' Building. À partir de 1802, date de son inauguration, il abrita les bureaux du personnel civil de la Compagnie qui avaient cédé leur place aux douanes. Si peu d'altérations semblent avoir été apportées à l'agencement général de l'édifice, il a été beaucoup modifié dans le détail, notamment par le remplacement des balcons en bois sculptés par des structures en acier. Enfin, presque à l'extrémité méridionale de la rue, à proximité de l'ancienne Lion's Gate et de l'église de Saint Andrew, premier lieu de culte de l'église écossaise inauguré en 1818, s'élève le Great Western Building. Une plaque apposée à l'entrée rappelle qu'avant d'être transformé en hôtel au début des années 1880 et d'abriter aujourd'hui bureaux et boutiques, cette bâtisse érigée en 1764 fut un temps la résidence d'un des gouverneurs de Bombay. Elle devint par la suite le siège de l'Amirauté, statut qui lui conféra le nom d'Admiralty House, avant d'accueillir à partir de 1878 l'un des principaux tribunaux, la Recorder's Court House. Cet ensemble de bâtiments compte aujourd'hui parmi les rares exemples de l'architecture qui existait dans le quartier du Fort avant le XIXe siècle. Les affectations variées qu'ils connurent traduisent aussi les fortunes de l'EIC qui, tout un assumant le gouvernement du territoire, ne dota pas la ville de prestigieux bâtiments administratifs, exploitant avec pragmatisme le patrimoine immobilier dont elle disposait. Les formes architecturales visibles dans la ville ne lassaient d'ailleurs pas de surprendre les visiteurs et les visiteuses de l'époque. Pour celles et ceux ayant voyagé sur la côte orientale, elles étaient jugées étroites et sans prétention. De fait, « elles ont des toits pentus et recouverts de tuiles au lieu de toits plats, des vérandas en bois supportées par des piliers de bois à la place des imposantes “piazzas” de Calcutta et de Madras et elles sont dénuées des splendides portiques classiques visibles dans les autres enclaves[1] ».

1. Spears P., *The Nabobs…*, *op. cit.*, p. 66.

L'émergence d'une nouvelle morphologie urbaine : poldérisations et extensions

L'essor progressif que connut la *factory* s'accompagna de profondes modifications de la morphologie de l'archipel. À la suite du siège de 1689, le milieu particulier de celui-ci qui en faisait, à marée haute, un ensemble de sept îles et, à marée basse, des morceaux de terre reliés par des marais salés (voir la carte n° 2, p. 19), fut perçu par les Britanniques comme aggravant la vulnérabilité de leur implantation. Les nombreuses brèches par lesquelles s'introduisait la mer fournissaient, selon eux, autant de points d'entrée pour les ennemis qui, comme l'avaient fait les troupes sidies, n'avaient ensuite plus qu'à attendre la marée basse pour rallier les autres îles à pied en traversant les vasières. Ces traits physiques limitaient aussi l'étendue des terres arables et donc, pour la Compagnie, toute possibilité de développement.

Dès le début du XVIIIe siècle, elle lança des travaux de poldérisation, remodelant pour le rendre conforme à son usage le milieu naturel de l'archipel, au mépris des modes de vie et des pratiques des communautés locales. Certains villages de pêcheurs désignés comme *koliwada* se retrouvèrent ainsi coupés de l'accès direct à la mer. Vers 1700, la petite crique qui séparait l'île de Mazagaon de celle de Bombay, où s'élevait auparavant un pont construit par les Portugais, fut fermée. Les zones de Pydhonie et de Mandvi furent de cette manière asséchées et colonisées. La toponymie conserve toutefois la mémoire de l'ancienne topographie. Pydhonie signifie « lavage des pieds », tandis que le quartier qui le jouxte au nord porte le nom d'Umarkhadi, « la crique du figuier ». Les chantiers prirent de l'ampleur sous le gouverneur William Hornby (1771-1787). Des tentatives avaient été auparavant menées pour fermer la Grande Brèche (Great Breach) qui séparait Cumballa Hill de l'île de Worli et par laquelle, à marée haute, s'engouffraient les eaux qui venaient inonder les terres basses qui constituent aujourd'hui la zone centrale de la ville, mais étaient restées infructueuses. Il fit bâtir une chaussée qui épousait la courbe de la baie, connue sous le nom d'Hornby Vellard (du portugais « *vallado* », remblai), achevée en 1805[1] (voir illustration n° 3). Le récit de fondation de l'un des plus importants temples de la ville, le temple de Mahalaxmi, qui s'élève sur un affleurement rocheux le long de la côte, rattache cet épisode important de l'extension de Bombay à une communauté et des croyances locales. Voici ce qu'en rapporte Govind Narayan :

> [...] lorsque le gouvernement (*sarkar*) anglais était en train de construire le remblai à Worli, celui-ci s'effondra par deux fois durant la construction et conduisit à un gaspillage de travail et d'argent. L'ingénieur Prabhu [de la communauté Pathare Prabhu] qui supervisait les travaux fit un rêve dans lequel la déesse Mahalaxmi apparut et lui dit qu'à moins que son idole qui reposait dans la crique de Worli était enlevée et installée dans un temple, la construction du remblai ne pourrait être achevée. Ce gentleman récupéra l'idole dans la mer et l'installa. Après la construction du remblai, il reçut la terre comme cadeau du gouvernement et construisit le temple[2].

La fermeture de la Great Breach permit de gagner sur la mer un grand nombre de terrains. Une partie d'entre eux, désignés sous le toponyme « *Flats* », demeuraient marécageux. L'EIC décida de leur étendre le statut d'*aforamento* (ou de terres *foras*) afin de permettre leur mise en culture contre le paiement d'un impôt. L'achèvement en 1793, au sud de cette zone, de la Bellasis Road (Jehangir Boman Behram Road) qui ralliait Cumballa Hill à Mazagaon permit le développement du secteur de Byculla qui allait rapidement devenir un quartier prisé par les Européens. Quelques années après l'ouverture de la route, une piste pour les chevaux fut établie juste au nord de celle-ci et les courses devinrent si populaires qu'elles menèrent à l'établissement du Bombay Turf Club en 1800. L'engouement était tel que les champions du champ de courses faisaient l'objet de faveurs spéciales. Govind Narayan rapporte ainsi qu'un coursier, répondant au nom de Copenhagen et surnommé « le lion parmi les chevaux »,

1. Dossal M., *Theatre...*, *op. cit.*, p. 39.
2. Ranganathan M., *Govind Narayan's...*, *op. cit.*, p. 83.

lorsqu'il arrêta de courir en 1861 « fut renvoyé en Angleterre [...] afin d'y mener une vie de loisir », répétant la trajectoire de la majorité des Britanniques venus en Inde. À la fin du XVIIIe siècle, seules les deux îles méridionales de Colaba et de Old Woman Island restaient séparées des autres. Durant le dernier quart du siècle, les autorités décidèrent d'installer à Colaba un cantonnement pour y regrouper leurs troupes jusqu'alors logées sous tentes et ainsi assurer un contrôle plus étroit sur les soldats et leur état sanitaire. L'emprise militaire est toujours visible dans ce quartier désormais plus connu pour les étals et échoppes du marché installé le long de sa rue principale.

Illustration n° 3 : La « Grande Brèche » fermée
par la construction de l'Hornby Vellard (1791-1792).

Quant à la ville, son élément structurant restait, à l'aube du XIXe siècle, la forteresse et le quartier qui s'était développé au sein de l'enceinte, désigné comme le « Fort ». Marchands et commerçants s'étaient installés, pour des raisons évidentes de sécurité, au sein de l'enceinte et y avaient bâti des édifices qui leur servaient à la fois de bureau et de lieu d'habitation (voir illustration n° 4). Le point central de cet espace était le « Bombay Green » ou « Cotton Green » qui séparait au sud la zone principalement habitée par les Européens, de celle, au nord et plus densément bâtie, où vivaient les Indiens. Pour autant, et du fait de l'histoire particulière de l'enclave qui avait dû, afin d'attirer des agents économiques, concéder des termes très favorables aux commerçants indiens et avait par conséquent un peu prolongé l'héritage de Surat où marchands européens et indiens négociaient d'égal à égal, il serait impropre de parler pour Bombay de « ville blanche » et « ville noire ». Le rôle économique important que jouaient les communautés commerçantes indiennes, ainsi que leur emprise foncière, limitait les velléités de ségrégation que pouvaient manifester les Britanniques. Ainsi, lorsqu'en 1803 un feu détruisit 450 bâtiments dans le Fort, soit presque un tiers du quartier, les autorités cherchèrent à se saisir de cette opportunité pour relocaliser hors de l'enceinte un certain nombre de marchands indiens et leurs activités. Cette tentative suscita de très vives résistances et ne fut que très partiellement mise en œuvre[1].

Illustration n° 4 : Résidence d'un riche marchand britannique, C. Forbes, dans le quartier du Fort (1810-1811).

1. Dossal M., *Theatre…*, *op. cit.*, p. 54-55.

Les archives suscitées par la catastrophe montrent que, parmi les huit plus grands propriétaires du Fort, six sont indiens, deux d'entre eux, Pestonji Bomanji Wadia (1758-1816) et Hormasji Bomanji Wadia (1766-1826) détenant respectivement près de 1,3 et d'un hectare de terrains dans le quartier. Ces deux frères, petits-fils du charpentier de marine mentionné plus haut, avaient mis à profit l'expérience familiale dans la construction navale pour se lancer, à partir des années 1780, dans le commerce avec la Chine. Ils y remportèrent un succès certain et choisirent d'investir une partie de leurs bénéfices dans l'immobilier, notamment dans le quartier du Fort et dans celui de Parel où Pestonji se fit construire une résidence dont le nom, Lal Baugh (le jardin rouge), finit par devenir le toponyme désignant cette partie de la ville[1].

Du fait de l'accroîssement démographique, la ville avait aussi commencé à s'étendre au-delà des murs, à tel point qu'en 1789 les autorités commencèrent à ressentir la nécessité de contrôler la croissance urbaine et promulguèrent les premiers règlements régissant la construction. Afin d'améliorer la gestion urbaine et la rentrée des impôts locaux, elles décidèrent aussi de créer en 1808 une assemblée de douze juges de paix chargée de la collecte de l'impôt foncier, des taxes immobilières, des taxes sur les commerces et sur les attelages, ainsi que de l'entretien des rues[2]. Les quartiers qui se développèrent au-delà de la porte située au nord de l'enceinte, Bazaar Gate, et de la zone *non aedificandi* de l'Esplanade étaient connus sous le nom de « Native Town » ou de « Black Town » – désignation qui doit être relativisée, comme évoqué. Ils se partageaient entre deux entités. Les espaces les plus anciennement peuplés, au nord du Fort, où s'étaient installés les *bazaars* qui pourvoyaient aux besoins locaux, étaient désignés comme « Old Town », tandis que les extensions les plus récentes,

1. Farooqui A., *Opium City : The Making of Early Victorian Bombay*, Gurgaon, Three Essays, 2006, p. 65-66.

2. Dossal M., *Imperial Designs and Indian Realities : The Planning of Bombay City, 1845-1875*, Bombay, Oxford University Press, 1991.

comme le quartier de Kamathipura, gagné sur les basses terres et où des parcelles furent données en compensation aux habitants déplacés en 1804 par l'élargissement de l'Esplanade, étaient rassemblées sous le nom de « New Town »[1].

À l'aube du XIXe siècle, Bombay se distinguait donc par plusieurs traits des autres implantations de l'East India Company. Tandis que son architecture plus modeste traduisait ses débuts plus difficiles, elle présentait aussi une morphologie urbaine et sociale moins ségréguée que ses homologues orientales. Marchands et négociants indiens s'y taillèrent en effet une place de choix dans l'enclave sous domination britannique, aussi bien dans le négoce que dans l'emprise foncière.

1. Kosambi M., *Bombay and Poona…*, *op. cit.*, p. 75.

Chapitre deux

Le port (années 1810-1840)

Un des personnages les plus hauts en couleur du deuxième volet de la célèbre trilogie du romancier Amitav Ghosh, *Un fleuve de fumée* (*River of Smoke*), paru en anglais en 2011, est un marchand parsi, Bahram Moddie. Rejeton d'une famille pauvre du Gujarat, il est amené par un sinistre concours de circonstances à épouser la fille d'un riche habitant de Bombay, Seth Rustamjee Mistrie, qui a fait fortune dans les chantiers navals, sous la férule de l'East India Company. Dépourvu des qualités qui lui auraient permis de trouver sa place dans la firme familiale, Bahram finit par persuader son beau-père d'investir dans une nouvelle activité, alors en plein essor, le commerce de l'opium vers la Chine. A. Ghosh place dans la bouche de son personnage une description à la fois cynique et acerbe des transformations qui affectaient la vie économique du premier port de l'Inde occidentale :

> Je sais que vous et votre famille êtes engagés dans la manufacture et dans la mécanique. Pourtant regardez le monde autour de vous ; regardez comme il change. Aujourd'hui les plus gros profits ne viennent pas de la vente des choses utiles, bien au contraire. Les profits viennent de la vente des choses qui n'ont pas vraiment d'utilité. [...] L'opium est exactement ça. C'est totalement inutile, à moins que vous ne soyez malade – pourtant les gens en veulent quand même. Et une fois qu'ils ont commencé à en faire usage, ils ne peuvent plus s'arrêter : le marché ne cesse de

> s'élargir. C'est pourquoi les Anglais essaient de s'emparer de ce commerce et de le garder pour eux [...][1].

Au travers des aventures du truculent Bahram – son étourdissant succès dans les affaires, sa double vie entre Bombay et Canton et le tragique fiasco de sa dernière expédition alors que l'empereur de Chine décide d'interdire le commerce de l'opium – le récit nous donne à voir la place qu'ont acquise Bombay et ses communautés de marchands dans l'économie impériale, au moment où l'histoire est censée se dérouler, c'est-à-dire à la fin des années 1830. Un nouveau système a en effet émergé, les intérêts mercantilistes de l'époque précédente ayant cédé la place aux priorités du nouvel ordre colonial, au sein duquel le port jouait désormais un rôle clé.

L'essor d'un grand port colonial

De la *factory* à la capitale régionale

Entre 1814 et la fin des années 1840, Bombay s'éleva au rang de troisième ville de l'empire britannique, avec une population estimée à 566 119 habitants et habitantes en 1849[2], une trajectoire qui tendait à faire oublier sa réputation de « Cendrillon » des possessions britanniques du siècle précédent. Deux processus contribuèrent principalement à ce changement.

Tout d'abord, sous le gouvernorat général de Richard Wellesley (1798-1805), l'EIC mena une vigoureuse politique expansionniste, au nord comme au sud. Celle-ci n'épargna relativement que l'Inde centrale, même si, nous l'avons vu, les Britanniques étaient parvenus à s'immiscer dans les destinées de la Confédération marathe et à annexer un certain nombre de ses territoires. À la fin de

1. Ghosh A., *Un fleuve de fumée*, Paris, Robert Laffont, 2013, p. 61.
2. Kosambi M., *Bombay and Poona...*, *op. cit.*, p. 96.

la décennie 1810, le contrôle de cette zone devint une priorité pour l'EIC qui développa une attitude de plus en plus agressive à l'égard de la Confédération. En 1817, ses troupes y pénétrèrent pour mener une campagne de représailles contre les Pindaris. Ces mercenaires, d'abord au service des Moghols, passés aux Marathes, agissant désormais pour leur propre compte, avaient effectué plusieurs raids importants sur leurs possessions. En réaction à un traité humiliant qu'il avait été forcé de signer en juin 1817, le *Peshwa* Baji Rao II attaqua alors la résidence britannique de Poona (Pune), ce qui entraîna la troisième guerre anglo-marathe. Au terme de celle-ci, la Confédération fut balayée. Seuls subsistèrent quelques États aux dimensions réduites – Baroda, Gwalior, Indore et Satara, désormais contrôlés par le biais de traités d'alliance. Cette victoire vint clôturer un processus qui, en moins de trente ans, avait permis à l'EIC d'imposer sa domination sur la quasi-totalité de l'Inde.

Les conséquences de cette victoire furent énormes pour Bombay qui se retrouva à la tête d'un vaste territoire, encore élargi en 1843 avec l'annexion de la province du Sindh, située dans l'État actuel du Pakistan. D'une simple *factory* elle accédait au rang de capitale d'une région aux ressources fiscales étendues, ce que les Britanniques ne tardèrent pas à traduire dans l'environnement urbain en érigeant des monuments censés attester de ce nouveau statut. En 1833 fut ainsi achevé, à l'est du Bombay Green, le Town Hall dont le style néo-classique permit à la ville de rivaliser avec les portiques de Calcutta. Il abritait des bureaux de l'administration publique, ainsi qu'un musée et une bibliothèque (voir illustration n° 5). Il est aujourd'hui le siège de l'Asiatic Society, fondée à Bombay en 1830, pour promouvoir l'étude de la civilisation ancienne de l'Inde. Jusqu'au début des années 1860, ce bâtiment et l'église de Saint Thomas, devenue cathédrale en 1837, restèrent les principaux édifices notables du Fort. Dans ses mémoires publiées en 1920, Dinshaw Edulji Wacha, figure marquante de la vie politique locale au tournant du XXe siècle, consigne que, durant son enfance, « n'importe quel écolier savait où étaient le "Deval" (la cathédrale) et le "Tondal" », révélant ainsi les noms sous lesquels les habitantes et habitants de la ville s'étaient approprié ces lieux[1].

Illustration n° 5 : Town Hall, avant que l'Elphinstone Circle ne soit construit en 1870, faisant face au « Cotton Green ».

Des travaux furent aussi mis en œuvre afin de mieux relier la cité au vaste arrière-pays qu'elle dominait désormais. Si les communications restaient encore difficiles, reposant en large partie sur la force de porteurs et d'animaux de bât, Bombay ne pâtissait plus de l'isolement qui l'avait caractérisée le siècle précédent. Le gouverneur Mountstuart Elphinstone (1819-1827), fit

1. Wacha D. E., *Shells from the Sands of Bombay. Being my Recollections and Reminiscences, 1860-1875*, Bombay, Bombay Chronicle Press, 1920, p. 148.

reconstruire la route qui, *via* les montagnes du Bhor Ghat, reliait Bombay au plateau du Deccan et au réseau routier construit par les souverains marathes. En 1846, l'achèvement de la Mahim Causeway arrima l'île de Bombay à celle voisine de Salsette et accentua la mise en exploitation de cette dernière. Elle ne tarda pas à devenir la ceinture maraîchère de la ville tandis que se poursuivait la mise en coupe de ses forêts. En 1840 fut publié un rapport alarmant sur les effets délétères de l'exploitation commerciale sur ces dernières, dont se servirent les autorités – soucieuses de préserver l'approvisionnement des chantiers navals – pour nommer en 1847 un conservateur des forêts[1]. Salsette devint, enfin, un lieu d'investissement foncier spéculatif pour les classes marchandes de la ville. Framji Cowasji Banaji, Jamsetji Bomanji ou encore Hormasji Bomanji Wadia possédaient ainsi de vastes propriétés respectivement à Poway, Vile Parle et Juhu, ainsi qu'à Kurla[2].

Le port d'importation de l'Inde coloniale

Outre ces bouleversements sur le plan politique, de profondes évolutions affectèrent, entre les années 1810 et la fin des années 1840, le commerce de la ville. Celles-ci étaient à la fois quantitatives et structurelles. En l'espace de trente ans, la valeur globale des produits échangés quadrupla, passant d'un peu plus de 10 millions à presque 45 millions de roupies. La balance des échanges fut aussi considérablement modifiée. Bombay avait jusqu'alors surtout été un port d'exportation, mais durant la période considérée, le volume des produits importés crût plus vite, ce qui contribua à conférer à la ville une caractéristique qui allait s'accentuer encore avec le temps et qui la distinguerait du port rival de Calcutta : elle était devenue le grand port d'importation de l'Inde coloniale.

1. Rodrigues L., *Development and Deforestation…*, *op. cit.*, p. 126-135.
2. Dossal M., *Theatre…*, *op. cit.*, p. 91.

Tableau n° 1 : Évolution des importations et des exportations depuis le port de Bombay (années 1820-1850).

Années 1820		Années 1850	
Exportations	Importations	Exportations	Importations
62 %	38 %	53 %	47 %
Principaux produits échangés			
Coton brut 86 %	Sucre 31 %	Coton brut 22 %	Sucre 13 %
Cotonnades 14 %	Métaux 23 %	Cotonnades 3 %	Métaux 16 %
	Soie brute 18 %	Opium 70 %	Soie brute 9 %
			Cotonnades britanniques 42 %

Source : Kosambi M., *Bombay and Poona…*, *op. cit.*, p. 81.

Comme le montre ce tableau, des changements étaient visibles dans la composition et l'importance relative des marchandises échangées. Au début des années 1850, deux produits clés pour le commerce colonial dominaient respectivement les exportations et les importations : l'opium et les cotonnades britanniques.

Bombay se retrouva en effet au cœur des mutations de l'économie impériale, auxquelles elle dut en large partie son essor. Le début du XIXe siècle vit s'accroître le montant des obligations extérieures de l'Inde. Elle devait non seulement s'acquitter des obligations officielles et payer les dividendes des actionnaires de la Compagnie, mais il lui fallait aussi faire face à l'augmentation des remboursements liés aux importations « invisibles » – coûts de transport, d'assurance ou encore frais bancaires. S'assurer que le flux de ces transferts ne fût pas interrompu devint bientôt une préoccupation majeure des autorités, et précipita la mise en place précoce pour cette zone d'un régime de libre-échange. En 1813, le monopole du commerce vers l'Inde de l'EIC fut ainsi aboli.

Cette décision, prise dans le contexte des guerres napoléoniennes, fut présentée comme une mesure d'urgence, mise en œuvre pour améliorer l'afflux des produits indiens vers la Grande-Bretagne. Mais elle fut en large partie le produit des pressions exercées par les marchands de Londres dont les ambitions débordaient des limites imposées par la charte de la Compagnie. Les autorités décidèrent de faire un pas de plus en 1833 en abolissant le monopole que l'EIC détenait encore sur le commerce chinois. Les exportations indiennes vers la Grande-Bretagne étant insuffisantes pour couvrir le montant de ses obligations, les autorités comptaient sur l'accroissement du négoce avec la Chine pour que la colonie parvienne à les honorer[1]. Une telle décision présentait un autre avantage : les ventes de coton et d'opium indiens permettaient, du même coup, de compenser le déficit commercial britannique avec la Chine, provoqué par les importations croissantes de thé chinois.

Contrairement à ce que pouvait laisser penser le discours teinté d'ironie du personnage d'A. Ghosh, l'opium n'était donc pas un produit « inutile » pour tout le monde. Il était bien au contraire au fondement d'un système de compensation multilatéral qui alimentait l'impérialisme britannique. Système si précieux que, lorsqu'en 1839 la Chine refusa le droit d'entrée des bateaux au-delà de Canton et bannit l'importation d'opium, les Britanniques s'engagèrent dans la première guerre de l'Opium (1839-1842) afin de la forcer à accepter leurs conditions.

Un secteur qui profita de cette ouverture du commerce de l'Inde fut l'industrie cotonnière britannique. Celle-ci commença à se développer dans les années 1780, principalement dans la région du Lancashire et, dès ses débuts, trouva dans les exportations un moteur de croissance. En 1805, les deux tiers de sa production étaient en effet exportés, principalement vers les États-Unis, l'Europe de l'Ouest et l'Amérique du Sud. Mais avec l'édification de barrières douanières et le développement d'industries de substitution dans

1. Cain P. J. et Hopkins A. G., *British Imperialism, 1688-2000*, Édimbourg, Pearson Education, 2002 (2e édition), p. 281-282 et p. 362.

ces zones, les cotonnades britanniques durent trouver de nouveaux débouchés, notamment en Inde. Entre 1820 et 1850, les ventes effectuées dans la colonie étaient responsables de 3/10e de la croissance des exportations textiles britanniques. L'arrivée des produits anglais, meilleur marché, affecta l'artisanat local et les centres de production du Gujarat, tout particulièrement Surat dont elle paracheva le déclin. Par contraste, Bombay qui n'était pas alors un lieu de manufacture fut non seulement épargnée par cette évolution, mais en tira pleinement profit. L'abolition des monopoles y favorisa l'installation de nouvelles firmes de commerce britanniques telles que Jardine, Skinner and Co. Son port s'affirma ainsi, au cours du deuxième quart du XIXe siècle, comme un des principaux rouages de la nouvelle économie capitaliste impériale en train d'émerger. Son rôle ne se limitait pas à recevoir les produits manufacturés de la métropole et à y exporter des matières premières destinées à l'industrie, comme nombre de ports coloniaux. Bombay était d'emblée insérée dans un réseau d'échanges plus complexes qui visait à équilibrer la balance commerciale de l'Inde mais aussi, de plus en plus, de l'empire britannique.

Opium City

Le négoce de l'opium mérite que nous nous y attardions un peu plus longuement, tant il fut fondamental pour le développement de la ville. Il existait alors en Inde deux zones de production du pavot : la plaine gangétique, avec principalement la région du Bihar et le royaume de Malwa, situé dans le centre du pays, à cheval sur les États actuels du Madhya Pradesh et du Rajasthan. Dès 1650, les Hollandais avaient commencé à exporter de l'opium du Bihar et l'EIC ne tarda pas à comprendre le profit qu'elle pourrait en tirer. Elle s'arrogea d'abord un droit exclusif sur la production de l'Inde orientale avant de faire passer en 1799 l'ensemble de la culture du pavot sous son contrôle, en délivrant aux paysans des permis et en les forçant à lui vendre leur récolte à un prix qu'elle déterminait. Elle mettait ensuite aux enchères l'opium produit dans ses manufactures, laissant aux marchands privés la responsabilité de le faire passer en contrebande vers le marché chinois. Au début du XIXe siècle, la Compagnie constata cependant qu'elle possédait un sérieux concurrent à l'ouest avec l'opium produit dans le royaume de Malwa et exporté depuis Bombay. Elle tenta à plusieurs reprises de faire interdire ce commerce mais, face à des échecs renouvelés, dut se résoudre à lever une taxe sur la drogue exportée. Jamais néanmoins elle ne réussit à s'assurer le même contrôle que sur l'opium de l'est de l'Inde, ce qui eut pour conséquence que la majeure partie des bénéfices dégagés par le commerce de l'ouest alla aux marchands de la ville, contrairement à ce qui se passait au Bengale où la plus-value était accaparée par la Compagnie.

À Bombay, les pionniers de ce négoce furent des marchands indo-portugais – tel Rogério de Faria, né en 1770 à Goa. Leur familiarité ancienne avec le commerce de la côte occidentale de l'Inde et les contacts qu'ils possédaient dans l'enclave portugaise de Macao, qui jouait un rôle important dans la contrebande vers la Chine, leur conféraient un avantage. Les connexions dont ils jouissaient avec Daman, le principal port d'une enclave portugaise située entre Bombay et Surat, se révélèrent cruciales pour déjouer les tentatives de l'EIC d'interdire les exportations d'opium de Malwa (voir la carte n° 6, dans le second rabat). Entre 1805 et 1821, ce fut de cette ville qu'elles furent principalement acheminées. Pour autant, les grands marchands impliqués dans ce négoce continuaient de diriger leurs affaires depuis Bombay et sur le long terme, ce fut cette dernière qui bénéficia le plus largement des richesses produites, plutôt que le port portugais.

À partir des années 1820, d'autres communautés jouèrent un rôle actif dans ce commerce. Lorsqu'il analyse les 120 marchands impliqués dans l'exportation d'opium entre 1803 et 1820, l'historien Amar Farooqui dénombre des Parsis, des Marwaris, des Banias venus du Gujarat et des musulmans du Konkan ; les Parsis représentant à eux seuls plus d'un tiers du total. Ces derniers avaient en effet été parmi les premiers marchands indiens à développer des liens commerciaux avec la Chine. Ils bénéficiaient aussi d'un avantage majeur, qu'exploite A. Ghosh pour son personnage de Bahram : la possession de bateaux. De fait, les grandes familles de charpentiers de marine et d'armateurs ne tardèrent pas à investir dans cette nouvelle activité, comme les frères Pestonji Bomanji et Hormasji Bomanji Wadia du côté des Parsis et Mohammad Ali Rogay pour les musulmans du Konkan[1].

Marchands, employés, nouveaux professionnels

Les « princes des marchands »

Pendant près de deux décennies, une figure domina le commerce de l'opium, celle de Jamsetji Jeejeebhoy (1738-1859). Les débuts de son parcours s'apparentent à une *success story*, dont certains ingrédients ne sont pas sans rappeler le personnage de Bahram Moddie. Né dans une famille parsie originaire de Navasari, située dans l'État actuel du Gujarat, il commença à l'âge de seize ans à travailler dans l'entreprise de son oncle maternel qui faisait le commerce des bouteilles vides. Comme un certain nombre de jeunes parsis de son âge, il finit par tenter sa chance en Chine et y accomplit entre 1800 et 1808 quatre voyages. Au cours de l'un d'entre eux, il rencontra William Jardine, fondateur de la firme Jardine, Matheson and Co. qui bâtit durant les années 1820 le plus grand réseau de vente d'opium en Chine. Ce contact se révéla très précieux puisque J. Jeejeebhoy devint son principal fournisseur à Bombay. Outre cette association privilégiée avec la grande firme britannique, il développa un certain nombre de partenariats, au-delà de sa propre communauté, notamment avec Rogério de Faria et Mohammad Ali Rogay, ce qui fait de lui un parfait exemple de la culture cosmopolite du milieu des affaires de Bombay de l'époque. Au milieu des années 1820, il était devenu

1. Farooqui A., *Opium City*..., *op. cit.*, p. 18-25.

un des plus riches commerçants de la ville, un des « princes des marchands » ou *shetias*[1].

La position dominante qu'occupaient ces derniers dans le champ économique leur conférait un net ascendant dans les sphères politiques et sociales. Ils étaient considérés, tout particulièrement par les autorités de la Compagnie, comme les chefs « naturels » de leurs communautés respectives. J. Jeejeebhoy devint ainsi membre en 1823 du *panchayat* parsi qu'il finit totalement par contrôler avec la création en 1849 du Parsi Benevolent Fund, un organisme caritatif à but éducatif qu'il finançait en très large partie. Son influence au sein de la communauté se trouvait aussi renforcée par les alliances matrimoniales qu'il avait tissées avec les autres grandes familles parsies de Bombay : sa famille se retrouva apparentée avec les Petit, les Cama, les Readymoney et la lignée de Jeejeebhoy Dadabhoy[2].

Il apparut rapidement aux autorités de la Compagnie que ces « princes des marchands » pouvaient être des alliés sinon précieux, en tout cas à ménager afin d'assurer la pérennité de leur contrôle sur la ville. Ainsi, lorsqu'à la fin des années 1820, ceux-ci, sous la férule de J. Jeejeebhoy et Jagannath Shunkerseth (1802-1865), un riche banquier issu de la caste des Sonars dont l'occupation traditionnelle était la bijouterie, réclamèrent l'accès à certaines fonctions locales, les Britanniques accédèrent à cette demande. En 1834, des Indiens furent alors nommés pour la première fois juges de paix. Ils furent choisis parmi ces grandes familles commerçantes, si bien qu'au début des années 1850 la plupart de leurs membres les plus influents, y compris J. Jeejeebhoy, occupaient ou avaient occupé cette charge. Les *shetias* eux-mêmes se montraient soucieux de faire fructifier cette alliance dont ils tiraient de nombreux bénéfices sur le plan économique et politique. C'est notamment dans cette perspective qu'il faut comprendre

1. Dobbin C., *Urban Leadership*..., *op. cit.*, p. 1.

2. Voir les contributions de Wadia R. S., Palsetia J. S et Hinnels J. R. dans Hinnells J. R. et Williams A., *Parsis in India and the Diaspora*, *op. cit.*

l'ampleur de l'action philanthropique déployée par J. Jeejeebhoy. À sa mort, sa participation dans des institutions ou des entreprises charitables fut en effet évaluée à près de 245 000 livres, sans compter les nombreuses fondations qu'il avait contribué à créer[1]. Le paysage urbain actuel conserve la marque de cette activité soutenue. Sont visibles, à proximité de la gare Chhatrapati Shivaji Terminus (ancienne Victoria Terminus), les bâtiments de la Jamsetji Jeejeebhoy School of Art ou encore, dans le quartier de Byculla, le Jamsetji Jeejeebhoy Hospital, le premier hôpital civil public de l'Inde occidentale inauguré en 1845. L'importante participation de la communauté parsie aux activités philanthropiques des villes dans lesquelles elle s'est installée, que ce fût Surat ou Bombay, a été soulignée et expliquée, notamment, par la volonté de cette minorité de créer un climat apaisé et tolérant à même de protéger ses intérêts[2]. Cependant, J. Jeejeebhoy prit aussi soin d'associer très étroitement les autorités de la Compagnie à la plupart de ses entreprises charitables, ce qui dénotait une part de calcul politique. Tout en contribuant à promouvoir son statut social, il s'assurait ainsi d'une participation aux prises de décision aux côtés des Britanniques[3].

Une transaction similaire était en jeu dans l'obtention de titres impériaux. J. Jeejeebhoy fut ainsi le premier Indien à être fait chevalier (1842) puis, au terme d'une importante campagne de *lobbying* menée par son fils, à recevoir un titre héréditaire, celui de baronnet, en 1857. L'adhésion aux rites de l'empire contribuait ainsi à créer un terrain commun entre gouvernants et gouvernés. Toutefois, si les *shetias* étaient leurs partenaires dans les sphères politiques et commerciales, les Britanniques ne les considéraient

1. Palsetia J. S., « Partner in Empire… », art. cit., p. 86.

2. Hinnells J. R., « The Flowering of Zoroastrian Benevolence », *in* Bailey H. *et al.*(dir.), *Papers in Honour of Professor Mary Boyce, Hommages et Opera Minora*, vol. 10, Leyde, Brill, 1985, p. 261-326 et Haynes D., « From Tribute to Philanthropy : The Politics of Gift Giving in a Western Indian City », *The Journal of Asian Studies,* n° 46-2, 1987, p. 339-360.

3. Palsetia J. S., « Partner in Empire… », art. cit., p. 87.

pas pour autant comme des égaux et possédaient, par exemple, des lieux de sociabilité exclusifs. Le premier club de la ville, ouvert en 1833, le Byculla Club, ne comportait aucun membre indien, bien que cette exclusion ne fît l'objet d'aucune règle écrite. Cette ségrégation resta la norme jusqu'à la fondation, en 1917, du Willingdon Sports Club, à l'initiative du gouverneur de Bombay d'alors, Lord Willindgon. Dans le contexte de la montée en puissance du mouvement nationaliste, l'ouverture de cette institution qui accueillait aussi bien les Indiens que les Britanniques était éminemment symbolique. Une survivance de cette discrimination raciale persiste toutefois dans un des clubs les plus courus de la ville. Le règlement du Breach Candy Swimming Bath Trust, fondé à la fin des années 1870 et rendu célèbre par sa piscine dont les contours reproduisent ceux de l'Inde, construite en 1923 et décrite dans le roman de Salman Rushdie *Les Enfants de Minuit*, n'autorise toujours que les membres européens à siéger dans son comité de direction.

De nouvelles communautés et de nouvelles pratiques marchandes

Même si peu d'entre eux attinrent le même niveau de richesse et d'influence sociale et politique, J. Jeejeebhoy concentrait les principaux traits caractéristiques des grands marchands de Bombay : leur culture cosmopolite, la collaboration étroite qu'ils tissèrent avec les autorités de la Compagnie, le rôle prégnant qu'ils assumèrent dans la gestion des affaires urbaines, dont les différents monuments et institutions portant leurs noms sont aujourd'hui le legs le plus visible. L'accroîssement notable de l'activité commerciale et portuaire modifia toutefois les contours de ce groupe, l'inédite prospérité de la ville encourageant l'installation de nouvelles communautés de commerçants. Au début du XIXe siècle, trois groupes originaires du Gujarat dominaient en effet la scène : les Parsis, dont il a déjà été question, les Banias – jains et hindous connus pour leurs activités de prêteurs et leur emprise sur le commerce côtier entre le Gujarat et le Konkan –, et enfin les Bohras, actifs dans les réseaux de négoce avec le Gujarat et le nord du pays.

Vers la fin des années 1840, ces trois communautés devaient désormais compter avec plusieurs nouveaux venus, au premier chef les Bhatias. Cette caste marchande, convertie depuis le XVe siècle au vishnouisme, était originaire du royaume de Kathiawar et de la cité de Cutch. Alors qu'elle avait occupé une place marginale dans les réseaux économiques de cette ville et de Surat, elle ne tarda pas, à Bombay, à devenir une sérieuse concurrente sur le marché chinois et à développer, après les années 1850, un important réseau commercial avec les ports du golfe Persique et Zanzibar. Bombay offrit aussi aux Bhansalis et Lohanas, originaires des mêmes zones, mais jusque-là tenus dans une position minoritaire par rapport aux Bhatias, de belles opportunités pour déployer leur négoce[1]. Il faut également mentionner l'installation de deux nouvelles communautés marchandes musulmanes. Les Memons, sunnites, descendants de Lohanas de la région du Sindh convertis au XVe siècle, commencèrent à arriver après la famine de 1813. Ils étaient actifs dans le commerce en gros de tissu et s'installèrent, dans la Native Town, dans un quartier bientôt connu sous le nom de Memonwada. Ils y fondèrent en 1823 leur mosquée, la Zakaria Masjid. Quant aux Khojas, originaires du Sindh et du Gujarat, ils étaient aussi des descendants de convertis à l'islam ismaélien. Engagés depuis le XVIIe siècle dans les échanges avec le golfe Persique et l'Afrique de l'Est, ils se taillèrent une place dans le négoce du coton ainsi que de l'ivoire, de la soie et du grain[2].

1832 marqua enfin l'arrivée à Bombay de David Sassoon, un marchand juif de Bagdad qui fuyait les persécutions exercées contre sa communauté. De fait, dès le XVIe siècle, des commerçants juifs

1. Dobbin C., *Urban Leadership*..., *op. cit.*, p. 3-5.

2. Khan S., « Konkanis, Bohras, Khojas and Memons : Early Muslim Settlers of Mumbai and their Influence on the City », *in* Verghese A. (dir.), *Mumbai Socio-cultural Perspectives*..., *op. cit.*, p. 91-110.

originaires de cette ville s'étaient implantés en Inde, notamment à Surat, quelques-uns d'entre eux s'installant à Bombay dès la seconde moitié du XVIIIe siècle. Aucun cependant n'y connut la brillante destinée de la famille Sassoon. D'abord engagé dans le commerce avec le Moyen-Orient, David Sassoon réorienta ses affaires vers le marché chinois, en envoyant par exemple son deuxième fils, Elias, à Shangaï en 1844 où il resta douze années. Le succès qu'il y remporta lui permit rapidement de venir concurrencer les autres grandes familles marchandes, notamment dans le domaine de la philanthropie. Il fit ainsi construire à Byculla, dans le quartier où se situait sa résidence, le *bungalow* Sans Souci (aujourd'hui devenu le Masina Hospital), une synagogue pour l'usage de sa communauté. Inauguré en 1861, le bâtiment d'inspiration victorienne, appelé la Magen David Synagogue (Défenseur de David), est aujourd'hui considéré comme l'un des plus grands lieux de culte juif d'Asie[1].

La présence de nouveaux groupes ne fut pas le seul changement que connurent alors les communautés marchandes de la ville. L'évolution de la structure du commerce entraîna une modification des pratiques et la fondation d'institutions nouvelles. En 1836 fut ainsi créée la Chambre de commerce qui regroupait aussi bien Européens qu'Indiens. Elle fut l'émanation des maisons de négoce relativement récentes, ayant comme principal promoteur l'écossais John Skinner, de la firme du même nom. Elle s'attacha par conséquent à défendre leurs intérêts, notamment en apportant un soutien indéfectible à la politique britannique de promotion du secteur de l'opium. Dans les premiers temps de son existence, elle fit aussi campagne pour la construction de nouveaux équipements portuaires, l'ouverture d'une Sailors' Home où devaient s'enregistrer les marins sans travail ou encore pour l'amélioration du service postal

1. Lentin S. S., « The Jewish Presence in Mumbai, their Contribution to the City's Economic, Social and Cultural Fabric », *in* Verghese A. (dir.), *Mumbai Socio-cultural Perspectives*..., *op. cit.*, p. 111-128.

vers l'Angleterre[1]. Elle ne tarda pas à devenir, aux mains des intérêts commerciaux de la ville, un puissant outil.

La Chambre de commerce ne fut toutefois pas le seul moyen employé par les magnats du commerce pour se faire entendre. Ils contribuèrent aussi à l'essor de la presse en langue anglaise et en langues indiennes à Bombay. Avant les dispositifs plus libéraux mis en œuvre par la loi sur la presse (*Press Act*) de 1835, la censure était importante. Les quelques publications qui paraissaient, comme le *Bombay Herald*, le premier journal publié en anglais à partir de 1789 et qui devint en 1791 la *Bombay Gazette*, étaient pour la plupart sous le patronage étroit des autorités et leur servaient de tribune publique. En 1830, J. Jeejeebhoy avait toutefois soutenu la création d'un journal en gujarati, *Jam-e Jamshed* (la coupe de Jamshed), l'organe du *panchayat* parsi, dont il défendait les positions conservatrices. La loi de 1835 permit cependant aux grands intérêts commerciaux de la ville d'investir plus massivement ce champ. En 1838, un groupe d'éminents membres de la communauté commerçante, dont un Indien, Cowasji Banaji, fonda le *Bombay Times and Journal of Commerce*. Dans les années 1850, ce quotidien était devenu le troisième plus important de la ville et, après avoir absorbé d'autres publications, fut renommé en 1861 *Times of India*, titre qui est aujourd'hui l'un des plus grands noms de la presse indienne nationale[2].

Au mitan du XIXe siècle, Bombay était donc devenue une ville d'imprimerie multilingue importante, notamment pour la langue persane. La présence de communautés transnationales possédant des liens avec l'Iran avait en effet favorisé l'essor d'une production littéraire en persan. Du fait de sa dynamique communauté parsie, la cité s'affirma comme un centre intellectuel et de publication du renouveau des études zoroastriennes, dont les produits étaient envoyés en Iran afin de revigorer la foi de leurs coreligionnaires.

1. Tindall G., *City of Gold…*, *op. cit.*, p. 161.
2. Albuquerque T., *Urbs Prima in Indis. An Epoch of the History of Bombay, 1840-1865*, New Delhi, Promilla and Co., 1985, p. 34-35.

Bombay continua aussi de jouer le rôle d'accueil pour les exilés politiques et religieux d'Iran, dont le plus prestigieux fut sans doute l'Aga Khan Mahallati, un imam qui finit par y trouver refuge en 1848 après une tentative de coup d'État raté contre le Shah de Perse. Il ne tarda pas à y fédérer autour de lui différentes communautés et institutions ismaéliennes, et à faire bénéficier de son hospitalité et de son patronage religieux et auteurs iraniens, dont les écrits étaient alors publiés à Bombay[1].

La croissance importante de la valeur des échanges, la complexification des circuits commerciaux et l'afflux de capitaux qui en résulta entraînèrent le développement d'un système bancaire de type capitaliste. Jusqu'alors – et bien que des documents attestent de la mise en place, par l'EIC, dès 1720, d'une banque – la majorité des opérations de crédit étaient assurées par des prêteurs hindous, les *shroffs*, installés dans le quartier du Fort, principalement sur Bazaar Gate Street. Dans ce domaine, John Skinner fit aussi figure de pionnier, puisqu'il fonda la première banque commerciale de Bombay, avec son associé Dadabhoy Pestonji Wadia, en 1841. La création de la Bank of Bombay fut suivie dans les années 1850 par celles de la Chartered Mercantile Bank, de l'Oriental Bank et de la Commercial Bank[2]. À l'instar de la Chartered Mercantile Bank, lancée par la famille Cama et Cowasji Nathoobhoy Davar, ce furent les communautés marchandes indiennes qui furent à l'initiative de ces trois établissements, faisant montre de leur capacité à assimiler et à investir les nouvelles pratiques commerciales promues par les Britanniques.

Le développement des institutions éducatives

Les évolutions qui affectèrent le commerce, tout comme le champ politique, se traduisirent par la création de nouvelles institutions éducatives. La nouvelle capitale régionale requérait des

1. Green N., « A Persian Sufi in British India : The Travels of Mirza Hasan Safi Ali Shah (1251/1835-1316/1899) », *Iran*, vol. 42, 2004, p. 201-218.

2. Albuquerque T., *Urbs Prima*..., *op. cit.*, p. 2-3.

cadres pour administrer les vastes territoires conquis, tandis que l'essor économique exigeait une importante main-d'œuvre d'employés (de commerce, de banque, etc.). Avoir seulement recours à du personnel recruté en Grande-Bretagne aurait été fort coûteux, ce qui poussa les Britanniques à former sur place. Ce mouvement s'accompagna de l'imposition d'une nouvelle hiérarchisation des savoirs, qui tendait à dévaloriser ceux produits localement (médecine ayurvédique, techniques de construction, etc.) au profit de matières forgées en Europe (médecine allopathique, droit anglais, etc.).

Sous la férule de la Bombay Native Education Society (Société pour l'éducation des Indigènes) créée en 1822, afin de promouvoir l'éducation des Indiens, fut fondée en 1824 une Central English School, à laquelle furent adjoints en 1836, grâce à une souscription publique, les premiers enseignements universitaires. L'ensemble était désigné sous le nom d'Elphinstone Institution jusqu'à ce qu'en 1856 les classes supérieures fussent séparées du reste pour former l'Elphinstone College. Outre la littérature anglaise et les sciences y furent dispensés à partir de 1855 des cours de droit britannique qui allaient par la suite donner naissance à la Bombay School of Law. Ces établissements jouèrent un rôle crucial dans la formation des élites indiennes de la seconde moitié du XIXe et du début du XXe siècle. Ils comptaient notamment comme anciens élèves l'industriel Jamsetji Tata (1839-1904), le réformateur social et nationaliste Gopal Krishna Gokhale (1866-1915) ou encore D. E. Wacha. Dans ses mémoires, ce dernier, qui entra en 1854 à l'Elphinstone Institution, verse dans une nostalgie attendue en évoquant « [ses] anciens souvenirs heureux des jours de classe, [ses] jeux, [ses] amusements, [ses] espiègleries innocentes » qui lui font souhaiter que « l'édifice reste le sanctuaire intellectuel qu'il est pour les générations encore à venir ». À travers une galerie de portraits des professeurs qui l'ont marqué, il livre cependant une description plus mitigée de son expérience en tant qu'élève :

> Mr Owen [le professeur d'histoire] était réputé pour être d'un naturel pressé et impatient et n'était pas très satisfait des élèves qui étudiaient l'histoire avec lui. Il en surnommait certains « tête de patate », d'autres « tête de noix de coco » et ainsi de suite. On racontait qu'une fois la réponse d'un élève morose l'avait tant exaspéré qu'il avait dit qu'il allait « le jeter par la fenêtre ». [...] Le professeur Hughlings [qui enseignait la littérature anglaise] était issu d'Oxford et était un enseignant modèle. [...] Il ouvrit à ses propres frais une salle de lecture pour les élèves où étaient disponibles tous les meilleurs hebdomadaires de Londres[1].

Les surnoms à connotation raciste prisés par le professeur d'histoire montrent combien les relations entre professeurs et élèves pouvaient être marquées par le sceau de la domination coloniale. La figure du professeur modèle y est par conséquent incarnée par un homme à la fois formé au sein d'une des institutions d'élite de Grande-Bretagne et dévoué à ses étudiants. Il est intéressant de noter que l'auteur retient essentiellement de son enseignant de littérature anglaise son souci de faire accéder, par une fréquentation assidue de la presse britannique, ses disciples à une certaine conception du débat d'idées. Ce fut sans nul doute pour lui un des legs importants de son passage par Elphinstone.

A contrario de ce qui se passa dans les autres empires européens, les Britanniques firent porter leurs efforts en matière de politique éducative sur les échelons supérieurs, établissant dans leurs colonies des réseaux beaucoup plus complets d'infrastructures scolaires. Ainsi le gouvernement de Bombay se dota-t-il dès 1840 d'un Board of Education qui devait superviser l'ensemble des institutions éducatives de la présidence, auquel succéda en 1855 un ministère de l'Instruction publique (Department of Public Instruction). Leur travail prépara la fondation en 1857 à Bombay d'une université qui vint ainsi chapeauter l'ensemble de l'édifice

1. Wacha D. E., *Shells...*, *op. cit.*, p. 273-274 et p. 674-675

construit, puisqu'y furent affiliés les différents établissements d'enseignement supérieur[1]. À l'exception du College of Engineering créé à Poona (Pune) en 1854 et du Poona College spécialisé dans l'étude des langues orientales, ces derniers étaient concentrés dans la ville de Bombay. Ainsi le Grant Medical College fut-il fondé en 1845 à Byculla, à proximité du Jamsetji Jeejeebhoy Hospital afin que les étudiants puissent y suivre une instruction pratique. Quelques années plus tard, en 1853, la ville se dota d'une école supérieure d'art, la Jamsetji Jeejeebhoy Art School.

Cette attention portée aux institutions d'enseignement supérieur fit que les autorités laissèrent très largement le développement des échelons inférieurs aux initiatives privées et notamment à celle des missions. Ce choix leur permettait d'effectuer d'évidentes économies. La levée en 1814, sous la pression d'un puissant courant évangélique, de l'interdiction qui frappait l'installation des missionnaires à Bombay les laissa jouer un rôle important dans le développement des institutions scolaires de la ville. L'American Marathi Mission fut la première à y fonder une école, bientôt suivie par la Church Missionary Society et par les presbytériens de la Scottish Mission Society. Cette dernière, sous l'impulsion du révérend John Wilson, arrivé à Bombay en 1829, avait ouvert en 1834 huit écoles pour garçons. Les missionnaires y enseignaient en marathi, à l'exception de deux établissements où la langue d'apprentissage était le gujarati. Si ces écoles vernaculaires requéraient la majorité de son attention, J. Wilson ne se désintéressa pas totalement de l'enseignement en langue anglaise et de l'enseignement supérieur. Il ouvrit ainsi en 1832 la General Assembly's Institution qui donna lieu par la suite à la création du Wilson College, installé depuis 1889 dans le long bâtiment encore visible de nos jours près de la plage de Chowpatty[2]. Govind Narayan, auteur de la *Mumbaiche Varnan*, y accomplit la fin de ses études

1. Parulekar R. V. et Bakshi C. L., *Selections from Educational Records (Bombay)*, vol. II : *1815-1840*, Bombay, Asia Publishing House, 1955, p. XIII-XXX.
2. Albuquerque T., *Urbs Prima…*, *op. cit.*, p. 133-138.

entre 1834 et 1838, avant d'y devenir enseignant, poste qu'il occupa jusqu'à sa retraite[1].

L'arrivée des missionnaires, le prosélytisme auquel ils s'adonnèrent au sein de leurs institutions éducatives et les critiques acerbes qu'ils développèrent à l'égard de la prétendue arriération des religions indiennes ne tardèrent pas à susciter des réactions du côté des élites locales. Jusqu'alors pratiquement seules, des populations pauvres et isolées s'étaient converties au christianisme en Inde, mais dans les années 1820-1830, les quelques cas de conversion avérés au sein des établissements tenus par des missionnaires firent scandale. Ainsi, en 1839, celle de deux élèves parsis de la General Assembly's Institution provoqua une forte indignation. Pour les élites indiennes, il devint dès lors nécessaire, pour contrecarrer l'influence des missions, de se positionner sur leur terrain de prédilection, l'éducation. En 1849, J. Jeejeebhoy fonda la Parsi Benevolent Institution, organisme éducatif administré entièrement par des Indiens. En 1860, celui-ci avait ouvert 18 établissements accueillant près de 2 000 élèves[2]. Les communautés catholiques, pour certaines installées dans la ville depuis la période de domination portugaise, se sentirent aussi menacées par l'ouverture des écoles des missions protestantes. Les autorités épiscopales encouragèrent par conséquent la fondation d'établissements confessionnels, ce qui aboutit notamment à la création en 1869, par les jésuites, du Saint Xavier College[3].

En promouvant le développement d'un nouveau système éducatif, les autorités britanniques espéraient y associer les riches marchands de la ville et établir par ce biais un socle de valeurs culturelles et morales communes. Certains des *shetias*, comme J. Shunkerseth et J. Jeejeebhoy, furent d'ailleurs nommés membres du Board of Education en 1840. Mais, comme l'a montré

1. Ranganathan M., *Govind's…*, *op. cit.*, p. 13-14.
2. Palsetia J. S., « Partner in Empire… », art. cit., p. 90.
3. Albuquerque T., *Urbs Prima…*, *op. cit.*, p. 155-156.

l'historienne Christine Dobbin, ce furent avant tout les castes instruites, comme les Prabhus et les brahmanes, ainsi que les Parsis de modeste extraction qui rejoignirent les nouvelles institutions dispensant un enseignement en langue anglaise. Les premiers y voyaient un moyen de maintenir leur mainmise sur les postes de l'administration qu'ils avaient jusque-là exercée sous les *Peshwa*, tandis que les seconds trouvaient désormais plus d'opportunités dans les carrières administratives que dans la voie plus hasardeuse des carrières commerciales. Les grands marchands se tinrent, en revanche, relativement à l'écart des établissements créés par le gouvernement et par les missionnaires. Réticents à mêler leurs enfants à des élèves de plus basse extraction, ils préférèrent organiser leurs propres écoles, souvent tenues par des anciens officiers de l'armée britannique. L'enseignement qui y était dispensé permettait d'apprendre juste assez d'anglais pour la pratique du commerce, mais pas d'acquérir le niveau suffisant pour poursuivre des études secondaires et supérieures[1].

Les préjugés des hindous de hautes castes aboutirent d'ailleurs à l'exclusion des basses castes et notamment des populations discriminées comme intouchables de ces institutions éducatives, avec l'accord tacite des Britanniques et des missions qui craignaient de voir leurs classes désertées. Leur accès progressif à l'éducation fut le produit d'une lutte constante menée par les associations de défense des basses castes qui commencèrent à se constituer à partir du milieu du siècle. En 1882, le réformateur Jyotirao Phule dénonça ainsi vertement, devant la première commission dédiée aux questions éducatives, les exclusions dont les basses castes étaient victimes et enjoignit les autorités à donner plus de moyens pour soutenir l'initiative d'écoles séparées[2].

1. Dobbin C., *Urban Leadership*..., *op. cit.*, p. 170 et p. 52.

2. Constable P., « Sitting on the School Verandah : The Ideology and Practice of "Untouchable" Educational Protest in Late Nineteenth Century Western India », *The Indian Economic and Social History Review*, vol. 37, n° 4, 2000, p. 383-496.

Une conséquence majeure de cette politique éducative fut l'émergence d'un nouveau groupe, parfois désigné sous le terme *intelligentsia*, dont les traits communs étaient d'avoir été éduqué dans le système scolaire mis en place par les Britanniques et d'exercer des professions qui virent le jour en Inde dans le contexte de la domination anglaise et des nouveaux besoins suscités par le développement de l'économie capitaliste coloniale : employés du gouvernement ou des maisons de commerce, avocats, journalistes, ingénieurs, médecins allopathes, etc. Par rapport aux élites marchandes, marquées par un conservatisme social et religieux, ces derniers étaient plus sensibles aux critiques formulées, notamment par les missionnaires, à l'égard de certaines pratiques jugées arriérées (les mariages précoces, l'interdiction du remariage des veuves, les infanticides, etc.). Une partie d'entre eux devinrent ainsi les ferments de mouvements de réforme qui mêlaient revendications sociales et religieuses. Il s'agissait, par la suppression d'agissements perçus comme des dérives et par l'introduction d'un certain rationalisme, de retrouver la pureté et la simplicité des religions indiennes.

Ces mouvements, ainsi que la controverse engagée face aux critiques des missionnaires, stimulèrent fortement l'essor de la presse à Bombay et suscitèrent l'apparition de nouveaux titres qui ne dépendaient plus des grands milieux commerciaux de la ville et n'avaient plus, par conséquent, comme principal but la promotion de leurs intérêts. La presse marathie, sous l'égide notamment de Balshastri Jambhekar et de Govind Vithal Kunte, tous deux anciens élèves de l'Elphinstone Institution, fut pionnière dans ce domaine. G. V. Kunte, qui fut un des premiers à se dédier entièrement à la profession de journaliste, fonda en 1841 un hebdomadaire en langue marathie, *Prabhakur* (Soleil), qui se distingua notamment par la publication en 1848 des « Shata Patren » (Cent lettres) de Gopal Hari Deshmukh. Le réformateur social y exposait qu'une des conséquences de la domination britannique était d'avoir révélé les maux de la société indienne et que seule leur éradication pouvait mener à l'émancipation politique[1]. Parmi ces maux figurait la place faite aux femmes. Le journal fut actif dans la campagne en faveur de leur éducation et du remariage des veuves. En 1851, avec le lancement du *Rast Goftar* (Diseur de vérité), d'abord dirigé par Dadabhoy Naoroji qui allait devenir une des grandes figures du nationalisme indien, l'*intelligentsia* parsie se dotait elle aussi d'un organe, en langue gujaratie, susceptible de faire avancer ses visées réformatrices.

Une gestion municipale déficiente et au service des plus riches

Une cité cosmopolite

La nouvelle prospérité commerciale de Bombay, ainsi que le rôle qu'elle commença à jouer en tant que capitale politique et culturelle régionale eurent un impact notable sur sa croissance démographique. En 1816, la population urbaine était estimée à 221 550 habitantes et habitants. En 1849, soit un peu plus de trente ans plus tard, le recensement entrepris par le superintendant de police, le capitaine E. Baynes, montrait qu'elle avait doublé, s'élevant désormais à 566 119 résidentes et résidents. Les hommes y étaient nettement majoritaires, représentant 62 % du total, un trait que Bombay allait conserver longtemps, les migrants préférant laisser dans leur village ou petite ville d'origine leur famille plutôt que de la faire venir dans la grande ville, où la vie était chère. Les hindous formaient plus de la moitié de la population indienne (53 %), tandis que l'on dénombrait 22 % de musulmans, 20 % de parsis (ce qui semble être une surestimation) et 4 % de chrétiens. Les juifs et les jains représentaient moins de 1 % du total, tout comme les Européens[2].

1. Albuquerque T., *Urbs Prima*..., *op. cit.*, p. 38-41.
2. Dossal M., *Imperial Designs*..., *op. cit.*, p. 24-25.

L'aspect cosmopolite de la ville s'était par conséquent encore accentué, ce qui ne manquait pas d'attirer l'attention des voyageurs et voyageuses de passage. Dans les lettres qui retracèrent son périple, entrepris par voie de terre depuis l'Angleterre, vers le port de l'Inde occidentale et qu'elle publia en 1830 sous le titre *Narrative of a Journey Overland from England, by the Continent of Europe, Egypt and the Red Sea to Bombay* (Récit d'un voyage par voie de terre depuis l'Angleterre, en passant par l'Europe continentale, l'Égypte et la mer Rouge, jusque Bombay), Anne Katharine Elwood décrivit ainsi l'impression que lui laissa sa première promenade en voiture à cheval dans la ville :

> Pour résumer, [on pouvait voir] toutes les religions, toutes les castes, toutes les professions, de presque toutes les nations, depuis les côtes de Chine jusqu'aux bords de la Tamise. Même dans un bal costumé à Londres, ou durant le carnaval en Italie, où les gens s'efforcent de porter un costume particulier et original, il serait impossible de trouver une telle variété, que celle rencontrée pendant cette courte promenade [...][1].

Ce mélange présenté comme carnavalesque ne doit cependant pas être pris au pied de la lettre. À partir d'une analyse des données du recensement de 1826 – qui malheureusement ne traitent que des différences de religions et de nationalités – Meera Kosambi a montré que les diverses communautés avaient tendance à se regrouper dans l'espace urbain. Le quartier du Fort était ainsi le plus cosmopolite, se présentant presque comme un microcosme de la ville tout entière. Les Parsis constituaient cependant une très large partie de sa population (46 %), ainsi que les Européens dont c'était le lieu de résidence de prédilection. Ces derniers étaient aussi très présents dans le quartier de Colaba qui, avec la construction de la Colaba Causeway en 1838, fut relié au reste de la cité.

1. Elwood A. K., *Narrative of a Journey Overland from England, by the Continent of Europe, Egypt and the Red Sea to Bombay*, vol. I, Londres, Henry Colburn and Richard Bentley, 1830, p. 378.

Les hindous et les musulmans étaient répartis sur l'ensemble du territoire urbain, mais de manière plus significative dans les enclaves de Byculla et de Dongri, les seconds montrant une plus grande tendance que les premiers à se regrouper. Le quartier de Dongri, qui jouxte le port, possède ainsi un des plus vieux spécimens du patrimoine iranien de la ville, la Moghul Masjid érigée en 1860 par un riche marchand venu de Perse, Haji Muhammad Hussain Shirazi. Le bâtiment, décoré de carreaux de mosaïque, est bâti sur le modèle des mosquées de Chiraz : dénué de dôme, il possède en revanche deux minarets. À proximité immédiate se trouve un hammam qui, bâti à la même période que la mosquée, serait le dernier exemple de ce type d'édifice en Inde. Quant aux quartiers de Mahim, Mazagaon, Colaba et Girgaum, ils possédaient d'importantes minorités chrétiennes, héritées en partie de l'époque de la domination portugaise. Ce furent toutefois les plus petites communautés qui eurent le plus tendance à la ségrégation résidentielle : les juifs habitaient à Dongri, les Arméniens dans le Fort où ils construisirent en 1796 leur église, St Peter, sur Meadows Street (désormais Nagindas Master Road – le bâtiment visible de nos jours date toutefois de la seconde moitié du XXe siècle), tandis que les Chinois s'étaient installés à Girgaum. Par la suite, ces derniers se regroupèrent dans le quartier de Mazagaon où existait jusque dans les années 1960 une petite China Town. La présence depuis 1889 d'un cimetière chinois à Antop Hill est l'autre marqueur urbain de leur implantation ancienne dans la ville.

Cette importante croissance démographique entraîna aussi des évolutions sur le bâti urbain. Le quartier du Fort trouva sa physionomie considérablement modifiée : aux bâtiments de bois succédèrent des édifices de pierre, plus élevés et construits avec des matériaux importés des carrières voisines du Gujarat, désignés communément comme pierre de Porebunder (d'après le port du même nom). Une de ses principales caractéristiques était une grande sensibilité à l'érosion, si bien qu'au fil des moussons les décors et les bordures qui ornaient les façades s'effaçaient irrémédiablement. En 1844, sous la pression de la Chambre de commerce, tout l'attirail nécessaire à la pesée et au stockage des balles de coton fut retiré du « Bombay Green » pour être installé à Colaba, éloignant ainsi les éléments tangibles de ce commerce. L'accroîssement de la densité au sein du quartier ne tarda pas à en faire fuir ses plus riches habitants qui préférèrent désormais résider dans des *bungalows*, construits dans les quartiers alors périphériques de Parel, de Cumballa et de Malabar Hills. Le gouverneur William Hornby avait ouvert la voie en s'installant dès 1771 à Parel dans les bâtiments d'un ancien couvent franciscain. L'entassement des populations au sein des quartiers centraux devenait en effet perceptible : en 1826 on trouvait en moyenne 11,2 habitants et habitantes par habitation dans le Fort, contre 8,7 à Dongri, 7,2 à Byculla ou encore 5,8 à Girgaum et 3,6 à Mahim[1].

Illustration n° 6 : Vue de la banlieue alors champêtre de Parel, prisée par les *bungalows* des riches Européens (1810-1811).

1. Farooqui A., *Opium City…*, *op. cit.*, p. 58.

Épidémies, fèces et pestilences

Les aménagements ne suivirent pas, cependant, cet accroissement rapide de la population, ce qui ne tarda pas à créer des problèmes sanitaires. La construction de l'Hornby Vellard, empêchant la pénétration de la marée, entrava aussi l'évacuation des eaux pluviales vers la mer, qui furent redirigées vers un unique chenal à Worli. Mais c'était aussi dans ce conduit à ciel ouvert qu'était déversé le contenu des égouts. Le *Bombay Times* le décrivait avec dégoût en 1840 comme « un cloaque vert rempli de légumes à moitié pourris, qui dégageait les odeurs les plus repoussantes, le soir et le matin – plein de grenouilles et recouvert de moustiques[1] ». La très grande majorité du réseau d'évacuation des eaux usées était, de fait, laissée à l'air libre. En 1848, les autorités firent recouvrir les conduits des Girgaum et Kalbadevi Roads, mais dans le reste de la Native Town la situation restait identique. Leur intervention était sélective et largement tributaire des conceptions qu'elles s'étaient forgées sur les conditions de vie que pouvaient tolérer les populations indiennes. Les deux rues choisies étaient certes des axes importants, mais elles étaient surtout, comme le souligna le Surintendent of Repairs, Henry Conybeare, « celles les plus fréquentées par les Européens[2] ». En 1842, les autorités construisirent un système d'écluses à portes busquées à Love Grove, où est encore située une des principales stations de pompage et de traitement des eaux usées de la ville. Les portes n'étaient tenues ouvertes qu'à marée basse afin d'empêcher les eaux maritimes de pénétrer dans le chenal. Pendant la mousson, toutefois, il n'était pas rare que le conduit déborde et déverse son contenu putride dans les Flats aux alentours.

1. Cité par Albuquerque T., *Urbs Prima…*, *op. cit.*, p. 172.

2. Conybeare H., *Report on the Sanitary State and Requirements of Bombay*, Bombay, 1855, appendix H, p. 17.

L'évacuation des ordures et en particulier des matières fécales était tout aussi problématique. Cette tâche était confiée à des équipes de balayeurs, recrutés et dirigés par un *muccadum* (contremaître), et issus de la communauté des Halakhors, un groupe de musulmans originaires des Provinces unies (aujourd'hui Uttar Pradesh). Leur organisation fut décrite par l'un d'entre eux, Chand Lalla, natif de Bareli et arrivé à Bombay en 1823 :

> Il y a environ 14 ans [ce témoignage est recueilli en 1866], tous les Halalcores reconnaissaient la suprématie d'un muccadum, du nom de Hirjee Waljee, qui avait la réputation d'être un homme très riche. Il possédait trois ou quatre maisons et disposait d'environ 300 ou 400 roupies par mois. Il avait le monopole de collecter tous les vêtements mortuaires des hindous qui étaient brûlés et enterrés. Ces vêtements, il les vendait à des Menons ou à des Boras, qui les écculaient à nouveau. [...].
>
> Hirjee Waljee opprimait tous les nouveaux arrivants parmi les Halalcores. Il leur réclamait quatre annas [1/16ᵉ de roupie] par mois. La caste se mutina, et cela se termina par ma nomination comme muccadum de tous les Halalcores qui n'étaient pas nés à Bombay, tandis que Hirjee restait muccadum des natifs de Bombay. J'avais sous mes ordres quatre bunghies que je payais 15 roupies chacun par mois. Je gagnais environ 300 roupies par mois. J'avais environ 400 maisons à nettoyer à Mandavee [Mandvi]. La ville était divisée en 30 districts, et sur chacun d'eux il y avait un chota muccadum [petit contremaître], qui employait des serviteurs privés pour faire son travail sous contrat[1].

Les autorités municipales jugeaient alors plus aisé et plus économique de déléguer l'entretien de la ville à ces *muccadums* que de se doter d'une administration dédiée à cette besogne. Le peu de personnel que ces derniers employaient – Chand Lalla dit payer

1. *Annual Report of the Municipal Commissioner for the City of Bombay for the year 1866*, « Appendix A : A short account of some of the trades of Bombay », Oriental and India Office Collections, British Library.

quatre balayeurs pour effectuer le nettoyage des 400 maisons de Mandvi –, la difficulté de la tâche en l'absence d'eau courante et de système d'égout adapté ainsi que l'inexistence d'un service d'inspection municipal du travail effectué faisaient que ce dernier était bien souvent imparfait et que les journaux se plaignaient constamment de la saleté des rues[1]. Peu de communautés étaient aussi mal vues des élites de la ville que celle des Halakhors, mais il est aisé de faire porter à ce groupe accablé par tous les stigmates sociaux (leur origine de basse caste, leur travail jugé impur, etc.) la responsabilité de l'incurie des pouvoirs municipaux. Une des clés du problème résidait dans le très faible volume d'eau disponible dans la ville qui empêchait notamment de déverser les matières fécales dans les égouts, de crainte qu'elles n'y restent bloquées. Les Halakhors devaient par conséquent collecter les excréments dans des paniers, qu'ils transportaient sur leurs têtes ou dans des chariots pour aller les déverser dans la mer. Il arrivait cependant que, du fait d'installations défectueuses dans les maisons, les fèces finissent par trouver la voie des égouts, voire débordent sur la voie publique, ou que les balayeurs, dans le but de s'épargner une longue marche, y vident le contenu de leurs paniers[2].

Leurs conditions de travail furent un peu améliorées à la fin des années 1840 avec l'octroi de carrioles et la création de dépôts. Mais les autorités municipales rechignaient toujours à engager les coûteux travaux qui auraient permis de doter la ville d'un meilleur système d'égout. De la même manière, la provision de toilettes publiques était très insuffisante, si bien que, comme le nota amèrement un habitant britannique de la ville, se rappelant la situation en 1855, effectuer le trajet de Bori Bunder à Byculla ou vers Modi Bay « consistait à voir sur la côte les latrines de toute la population de la Native Town[3] ». Les risques

1. Albuquerque T., *Urbs Prima…*, *op. cit.*, p. 172-173.

2. Leith A., *Report on the Sanitary State of the Island of Bombay*, Bombay, Education Society Press, 1864, p. 13.

3. Cité par Tindall G., *City of Gold…*, *op. cit.*, p. 173.

de contamination de l'eau potable étaient, dans ce contexte, élevés, ce qui favorisait le développement de certaines maladies, tel le choléra. Trois épidémies majeures de cette affection eurent lieu au début du XIXe siècle : en 1831-1832, en 1848-1849 et en 1853-1854. Lors des deux dernières, les victimes se comptèrent au nombre de 18 000 et de 20 000[1].

La ressource foncière comme enjeu

Le pouvoir municipal disposait certes alors de peu de moyens. En 1845, les autorités cherchèrent à en renforcer les institutions en mettant en place le Board of Conservancy. Celui-ci comptait sept membres : le Senior Magistrate of Police qui en était le président, le fonctionnaire chargé de la collecte des impôts (Collector of Land Revenue) et cinq juges de paix dont trois devaient être des Indiens. Ce Board était chargé à la fois du maintien de l'ordre, du nettoyage des rues, de l'enlèvement des ordures et de l'entretien des égouts, mais ses prérogatives restaient limitées puisqu'il devait solliciter l'autorisation du gouverneur avant d'entreprendre tous travaux. En dépit de la création d'un fonds municipal qui rassemblait des impôts payés auparavant au gouvernement (impôt sur le bâti, impôt sur les attelages, etc.), les financements dont il fut doté restèrent très largement insuffisants et sa situation financière se dégrada si rapidement qu'il reçut l'autorisation de lever, en 1850, une nouvelle taxe sur le tabac. Cette situation de déficit chronique découlait toutefois de l'absence de volonté politique des autorités de doter les institutions locales de sources de financement adéquates. Elles craignaient en effet de s'aliéner les riches classes marchandes qui auraient pu faire l'objet de nouvelles taxations.

Comme l'a illustré l'exemple sur la couverture des égouts, ces modestes ressources étaient en outre essentiellement utilisées au bénéfice des plus aisés et au service des intérêts commerciaux de la ville. Ces préoccupations dictaient la politique urbaine. Ainsi,

1. Farooqui A., *Opium City*..., *op. cit.*, p. 72.

avec le développement des chemins de fer à partir des années 1830 en Grande-Bretagne, la perspective de la construction d'un réseau en Inde ne tarda pas à attiser les convoitises des milieux d'affaires britanniques et indiens. En 1845 fut créée l'Indian Railway Association qui comptait notamment J. Jeejeebhoy et J. Shunkerseth parmi ses membres. L'attention des autorités se porta alors sur la maîtrise de la ressource foncière. L'installation d'un réseau ferré nécessitait en effet de disposer de vastes parcelles. Or, nous l'avons vu, les Britanniques avaient eu, dans les premiers temps de leur domination, pour priorité de faire reconnaître leurs droits seigneuriaux à la suite des Portugais et d'attirer de nouveaux tenanciers. Ils avaient notamment étendu le statut de terres *foras* hérité des Portugais aux espaces récupérés sur la mer, afin de permettre la mise en valeur et en culture de ces prés salés. Le contrôle de ces terrains situés dans la proche périphérie devint, au tournant des années 1830, stratégique, et le foncier urbain commença à être vu comme une source potentielle de richesse, dont les autorités voulaient aussi profiter. En 1839, elles promulguèrent une législation qui, tout en reconnaissant à ces tenures le statut de propriété privée (les tenanciers n'en avaient jusqu'alors que la jouissance), lui permettait de les récupérer contre dédommagement. Pourtant, en 1842, lorsqu'elles tentèrent d'acquérir les terres de près de 700 *forasdars* à Byculla, elles se heurtèrent à une farouche résistance de ces derniers qui jugeaient l'indemnisation proposée trop basse. Parmi les personnes concernées se trouvaient en effet trois *shetias* qui disposaient des moyens et des relais pour faire entendre leurs *desideratas* : Jagannath Shunkerseth, Dadabhoy Pestonji (1802-1885) et Bomanji Hormusji Wadia (1808-1862) – respectivement le fils adoptif et le fils de Pestonji Bomanji et Hormasji Bomanji, les deux frères Wadia. Le conflit se conclut avec la loi de 1851 qui confirma le statut de propriété privée accordé aux terres *foras*. Il s'agissait avant tout pour les autorités de calmer l'agitation et de pouvoir lever des impôts plus importants sur les parcelles. En 1854, elles complétèrent le dispositif en statuant qu'en cas d'acquisition de ces terrains dans un but d'utilité publique, le dédommagement serait fixé par le tribunal de Petty Sessions qui devait tenir compte dans son estimation « des intérêts privés ou de la valeur des améliorations effectuées sur les terrains du Gouvernement [...] et non la valeur du terrain lui-même[1] ». La mise en place de ces dispositifs aboutit à la liquidation de l'héritage féodal des modes d'appropriation de la terre, reconnaissant *de facto* aux anciens tenanciers de la Compagnie le droit de conserver et d'aliéner leurs terres[2].

La possession foncière, dans le contexte de l'accroissement soutenu de la population de l'île et des futurs équipements ferroviaires, s'annonçait comme particulièrement lucrative. Les riches classes marchandes y virent rapidement un moyen d'investir une partie des juteux bénéfices issus du commerce international et d'ancrer solidement leur mainmise sur l'espace urbain. Dadabhoy Pestonji Wadia se trouvait à la tête, dans les années 1840, d'une des maisons de commerce les plus prospères de Bombay. Poursuivant l'activité de son père sur les marchés chinois et britanniques, il investit par ailleurs massivement dans les presses à coton et la banque. Mais il chercha également à profiter de l'ambiance spéculative qui commençait à voir le jour sur le marché foncier, en acquérant terrains et marais salants. En 1851 – année de sa mise en faillite –, il avait considérablement étendu l'héritage foncier de son père. Ses propriétés étaient en effet estimées à près de 5 millions de roupies et couvraient un quart de la surface de l'île de Bombay[3]. D'autres marchands engagés dans le lucratif commerce avec la Chine choisirent d'investir dans l'immobilier. Le parsi Kharsedji Furdunji Parekh acquit ainsi dans les années 1840 diverses propriétés dont la valeur approchait les 3,5 millions de roupies[4].

1. Cité par Dossal M., *Theatre...*, *op. cit.*, p. 116.
2. N. Rao, « Space in Motion : An Uneven Narrative of Urban Private Property in Bombay », *in* Gandhi A. *et al.* (dir.), *Rethinking Markets in Modern India*, Cambridge, Cambridge University Press, 2020, p. 54-84.
3. Guha A., « More about the Parsi... », art. cit., p. 125.
4. Dobbin C., *Urban Leadership...*, *op. cit.*, p. 12.

À la veille de son entrée dans l'ère industrielle, le port de Bombay était donc devenu un des rouages essentiels de l'économie capitaliste coloniale. Son réseau commercial, auparavant surtout centré sur la région du Gujarat et ses manufactures, s'était étendu vers la Chine où étaient exportés opium et coton, mais aussi vers son arrière-pays d'où provenaient matières premières et main-d'œuvre. Le florissant commerce vers le marché chinois servait les intérêts directs de la puissance impériale britannique – et notamment l'équilibre de sa balance commerciale – tout en permettant aux marchands indigènes qui en étaient des agents actifs d'accumuler du capital. Il existait alors un éventail limité de possibilités d'investissement et, dans le contexte de l'essor démographique soutenu de la cité, le marché foncier apparut comme un débouché prometteur. Tandis qu'ils s'assuraient une mainmise importante sur la réserve foncière de l'île, les *shetias* prirent pied dans les institutions municipales. L'ensemble de ses évolutions allait peser lourdement sur le développement urbain après les années 1840.

CHAPITRE TROIS

Les usines (1850-1890)

Certains monuments – notamment par le biais du développement des industries culturelles – en sont venus à incarner des villes, une silhouette de tour Eiffel ou de Christ rédempteur suffisant à faire émerger dans un imaginaire largement partagé Paris ou Rio. Quelle serait la figure de Bombay dans ce répertoire ? La réponse n'est pas aisée. S'il s'agit d'appréhender les choix officiels, une piste peut résider dans les classements de l'Unesco. Or deux sites ont été récemment classés au patrimoine mondial de l'humanité : la gare de Chhatrapati Shivaji (anciennement Victoria) et l'ensemble constitué par les bâtiments néogothiques et Art déco qui se font face sur Oval Maidan. Un trait commun les caractérise, même si ce n'est qu'en partie pour le second : ils datent de la même période, à savoir la fin du XIXe siècle.

Que le choix des instances culturelles officielles se soit porté sur la mise en patrimoine de bâtiments de cette époque n'est pas anodin. Peu de décennies de l'histoire de Bombay furent aussi importantes en matière de transformations urbaines, sociales et environnementales que celles que l'on s'apprête à parcourir. Seules peut-être les mutations qui s'amorcèrent au début des années 1990, lorsque de nouveaux mécanismes d'accumulation du capital précipitèrent le remplacement du bâti ancien par de hautes tours en verre et en béton, leur sont comparables. Bombay entra alors en effet de plain-pied dans l'ère du capitalisme industriel. L'arrivée du chemin de fer et l'ouverture du canal de Suez en 1869 qui réduisit considérablement le temps de transport avec l'Europe lui permirent de ravir à Calcutta le statut de premier port de l'Inde, tandis que le développement des manufactures de coton faisait affluer dans la ville travailleurs et travailleuses, la cité devenant l'un des plus grands centres urbains d'Asie, après Tokyo. Afin de servir ces nouveaux intérêts économiques, l'espace urbain fut profondément remodelé : les murailles arasées, la côte orientale entièrement redessinée par les poldérisations et les installations portuaires, des gares majestueuses et des bâtiments publics monumentaux érigés, alors que les espaces agricoles du centre de la presqu'île étaient peu à peu grignotés par les faubourgs usiniers. Cette nouvelle phase de développement eut pour autre conséquence majeure d'accentuer la mise en exploitation, la transformation radicale, voire la disparition d'espaces naturels et agricoles, situés à des distances de plus en plus grandes de la cité.

La révolution des transports

Développement du train et conséquences environnementales

Les décennies 1850-1890 furent d'abord marquées par une révolution des transports, dont l'outil principal fut le chemin de fer. Innovation technologique parfaitement maîtrisée par les capitalistes anglais qui comptèrent parmi ses premiers promoteurs, son exportation dans l'empire apparut à la fois comme une manière d'accélérer la mise en exploitation de ces vastes territoires, mais aussi d'écarter en métropole le spectre redouté d'une crise liée à la suraccumulation de capital. Les chantiers liés au développement du train ouvraient d'immenses débouchés pour l'investissement britannique. Ainsi, si les marchands locaux avaient tenté dans un premier temps de prendre l'initiative à

Bombay, les capitaux engagés provinrent finalement principalement de Grande-Bretagne. Ceux-ci furent attirés par le système mis en place par les autorités qui garantissait sur les revenus de la colonie – et donc aux dépens des contribuables indiens – un dividende annuel de 5 % aux actionnaires des compagnies de chemin de fer, même si ces dernières ne dégageaient aucun bénéfice.

Deux compagnies virent ainsi le jour : la Great Indian Peninsula Railway (GIP – aujourd'hui Central Railway) fondée en 1849 et la Bombay Baroda and Central Railway (BB&CI – aujourd'hui Western Railway) en 1855. La GIP inaugura en 1853 la toute première voie ferrée de la colonie, qui couvrait à l'origine la distance entre Bombay et Thane, sur l'île voisine de Salsette. Ces deux compagnies partageaient un objectif identique : faciliter l'acheminement vers Bombay d'une des matières premières qui faisait la richesse du commerce de la ville, le coton. La GIP étendit ainsi en 1858 ses voies au-delà de la chaîne des Ghats occidentaux vers Poona (Pune), puis en 1860 vers la ville de Solapur, située au cœur d'une des principales zones de production cotonnière du Deccan, tandis que de son côté la BB&CI relia en 1861 Bombay à Baroda, avant d'étendre son réseau vers le nord et les vastes champs de coton du Gujarat (voir la carte n° 6, dans le second rabat). En une décennie, ces lignes aidèrent à tripler le volume du commerce international de la ville.

Leur construction et leur mise en fonctionnement suscitèrent d'énormes besoins en bois, aussi bien pour la fabrication des traverses que pour l'alimentation des locomotives, le charbon qui devait être importé restant une denrée coûteuse. La seule portion de 36 kilomètres (22,5 miles) jusqu'à Thane comptait 64 000 traverses, ce qui, selon les calculs effectués par l'historienne Louiza Rodrigues, avait nécessité l'abattage de plus de 9 100 arbres. Quant au bois de chauffe, le surintendant des locomotives en estimait en 1867 la consommation annuelle à près de 100 000 tonnes. Une telle demande entraîna une flambée du prix du bois, qui doubla au cours des années 1850, et une surexploitation des forêts environnantes. L'abattage des arbres dans un rayon de 4,8 kilomètres (3 miles) autour des voies ferrées fut interdit dès 1857. Cette mesure ne sembla cependant pas suffire à freiner les abus de l'exploitation commerciale, puisque les autorités durent promulguer deux lois forestières en 1865 et 1878 afin d'affermir leur contrôle sur cette ressource. Celles-ci eurent surtout pour conséquence de couper les populations les plus modestes qui habitaient dans, ou à proximité des forêts, et notamment les populations tribales comme les Varlis, d'une partie de leurs moyens de subsistance. Alors que la pratique répandue dans les zones forestières de culture sur brûlis (*kumri*) avait déjà été interdite en 1856, l'inclusion des communs des villages aux zones réglementées empêcha le ramassage du bois de chauffe et d'autres produits forestiers parfois vendus par les villageoises et villageois. Les autorités mirent aussi en place une politique de plantation qui, favorisant essentiellement deux essences, le teck et l'arbre de babul, eut pour effet d'appauvrir la biodiversité[1].

La pénétration du train, alliée à l'accroissement démographique soutenu de la ville, entraîna aussi de profondes modifications dans les campagnes environnantes. Sous la pression d'un nouveau système de taxation ainsi que des besoins sans cesse croissants du marché alimentaire de Bombay, les cultures vivrières laissèrent peu à peu place à des cultures destinées à la consommation de la grande ville : le riz et le fourrage qui alimentait les nombreuses fermes laitières urbaines. Dans le *taluka* (division administrative) de Mahim, près de 600 hectares de cultures sèches furent ainsi transformés en rizières entre 1860 et 1890. Cette commercialisation de l'agriculture, qui nécessitait plus de capital, s'accompagna d'un processus de dépossession des classes paysannes au profit d'usuriers urbains

1. Rodrigues L., *Development and Deforestation*..., *op. cit.*, p. 165-215.

qui leur avançaient l'argent pour les impôts et les semences. Ce processus était le plus abouti dans les zones particulièrement dépendantes du marché urbain, susceptibles de dégager d'importants profits, comme dans le district de Thane qui détenait le plus haut pourcentage (40 %) de terres appartenant à des propriétaires non-cultivant[1]. Les petits exploitants et exploitantes furent donc les premières victimes du modèle commercial choisi pour nourrir la ville.

« C'est une gare, mais c'est surtout une cathédrale[2] »

Le développement du transport ferroviaire eut aussi de multiples conséquences sur l'espace urbain, à commencer par les nombreuses expropriations qu'il suscita pour la pose des lignes, la construction des ateliers mécaniques ou l'accès à des carrières pour fournir le ballast. Dans ce but, le gouvernement amenda en 1851 la législation sur les expropriations pour cause d'utilité publique, afin d'y inclure l'activité des compagnies de chemin de fer. De cette manière, la compagnie GIP put acquérir le vaste verger connu sous le nom de William Phipps, dans le quartier de Byculla, où était située une carrière. La mise en exploitation de cette dernière entraîna l'arrachage systématique des palmiers qui y étaient exploités pour produire du vin de palme, changeant radicalement l'utilisation des terres de cette partie de la ville[3]. Dans un tel contexte, Govind Narayan avait beau jeu de se moquer des craintes suscitées par les chantiers liés aux chemins de fer :

> Tandis que les voies ferrées étaient construites, beaucoup de gens ignorants répandirent des rumeurs les plus infâmes à leur

1. Upadhyaya A. K., « Peasantisation of Adivasis in Thane District », *Economic and Political Weekly*, vol. 15, n° 52, 1980, p. A134-A146.

2. Müller C., *Cinq mois aux Indes, de Bombay à Colombo*, Paris, Henry Floury, 1924, p. 42.

3. Dossal M., *Theatre…*, *op. cit.*, p. 117.

> propos et tentèrent d'empoisonner l'esprit des gens. Certaines disaient que pendant que les lignes étaient posées, un couple devait être sacrifié à intervalles réguliers. Une autre avançait qu'un enfant devait être enterré sous la voie, avant qu'elle puisse être érigée correctement[1].

De telles rumeurs n'étaient-elles pas un moyen, pour certaines franges de la population, d'exprimer des peurs légitimes à l'égard d'une nouvelle technologie susceptible d'entraîner des changements irrémédiables de leurs lieux de travail et de vie ?

La construction de gares fut une autre conséquence visible. En 1878, la GIP dont le terminus était jusqu'alors hébergé dans une petite gare à Bori Bunder profita de l'espace libéré par l'arasement des murailles et l'abolition de la zone *non aedificandi* décidés en 1862 pour ériger un nouveau bâtiment. Elle en confia le chantier à Frederick W. Stevens, ingénieur du ministère des Travaux publics. Les travaux durèrent dix ans et furent les plus coûteux de la période. Le bâtiment construit, comme le souligne un voyageur contemporain le comparant à une cathédrale, se distingue en effet par son gigantisme : la façade principale de la gare, baptisée Victoria Terminus ou plus communément VT (aujourd'hui Chhatrapati Shivaji ou CST), fait près de 100 mètres de haut. Bâtie dans un style gothique italien alors en vogue en métropole, elle présente un programme décoratif qui, bien qu'exécuté par des sculpteurs indiens qui permirent d'y introduire des influences locales, croise le registre de la glorification de l'essor industriel à celui de la justification de la domination coloniale. Les trois ensembles statuaires principaux – Commerce (au sud-ouest de la façade principale), Agriculture (sur la façade sud) et Ingénierie (au nord-ouest de la façade principale) – ainsi que l'allégorie Progrès qui coiffe le dôme octogonal de l'édifice, sont autant de *topoï* de l'éloge

1. Ranganathan M., *Govind Narayan's…*, *op. cit.*, p. 208.

de la mission civilisatrice que s'est alors attribuée la Grande-Bretagne[1] (voir illustration n° 7).

Dans le cas de la BB&CI, la question du terminus fut plus difficile à trancher. La compagnie voulait prolonger ses voies jusqu'à Colaba, où avait été déplacé au début des années 1870 le « Cotton Green », le point névralgique du commerce du coton de la ville. Elle y parvint au début des années 1890. Pour cette raison, elle ne fit construire à Churchgate – nom hérité de l'ancienne porte d'enceinte – qu'une modeste gare, souvent comparée pour son architecture à un chalet suisse (voir la carte n° 3, p. 148). Elle décida toutefois en 1893 de se doter d'un bâtiment prestigieux pour ses bureaux, dont elle confia aussi la réalisation à F. W. Stevens, devenu depuis l'inauguration de la gare Victoria un agent incontournable des grands chantiers urbains de la période. L'édifice qu'il conçut, en basalte noir, fut érigé en face de la gare de Churchgate. Bien que doté d'un programme de décoration bien moins élaboré que celui de VT, il se distinguait par l'emploi d'innovations technologiques, telles que des ascenseurs hydrauliques actionnés au moyen de réservoirs d'eau placés sur le toit[2]. Aujourd'hui seuls ces bureaux sont encore visibles, la petite gare ayant laissé place à un édifice plus à même d'accueillir l'important flux de passagers drainé depuis les quartiers et les banlieues nord-ouest de la ville. Au cours du XXe siècle, c'est en effet cette fonction de transport pendulaire qui a fini par s'imposer. Ces lignes et ces deux gares de Churchgate et de CST sont désormais des éléments incontournables de l'expérience quotidienne des habitantes et habitants de Bombay, faisant oublier qu'à l'origine le tracé et le développement des voies furent guidés par le commerce du coton.

1. London C. W., *Bombay Gothic*, Mumbai, Jaico, 2002, p. 79-93.
2. *Ibid.*, p. 107-109.

Illustration n° 7 : Vue aérienne de 1937 de la gare Victoria Terminus, au centre. Sur la droite de l'image est visible le bâtiment de Bombay Municipal Corporation, achevé en 1893 et à l'arrière-plan le port et ses entrepôts.

King Cotton et la transformation de la côte orientale

À partir du milieu du XIXe siècle, l'exportation de coton brut avait en effet commencé à prendre le pas sur le commerce de l'opium. Cette matière première avait été jusqu'alors principalement destinée au marché chinois, mais l'essor de l'industrie textile en Europe réorienta et intensifia les flux. Le coton indien, à fibre courte, n'était pas principalement consommé par les filatures et manufactures anglaises. L'équipement de celles-ci requérait, pour fonctionner à plein rendement, un coton aux fibres longues qui était importé depuis les États-Unis. Toutefois, le déclenchement en 1861 de la guerre civile étatsunienne contribua à l'expansion de ce commerce. Coupées de leur approvisionnement venu des États conférés par le blocus exercé par les nordistes, les manufactures britanniques se tournèrent vers la production indienne, ce qui provoqua à Bombay un véritable boom. Cette courte période, connue sous le nom de Cotton Mania, fut marquée d'un côté par de merveilleux profits pour les classes marchandes et de l'autre par une détérioration très nette des conditions de vie des classes les plus pauvres, touchées à la fois par la spéculation immobilière qui fit augmenter de 50 % les loyers et la hausse des prix des denrées alimentaires, une large partie des cultivateurs s'étant mis à produire du coton, bien plus rentable que les cultures vivrières.

La fin de la guerre, en 1865, entraîna certes une chute vertigineuse des prix du coton et des faillites fracassantes telle celle du très riche marchand gujarati Premchand Roychand, qui purent faire croire aux contemporains qu'ils n'avaient jamais « vu ailleurs une faillite si étendue[1] ». Mais cette crise, aussi brutale qu'elle ait pu alors être perçue, n'eut cependant qu'un impact limité sur l'économie de la ville. L'épisode avait, en effet, favorisé la pénétration du coton indien en direction des marchés de l'Europe continentale. Les industries textiles françaises et italiennes avaient adopté des métiers à filer à anneau qui s'accommodaient d'une matière première à la fibre courte. Elles comptaient par conséquent, à partir des années 1860 et 1870, parmi les premières consommatrices du coton venu d'Inde. La chute de la valeur de l'argent (sur laquelle était indexée la roupie) favorisa les exportations et le fait que la ville fût désormais bien reliée aux zones de production par le chemin de fer vint soutenir cette tendance. Enfin, aucun autre port ne bénéficia autant que Bombay de l'ouverture du canal de Suez en 1869. La distance qui le séparait de Londres fut réduite de deux tiers. Dans les années 1860,

1. Cité dans Edwardes S. M., *The Rise of Bombay, A Retrospect*, Bombay, Times of India Press, 1902, p. 277.

la ville comptait, avec New York et Liverpool, parmi les plus grands marchés de coton du monde. Elle était toujours, dans les années 1920, l'un des plus grands d'Asie et pouvait encore prétendre en 1927 avoir vu transiter un plus gros volume de coton que sa rivale anglaise[1].

L'accumulation inédite de capital provoquée par la Cotton Mania contribua à lancer des travaux d'aménagement du port. Les limitations de l'économie coloniale, accentuées par le fait que les marchands indiens y occupaient une place dominée, restreignaient les possibilités d'investissement des profits accumulés. Se produisit alors ce que David Harvey identifie comme un des mécanismes du capitalisme pour résoudre ses tendances internes à la crise, un « spatial fix ». Les surplus sont investis dans la construction de nouvelles infrastructures, qui peuvent soutenir, voire intensifier, un nouveau cycle d'accumulation du capital[2]. En l'occurrence, à Bombay, il s'agissait de la création de docks, de bassins et d'entrepôts qui pouvaient apparaître comme des plus avantageux étant donné l'augmentation de tonnage du port. Un certain nombre de sociétés privées furent créées dans ce but et l'une d'entre elles, l'Elphinstone Land and Press Company, passa un accord avec les autorités pour procéder à la poldérisation d'une partie de la côte est, entre la Native Town et Mazagaon. Ce type de projet devint un trait récurrent de l'imaginaire urbain des élites durant la domination coloniale. Alors qu'au nord de la presqu'île subsistaient de vastes étendues de terres agricoles pouvant être viabilisées, les périodes de prospérité virent immanquablement fleurir les projets de poldérisation, visant à étendre les quartiers du sud, où se concentraient activités économiques et résidences des plus riches.

Toutefois, la crise de 1865 porta un coup d'arrêt aux différents chantiers et amena les autorités à reconsidérer leur politique de

1. Chandavarkar R., *The Origins of Industrial Capitalism…*, *op. cit.*, p. 25.
2. Harvey D., « Globalization and the "Spatial fix" », *Geographische Revue*, n° 2, 2001, p. 23-30.

laisser-faire. Avec les perspectives qu'ouvrait l'inauguration du canal de Suez, la question du développement portuaire et des profits qu'il pouvait rapporter devenait trop importante à leurs yeux pour être abandonnée aux seuls intérêts privés. En 1870, le gouvernement racheta l'Elphinstone Company, ce qui ouvrit la voie à la fondation en 1873 du Bombay Port Trust (BPT). Dans les années qui suivirent, le BPT fit l'acquisition systématique de toutes les installations privées, notamment du seul bassin à flot alors existant à Bombay et construit en 1875 par la famille Sassoon, le Sassoon Dock. Il mit surtout en œuvre des travaux d'envergure afin d'absorber l'énorme croissance des tonnages suscitée par la course aux profits de l'économie capitaliste coloniale. Comme le montre la carte n° 3, il n'eut de cesse de construire des équipements de plus en plus grands.

Ainsi, la technique jusqu'alors utilisée pour l'embarquement et le débarquement des marchandises qui consistait, en l'absence de bassins à flots, à avoir recours à des embarcations de plus petite taille pour transporter le chargement des navires qui mouillaient au large, fut jugée trop lente et risquée. Le BTP acheva en 1879 la construction du Prince's Dock qui pouvait accueillir jusqu'à 30 navires, une capacité alors inégalée en Asie. Dès 1888, toutefois, lui fut accolé un bassin encore plus vaste, le Victoria Dock (voir illustration n° 8), lui-même surpassé en 1914 par l'ouverture de l'Alexandra Dock, tous deux destinés à recevoir des embarcations à vapeur dont le tonnage était plus important. Dans ce contexte, le Sassoon Dock, qui ne pouvait abriter que 5 navires, fut laissé aux embarcations de pêche, son marché au poisson étant aujourd'hui l'un des sites les plus pittoresques de la partie méridionale de la ville.

Illustration n° 8 : Victoria Dock, groupe d'ingénieurs et d'entrepreneurs posant à l'arrière des portes (1888).

À ces bassins furent adjointes d'autres installations : deux cales sèches, dédiées à l'entretien et au carénage des navires, le Merewether Dock (1891) et le Hughes Dry Dock (1914), et, au nord, toute une série de « bunders » ou de quais ouverts – Carnac Bunder, Malet Bunder, Frere Basin, etc. – utilisés par les caboteurs et les petites embarcations du commerce côtier ainsi que pour le transport des passagers. Avec le développement conjoint de la navigation à vapeur et des chemins de fer, Bombay devint en effet un des principaux ports sur la route du pèlerinage de la Mecque. L'historien Nile Green la décrit comme « un des grands lieux de mélange des musulmans », drainant des pèlerins de toute l'Inde, mais aussi d'Afghanistan, de Perse ou encore d'Asie du Sud-Est[1]. À ces quais succède, toujours en remontant vers le nord, la Sewri-Mazagaon Reclamation qui, commencée en 1907, fut le plus grand projet de poldérisation mis en œuvre jusqu'aux années 1920. Celui-ci ajouta au port 4 kilomètres de quais supplémentaires et un site deux fois plus grand que celui de Colaba pour y relocaliser le « Cotton Green ». Au début des années 1930, les propriétés du BPT étaient estimées à 760 hectares, soit 1/8e de la surface de la ville, dont une très large partie avait été gagnée sur la mer.

La physionomie de la côte orientale s'en trouva totalement bouleversée. Ses collines furent arasées – comme celle de Sion qui disparut dans le comblement de l'Elphinstone Reclamation – tandis que les poldérisations successives faisaient disparaître vasières et mangroves, qui ne subsistent aujourd'hui plus que de manière résiduelle au nord de Sewri, donnant au littoral cet aspect plat et corseté que nous lui connaissons. Ces transformations radicales eurent de lourdes conséquences sur l'écosystème marin. Le *Gazetteer* de la ville, publié en 1909, se faisait l'écho d'une détérioration notable, en l'espace de douze ans, de la quantité et de la qualité du poisson pêché à Bombay, ce qu'il reliait aux importants travaux entrepris le long de la côte[2]. Ces derniers avaient détruit aussi bien des lieux de reproduction que des zones susceptibles d'offrir de la nourriture aux alevins. Ils coupèrent également les quartiers des pêcheurs kolis de l'accès direct à la mer dont ils avaient disposé jusqu'alors, ce lien organique ne transparaissant plus que dans la toponymie d'espaces désormais situés à l'intérieur des terres, tels que Mazagaon qui viendrait de « Machacha-gaum », village des poissons, ou encore Naigaum, village des bateaux.

1. Green N., « The Hajj as its Own Undoing : Infrastructure and Integration on the Muslim Journey to Mecca », *Past & Present*, n° 226, 2015, p. 193-226.
2. Edwardes S. M., *The Gazetteer*..., *op. cit.*, p. 141.

L'ère du capitalisme industriel

Une industrie du coton à capital indien

Cette révolution des transports alliée à la réorientation vers l'Europe du commerce du coton eut des conséquences importantes sur les communautés marchandes de Bombay. La première guerre de l'Opium (1839-1842) avait déjà contribué à faire perdre aux Parsis la position dominante qu'ils détenaient sur le marché chinois. Ils se trouvaient concurrencés par des groupes qui, disposant d'intérêts plus diversifiés, furent moins touchés par ces événements : les Khojas et les juifs de Bagdad. Ces rivalités commerciales furent en large partie à l'origine des émeutes communalistes qui éclatèrent à Bombay en 1851 et 1874 et opposèrent principalement Khojas et Parsis. L'essor des bateaux à vapeur affecta aussi les chantiers navals de la ville. Si des tentatives y furent menées pour construire des navires de ce type au début des années 1850, elles furent vite abandonnées. Le remplacement du bois par le fer comme matériau de construction donnait en effet un net avantage aux chantiers de la métropole, où son prix était bas, et les activités furent dès lors limitées localement à la construction des bateaux pilotes et autres petites embarcations[1].

Les communautés marchandes de Bombay furent toutefois en mesure de profiter des débuts de l'expansion du commerce du coton brut, même si l'exportation vers les marchés européens était une entreprise plus coûteuse et plus risquée. À partir des années 1870, elles se trouvèrent cependant très fortement distancées par les marchands européens. La construction du chemin de fer ayant relié Bombay aux zones productrices du Deccan et du Gujarat, les Européens purent se passer des intermédiaires indiens auxquels ils avaient jusqu'alors eu recours. Une série de

1. MacLean J. M., *Guide to Bombay : Historical, Statistical and Descriptive*, Bombay, Bombay Gazette Steam Press, 1889, p. 256.

changements favorisa en outre la concentration des exportations entre les mains de grandes maisons de commerce occidentales. Le lucratif marché du transport de l'opium entraîna en 1847 l'installation à Bombay de l'une des plus grandes compagnies britanniques de transport maritime à vapeur, la Peninsular and Oriental Steam Navigation Company (P&O). Dès le début des années 1850, celle-ci s'était taillé un monopole sur le transport de l'opium, aux dépens des embarcations indigènes. Jouissant d'un bien meilleur accès au capital que leurs homologues indiennes, les maisons de commerce européennes investirent massivement dans de nouveaux équipements qui leur permirent de faire chuter les coûts de conditionnement et de s'adapter aux fluctuations du marché. Elles disposaient d'un accès privilégié à certains services comme les assurances et l'information concernant l'état du cours du coton, notamment grâce à l'installation du télégraphe à Bombay en 1853. Ces éléments leur donnèrent un net avantage. En 1861, parmi les douze marchands qui exportaient annuellement plus de 10 000 balles de coton figuraient sept Indiens. En 1875, on n'en comptait plus qu'un[1].

Désormais dépassés dans la sphère du commerce international, ces derniers cherchèrent d'autres moyens pour investir leurs capitaux et se tournèrent vers la construction de manufactures. Comme le souligne l'historien R. Chandavarkar, « le développement de l'industrie cotonnière fut une réponse à la subordination du capital indien et non le résultat d'une évolution linéaire du commerce vers l'industrie ». Cela conféra à l'industrie de Bombay un trait caractéristique par rapport à l'autre grande industrie qui prenait son essor en Inde à la même période, celle du jute de Calcutta, largement aux mains des intérêts coloniaux. La part de l'investissement britannique n'y dépassa jamais plus de 10 à 20 % du total. La première manufacture fut ainsi ouverte en 1854

1. Harcourt F., « The P&O Company : Flagships of Imperialism », *in* Palmer S. et Williams G. (dir.), *Chartered and Unchartered Waters*, Londres, National Maritime Museum, 1982, p. 15 et p. 65.

à Tardeo par le parsi K. N. Davar, bientôt suivi par un autre membre de sa communauté, N. M. Petit, dont l'usine commença à fonctionner en 1858. La famille Petit allait rester l'une des plus importantes familles d'industriels de la ville, auprès des Tata, des Currimbhoy, des musulmans originaires du Gujarat, des Sassoon ou encore des Thackersey, des Bhatias venus de Cutch. Si les premières manufactures ouvertes étaient composites, le secteur se spécialisa rapidement, à partir des années 1870, dans la filature, stimulé par la forte demande qui existait sur le marché chinois. Quatre-vingt-dix-sept usines furent érigées entre 1855 et 1925 (voir la carte n° 3, p. 148).

Très rapidement, l'industrie textile devint l'un des piliers de l'économie urbaine. Ses besoins favorisèrent l'essor d'un ensemble d'activités, dont le sort dépendait en très large partie de sa prospérité. Des firmes d'ingénierie se développèrent pour répondre à la demande d'entretien et de réparation des machines, tandis que les industries du cuir et du bois trouvaient de nouveaux débouchés dans la fabrication des courroies, des bobines et des fuseaux. Les ateliers de métiers à tisser manuels de la ville avaient, quant à eux, désormais très largement recours au fil qu'elles fabriquaient. Toutefois, le développement de cette industrie fut marqué par de nombreuses contraintes, découlant en large partie du contexte de domination coloniale. D'une part, les usines dépendaient très fortement de la métropole sur le plan technologique. Jusqu'à la Seconde Guerre mondiale, les machines utilisées étaient importées de Grande-Bretagne, tout comme une large partie des techniciens et managers. À la fin du XIXe siècle, 43 % d'entre eux étaient européens[1]. D'autre part, elles opéraient sur des marchés très précaires : la demande intérieure était faible et les cours internationaux du coton brut extrêmement fluctuants. Enfin, la levée de capitaux restait un problème crucial. Pour concurrencer

1. Haynes D. E., « Decentring the history of industrial decline in Bombay : small town capitalism and the mills, 1852-1990 », *in* Kamat M. (dir.), *Mumbai Past and Present*, Mumbai, Indus Source Books, 2013, p. 135.

les placements jugés sûrs comme l'immobilier et l'usure, les industriels promettaient des bénéfices rapides et des dividendes élevés, délaissant l'investissement productif et faisant du bas coût de la main-d'œuvre l'unique source des profits à générer. Cela contribua à conférer à l'industrie cotonnière de Bombay deux caractéristiques qui allaient influer durablement sur son développement : un faible niveau d'innovation technologique et la volonté du patronat de maintenir aux plus bas les salaires[1].

Une main-d'œuvre migrante

Le fonctionnement des manufactures, tout comme l'activité portuaire, requérait une importante main-d'œuvre, ce qui contribua à faire de Bombay une ville au caractère ouvrier marqué. En 1906, le compilateur du *Gazetteer* estimait que les travailleurs et travailleuses représentaient 41 % de la population totale[2]. Les usines textiles employaient à la fin du XIXe siècle une main-d'œuvre quotidienne moyenne de 73 000 personnes, auxquelles il faut ajouter les manœuvres des docks, des chantiers, etc. Bombay ne pouvait par conséquent dépendre, comme le firent par la suite des cités textiles de taille plus modeste comme Ahmedabad et Solapur, du seul bassin d'emploi local. Elle se retrouva au cœur d'un vaste réseau de migration, dont les ramifications devinrent au fil des décennies de plus en plus lointaines, comme le montre le tableau ci-après.

Le développement du capitalisme industriel accentua par conséquent un des traits de la population de la ville, à savoir son origine migrante. En 1921, seuls 24 % de ses habitants et habitantes y étaient nés, alors qu'en 1872 ce pourcentage s'élevait encore à 31 %. Les migrations de l'ère industrielle possédaient toutefois une spécificité par rapport à celles de l'époque précédente : elles demeuraient temporaires. La plupart

1. Chandavarkar R., *The Origins of Industrial Capitalism…*, *op. cit.*, p. 243-245.
2. Edwardes S.M., *The Gazetteer…*, *op. cit.*, p. 207.

Tableau n° 2 : Évolution des lieux de provenance des migrations de travail vers Bombay (1881-1931).

	1881	1891	1901	1911	1921	1931
Ahmedabad	7 004	9 9439	9 594	16 298	17 557	20 470
Broach	1 763	1 537	1 226	1 660	2 272	4 497
Kaira	133	1 651	2 132	2 976	3 879	4 017
Surat	35 803	29 940	25 097	35 072	39 682	58 275
Thana*	17 051	15 281	10 557	15 705	14 797	12 355
Kolaba	11 506	28 851	21 100	37 119	43 180	32 666
Ratnagiri	126 190	162 586	145 835	216 060	235 566	237 256
Nasik	7 142	6 352	7 939	9 863	24 451	17 347
Ahmednagar	8 274	9 543	15 100	14 611	48 501	17 467
Poona	69 004	54 543	64 791	71 185	89 231	66 999
Sholapur	8 749	4 420	8 812	8 528	11 816	7 367
Satara	45 404	37 864	60 387	56 754	65 953	53 211
Cutch	45 333	38 000	28 179	36 470	37 480	20 029
Kathiawar	32 568	39 050	45 531	58 775	72 435	53 288
Kolhapur	4 220	4 248	5 993	9 309	– --	5 391
Baroda	3 906	8 857	5 625	4 501	6 349	6 027
Hyderabad State	8 525	9 518	7 431	9 302	19 602	15 914
Madras	6 075	8 276	6 005	8 278	15 156	21 415
Rajputana	9 381	12 907	10 461	12 453	19 722	8 389
Punjab (y compris Delhi)	2 429	6 572	6 116	8 616	10 425	11 837
United Provinces				50 682	70 911	83 323
Oudh	8 722	8 831	6 043	– --	– --	– --
Upper India	– --	15 393	– --	– --	– --	– --
North-West Frontier Province	2 227	16 653	29 881	1 101	2 273	3 091
C.P. and Berar	2 391	1 950	4 330	3 843	5 046	4 814
Central India Agency	2 088	2 966	2 407	4 005	3 360	3 330
Possessions portugaises et françaises en Inde	21 938	21 399	18 794	32 106	34 111	38 702
Population de la ville de Bombay	773 196	821 764	776 006	979 445	1 175 914	1 161 383

* Incluant le quartier de la banlieue de Bombay

Source : Chandavarkar R., *The Origins of…*, *op. cit.*, p. 128.

des travailleurs – car ces migrations concernaient principalement des hommes seuls – maintenaient des liens forts avec leurs villages d'origine. Ils y possédaient souvent une petite parcelle qui n'aurait pas suffi à nourrir l'ensemble de la famille, mais qu'ils parvenaient à conserver grâce à l'argent qu'ils envoyaient régulièrement. Ils y retournaient annuellement, au moment où les travaux des champs requéraient le plus de main-d'œuvre, en mai et juin, et, s'ils avaient survécu aux épidémies urbaines et aux rudes conditions de travail, s'y retiraient définitivement, après avoir travaillé dix ou quinze ans dans la ville. En dépit des difficultés qui affectèrent les économies campagnardes, durement touchées notamment par la crise des années 1930, la situation perdura puisqu'en 1946, 45 % des ouvriers des usines textiles déclaraient encore posséder des terres. Les économies des campagnes environnantes se trouvaient par conséquent étroitement liées au marché de l'emploi de Bombay.

La perpétuation de ces liens était essentiellement due à la très grande précarité de l'emploi, orchestrée par le patronat industriel qui y voyait un moyen de s'adapter à la volatilité des marchés. Un tiers de la main-d'œuvre des manufactures de coton était ainsi composé de travailleurs et de travailleuses recrutés chaque jour aux portes des usines. De la même façon, le BPT ne maintenait qu'un noyau – environ 20 % – de travailleurs permanents[1]. Ceux qui échouaient à se faire embaucher sur les docks devaient se replier sur les travaux précaires qui requéraient une grande endurance physique et comportaient souvent de forts risques d'accident : manœuvres dans les nombreux marchés de la ville ou dans les entrepôts de coton, ouvriers sur les chantiers de construction, etc. Bombay possédait une importante main-d'œuvre flottante cherchant à s'employer à diverses tâches, selon les secteurs les plus offrants et qui tentait parfois d'échapper à l'incertitude quotidienne en se faisant colporteur ou vendeur de rue. Dans un tel contexte, maintenir une base rurale était une

1. Chandavarkar R., *The Origins of Industrial Capitalism…*, *op. cit.*, p. 81-91.

assurance contre les périodes de chômage prolongées ou en cas d'incapacité à travailler.

Pour ces mêmes raisons, les travailleurs migraient la plupart du temps seuls. Comme le résume en une formule abrupte l'économiste Raj Bahadur Gupta, dans son étude sur la classe ouvrière publiée en 1930, « la femme, une partenaire à la campagne, mais un fardeau en ville », la précarité et la faiblesse des salaires rendaient difficile la migration de la famille entière, les femmes devant, en outre, assurer le travail agricole le reste de l'année sur la parcelle familiale. En 1864, on dénombrait à Bombay 539 femmes pour 1 000 hommes[1]. Les femmes n'étaient pas, pour autant, totalement absentes de l'emploi industriel. La main-d'œuvre féminine au sein des usines textiles connut même une forte croissance dans les années 1880, où elle passa de 8 816 à 16 000. Les épisodes de famine qui touchèrent les campagnes environnantes à la fin des années 1870 jetèrent les plus vulnérables sur les routes. La trajectoire des travailleuses de Bombay était, encore plus que celle des hommes, marquée par une extrême précarité : soit elles appartenaient à des familles dont la base rurale avait disparu, soit elles avaient perdu ou avaient été abandonnées par leur mari. En 1930, 44 % des ouvrières du coton étaient des veuves, alors que seuls 3 % de veufs étaient dénombrés du côté de leurs collègues masculins[2].

Dans les manufactures de coton, les femmes étaient majoritairement employées aux tâches jugées les moins qualifiées, comme au bobinage et à l'enroulement. Leur rémunération était moins élevée que celle de leurs collègues masculins. Les hommes accaparaient les métiers les plus qualifiés, tandis que le patronat et les autorités persistaient à considérer le salaire féminin comme un salaire d'appoint, opérant des économies aux dépens de la

1. Gupta R. B., *Labour and Housing in India*, Calcutta, Longmans, Green & Co., 1930, p. 46-48.

2. *Bombay Labour Gazette*, n° 5, janvier 1930, Oriental and India Office Collections, British Library, Londres, p. 498.

situation réelle de ces ouvrières. Jusqu'à la fin des années 1920, rien n'était, en outre, mis en œuvre sur les lieux de travail pour répondre à leurs besoins spécifiques, notamment ceux des jeunes mères. En 1922, la doctoresse Barnes rendit un rapport alarmant sur les stratagèmes auxquelles ces dernières devaient recourir afin de pouvoir allaiter leur enfant :

> Elles travaillent dix heures par jour, avec une heure de pause à midi, et le nourrisson est apporté par un enfant plus grand, ou un parent âgé à l'usine pour être allaité. J'ai vu une fois un enfant de six ans portant son frère encore nourrisson à sa mère et cet enfant avait marché une mile (1,6 kilomètre) jusqu'à l'usine. S'il n'y a personne pour amener l'enfant, on lui donne du lait de bufflonne non dilué, ou je devrais dire dilué par le laitier, ou on lui administre de l'opium afin qu'il se tienne tranquille jusqu'au retour de sa mère à midi[1].

La promulgation en 1891 d'une législation limitant les heures de travail des ouvrières, ainsi que celles des enfants, eut pour principale conséquence de porter un coup d'arrêt à l'emploi féminin dans la grande industrie et de les repousser vers des secteurs encore plus précaires, où du fait de leur taille, les ateliers échappaient à la réglementation. C'était notamment le cas du secteur de fabrication de bidis (type de cigarette indienne, roulée à la main), où les conditions de travail étaient particulièrement rudes. D'autres secteurs de l'économie urbaine avaient aussi recours à une main-d'œuvre très largement féminine : la domesticité – le recensement de 1921 dénombrait 9 000 femmes employées de maison – ou encore la prostitution. En 1921, le rapport du Prostitution Committee estimait qu'outre les 6 000 prostituées enregistrées dans les maisons closes de la ville, près de 30 000 à 40 000 femmes avaient recours à ce type d'activité. C'était souvent

1. « Final Report of the Lady Doctor », *Bombay Labour Gazette*, n° 1, septembre 1922, p. 32.

pour elles un moyen de compléter les trop faibles revenus qui leur étaient concédés dans les manufactures et les ateliers[1].

Illustration n° 9 : Portrait de groupe d'ouvrières du coton, dont certaines selon l'auteur seraient des *naikins* (années 1910-1920).

Le recrutement de ces travailleurs et travailleuses passait par des intermédiaires appelés dans l'industrie textile « *jobbers* », « *mukadam* » ou encore « *naikin* » s'il s'agissait de femmes, « *serang* » sur les docks, « *mistries* » sur les chantiers de construction. Selon les secteurs, leur rôle variait entre recruteur et contremaître, alliant souvent un peu des deux fonctions. Le crédit dont ces intermédiaires jouissaient auprès des employeurs reposait sur leur faculté à mobiliser rapidement le nombre requis de personnes. Il leur fallait donc s'attacher un certain nombre de travailleurs ou de travailleuses, sans pour autant pouvoir leur garantir quotidiennement un emploi. Ils recrutaient au sein de leur parenté, de leur village ou de leur caste et s'efforçaient

1. Chandavarkar R., *The Origins of Industrial Capitalism…*, *op. cit.*, p. 98.

d'acquérir une ascendance au sein des quartiers où ils s'étaient installés, notamment en prêtant de l'argent ou en facilitant l'accès à un logement. Une des conséquences de ce mode de recrutement était de favoriser la mainmise sur certaines activités de personnes issues d'une même caste ou d'une même région. Des divisions recoupant des dominations de genre, de caste ou encore de religion traversaient l'organisation de la main-d'œuvre industrielle, situation qu'entretenait le patronat, qui y voyait un moyen de la diviser et de la contrôler. Sur les docks, dans les années 1930, les natifs des Provinces unies, majoritairement des musulmans, se retrouvaient ainsi surtout dans les emplois les moins qualifiés comme celui de débardeur (46 % de cette catégorie de manœuvres en 1933-1934) alors que les travailleurs issus de la présidence de Bombay gardaient la mainmise sur les travaux à quai, moins durs physiquement[1]. Quant au transbordement du charbon – activité jugée salissante et moins bien payée –, il était assuré essentiellement par des manœuvres de la caste dite intouchable des Mahar, dont les trois quarts venaient de la région de Satara.

Girangaon, le village des usines

Ni le patronat ni les autorités ne se soucièrent de la manière dont l'énorme afflux de travailleurs et de travailleuses allait être absorbé par l'espace urbain. Seul leur importait qu'un stock suffisant de logements à loyers bon marché soit disponible, aussi insalubres soient-ils. De meilleures conditions auraient nécessité des loyers et donc des salaires plus élevés. Par conséquent, de la même manière qu'à Londres, « les taudis aidèrent à soutenir la prospérité victorienne[2] ».

1. Cholia R. P., *Dock Labourers in Bombay*, Bombay, Longmans, Green & Co., 1941.

2. Dyos H. J., « The Slums of Victorian London », *in* Cannadine D. et Reeder D. (dir.), *Exploring the Urban Past. Essays in urban history by H. J. Dyos*, Cambridge, Cambridge University Press, 1982, p. 142.

Dans un premier temps, travailleurs et travailleuses se dirigèrent vers les quartiers anciens de la Native Town qui connurent une intense densification de leur bâti. Les propriétaires ne reculèrent devant aucun stratagème pour tirer profit de cette manne : ils érigèrent des cloisons pour partitionner les logements, de nouveaux étages, et disposèrent de tous les terrains laissés libres, sans prêter aucune attention aux équipements collectifs. Entre 1875 et 1881, le nombre d'étages augmenta de 25 % dans ces quartiers[1]. Ces modifications purent avoir des conséquences dramatiques. L'ancien commissaire de police de la ville, Stephen M. Edwardes, déplorait ainsi qu'il était devenu désormais « [...] rare qu'une année se [passe], qu'une mousson ne [commence] sans que certaines de ces maisons fragilisées par le poids des étages ajoutés ne s'effondrent en tuant ou en blessant leurs habitants, comme à Bengalpoora, par exemple, en 1890, où 80 personnes furent tuées dans la chute d'un bâtiment de quatre étages[2] ».

Cet important afflux de population donna surtout lieu à l'émergence de nouveaux faubourgs, dans les zones septentrionales de la ville jusqu'alors principalement agricoles ou humides où étaient implantées les usines. Entre 1881 et 1921, soit en l'espace de quarante ans, la population du quartier de Parel tripla, tandis qu'elle était multipliée par huit dans le district voisin de Worli[3]. Le développement de ces faubourgs, bientôt communément connus comme Girangaon, le village des usines, fut laissé à l'initiative des propriétaires privés et à leur logique de profit. Les autorités coloniales possédaient pourtant une importante partie de l'espace marécageux des Flats située dans cette zone. Mais elles ne virent aucun intérêt à intervenir sur cette vaste réserve foncière, où le prix des terrains était très bas. Tout au plus, à partir des

1. Weir S. T., *Census of the Town and Island of Bombay Taken the 17th February 1881*, Bombay, Times of India Press, 1883, p. 35.

2. Edwardes S. M., *The Rise of Bombay*..., *op. cit.*, p. 323.

3. *Census of India 1931*, vol. X, part I, « The Cities of Bombay Presidency », Bombay, Government Central Press, 1933, p. 158-159.

années 1870, s'en servirent-elles pour y déposer les balayures de la ville, pratique qui suscita de nombreuses critiques, notamment des autorités sanitaires qui déploraient « la puanteur nauséabonde » qui en émanait. Le dépôt ne fut toutefois transféré dans la banlieue septentrionale de Chembur qu'en 1895[1]. Quant au reste de la zone humide aux mains de propriétaires privés, elle fut comblée par ces derniers, dans la plus grande ignorance des autorités municipales qui reconnaissaient en 1884 qu'elles n'avaient aucune idée de l'étendue de la surface ainsi remblayée. Aucun système d'égout ni de drainage ne fut installé, ce qui entraîna la formation de nappes d'eaux stagnantes et l'accumulation de déchets, favorisant la prolifération d'insectes vecteurs de maladie et augmentant les risques de contamination de l'eau consommée par les habitants et habitantes.

Du fait de la proximité immédiate des usines dont le principal combustible était le charbon, l'atmosphère au sein de ces nouveaux faubourgs était, en outre, fortement polluée. Voici la description qu'en livra, en 1908, le principal quotidien de la ville, le *Times of India* :

> Si l'on observe la ville tôt le matin, on s'aperçoit que le Fort et toutes les zones basses sont enveloppés d'un brouillard de fumée impénétrable. Ce brouillard se dissipe partiellement lorsque le soleil se lève et que la brise se met à souffler, mais tout au long de la journée, de n'importe quel point surélevé, l'on voit s'échapper d'épais nuages de fumée nauséabonde de dizaines de cheminées d'usine… L'atmosphère cristalline de Bombay est souillée à un degré honteux et la ville, qui devrait être, de par sa situation, l'un des centres industriels les plus sains du monde, est réduite à un état qui ferait honte au pays noir de mauvaise réputation.

Dès les années 1890, les effets délétères de cette pollution sur l'environnement urbain et la santé de la population furent mis en avant par certains industriels pour justifier le développement de

1. General Department 1871, vol. 31, Comp. 67 ; 1884, vol. 112, Comp. 657 et 1895, vol. 91, Comp. 539, Maharashtra State Archives, Mumbai.

l'hydroélectricité. Avec la création de la Bombay Hydro-Electric Company en 1906, deux magnats de l'industrie du textile, Sorabji Tata et David Sassoon, financèrent la construction de deux énormes réservoirs, à Lonavla et à Wahlwan, afin d'exploiter les fortes précipitations que recevaient les montagnes des Ghats durant la mousson[1]. Tout en permettant l'approvisionnement en électricité des manufactures, leur mise en service accentua le processus de transformation et de mise en exploitation de la nature environnante pour servir les besoins de la ville.

Quant au type de bâtiment le plus couramment construit dans ces faubourgs usiniers, il incarne la déclinaison locale de l'immeuble de rapport, le *chawl*. Pour l'historien Franck F. Conlon, le terme pourrait provenir du verbe marathi « *calne* », qui signifie « aller », ce qui ferait référence, selon lui, « à la disposition des cellules de logement, dos à dos, desservies par une véranda commune, qui mène aussi à des sanitaires collectifs »[2]. S'il en existe diverses variantes, leurs caractéristiques – simplicité du plan, exiguïté des logements qui n'excèdent pas deux pièces, provision de sanitaires collectifs – traduisent essentiellement la volonté des propriétaires de loger à moindre coût le nombre le plus élevé de locataires. Si les *chawls* devinrent, dans l'imaginaire collectif, l'habitat emblématique de la classe ouvrière de Bombay[3], ils ne firent pas disparaître les formes de logement plus précaires. En 1864, les huttes représentaient 27,5 % des habitations de la ville. Construites à partir de matériaux végétaux – et alors désignées sous le nom de *zavli* – ou d'un assemblage de tôle ondulé, de bidons de pétrole recyclés et de bois, elles composaient le segment

1. Rutnagur S. M., *Electricity in India. Being a History of the Tata hydro-electric Project with Notes on the Mill Industry in Bombay*, Bombay, Indian Textile Journal, 1912, p. 4-7.

2. Conlon F. F., « Industrialization and the Housing Problem in Bombay, 1850-1940 », *in* Ballatchet K. et Taylor D. (dir.), *Changing South Asia : Economy and Society*, Londres, School of Oriental and African Studies, 1984, p. 156.

3. Adarkar N. (dir.), *The Chawls of Mumbai : Galleries of Life*, Delhi, Imprint one, 2012.

le moins cher du marché immobilier de la ville et abritaient un nombre important de travailleurs et travailleuses[1].

L'incurie des autorités, la cupidité des propriétaires privés et le fait que les ouvriers et ouvrières soient forcés de partager à plusieurs un même logement afin d'économiser sur le loyer contribuèrent à créer d'effroyables conditions d'entassement. Si les densités des quartiers les plus peuplés à Londres pouvaient atteindre 222 personnes par acre (0,41 hectare), dans certaines zones de Bombay elles atteignaient le chiffre vertigineux de 759[2]. Au début des années 1920, la doctoresse Barnes décrivit ainsi les conditions de vie de six familles, dans une pièce de 15 m², au deuxième étage d'un *chawl* :

> En demandant, j'appris que le nombre réel d'adultes et d'enfants vivant dans cette pièce s'élevait à 30. Des bambous suspendus au plafond auxquels étaient pendus, pendant la nuit, des habits et des sacs aidaient à partager l'espace pour chaque famille. [...] Ce n'est qu'un exemple parmi tant d'autres de ce type de logement que j'ai vu[3].

Ces conditions, alliées à l'environnement dégradé dans lequel les travailleurs et les travailleuses étaient forcés de vivre et à la faiblesse des salaires qui ne permettait pas une alimentation décente, firent, comme le résume de manière lapidaire l'historien Ira Klein, qu'à Bombay « la mort est une affaire de classe ». Le contraste entre les taux de mortalité des riches et des plus démunis y était saisissant, tout particulièrement pendant les périodes d'épidémie où l'écart entre le taux de mortalité des Européens et

1. Burnett-Hurst A. R., *Labour and Housing in Bombay. A Study of the Economic Conditions of the Wage-earning Classes in Bombay*, Londres, P. S. King and Sons, 1925, p. 19-28.

2. Klein I., « Urban Development and Death : Bombay City, 1870-1914 », *Modern Asian Studies*, vol. 20, nº 4, p. 725-754.

3. « Final Report of the Lady Doctor », *Bombay Labour Gazette*, nº 1, septembre 1922, p. 31.

celui des hindous de basses castes variait de 1 à 10[1]. Au cours des années 1860, le choléra fut l'une des principales causes de décès, coûtant la vie à près de 15 000 personnes pour les seules années 1860-1865.

Les élites, qui jusqu'au milieu du XIXe siècle avaient utilisé ces espaces comme des lieux de loisir, fuirent devant les transformations environnementales radicales. En 1883, le gouverneur abandonna sa maison de Parel pour aller s'installer dans le quartier cossu de la ville, à Malabar Point[2], tandis que la même année le Royal Western India Turf Club laissait son hippodrome de Byculla, désormais environné par les fumées des cheminées d'usines, pour un nouveau champ de courses situé à Mahalaxmi, pleinement exposé à la brise marine (voir la carte n° 3, p. 148). Seul le Byculla Club, l'une des plus vieilles institutions de ce type à Bombay, conserva ses locaux originaux et ne tarda pas à devenir, dans le discours des contemporains, le symbole du déclassement urbain produit par l'installation des manufactures et des populations ouvrières. Ainsi, pour Dinshaw Wacha, « depuis que des industries philistines ont commencé à doucement envahir cette banlieue autrefois charmante, le club apparaît comme un endroit échoué, loin du centre de la société européenne, bien installée sur Malabar Hill », scellant l'apparition d'une nouvelle ségrégation sociale urbaine[3]. Tandis que les faubourgs usiniers se développaient dans le plus grand laisser-faire, élites économiques et politiques travaillaient à faire émerger, au sud de la ville, un espace urbain adapté aux exigences de l'ère du capitalisme industriel.

1. Klein I., « Urban… », art. cit., p. 735.

2. Aujourd'hui, cet ensemble de bungalows reste la résidence officielle du gouverneur du Maharashtra.

3. Wacha D. E., *Shells from the Sands of Bombay…*, *op. cit.*, p. 301.

Urbs Prima in Indis

Bombay Gothic

Les décennies 1850-1890 furent marquées par une transformation majeure des quartiers méridionaux de la ville, sous l'effet conjoint d'une phase de considérable accumulation du capital et de mutations politiques. La révolte de 1857, qui se solda par l'écrasement sanglant des divers groupes qui s'étaient soulevés contre la domination britannique – soldats, paysans et paysannes, souverains et souveraines indiennes –[1], entraîna la fin du Company Raj et le transfert de l'administration des possessions indiennes sous le contrôle des institutions métropolitaines.

Cette consolidation de la domination britannique trouva à Bombay une expression architecturale dans la construction de ce qui fut désigné comme « Frere Town », du nom du gouverneur, Sir Henry Bartle Frere (1862-1867), qui en impulsa l'exécution. La domination sans partage qu'exerçaient désormais les Britanniques sur la péninsule indienne avait rendu obsolètes les fortifications qui assuraient jusqu'alors la défense de la cité. Au début des années 1860, les autorités décidèrent de les araser et l'espace ainsi libéré fit l'objet d'une planification qui contrastait fortement avec ce qui avait cours dans les quartiers nord. Le projet du gouverneur était de « répondre aux besoins les plus criants des administrations civile et militaire » en dotant Bombay d'imposants bâtiments publics dont elle était jusqu'alors dépourvue, à la fois symboles et outils de l'efficacité du gouvernement colonial[2]. Deux larges avenues remplacèrent les remparts – Esplanade Road

1. Communément connue en français sous le nom de « révolte des cipayes », la révolte de 1857 ne se limita pas à la mutinerie des soldats indiens des armées britanniques, puisque d'autres catégories de la population (princes, paysans, etc.) se soulevèrent aussi, essentiellement au nord de l'Inde, dans un épisode qui constitua le plus grand défi à l'autorité britannique au cours du XIXe siècle.

2. Cité par London C. W., *Bombay Gothic*, *op. cit.*, p. 28.

(aujourd'hui Mahatma Gandhi Road) et Hornby Road (Dadabhoy Naoroji Road) –, tandis que l'ancienne zone *non aedificandi* (désignée comme « maidan ») était divisée en vastes parcelles. Celles qui donnaient sur l'Oval Maidan et le long de Churchgate Street (Veer Nariman Road) furent attribuées à la construction d'un ensemble de bâtiments publics monumentaux. Parallèlement, les autorités décrétèrent, au début des années 1870, la délocalisation du « Cotton Green » du quartier du Fort, où son site devenait trop exigu, vers Colaba, ce qui donna lieu à la construction de l'Elphinstone Circle (aujourd'hui Horniman Circle). Ce complexe architectural de bâtiments commerciaux aux façades néo-classiques unifiées, achevé en 1872 et organisé autour d'un jardin circulaire et d'une fontaine, peut être considéré comme la première expérience indienne d'opération urbaine concertée.

Les chantiers colossaux qui débutèrent à la fin des années 1860 ne furent cependant pas que le fait du pouvoir britannique. De nombreux bâtiments qui constituent aujourd'hui des marqueurs de la ville patrimoniale ont été financés ou largement co-financés par les élites indiennes, notamment marchandes. Ayant amassé des fortunes pendant la période du boom du coton, celles-ci étaient soucieuses de faire montre de leur richesse et de leur influence sur les destinées de leur cité. La Rajabhai Tower (1880) qui surplombe de ses 85 mètres l'Oval Maidan fut ainsi érigée à partir d'une donation faite par Premchand Roychand, le controversé « King Cotton », tout comme la David Sasson Library (1873) financée par le marchand du même nom ou encore la bibliothèque de l'université dont le chantier, débuté en 1868, bénéficia d'une contribution de Cowasji Jehangir Readymoney (voir illustration n° 10). Ce fut le cas d'un autre monument, devenu lui aussi un point de repère dans l'espace urbain, la fontaine de Flore (Flora Fountain). Financée par l'Agri-Horticultural Society, elle fut érigée en 1864 à la terminaison de Churchgate Street, à l'endroit où se tenait auparavant la porte d'enceinte du même nom. Dédiée à Henry Bartle Frere – à la fin des années 1880, la fontaine était d'ailleurs désignée sous ce nom dans les guides de la ville –, elle était censée commémorer le rôle joué par le gouverneur dans le développement de la ville[1].

Le premier édifice public mis en chantier et achevé en 1874, le Secrétariat, destiné à accueillir la haute administration de la province, servit, selon l'historien de l'art Christopher W. London, de « paradigme pour les travaux postérieurs ». Il condensa à la fois le style, les divers agents et matériaux qui présidèrent à la relative unité de cet ensemble architectural. Les autorités en confièrent la construction au personnel du ministère des Travaux publics tout récemment créé, qui érigea son propre bâtiment (Public Works Department Office – 1872), ceux de la High Court (1878) et de la Poste centrale (General Post Office – aujourd'hui Central Telegraph Office – 1872). Seul fit exception l'ensemble constitué par la bibliothèque, la salle des Actes (Convocation Hall) de l'université et la Rajabhai Tower. Leurs plans furent dessinés par l'architecte de la gare de Saint Pancras de Londres, George G. Scott, dont ce furent les seules réalisations en Inde. Ce dernier ne se rendit toutefois jamais à Bombay et la construction des bâtiments, ainsi que leur décoration, furent exécutées par une main-d'œuvre locale[2].

Le style adopté reprenait les préceptes d'un des courants architecturaux prisés de l'Angleterre victorienne, le néo-gothique. Le premier exemple de ce type d'architecture à Bombay fut l'Afghan Memorial Church, inaugurée en 1858 pour commémorer l'un des épisodes sanglants de la rivalité impérialiste à laquelle se livrèrent la Grande-Bretagne et la Russie en Asie au XIXe siècle, le « Great Game ». Ce style fut ensuite décliné sous diverses formes dans les monuments de Frere Town. L'ensemble architectural de l'université s'inspira par exemple du style français du XIIIe siècle, tandis que la High Court empruntait au style néo-gothique vénitien. Ce choix contribua à définir l'identité propre de la ville vis-à-vis des autres grandes cités de la colonie. Alors que

1. Maclean J. M., *Guide to Bombay…*, *op. cit.*, p. 217.
2. London C. W., *Bombay Gothic*, *op. cit.*, p. 40-51.

Calcutta était néo-classique et Madras, à partir des années 1860, indo-sarracénique[1], Bombay devint néo-gothique[2].

Illustration n° 10 : Bâtiments de l'université de Bombay, vus depuis le Watson Hôtel. La Rajabhai Tower est encore en construction. Une partie de l'Esplanade et Back Bay sont visibles à l'arrière-plan (1877).

La proximité d'Henry Bartle Frere avec les théories de la Cambridge Camden Society, qui voyait dans l'architecture gothique la seule expression véritable d'une société chrétienne, a pu influer sur son adoption, mais deux autres facteurs entrèrent

1. Style architectural forgé à la fin du XIXe siècle par des architectes essentiellement britanniques qui utilisait des éléments stylistiques et décoratifs hérités de l'architecture indo-islamique, notamment moghole.

2. Chopra P., *A Joint Enterprise : Indian Elites and the Making of British Bombay*, Minneapolis, University of Minnesota Press, 2011, chap. 2.

également en ligne de compte. Bombay était environnée de carrières de bonnes pierres de diverses couleurs – basalte bleu et rouge de Poona (Pune), granite gris de Ratnagiri, pierre beige de Kurla, grès blanc cassé de Porebunder, etc. – nécessaires à l'édification des bâtiments polychromatiques correspondant à ce style. La ville disposait, en outre, depuis la création de la Jamsetji Jeejeebhoy School of Art, d'un vivier de tailleurs de pierre et de sculpteurs – très majoritairement indiens – capables d'exécuter les nombreuses décorations requises par ce type d'architecture[1].

La prise en charge de la construction par le petit noyau d'hommes issus de ces deux institutions – le ministère des Travaux publics et la Jamsetji Jeejeebhoy School of Art – favorisa la diffusion du style néo-gothique, dans le reste de la ville, au-delà de Frere Town. Forts de l'expérience acquise sur les chantiers monumentaux des édifices publics, certains d'entre eux ne tardèrent à concourir pour d'autres contrats ou à être sollicités pour des commandes privées. F. W. Stevens, déjà évoqué pour son rôle joué dans l'édification de la gare de Victoria Terminus, connut la carrière la plus brillante et se vit attribuer les plus importants contrats, comme celui pour l'édifice de la nouvelle Bombay Municipal Corporation (BMC). Achevé en 1893, ce dernier, qui se dresse en face de la gare de Victoria Terminus, fut doté des derniers équipements modernes. Entièrement électrifié, il possédait des sols en béton et des ascenseurs hydrauliques actionnés au moyen de réservoirs. Sur le pignon central, une sculpture allégorique, tenant un bateau dans la main droite, représente l'*Urbs prima in Indis*, devise adoptée par la BMC (voir l'illustration n° 7). Ce fut aussi le cas de l'un des premiers ingénieurs indiens recrutés au sein du ministère des Travaux publics, M. C. Murzban, en dépit des préjugés raciaux qui imprégnaient l'institution. Ayant assuré la supervision du chantier de la Poste centrale et y ayant acquis une solide réputation en décelant un défaut des plans, il fut chargé de la construction d'autres édifices publics comme la Chief Presidency Magistrate Court (1886) située

1. *Ibid.*, chap. 3.

sur Cruikshank Road (désormais Mahapalika Marg) ou le nouveau bâtiment de l'Elphinstone College (1889). Il possédait également, du fait de son histoire familiale, un important réseau au sein de la haute société parsie qui était une des plus actives sur le front de la philanthropie urbaine. Par ses connexions, il se retrouva à diriger la construction d'un certain nombre de bâtiments qu'elle (co-)finança tels que le Pestonji Cama Hospital (1886) qui se dresse toujours sur Mahapalika Marg, le Parsi Lying-in Hospital (1895) dont le bâtiment, situé sur A. K. Nayak Marg et désormais décrépi, n'est plus en fonction depuis plusieurs décennies ou encore la Byramjee Jeejeebhoy Parsi Charitable Institution (1909) construite à proximité de la gare de Charni Road[1].

Contrairement à la destinée que le néo-gothique connut en Angleterre où il fut très lié à l'architecture religieuse, cette connotation chrétienne n'eut pas réellement cours à Bombay. Utilisé très majoritairement pour l'édification de bâtiments publics et approprié par les entreprises philanthropiques locales, il finit par représenter, selon les termes de P. Chopra, « le consensus entre les élites coloniales et indigènes au pouvoir ». Les nouveaux bâtiments n'échappèrent toutefois pas à la controverse qui traversait la haute administration coloniale et les cercles d'architectes métropolitains à propos du style le plus approprié pour incarner le pouvoir impérial. Selon la même auteure, le remplacement à Bombay, au début du XXe siècle, du style néo-gothique par le style indo-sarracénique pour la construction des bâtiments officiels est moins dû à la victoire idéologique de ce dernier – qui était déjà entré dans sa phase de déclin dans le reste de l'Inde – qu'à un épisode de la lutte qui opposait ingénieurs et architectes pour le contrôle de la construction urbaine. Le décès de F. W. Stevens en 1900 coïncida avec l'arrivée de John Begg au poste d'architecte consultant du gouvernement. S'engageant dans une confrontation pour faire valoir les prérogatives de son corps de métier, ce dernier choisit

1. Murzban M. M., *Leaves from the Life of Khan Bahadur Muncherji Cowasji Murzban*, Bombay, F. B. Marzban and Co, Printing Press, 1915.

de se démarquer en concevant, pour le nouveau bâtiment de la Poste centrale, un édifice indo-sarracénique inspiré de l'architecture de Bijapur. Achevé en 1913, le monumental édifice est toujours visible à proximité de la gare de Victoria Terminus, sur l'actuelle Walchand Hirachand Marg. Seuls deux autres monuments officiels de ce style furent ensuite construits : la Gateway of India (1911), érigée pour commémorer l'arrivée en Inde de l'empereur George V et de la reine Mary, et le Prince of Wales Museum (1915)[1].

Bombay commença à se doter, à la même période, de lieux dédiés aux plaisirs bourgeois. En 1870 fut ainsi ouvert le premier hôtel de luxe de la ville, l'hôtel Watson, du nom d'un riche marchand de soie du Fort. Celui-ci fit l'acquisition d'une des parcelles abutant sur Esplanade Road et y fit construire un bâtiment remarquable puisqu'il constitue un exemple unique dans la ville de structure en fonte, entièrement préfabriquée. Il est difficile de deviner dans le bâtiment délabré qui abrite aujourd'hui des bureaux le lustre qu'il posséda autrefois. Des magasins, une cave ainsi qu'un bar et six tables de billard occupaient le rez-de-chaussée doté d'une arcade, un trait architectural imité ensuite par de nombreux édifices d'Esplanade Road. Au premier étage était située la salle à manger, qui pouvait accueillir un orchestre de 30 musiciens, ainsi que divers salons pour les soirées privées dont un spécial pour les dames. Les étages supérieurs contenaient 130 chambres et 20 suites, où descendaient notamment les artistes de passage dans la ville[2].

Car la prospérité nouvelle de Bombay y permit le réel développement du théâtre à partir des années 1860. Un établissement de ce type avait bien ouvert sur le Bombay Green dans les années 1770, mais il accueillait surtout des troupes amateures et fut fermé dans les années 1830. Un nouveau théâtre ouvrit sur Grant Road en 1846, mais connut le même sort, faute de spectacles de qualité et de public. L'afflux de richesses pendant

1. Chopra P., *A Joint Enterprise…*, *op. cit.*, chap. 2.
2. London C. W., *Bombay Gothic*, *op. cit.*, p. 34.

la Cotton Mania, ainsi que le développement de l'éducation et du goût du loisir lettré contribuèrent à faire de Bombay une étape des tournées internationales. Le Grand Road Theatre connut alors ses grandes heures, notamment avec la venue de la vocaliste burlesque Emma Grattan ou encore des San Francisco Ministrels, dont le succès fut tel qu'au vu des nombreuses disputes qui éclataient pour les places les fauteuils furent désormais numérotés. Ce nouvel engouement ne se limita pas aux spectacles importés d'Occident et le théâtre en langues vernaculaires connut un véritable élan grâce notamment à la fondation du Parsi Corps Dramatique (1854) et du Hindu Dramatic Corps emmené par Vishnudas Bhave, considéré comme le pionnier du théâtre marathi moderne. Inspiré au départ par la mythologie, le théâtre marathi diversifia rapidement ses thèmes et devint si populaire que les théâtres se multiplièrent, principalement autour de Grant Road[1].

Restait pour la ville à se doter d'un bâtiment à même de satisfaire ses nouvelles prétentions culturelles : un musée. Cela fut chose faite en 1862 lorsque fut déposée la première pierre du Victoria and Albert Museum (aujourd'hui Bhau Daji Lad Museum), largement financé par les élites marchandes de la ville comme Jagannath Shunkerseth ou encore David Sassoon. Il fut construit à Byculla, au sein des Victoria Gardens, nouvellement inaugurés par l'Agri-Horticultural Society of Western India. En 1864, le commissaire de police Franck Souter donna aux jardins un ourson dont il avait tué la mère, ce qui marqua le début du développement du zoo. Ce furent là les derniers grands aménagements faits dans le quartier de Byculla, qui était encore, au moment de leur construction, une banlieue prisée par les élites. De manière significative, le second musée de la ville, le Prince of Wales Museum, fut lui érigé sur Esplanade Road.

1. Albuquerque T., *Urbs Prima*..., *op. cit.*, p. 92-94.

Pouvoir municipal et répartition inégale des ressources

Entretenir l'essor commercial et économique de la ville signifiait aussi, pour les autorités coloniales, étendre leur contrôle sur certaines ressources, à commencer par l'eau. Celle-ci était vitale pour l'activité portuaire : les bateaux qui accostaient dans le port comptaient sur un ravitaillement en eau douce et si cette dernière venait à manquer, ils risquaient de s'en détourner. De la même manière, le développement de l'industrie textile, grande consommatrice en eau, requérait un apport abondant. Or, jusque dans les années 1850, le ravitaillement de la ville dépendait des précipitations, recueillies au moyen de réservoirs et de puits, privés et publics. La pression de plus en plus forte sur cette ressource, alliée à une série de mauvaises moussons, précipita la crise. Durant les années 1853 et 1854, le gouvernement de Bombay dut importer de l'eau par train et bateau. Il obtint alors des fonds du gouvernement central afin de construire une retenue près du village de Vihar, sur la rivière Mithi, à Salsette.

Le projet ne put toutefois être mis en œuvre immédiatement, du fait du refus des grands marchands et grands propriétaires de la ville. Largement épargnés par la sécheresse grâce à la possession de puits privés, ceux-ci s'opposaient aux nouveaux impôts qu'il nécessiterait. La mousson de 1855 fut, cependant, encore plus mauvaise que les années précédentes, ce qui entraîna la mise en place de mesures drastiques comme la réquisition des puits privés. Dans un tel contexte, les juges de paix finirent par consentir à voter la mise en place d'une taxe sur les propriétés, afin de financer les travaux. Le barrage de Vihar fut achevé en 1859, son approvisionnement devint insuffisant à peine quelques années plus tard et il fallut envisager la construction d'une nouvelle retenue, achevée en 1879, à Tulsi[1]. Si la mise en service de ces nouvelles

1. Dossal M., *Imperial Designs…*, *op. cit.*

infrastructures permit de soutenir le processus d'accumulation du capital, aussi bien colonial qu'indien, elle eut des effets plus mitigés pour les populations les plus pauvres. Le raccordement des logements étant payant, celles-ci continuaient à dépendre des puits et des fontaines publics, dont l'eau pouvait être rapidement contaminée en raison de la surexploitation.

Cet épisode incita les autorités coloniales à accroître leur contrôle sur les questions municipales, devenues cruciales pour la bonne marche de l'économie coloniale. Profitant du contexte de reprise en main administrative qui suivit la répression de la révolte de 1857, le gouvernement de Bombay nomma trois Municipal Commissioners. Les finances locales furent renforcées : la taxe sur les propriétés fut augmentée et deux nouveaux impôts créés, sur les attelages et sur l'alcool. La crise suscitée par l'effondrement des cours du coton après la Cotton Mania, qui frappa durement les élites commerciales de Bombay, fournit aux autorités une nouvelle opportunité d'affermir leur contrôle sur le développement urbain. La loi municipale qu'elles promulguèrent en 1865 concentra ainsi tout le pouvoir exécutif entre les mains d'un unique Municipal Commissioner, Arthur Crawford, nommé par le gouverneur en son conseil. Si l'assemblée des juges de paix était maintenue, son rôle était désormais cantonné au vote du budget.

Sous la direction d'A. Crawford, l'activité de municipalité se concentra sur deux secteurs jugés essentiels pour assurer le rayonnement économique de la ville : l'amélioration du réseau routier et la prévention des épidémies. En 1867, la conférence sanitaire internationale de Constantinople avait en effet pointé du doigt les conditions qui régnaient à Bombay où venait de se déclencher une épidémie de choléra, faisant peser sur son commerce une menace de mise en quarantaine. A. Crawford et son équipe cherchèrent à appliquer à Bombay les principes hygiénistes alors en vogue en Europe. L'état des marchés inquiétait particulièrement les autorités sanitaires et la décision fut par conséquent prise de bâtir un nouvel édifice, placé sous le contrôle d'un personnel chargé de veiller à la fraîcheur des produits. Ouvert en 1869, le bâtiment, situé à l'extrémité nord d'Hornby Road (Dadabhai Naoroji Road) et dédié à Arthur Crawford (et aujourd'hui à Mahatma Jyotiba Phule), fut décoré par le sculpteur Lockwood Kipling et ses étudiants de la J. J. School of Art. Ce dernier exécuta les sculptures des tympans, dépeignant des scènes agricoles, ainsi que de la base de la fontaine, située au nord-ouest de la cour, qui représente quatre fleuves indiens[1].

Les autorités municipales éloignèrent aussi du centre-ville les activités suspectées de favoriser l'insalubrité : tanneries, ateliers de bouilleurs de graisse, abattoirs ou encore cimetières. Ainsi, les anciens abattoirs de Mandvi et de Porebunder, que le *Gazetteer* décrivait comme « un simple hangar construit sur des poteaux en dessous des hautes eaux, duquel le sang et les abats ruisselaient dans la vase de la côte, où ils restaient pourrir durant plusieurs heures[2] », furent remplacés en 1867 par un nouveau bâtiment situé à Bandra. Les *dhobi* (lavandiers) qui exerçaient sur la parcelle où fut construite la gare de Victoria furent déplacés à Mahalaxmi, où le *dhobi ghat* (grand lavoir) est toujours visible. La Native Town fut peu à peu vidée de ses ateliers, ces derniers étant repoussés soit dans les faubourgs usiniers, soit dans les banlieues plus lointaines comme Bandra ou Mahim. Dans le cas des tanneurs, l'installation au bord de la voie ferrée entre Dadar et Mahim donna lieu à l'essor du quartier de Dharavi, désormais connu comme l'un des plus grands bidonvilles d'Asie, mais aussi pour sa production de cuirs, exportés dans le monde entier. En 1865, la municipalité fit également l'acquisition du site de l'ancien jardin botanique, à Sewri, afin d'y installer un lieu de sépulture et de fermer les cimetières chrétiens jusqu'alors disséminés dans l'ensemble des quartiers anciens, notamment à Church Street ou encore à Sonapore (Sonapur). C'est là, le long de Queen's Road (Maharshi Karve Road), qu'était situé, depuis 1763, le plus grand de tous. Elle échoua cependant à déplacer le cimetière musulman et le lieu de

1. London C. W., *Bombay Gothic*, *op. cit.*, p. 62-66.
2. Edwardes S. M., *The Gazetteer…*, *op. cit.*, p. 55.

crémation hindou qui jouxtaient le cimetière chrétien de Sonapore (Sonapur) face aux vives oppositions et les deux sites restèrent par conséquent en activité, jusqu'à aujourd'hui.

Ces préoccupations liées à l'insalubrité restaient, toutefois, limitées aux zones où vivaient les populations les plus aisées ou à celles jugées essentielles pour l'économie de la ville. Durant cette période, les autorités consacrèrent ainsi peu de fonds au réseau d'égouts urbain, pourtant encore très déficient et totalement inexistant dans les faubourgs usiniers. Seuls deux chantiers furent mis en œuvre : la création d'un nouvel émissaire pour soulager le conduit principal de Worli à Back Bay en 1867 et la construction d'égouts en brique dans un des quartiers de la Native Town, Kamathipura, en 1870[1]. De nombreux projets globaux furent pourtant discutés au sein de l'administration mais aucun n'aboutit, faute de volonté politique de les financer.

Le souci permanent des autorités de ménager les classes possédantes de la ville, sur lesquelles elles s'appuyaient pour gouverner, et de préserver les revenus du capital colonial avait pour conséquence de limiter les ressources financières de la municipalité. La loi municipale de 1865 avait ainsi porté à 10 % l'impôt sur les propriétés. Les représentants des propriétaires qui siégeaient comme juges de paix n'eurent de cesse de le réduire, le ramenant finalement à 6 % en 1869[2]. Le refus de taxer les riches, alors que les chantiers se multipliaient, aboutit à creuser le déficit municipal qui s'élevait en 1867 à près d'1,5 million de roupies. Dans ce contexte, la gestion exercée par A. Crawford devint la cible de critiques. Elle fut jugée dispendieuse par les possédants – la construction du Crawford Market n'avait-elle pas coûté près de dix fois le montant de sa première estimation ? – tandis que la presse progressiste, cherchant à politiser la question, menait campagne pour une plus grande représentativité au sein de l'assemblée des juges de paix. Le coup de grâce vint cependant de la mobilisation

1. *Ibid.*, p. 92.
2. Dobbin C., *Urban Leadership*..., *op. cit.*, p. 134.

en 1870 des petits commerçants contre la pression fiscale, menés notamment par le Bhatia Mulji Thackersey qui devint ensuite un des piliers du mouvement de réforme religieuse de l'Arya Samaj à Bombay. Leurs demandes aboutirent l'année suivante lorsque les juges de paix exigèrent du Municipal Commissioner qu'il modifiât le budget qu'il avait présenté, dans un débat où s'illustra l'avocat parsi Pherozeshah Mehta, fraîchement rentré de Londres. Le gouvernement chercha alors à contenir l'agitation en obligeant A. Crawford, dont la réputation commençait à être écornée par un scandale de corruption, à démissionner et en annonçant la mise en œuvre d'une réforme municipale.

La nouvelle loi, promulguée en 1872, mit en place deux institutions : la Bombay Municipal Corporation (BMC), composée de 64 membres, et le Town Council, un conseil permanent de 12 membres dont 8 étaient élus par la BMC. Cette législation, âprement discutée, fut l'objet de compromis entre les différents intérêts en présence. Le projet initial prévoyait en effet une assemblée municipale composée de 80 membres dont seulement 8 auraient été élus par les contribuables. Le choix d'un mode de suffrage censitaire avantageait très distinctement les classes possédantes. Lors des premières élections, tenues en 1873, seul 0,6 % de la population de la ville pouvait ainsi se rendre aux urnes. Un tel dispositif suscita les critiques de l'*intelligentsia* qui se voyait, par cette haute franchise, barrer l'accès au pouvoir municipal. De leur côté, les propriétaires immobiliers, avec à leur tête les descendants des familles Jeejeebhoy et Shankarset, rédigèrent une pétition demandant une baisse de la taxe sur les propriétés. La version finale préserva la franchise initialement prévue et consentit une baisse de la taxe sur la propriété. Mais une partie des revendications de l'*intelligentsia* furent aussi satisfaites puisque la moitié des membres de l'assemblée était désormais élue, tandis que tous les anciens élèves de l'université de Bombay recevaient le droit de vote et de se présenter aux élections. En maintenant la fonction pourtant controversée de Municipal Commissioner, bien qu'amputée de certains de ses pouvoirs, les autorités coloniales avaient quant à elles réussi à conserver leur contrôle sur l'exécutif.

Les concessions à la représentativité restaient, du fait du système censitaire, très relatives. Les intérêts des classes possédantes – et les modifications de la loi apportées en 1888 n'y changèrent pas grand-chose – continuaient, comme auparavant, à dominer la politique municipale. L'exemple le plus notable fut le sort réservé aux lois régissant la construction. Les anciens règlements qui dataient de 1839 ne permettaient pas de contrôler de manière efficace le processus de densification et de taudification en cours. La multiplication des accidents liés à l'effondrement de bâtiments et la couverture retentissante qu'ils trouvèrent dans la presse forcèrent les autorités à intervenir. Elles proposèrent en 1878 une nouvelle législation. Afin de prévenir l'opposition des propriétaires, celle-ci comportait des dispositions bien moins contraignantes que celles en vigueur dans les municipalités britanniques. En dépit de ces concessions, ce n'est qu'en 1892 que ces règlements furent adoptés, soit quatorze ans après qu'ils eurent été proposés. Encore le furent-ils dans un contexte particulièrement tendu, puisque l'effondrement meurtrier d'un immeuble de cinq étages à Ali Oomer Street amena le gouvernement à faire pression sur la BMC afin qu'elle se décidât enfin à les ratifier[1]. Autrement, l'assemblée municipale aurait pu continuer à faire jouer sa force d'obstruction, en renvoyant sans cesse devant des commissions un texte qu'elle percevait comme une attaque contre les intérêts de ses représentants.

L'émergence sur la scène politique nationale

Si Bombay connut d'importantes mobilisations au niveau municipal, son émergence dans la sphère de la politique nationale fut plus tardive. Sa vie publique était en effet dominée par ses grands marchands qui, contrairement à ceux de Calcutta, entretenaient

1. General Department 1892, Vol. 86, Comp. 630, Maharashtra State Archives, Mumbai.

une certaine proximité avec le pouvoir britannique. Ils jouèrent par conséquent un rôle temporisateur par rapport aux revendications que souhaitait porter l'*intelligentsia*, dont l'influence sociale était trop réduite pour pouvoir prétendre à l'hégémonie.

Ainsi, l'approche du renouvellement de la charte de l'East India Company, qui déboucha sur le *Government of India Act* de 1853, donna lieu à une certaine effervescence politique à Calcutta, mais n'eut que des répercussions limitées à Bombay. Un petit groupe d'intellectuels, issus d'une même génération formée au sein de l'Elphinstone College, composé de deux traducteurs de la High Court, Naoroji Furdunji et Narayan Dinanathji, de Bhau Daji, récemment diplômé du Grant Medical College, et de Dadabhai Naoroji, qui enseignait alors les mathématiques à Elphinstone, décidèrent de fonder une association pour participer au débat. Ils cherchèrent à se concilier les bonnes grâces des grands marchands – desquels notamment dépendait l'afflux de finance nécessaire – et sollicitèrent Jagannath Shunkerseth qui accepta d'en prendre la présidence honoraire. La Bombay Association vit ainsi le jour en 1852. Sa principale action fut la préparation d'une pétition concernant divers points de l'administration de la Compagnie. Le ton employé déplut à certains comme J. Jeejeebhoy qui, craignant de perdre leur crédit auprès des Britanniques, retirèrent leur participation dès novembre 1852. Après la promulgation du *Government of India Act*, la dimension politique de l'association s'émoussa[1]. Les soupçons à l'encontre de J. Shunkerseth et de Bhau Daji lors de la révolte de 1857, commencée le 10 mai, portèrent un coup fatal à cette dernière qui entra alors en sommeil.

Ce fut d'ailleurs là un des rares échos qu'eût à Bombay la rébellion. À lire les mémoires du superintendant de Police, Charles Forjett, ce dernier aurait bien démasqué – à grand renfort de déguisements et autres ruses, comme dans un roman d'espionnage – deux *sepoys* (soldats) séditieux auquel il fit infliger une sentence publique d'une grande violence, afin de décourager tout

1. Dobbin C., *Urban Leadership*..., *op. cit.*, p. 84.

mouvement de contestation. D. E. Wacha, qui sortait alors de classe, se souvint avoir assisté à la scène avec ses camarades :

> [Les troupes] donnèrent un spectacle grandiose mais terrifiant. Partout se faisait sentir un frisson d'excitation et notre pouls se mit à battre plus vite jusqu'à ce que l'ordre soit donné de mettre le feu aux canons et que les prisonniers qui y étaient attachés soient réduits en morceaux. La chair brulée dégageait une odeur désagréable que nous pouvions tous sentir. Tout était fini[1].

Aucune tentative de soulèvement n'eut cependant lieu à Bombay et la ville fut même en mesure d'envoyer dans le reste de l'Inde des bataillons pour écraser les insurgés. Ses élites, européennes et indiennes, multiplièrent les preuves de leur loyauté, notamment par la collecte de près de 15 000 roupies destinées aux victimes proclamées du soulèvement[2]. Tout au plus certains projets d'aménagement furent-ils suspendus du fait de la mobilisation des ressources pour financer la répression.

Durant les années 1860 et après l'infructueuse tentative de la Bombay Association, l'*intelligentsia* réinvestit la sphère de la réforme sociale. Une cause l'occupa particulièrement, celle du remariage des veuves, défendue notamment par des groupes comme la Hindu Widow Marriage Association, créée en 1866. De nouveaux journaux furent alors fondés, comme l'anglo-marathi *Hindu Prakash* en 1862 ou encore, en 1864, *Native Opinion*, dirigé par V. N. Mandlik. Si cet engagement fissura l'alliance qui avait pu être tissée durant la décennie précédente avec les grands marchands, résolument conservateurs, la nomination au sein du conseil du gouverneur, après la promulgation de l'*Indian Council Act* de 1861, de membres de l'élite marchande pour représenter les intérêts des Indiens accrut encore la distance entre les deux groupes. Cette décision fut vivement critiquée par la presse réformiste qui

1. Wacha D. E., *Shells from the Sands of Bombay*..., *op. cit.*, p. 80.
2. Albuquerque T., *Urbs Prima*..., *op. cit.*, p. 113.

fit de nouveau valoir la nécessité de privilégier la compétence – dont ils se sentaient investis en tant qu'élite éduquée – et la représentativité.

La décennie 1870 vit dans toute l'Inde un renouveau de l'action politique, lié en partie au fait que l'espoir d'avancement qui avait animé les premières générations de diplômés commençait à se dissiper. Toutefois, alors que se développaient ailleurs des mouvements plus radicaux s'emparant de causes plus vastes, comme la Sarvajanik Sabha de Poona fondée en 1870 par Mahadev Govind Ranade qui entreprit de collecter les doléances des paysans, à Bombay les revendications restèrent cantonnées à deux thèmes : l'accès des Indiens aux hauts postes de l'administration coloniale et les questions fiscales. À la fin des années 1860, la Bombay Association reprit du service, mais des désaccords sur la loi municipale de 1872 poussèrent les grands marchands à former une institution concurrente, l'Association of Western India. Les deux seules mobilisations remarquables de la période eurent pour objet des questions fiscales, qui permettaient une alliance entre les grands marchands, l'*intelligentsia* et les petits commerçants. En 1871, le mouvement, parfois désigné comme « la grande remontrance indienne » (« the Indian Grand Remonstrance »), était dirigé contre l'augmentation de l'impôt sur le revenu par le gouvernement central, tandis qu'en 1878 il s'agissait de contrecarrer la *License Tax on Trades*.

Mais aucune campagne d'ampleur ne fut mise en œuvre pour dénoncer la famine qui ravagea la région du Deccan entre 1876 et 1878, la mise en place du *Vernacular Press Act* de 1878 qui s'inspirait des techniques de censure expérimentées en Irlande ou encore les dépenses liées à la guerre impérialiste menée en Afghanistan. L'influence exercée sur la sphère publique par l'élite marchande, très proche du pouvoir en place, alliée à l'incapacité de l'*intelligentsia* à dépasser ses propres divisions ainsi que ses intérêts de classe, réduisirent l'activité politique à Bombay à la défense des intérêts particuliers des élites, qu'elles soient économiques ou éduquées. La seule contribution notable de la ville pendant cette période à l'avancée de la cause nationale fut l'élaboration de la théorie du drainage des richesses (« drain theory ») par Dadabhai Naoroji, présentée pour la première fois à Londres en 1870. Il n'est pas étonnant que celle-ci, qui démontrait comment les Britanniques avaient appauvri l'Inde en sapant ses ressources à leur profit, ait été élaborée dans la plus grande ville commerciale du pays[1].

Étant donné le rapport de force local, un nouvel élan ne pouvait venir que de la participation à une campagne au niveau national. Ce fut chose faite avec la controverse liée à la loi Ilbert (Ilbert Bill), en 1883. Cette législation qui devait permettre à un magistrat indien de juger un Européen dans une affaire pénale suscita de très vives résistances au sein de la communauté anglo-indienne qui s'y opposa avec des arguments ouvertement racistes. Cet épisode se solda par un compromis, mais avait ostensiblement démontré les limites de l'avancement auquel les Indiens pouvaient prétendre dans leur propre pays et la violence des rapports raciaux. Il permit à l'*intelligentsia* de Bombay de tisser des liens avec des militants d'autres villes, notamment de Calcutta, et fut une étape importante vers la fondation du Congrès national indien (Indian National Congress) dont la première réunion se tint dans la ville-même, à Gowalia Tank, en décembre 1885. Celle-ci aurait toutefois dû être organisée à Poona (Pune), qui bien plus que Bombay avait été jusqu'alors active dans le mouvement nationaliste, mais le déclenchement d'une épidémie de choléra força à cette solution de repli[2]. Sur les 72 délégués présents, 17 étaient de Bombay, dont une très grande majorité – 11 – exerçait une profession juridique. Parmi eux, P. Mehta, D. E. Wacha, Dadabhai Naoroji ou encore l'avocat bohra Badruddin Tyabji allaient devenir des figures importantes du parti. Incapable de s'imposer dans la politique

1. Dobbin C., *Urban Leadership…*, *op. cit.*, p. 88, 91 et 191.

2. Johnson G., *Provincial Politics and Indian Nationalism. Bombay and the National Congress 1880-1915*, Cambridge, Cambridge University Press, 1973, p. 118.

locale, l'*intelligentsia* de Bombay finit donc par trouver une place au sein de la direction du mouvement national.

Parallèlement à ces développements commença à émerger une tout autre arène politique qui allait constituer un des éléments spécifiques de la vie politique de la ville. À partir des années 1860, les conditions des travailleurs et travailleuses du coton attirèrent l'attention des autorités métropolitaines, alertées notamment par le témoignage de la réformatrice sociale unitarienne Mary Carpenter, qui se rendit plusieurs fois dans la ville. L'idée de promulguer une loi industrielle en Inde commença à faire son chemin, d'autant plus qu'elle recevait l'assentiment des influents industriels du Lancashire, soucieux de limiter la concurrence de l'industrie de Bombay. Ces derniers étaient engagés dans un bras de fer avec les autorités coloniales indiennes pour obtenir la suppression des taxes sur l'importation des textiles anglais. Obtenir la promulgation d'une législation sur le travail industriel en Inde leur apparaissait par conséquent comme un pis-aller s'ils ne finissaient pas par gagner sur le terrain fiscal.

Sous la pression du Secrétaire d'État à l'Inde, le gouvernement de Bombay consentit à réunir en 1875 une Factory Commission afin de réfléchir à la pertinence d'adopter une réglementation du travail. Il prit soin toutefois de la composer d'une telle manière que les intérêts de l'industrie textile y fussent surreprésentés et la proposition finalement écartée. Craignant pour leurs intérêts, toutefois, certains industriels de la ville mirent sur pied la même année la Bombay Millowners' Association (BMOA) qui représentait en 1882 près de 32 usines. La question fut finalement relancée en 1878 par Sorabji Shahpurji Bengali, un homme d'affaires parsi qui s'était illustré dans la lutte pour la réforme municipale et pour la promotion de l'éducation des femmes. Il mena activement campagne en Grande-Bretagne et à Bombay dans les colonnes du journal *Rast Goftar*. Si localement sa démarche rencontra une vive opposition – et fut notamment dénoncée par la quasi-totalité de la presse aux mains de l'*intelligentsia* – elle fut plus fructueuse dans les sphères de l'administration coloniale. Sous la pression des institutions métropolitaines fut adopté en 1881 un *Factory Act*, dont la portée était toutefois limitée, puisqu'il ne régulait que le travail des enfants[1].

Si ces premières mesures furent promulguées par le haut, la période vit également la première campagne menée pour et par les travailleurs et travailleuses elles-mêmes. L'instigateur en fut Narayan Meghaji Lokhande. Né en 1848 dans une famille de caste Mali (jardiniers), celui-ci devint magasinier, puis chef de bureau dans une usine textile. Au milieu des années 1870, il rejoignit le mouvement de défense des droits des non-brahmanes[2] de Jyotirao Phule, le Satyashodhak Samaj, et devint en 1880 l'éditeur d'un hebdomadaire marathi, le *Din Bandhu* (le frère humble), dont il se servit comme plate-forme pour dénoncer les agissements des industriels. Encouragé par une grève menée dans une usine de Kurla sur la question des jours de congés, il fonda en 1884 la première organisation de défense des intérêts des travailleurs, la Bombay Millhands' Association. Par l'organisation de réunions publiques et la rédaction de pétitions, celle-ci entama une campagne pour demander l'institution d'un congé hebdomadaire et la réduction des heures de travail. En 1890, elle était en mesure de rassembler près de 10 000 ouvriers et ouvrières sur le champ de courses de Mahalaxmi pour soutenir ces revendications.

Avec notamment l'organisation en 1890 de la première Conférence internationale du travail à Berlin qui préconisa la généralisation du repos du dimanche, le contexte devint plus favorable à la satisfaction de ces revendications. En 1891 fut promulgué un nouveau *Factory Act* qui limitait à onze heures journalières le travail des femmes et abolissait le travail le dimanche. Cette législation rencontra beaucoup moins d'opposition que la précédente :

1. Sarkar A., « Regulated Labour, Unruly Workers : The Making of Industrial Relations in Late Nineteenth Century Bombay », mémoire de thèse, SOAS, 2009, p. 80-83 et p. 107-111.

2. C'est de cette manière que se désignaient les associations et partis de défense des droits des basses castes.

les industriels, confrontés à une chute importante des exportations vers la Chine, ne voyaient pas forcément d'un mauvais œil une réduction de la production[1]. La création de la Bombay Millhands' Association marqua ainsi l'émergence d'une nouveauté politique, avec l'apparition dans la sphère publique des voix de celles et ceux qui ne pouvaient se targuer du titre de « citoyens » ni même de « contribuables ». Elle fut aussi représentative d'un mode de lutte qui mit au service des classes laborieuses les moyens légaux de la contestation – réunions publiques, pétitions, participation aux commissions officielles –, mode qui allait se trouver ébranlé dans la décennie suivante.

1. Sarkar A., « Regulated Labour... », *op. cit.*, p. 133-173.

Carte n° 3 : Bombay/Mumbai, 1931

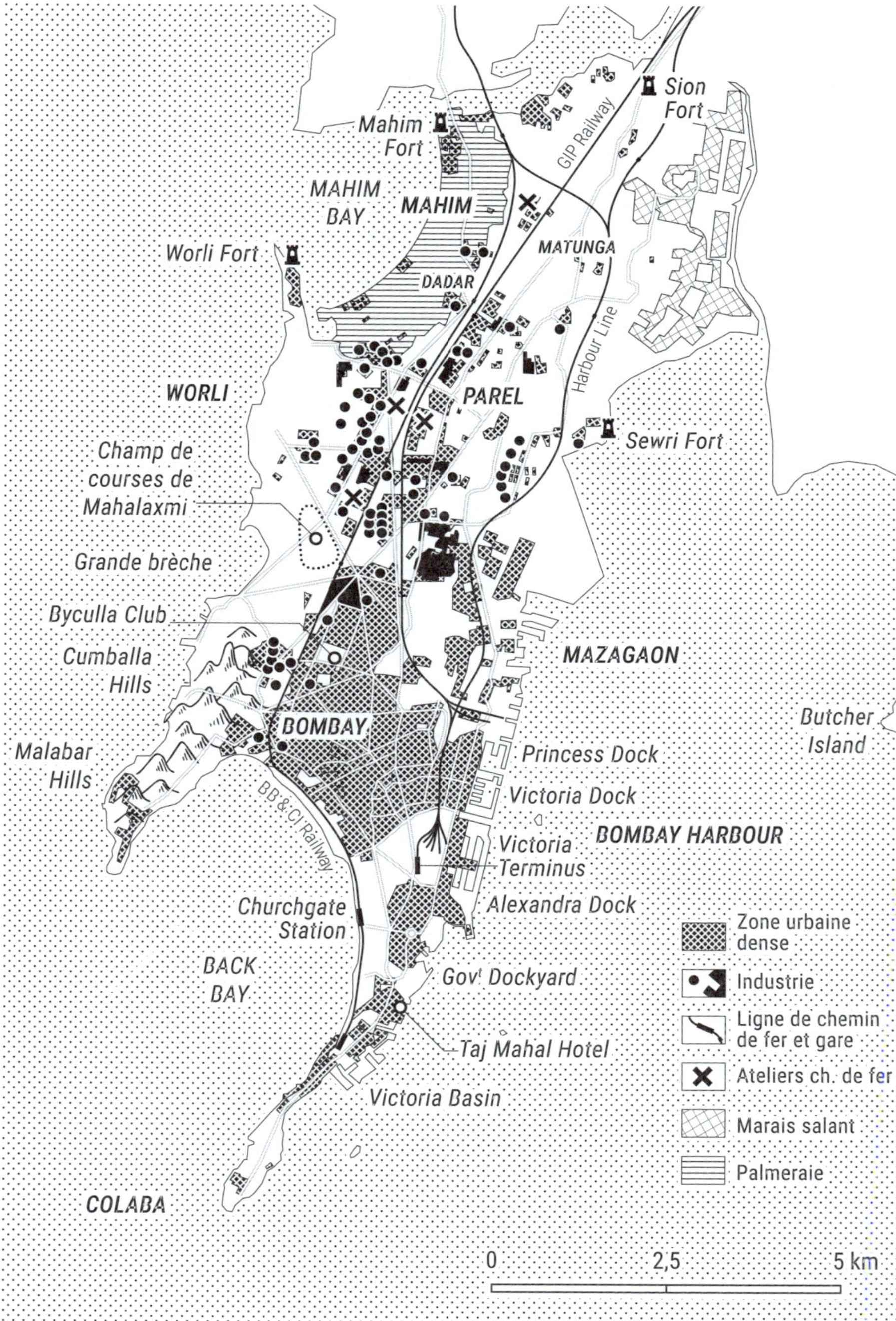

Sources : *Imperial Gazetteer of India Atlas*, volume XXVI, 1931, Oxford, https://archive.org/details/imperial-gazetteer-of-india-atlas-1931/mode/2up et Bombay Development Department, *Abstracts of Proceedings*, OIOC, 1927, London

CHAPITRE QUATRE

La rue (années 1890-1920)

« Les hommes ont pris conscience de leur pouvoir », telle était la conclusion à laquelle parvenait l'inspecteur en chef des industries, A. L. Wood, en 1898, qualifiant ainsi le changement qu'il percevait chez les travailleurs de Bombay[1]. Durant les décennies 1890-1920, deux crises majeures affectèrent en effet la ville. En 1896 débuta une épidémie de peste qui allait durer un peu moins de vingt ans et emporter plus de 180 000 vies[2]. Le déclenchement du premier conflit mondial n'épargna pas, ensuite, la colonie et encore moins Bombay qui devint une importante base arrière, notamment pour les opérations menées en Mésopotamie. Ces deux crises, sanitaire et internationale, eurent, localement, des implications sociales et politiques importantes pour le pouvoir britannique. Tandis que les mesures qu'il mit en œuvre pour éradiquer l'épidémie rencontrèrent de farouches résistances qui débouchèrent sur la plus dangereuse mise en question de son autorité depuis la révolte de 1857[3], l'effort de guerre consenti

1. Cité par Sarkar A., « Regulated Labour... », *op. cit.*, p. 326-27.

2. Arnold D., *Colonizing the Body : State Medicine and Epidemic Disease in Nineteenth-Century India*, Berkeley, University of California Press, 1993, p. 201.

3. Arnold D., « Touching the Body : Perspectives on the Indian Plague, 1896-1900 », *in* Guha R. (dir.), *Subaltern Studies V*, Delhi, Oxford University Press, 1987, p. 55-90 ; Catanach I., « Plague and the Tensions of Empire : India, 1896-1918 », *in* Arnold D. (dir.), *Imperial Medicine and Indigenous Societies*, Manchester, Manchester University Press, 1988, p. 149-171 ; Klein I., « Plague, Policy and Popular Unrest in British India », *Modern Asian Studies*, vol. XXII/4,

par les habitants et habitantes de la ville donna lieu à une brutale dégradation des conditions de vie des classes laborieuses qui répliquèrent par une mobilisation sans précédent, ainsi qu'à l'essor d'aspirations nationalistes radicales.

La décennie 1890 vit donc l'émergence d'un nouveau pouvoir, celui de la rue. Autorités coloniales et classes possédantes devaient désormais faire face à de nouvelles formes de lutte – émeutes, grèves, *hartal*[1], manifestations publiques massives – qui les forcèrent à des réajustements de leur domination. Ceux-ci purent prendre la forme d'interventions dans l'espace urbain, le problème du logement des travailleurs devenant une question politique de premier plan. Contrairement aux décennies précédentes, cependant, la priorité du pouvoir britannique fut moins de bâtir que de s'assurer un contrôle sur la ressource foncière et sur la manne financière qu'il était possible d'en tirer.

Une ville aux temps de la peste

« Maintenant silencieuses comme la tombe sont ces rues/ Un retardataire çà et là est vu[2] »

Le 18 septembre 1896, le premier cas de peste bubonique fut décelé dans le quartier de Pydhonie par le docteur Acacio Viegas. La maladie fut vraisemblablement apportée par des rats embarqués sur un bateau en provenance de Hong Kong, où une épidémie sévissait depuis 1894. Le fait que cet événement soit mentionné sur la base de la statue érigée, quarante ans plus tard,

1988, p. 723-755 et Chandavarkar R., « Plague Panic and Epidemic Politics in India, 1896-1914 », *in* Slack P. et Roger T. (dir.), *Epidemics and Ideas : Essays on the Historical Perception of Pestilence*, Cambridge, Cambridge University Press, 1992, p. 203-240.

1. Terme employé en Asie du Sud pour désigner l'arrêt du travail et la fermeture de tous les bureaux et commerces en signe de protestation.

2. Cité par Sarkar A., « Regulated Labour… », *op. cit.*, p. 287.

en 1936, pour commémorer la naissance de l'illustre docteur, sur Vasudev Balwant Phadke Chowk, en face du cinéma Métro, témoigne de son poids dans la mémoire de la ville. La première attaque, à l'automne 1896, y fut fulgurante, puisqu'on dénombrait déjà 10 000 morts en mars 1897. La brutalité de la maladie et l'épouvante qu'elle suscita entraîna un mouvement de panique collectif qui précipita la fuite d'une importante partie des habitants et habitantes. En janvier 1897, les autorités estimèrent que près de 400 000 personnes, soit presque la moitié de la population de la cité, l'avaient quittée, la laissant dans un état de désolation que reflètent les vers d'un professeur de l'Elphinstone College.

Bombay, première ville indienne infectée, paya un très lourd tribut à l'épidémie qui s'y installa de manière durable. Jusqu'en 1914, chaque hiver donnait lieu à une résurgence de la maladie qui déclinait ensuite au printemps. Elle finit toutefois par perdre un peu de son intensité, les années 1901 et 1903 marquant les pics de mortalité les plus importants. Cette longévité de l'épidémie trouve sa cause dans les choix effectués les décennies précédentes en matière d'aménagement urbain, qui avaient engendré le développement inégal de la ville. L'essor des transports modernes qui avait permis d'intégrer solidement Bombay aux circuits impériaux et régionaux favorisa la diffusion de la peste. Arrivée par bateau au port, elle suivit les lignes de chemin de fer pour atteindre les campagnes, où le bacille gagna en virulence au contact des populations de rongeurs sauvages, avant de revenir contaminer la ville. Le développement des infrastructures de transport n'avait été nullement accompagné, comme cela avait été le cas dans les centres urbains d'Europe qui furent à peine touchés par la maladie, de travaux pour améliorer l'état sanitaire global de la cité. L'accent mis sur l'augmentation de la capacité d'approvisionnement en eau entraîna, en l'absence de la construction d'un système d'égout adéquat jugé trop coûteux, une forte dégradation de l'environnement. Comme le décrit Ira Klein, « l'engorgement en eau des sols de Bombay, ses mares permanentes d'eau et d'eaux usées, ses copieuses averses de mousson, son système moderne d'approvisionnement en eau acheminant implacablement du liquide qui inondait le sous-sol, ses stocks de céréales qui moisissaient dans des entrepôts humides ou dans des endroits ouverts au milieu des boues putrides et de la saleté rendaient les populations de rats de Bombay plus sensibles à la contamination et intensifièrent, voire suscitèrent l'épizootie de la peste[1] ». Alors que les quartiers riches, dont les maisons cossues formaient de meilleurs remparts contre l'incursion des rats contaminateurs, furent relativement épargnés, la maladie fit des ravages parmi les populations les plus pauvres que leur état de malnutrition rendait encore plus vulnérables.

Peu après le déclenchement de l'épidémie, les autorités firent venir à Bombay le biologiste Waldemar Haffkine dont les recherches menées en Inde quelques années auparavant avaient permis de mettre au point un vaccin anticholérique. Installé dans un laboratoire de fortune dans un couloir du Grant Medical College – que la petite histoire retiendra sous le surnom de « Room 000 » – il parvint à mettre au point, au début de l'année 1897, un vaccin antipesteux, composé de germes tués, qu'il testa notamment sur des détenus de la prison de Byculla. Cette découverte, qui constitue la contribution la plus importante de la ville à l'histoire de la médecine mondiale, mit toutefois du temps à s'imposer. En 1902, la mort de 19 villageois après que l'antipesteux leur eut été inoculé raviva les doutes quant à l'efficacité des campagnes de vaccination. La polémique qui s'ensuivit valut au biologiste d'être démis de ses fonctions de directeur du Plague Research Laboratory qui avait été fondé en 1899 et installé dans l'ancienne résidence du gouverneur, au cœur du quartier ouvrier de Parel. Cinq ans après, une commission d'enquête disculpa le produit, mais W. Haffkine ne put retrouver son poste. La reconnaissance de son importante contribution vint toutefois en 1926 lorsque les autorités décidèrent de renommer le laboratoire de Parel Haffkine Institute, dénomination qu'il a conservée.

Au moment où la maladie toucha Bombay, son étiologie restait en effet débattue et très largement incomprise par les autorités

1. Klein I., « Urban Development and Death... », art. cit., p. 745.

sanitaires de la ville. Deux théories coexistaient. La première, la théorie contagionniste, faisait du corps humain le principal vecteur et préconisait donc des pratiques d'isolement et de ségrégation. La seconde, l'infectionnisme, reliait l'apparition de la maladie aux conditions sanitaires locales et considérait par conséquent qu'un lieu attrape l'infection. Les mesures prônées prenaient pour cibles l'espace urbain et se déclinaient de la désinfection au chaulage jusqu'à la destruction pure et simple des bâtiments considérés comme des nids épidémiques[1].

Illustration n° 11 : Visites à domicile effectuées avec des hommes de troupe, pour rechercher des malades de la peste. Ce fut une des mesures les plus contestées par la population (1896-1897).

1. Kidambi P., *The Making of an Indian Metropolis. Colonial Governance and Public Culture in Bombay, 1890-1920*, Aldershot, Ashgate, 2007, p. 50-54.

Bien que cette dernière théorie fît rapidement l'objet d'un désaveu des scientifiques, les autorités municipales puis, à partir de février 1897, le Plague Committee, un comité *ad hoc* créé pour faire face à la crise sanitaire, décidèrent de n'écarter aucune piste et de mettre en œuvre l'ensemble des mesures disponibles. La promulgation de l'*Epidemic Diseases Act* en février 1897 leur conféra des pouvoirs exceptionnels, leur permettant notamment de mener visites à domicile, hospitalisations forcées et ségrégation des malades qui entraîna ce que l'historien David Arnold analyse comme un « assaut sans précédent sur le corps des colonisés[1] » (voir l'illustration n° 11). Dans les notes qu'il consigna sur le déclenchement de l'épidémie, le réformateur social parsi Behramji Malabari décrivit les effets de ces décisions sur le village de Bandra :

> Quand nous y passâmes, la route qui s'étend depuis Koliwad ou Chapel Road jusqu'au pied de Mount Mary Church présentait un aspect lugubre et désolé qui contrastait avec celui que j'avais remarqué un mois auparavant ; mais, d'un autre côté, les rues que nous traversions avaient, me semblait-il, une odeur moins fétide par suite du départ d'une grande partie des habitants ; presque toutes les maisons avaient été purifiées, blanchies à la chaux, ouvertes et aérées. Je doute que Chapel Road, vieille de plus de trois cents ans, n'ait jamais subi un pareil nettoyage depuis sa fondation.

En l'absence toutefois d'identification des réels vecteurs de l'épidémie qu'étaient les rats et leurs puces, ainsi que de la mise à disposition d'importants moyens dans les hôpitaux de la ville, les mesures mises en œuvre étaient vouées à l'échec. Le caractère drastique de certaines d'entre elles ne tarda pas, dès lors, à susciter de farouches résistances de la population. Par trois fois, entre 1896 et 1898, elles mirent fortement à mal le contrôle des autorités coloniales sur la ville.

Le premier ébranlement eut lieu en octobre 1896, alors que la maladie, d'abord cantonnée dans le quartier de Mandvi qui

1. Arnold D., *Colonizing…*, *op. cit.*, p. 203.

jouxte le port, commença à s'étendre vers les faubourgs usiniers. Les équipements sanitaires qui y étaient situés étaient vétustes et dénués de personnel. Le fort taux de mortalité de ces hôpitaux donna par conséquent lieu à la propagation d'une rumeur « qui accusait les docteurs d'avoir reçu des ordres secrets du gouvernement pour faire mourir tous les malades qui entraient dans les hôpitaux et empêcher ainsi la peste de se propager »[1]. Cela déboucha, le 29 octobre, sur une attaque, par des ouvriers du textile, de l'hôpital d'Arthur Road[2]. La panique gagna les autorités lorsqu'elles se rendirent compte que « les employés des services sanitaires manifestaient presque ouvertement leur sympathie avec les émeutiers du fait de la peur de la ségrégation forcée » et menaçaient de quitter la ville[3]. Confrontées au spectre du chaos que leur départ ne manquerait pas de susciter, elles décidèrent alors de transiger et de suspendre les mesures d'hospitalisation forcée.

La création, en février 1897, du Plague Committee remit à l'ordre du jour les mesures drastiques, ce qui ne tarda pas à provoquer de nouvelles mobilisations. Elles vinrent cette fois de coolies municipaux et de travailleurs des docks qui se mirent en grève pour protester contre la destruction de leurs huttes. Le 6 avril, plus de 3 000 salariés municipaux cessèrent le travail. Ils furent rejoints, le jour suivant, par 8 000 dockers. L'élargissement rapide du mouvement força les autorités au compromis : les travailleurs obtinrent, dans l'après-midi, l'assurance que leurs biens ne seraient plus arbitrairement détruits[4]. Tenues de dédommager les propriétaires des habitations démolies, les autorités usèrent

1. Menant D., *Un réformateur parsi dans l'histoire contemporaine de l'Inde*, Paris, Flammarion, 1898, p. 240-248.

2. Condon J. K., *The Bombay Plague. Being A History of the Progress of Plague in the Bombay Presidency from September 1896 to June 1899*, Bombay, Education Society Steam Press, 1900, p. 126.

3. *Report of the Municipal Commissioner on the Plague in Bombay 1896-7*, IOR/V/27/856/7, Oriental and India Office Collections (OIOC), Londres, p. 6.

4. *Times of India*, 8 avril 1897.

de cette mesure avec parcimonie et discrimination, ciblant essentiellement les cabanes érigées par les plus pauvres, qui avaient peu de valeur.

Ce fut toutefois en mars 1898 que le pouvoir britannique fut le plus fortement ébranlé. Du fait d'une recrudescence de l'épidémie, les autorités rétablirent les mesures les plus sévères et eurent recours pour les rondes sanitaires aux hommes de troupe, très impopulaires du fait de leur réputation de brutalité. Les premiers heurts eurent lieu le 9 mars dans le quartier de Madanpura, habité notamment par des tisserands musulmans julahas. La question de l'hospitalisation forcée fut, une nouvelle fois, à l'origine des affrontements. Les habitants et habitantes protestèrent contre l'enlèvement à l'hôpital d'une jeune fille suspectée d'être infectée par la peste, ce à quoi les forces de l'ordre répliquèrent en ouvrant le feu sur la foule. L'émeute se propagea rapidement aux quartiers hindous des alentours où les travailleurs qui normalement partaient dans leurs villages à cette période de l'année pour les fêtes de Holi avaient été retenus du fait des mesures de quarantaine. Tous les symboles du pouvoir colonial furent pris pour cible : les hôpitaux furent envahis, un écran érigé pour dissimuler un gibet près de la prison d'Arthur Road brûlé et deux soldats britanniques tués sur Grant Road[1]. Ces violences furent suivies d'un *hartal*, le premier d'une telle ampleur dans la ville. Marchés, boutiques, entrepôts restèrent fermés jusqu'au 15 mars, lorsqu'au terme de négociations avec les élites de la ville le gouverneur, Lord Sandhurst, annonça la levée des mesures les plus contestées : le recours aux soldats et les hospitalisations forcées.

Ces événements contribuèrent à modifier profondément le regard que les élites coloniales et indiennes portaient sur les travailleurs et travailleuses. Les quartiers ouvriers qu'elles avaient

1. Catanach I., « Who are the leaders ? Plague, the Raj and the Communities in Bombay, 1896-1901 », *in* Robb P.(dir.), *Society and Ideology, Essays in South Asian History presented to Professor K.A. Ballhatchet*, Delhi, Oxford University Press, 1993, p. 214-215.

jusqu'alors laissés se développer dans la plus grande indifférence leur apparurent comme des nids épidémiques dont l'immédiate proximité faisait peser un danger pressant sur leur santé[1]. Leur perception des populations ouvrières elles-mêmes évolua. Alors qu'elles avaient pu, lors des décennies précédentes, être dépeintes dans certains discours paternalistes, notamment lors des débats sur les lois industrielles, comme de grands enfants requérant la protection des autorités, elles apparaissaient désormais comme une force collective capable de constituer une menace sérieuse pour le maintien de l'ordre établi. La panique provoquée par les premières attaques de l'épidémie contribua, en outre, à inverser très provisoirement le rapport de force sur le marché du travail en leur faveur.

Les années 1890 marquèrent pour les usines textiles de la ville le début d'une période de récession. Elles commencèrent à être sévèrement concurrencées sur le marché chinois par les filatures japonaises. Dans ce contexte, l'irruption de l'épidémie de peste faillit bien mener à un effondrement total de l'industrie. En mars 1897, du fait de la fuite d'une large partie de leur main-d'œuvre, tous les ateliers de tissage se trouvèrent fermés, alors que ceux de filature fonctionnaient en sous-régime. Les *jobbers* se mirent à parcourir les faubourgs usiniers, à l'affût de n'importe quel travailleur valide, même inexpérimenté, à amener à l'usine. De son côté, le patronat consentit à relever les salaires – qui augmentèrent de 40 à 90 % durant les premiers mois de l'épidémie – et à procéder à des paiements quotidiens. Jusqu'alors la pratique avait été de retenir la paie des ouvriers durant plusieurs semaines, afin de limiter le *turn-over* et de s'assurer un moyen de contrôle de plus. Pour survivre, les salariés s'endettaient auprès des prêteurs, les Banias, dont la fuite avait rendu impossible la perpétuation de ce système. Ce fut finalement le déclenchement d'une famine dans les campagnes qui précipita le retour de la main-d'œuvre, les travailleurs et les travailleuses se

1. Caru V., *Des toits sur la grève. Le logement des travailleurs et la question sociale, Bombay (1850-1950)*, Paris, Armand Colin, 2013, chap. 1.

trouvant pris dans un tragique dilemme qu'ils tranchèrent bien souvent par un retour en ville. Le patronat tenta aussitôt de revenir sur les paiements quotidiens, ce qui donna lieu le 1er juin à l'organisation de la première grève générale de l'industrie, 30 usines arrêtant simultanément le travail[1]. Après plusieurs tentatives, les employeurs finirent par réimposer leurs règles sur le marché de l'emploi, règles que l'effrayante mortalité à laquelle étaient confrontés les ouvriers et ouvrières avait permis un temps de suspendre.

L'action sanitaire du Bombay City Improvement Trust, une reconquête sociale

Outre le maintien de l'ordre public, la crise sanitaire mettait directement à mal les intérêts économiques du pouvoir colonial, en faisant peser une menace de quarantaine sur le commerce du plus grand port de l'Inde britannique. Elle jeta aussi le discrédit sur l'institution municipale dont l'incapacité à faire respecter des règles élémentaires d'hygiène fut vivement dénoncée. Le gouvernement provincial saisit l'opportunité ouverte par cette situation pour court-circuiter les autorités locales et s'arroger une partie de leurs ressources ou ressources potentielles, ainsi que les domaines de la politique urbaine qu'il jugeait essentiels à la défense de ses intérêts. La création du Bombay City Improvement Trust (BCIT) en 1898 fut l'instrument de cette reprise de contrôle. La composition du Trust n'en faisait pas, en effet, un organisme représentatif : sur les 14 membres qui le constituaient, 8 dépendaient directement du gouvernement. Les intérêts capitalistes de la ville y étaient bien représentés, des mandataires de la Chambre de Commerce et de la Bombay Millowners' Association y siégeant. La Bombay Municipal Corporation (BMC), enfin, y comptait quatre représentants, ce qui était une piètre compensation du fait que 2 % de son budget annuel seraient désormais versés au Trust, qui reçut aussi la propriété d'une large partie

1. Sarkar A., « Regulated Labour… », *op. cit.*, p. 302-309.

des terrains municipaux laissés vacants. Ses autres ressources consistaient en une contribution annuelle allouée par le gouvernement provincial, ainsi que le transfert d'un certain nombre de parcelles lui appartenant.

La résolution de la crise sanitaire n'était pas la seule raison de la création du BCIT d'après le programme affiché par le premier rapport annuel de l'organisme : « créer de nouvelles rues, ouvrir les espaces surpeuplés, récupérer sur la mer de nouvelles terres pour l'expansion future de la ville et construire des habitations aux normes sanitaires pour les pauvres[1] ». Nombre de ces objectifs – et en premier lieu les projets de poldérisation et de création de nouveaux axes de communication – visaient à prolonger les travaux entrepris durant les décennies précédentes pour doter Bombay des attributs d'un grand port industriel moderne. Le bilan de la politique sanitaire du Trust apparaît même très mince. Après avoir engagé, durant les premières années de son existence, cinq projets qui visaient la transformation de quartiers jugés insalubres, comme Mandvi, Agripada ou Nagpada, il abandonna tout bonnement ce type d'intervention après 1908, à l'exception d'une, très limitée, menée en 1914. Les autorités ne tardèrent pas à rencontrer les limites inhérentes de la méthode d'intervention choisie, la *tabula rasa*, dont la pertinence avait déjà été fortement remise en cause en Grande-Bretagne. Non seulement l'efficacité de ce type d'action par nature localisée et parcellaire sur l'état sanitaire global était très réduite, mais le mode d'expropriation adopté par le Trust qui avait cherché à ménager les susceptibilités des propriétaires l'avait rendu particulièrement coûteuse[2].

Les conditions, en outre, de sa mise en œuvre eurent des conséquences dramatiques pour les personnes déplacées par ces chantiers. Le Trust n'étant pas légalement tenu de les reloger, ses opérations aggravèrent l'entassement des populations les plus

1. *Annual Administration Report of the City of Bombay Improvement Trust for the year ending 31st March, 1899*, Bombay, Government Central Press, 1899, p. 3.
2. Caru V., *Des toits…*, *op. cit.*, p. 110-118.

pauvres. En 1918, elles avaient en effet contribué à déplacer près de 64 000 personnes, parmi lesquelles seulement 20 % s'étaient vu offrir une solution de relogement. Les 80 % restants n'avaient pas eu d'autre recours que de « se précipiter dans des localités déjà surpeuplées et, du coup, de les rendre encore plus insalubres[1] ». L'action du Trust favorisa, de plus, la spéculation et une hausse importante des loyers et du prix des parcelles. Ayant choisi de ne pas employer des modes d'expropriation drastiques, il compensa le manque à gagner en mettant aux enchères les parcelles libérées et en les attribuant au plus offrant. Cela entraîna la gentrification des zones traitées, un des quotidiens de la ville, l'*Indu Prakash*, décrivant ainsi le surgissement de « quartier[s] résidentiel[s] attractif[s] pour les classes moyennes et supérieures dans [des] lieu[x] qui étai[en]t jusqu'alors un terreau favorable au développement de toutes sortes de maladies[2] ». Les opérations sanitaires du Trust s'apparentaient, dans une large mesure, à un processus de reconquête sociale. Toutes les zones prises en charge étaient situées à proximité immédiate des quartiers aisés ou bien des points névralgiques de l'économie portuaire et commerciale de la ville. Ces espaces centraux purent ainsi être récupérés pour satisfaire les besoins des classes aisées et commerçantes, tandis que ce qui était désormais perçu par ces mêmes classes comme une menace, les pauvres malsains, était repoussé vers les marges.

La dissipation de l'urgence créée par l'épidémie fit que les autorités concentrèrent les fonds du Trust sur des projets dont les retombées, notamment financières, leur semblaient plus évidentes : des chantiers de poldérisation et de percement de grands axes de communication. En 1912, elles allèrent jusqu'à supprimer l'obligation légale qui lui était faite de prendre en charge les zones insalubres signalées par le Municipal Commissioner. Cette liquidation du versant sanitaire de la politique du BCIT, dont il

1. *Mumbai Vaibhav*, 11 mai 1905, *in* Native News Papers Report, 1905, Maharashtra State Archives, Mumbai.

2. *Indu Prakash*, 26 janvier 1905, in *Ibid.*

tirait sa légitimité, offrit à la municipalité l'opportunité de regagner les prérogatives qu'elle avait dû lui céder. Le dévoilement, en 1911, du tracé envisagé pour la construction d'une voie nord-sud, connue sous le nom d'Eastern Avenue, lança l'agitation. Cette nouvelle route devait permettre de relier les banlieues septentrionales à Hornby Road, dans le Fort, en passant par Crawford Market et le quartier de Lal Baugh, à Parel. Elle impliquait par conséquent une percée au travers de quartiers densément peuplés de la Native Town, où étaient installés les bureaux et les entrepôts de nombreux petits commerçants de la ville. Ces derniers se mobilisèrent, trouvant des relais au sein de la BMC. Outre le fait que le projet nuisait aux intérêts d'une partie de leur électorat, les élites municipales craignaient que son coût important n'entraînât une hausse de la taxation locale. Un bras de fer s'engagea alors avec le gouvernement. En 1915, l'ensemble des représentants des contribuables à l'assemblée municipale vota contre, tandis qu'était présenté en 1917 au Conseil législatif un projet de loi proposant le transfert du BCIT à l'autorité municipale. Les intérêts du gouvernement dominant cette institution, la proposition fut déboutée et le Trust mena à bien la construction de l'Eastern Avenue, baptisée Sydenham Road (Mohammed Ali Road).

Le principal argument invoqué pour justifier ce transfert, l'abandon de la politique sanitaire du Trust, ne doit néanmoins pas faire illusion. La grande geste municipale du début du XXe siècle n'était qu'une stratégie habile des représentants des classes possédantes pour tenter de restaurer leur contrôle sur l'aménagement urbain et surtout sur les dépenses qu'il pouvait susciter. L'action de la municipalité dans ce domaine à la même période était en effet très limitée. Entre 1900 et 1915, le budget municipal alloué aux dépenses sanitaires n'augmenta que de 14 %, alors que l'épidémie de peste était encore prégnante et que, durant le même intervalle, les dépenses en travaux publics, qui concernaient essentiellement des projets d'amélioration de routes, étaient multipliées par deux. La seule politique sanitaire d'une certaine ampleur qui fut mise en œuvre durant cette période visait la prévention de la propagation de la malaria. Elle consista essentiellement, à partir de 1911, à combler les nombreux puits et réservoirs de la ville, dont la trace reste toutefois sensible dans la toponymie de certains lieux comme Dhobi Talao (le lac des dhobis), Kharatalao (le lac salé) ou encore Gowalia Tank. Le choix de la maladie ciblée reflétait les préjugés de classe des édiles. La malaria était loin de représenter la première cause de mortalité urbaine, mais elle touchait aussi les classes possédantes, contrairement aux maladies pulmonaires, bien plus meurtrières, qui affectaient essentiellement les travailleurs et travailleuses des usines de coton. Comme le résuma l'historien A. D. D. Gordon, au-delà des discours, « aucun organisme public [n'était] prêt à prendre en charge les vastes problèmes urbains auxquels Bombay [était] confrontée et qui [résultaient] pour une large part du processus de construction de l'empire par le gouvernement et les grands capitalistes et de l'obstruction menée par les propriétaires immobiliers[1] ».

Spéculation foncière et production de l'urbanité bourgeoise

Si l'action du BCIT dans la sphère sanitaire fut limitée, il n'en contribua pas moins, par les autres opérations qu'il mena, à modifier substantiellement la morphologie urbaine. Nikhil Rao a montré comment, au début des années 1890, les autorités coloniales avaient favorisé l'émergence d'un marché foncier unifié en mettant en place, pour les terrains du gouvernement, des baux emphytéotiques de 99, voire de 999 années[2]. En prenant appui sur cette évolution majeure, le mode opératoire du Trust s'apparentait, sur bien des points, à celui qu'avait suivi le baron Haussmann à Paris. Il reposait en effet sur une coopération entre l'intervention des autorités et l'initiative privée. Le Trust acquérait les terrains nécessaires à la mise en œuvre de ses projets et attribuait, une fois la voirie tracée, les baux des parcelles non-utilisées par la

1. Gordon A. D. D., *Businessmen and Politics : Rising Nationalism and a Modernising Economy, 1918-1933*, Delhi, Manohar Publishers, 1979, p. 127-128.
2. Rao N., « Space in Motion... », art. cit., p. 54-84.

voie publique au plus offrant, par un système d'enchères. Les opérations de construction étaient par conséquent à la charge d'entrepreneurs privés, qui devaient souscrire à un cahier des charges précis établi par les ingénieurs et l'architecte du Trust concernant la taille des immeubles, le pourcentage de la parcelle à laisser vacant, les essences d'arbres à planter le long des voies, etc. Ils stipulèrent, par exemple, que devaient être érigés le long de la récente Hornby Road, dans le quartier du Fort, des immeubles dotés d'arcade au rez-de-chaussée. La longue galerie commerciale ainsi créée, où se succédaient les grands magasins comme Army and Navy ou Whiteaways, procurait au promeneur qui longeait les vitrines éclairées et offrant toute la mode européenne une nouvelle expérience de la consommation bourgeoise[1]. Un tel *modus operandi* satisfaisait le souci de rentabilité des autorités coloniales, tout en leur assurant un contrôle important sur la production du bâti. Il servait également les intérêts des plus aisés qui se virent ainsi attribuer de nouveaux espaces de résidence et de loisir.

La poldérisation de Cuffe Parade, achevée en 1905, en est le meilleur exemple. Située sur la côte ouest de Colaba, à proximité d'une zone résidentielle prisée par les Européens et les élites indiennes, celle-ci consista à récupérer sur la mer près de 7,5 hectares. Le Trust y construisit une route ainsi qu'une promenade légèrement surélevée – baptisée Cuffe Parade du nom d'un marchand qui siégea dans son conseil, T. W. Cuffe – le long de laquelle furent érigés de spacieux bungalows de type édouardien. Les rares bâtiments qui subsistent de cette époque ont aujourd'hui perdu leur vue sur la baie. La nouvelle poldérisation de Cuffe Parade, entreprise dans les années 1970, a englouti la promenade, mais l'ensemble du quartier reste un des plus huppés et des plus chers de la ville. À une échelle moindre, le BCIT contribua à mettre sur le marché d'autres terrains destinés au logement des classes aisées.

1. Hazareesingh S., *The Colonial City and the Challenge of Modernity. Urban Hegemonies and Civic Contestations in Bombay, 1900-1925*, Hyderabad, Orient Longman, 2007, p. 39.

Il convertit au début du XXe siècle le secteur de Cooperage, qui formait une partie des anciens docks où travaillaient les tonneliers (*coopers*) au nord de Colaba, en un nouveau quartier résidentiel organisé autour d'un vaste terrain de jeux, devenu aujourd'hui le stade du principal club de football de la ville, le Mumbai Football Club. À l'est de la plage de Chowpatty, au pied du quartier chic de Malabar Hill, il lotit aussi d'anciennes parcelles agricoles, où étaient plantés jusqu'alors riz et pamplemousses[1].

Les deux premières percées entreprises par le Trust, Princess Street (Shamaldas Gandhi Marg), achevée en 1905 et ainsi nommée parce qu'elle fut inaugurée par le prince et la princesse de Galles lors de leur visite en Inde, et Sandhurst Road (Sardar Vallabhbhai Patel Road) du nom du gouverneur Lord Sandhurst (1895-1900) servaient également les besoins des plus aisés. Elles permirent de faciliter leurs déplacements quotidiens en reliant plus rapidement le quartier du Fort, où se trouvait la majorité des bureaux et administrations, aux nouvelles zones résidentielles des élites, sur Cumballa et Malabar Hills. La création de ces larges axes coïncida avec les débuts de l'automobile à Bombay. La première voiture y fut importée en 1897 et en 1905 leur nombre était suffisamment important pour que le gouvernement mette en place une procédure d'enregistrement. Concessionnaires et garagistes s'installèrent près de leurs clients, sur Hugues Road et au pied de Cumballa Hill, où des salons d'exposition de certaines marques d'automobile de luxe sont encore visibles. Les larges voies ouvertes par le Trust permirent aux plus fortunés d'expérimenter une nouvelle forme de la modernité urbaine, le déplacement automobile, qui ne tarda pas à coloniser les imaginaires.

Témoin l'engouement journalistique qui entoura, en 1925, l'assassinat d'Abdul Kadar Bawla, un riche homme d'affaires, près d'un des lieux de promenade les plus fréquentés de la haute société, les Hanging Gardens, créés en 1885 sur le site d'un ancien réservoir.

1. Dwivedi S. et Mehrotra R., *Bombay, the Cities within*, Bombay, Eminence Designs, 1995, p. 175-176 et p. 181-184.

Les studios Kohinoor en tirèrent la même année un film muet, *Kulin Kanta*, dirigé par Homi Master. Le fait divers se prêtait à sa mise en récit : Bawla aurait été abattu par des hommes employés par le Maharajah d'Indore pour récupérer une danseuse de son entourage, Mumtaz Begum, dont il avait fait sa maîtresse. Outre ces ingrédients au potentiel romanesque, l'affaire possédait un attrait supplémentaire pour une mise en scène cinématographique friande des nouveautés technologiques : toute l'action s'y déroulait en voiture. Alors que l'automobile de Bawla remontait Gibbs Road en direction des Hanging Gardens, elle fut en effet percutée par un autre véhicule, une Maxwell rouge. Ses occupants entourèrent alors l'auto de l'homme d'affaires, « deux ou trois hommes montant sur le marchepied de chaque côté ». Dans l'assaut, Bawla est tué par balle, tandis que Mumtaz est blessée par quatre fois au visage à l'aide d'un couteau. Elle n'échappa finalement à l'enlèvement que grâce à l'arrivée providentielle d'une troisième voiture, au volant de laquelle se trouvaient trois officiers britanniques[1].

Outre le développement de l'automobile, les percées du Trust firent aussi émerger des zones commerciales et de loisirs. Le BCIT veillait en effet à ce qu'une fois les voies dessinées, les façades des nouveaux immeubles construits sur les parcelles y aboutant soient parfaitement alignées et s'harmonisent entre elles, dans un souci de mise en scène esthétique qui n'est pas sans rappeler, encore une fois, la démarche adoptée dans le Paris du Second Empire. Les parcelles libérées par la destruction du bâti ancien trouvèrent particulièrement preneur auprès des entrepreneurs de loisirs. La Royal Opera House fut ainsi inaugurée en 1912 sur un terrain appartenant au Trust et donnant sur Sandhurst Bridge, où le bâtiment d'inspiration baroque, récemment restauré, est toujours visible (voir illustration n° 12). La mise sur le marché des terrains du BCIT fit toutefois surtout l'aubaine du dernier né des spectacles urbains, le cinéma.

1. Vachha P. B., *Famous Judges, Lawyers and Cases of Bombay. A Judicial History of Bombay during the British Period*, Bombay, N. M. Tripathi Private, 1962, p. 329-338.

Illustration n° 12 : La Royal Opera House en construction sur un terrain du Trust, donnant sur Sandhurst Road.

La première projection cinématographique eut lieu le 7 juillet 1897, dans le prestigieux Watson Hotel. Durant un temps, aucun bâtiment ne fut dévolu aux exhibitions. Les deux principales sociétés de diffusion d'alors, l'Excelsior Cinematograph et l'American-Indian Cinematograph, lancées par des Parsis, tenaient régulièrement des séances sous des tentes élevées sur les Maidan. À partir de 1910, cependant, dans le contexte persistant de l'épidémie de peste, le contrôle de ce type de divertissement passa aux autorités policières qui désavouèrent cette pratique et exigèrent la construction de bâtiments à l'épreuve des incendies[1]. Si les deux premières salles de cinéma, l'Excelsior et l'Empire, furent sans surprise ouvertes dans le Fort, les entrepreneurs ne tardèrent pas à saisir l'opportunité offerte par la mise en chantier de Sandhurst Road et le grand nombre de parcelles qu'elle permit

1. Bhaumik K., « The Emergence of the Bombay Film Industry, 1913-1916 », mémoire de thèse, Université d'Oxford, 2001, p. 23-24.

de mettre sur le marché. Jusqu'à la fin de la Première Guerre mondiale, cette zone concentra les principaux lieux de projection qui s'échelonnaient aux divers croisements de Sandhurst Road avec d'autres axes : le Coronation (1912) et l'Olympia construits à l'angle de Khetwadi Main Road, l'American-Indian (1911) à celui de Charni Road et l'Alhambra à la jonction avec Parel Road. Le Coronation accueillit en mai 1913 la projection du premier long métrage entièrement produit en Inde, intitulé *Raja Harischandra* et dirigé par Dhundiraj Govind Phalke. Celui-ci s'inspirait de la légende du roi Harischandra, qui apparaissait dans les épopées du *Ramayana* et du *Mahabharata*. Cette veine mythologique resta un trait distinctif des premiers films indiens. Jusque dans les années 1920, pour autant, c'étaient principalement des films importés, *via* Londres, qui étaient projetés à Bombay. Leur rentabilité ayant été assurée avant leur arrivée sur le marché indien, ils coûtaient en effet bien moins cher que les productions locales[1].

L'urbanisme promu par le Trust, dont le principal moteur était la spéculation foncière, avait donc exclusivement bénéficié aux plus nantis : aux propriétaires grassement indemnisés pour l'expropriation de leurs immeubles insalubres, à ceux qui, détenant des logements bon marché, avaient profité de l'afflux des populations déplacées pour augmenter leurs loyers, mais surtout aux classes les plus aisées de la ville. Celles-ci s'étaient vu gratifier de nouveaux espaces de résidence et de loisirs, s'arrogeant tous les attributs de la nouvelle modernité urbaine bourgeoise : promenades, arcades commerciales, terrains de sport, salles de spectacles, automobiles. Inspirés par l'expérience du Trust, d'autres organismes cherchèrent à tirer profit de la manne que représentait le marché de la rente foncière. Le Bombay Port Trust (BPT) qui s'était cantonné jusqu'alors à la construction de docks et d'entrepôts décida de mettre à profit les matériaux tirés de

1. Vitali V., *Hindi Action Cinema : Industries, Narratives, Bodies*, Indianapolis, Indiana University Press, 2008, p. 6.

l'excavation de l'Alexandra Dock pour développer un nouveau quartier d'affaires au nord du Fort, le Ballard Estate, du nom de son premier président. Il les utilisa pour gagner 8,5 hectares sur la mer, sur lesquels furent construits, entre 1908 et 1914, 43 immeubles d'inspiration Renaissance, organisés selon un plan géométrique. Si le BPT y établit ses bureaux, ainsi que la New Custom House, le reste des bâtiments peina à trouver preneur dans un premier temps.

Illustration n° 13 : Vue aérienne de 1937 du port et des docks de Bombay, en direction du nord. Au premier plan est visible le quartier de Ballard Estate, rassemblant bureaux et hôtels.

Une fois dissipée l'urgence suscitée par les premières attaques de la peste, la crise sanitaire ne contribua pas à modifier les logiques qui sous-tendaient la fabrique urbaine, tournée vers la satisfaction des besoins du commerce et du capitalisme industriel, ainsi que ceux des populations les plus nanties. Il est révélateur qu'outre la Gateway of India, érigée pour commémorer la venue de l'empereur George V, et le Prince of Wales Museum, le monument emblématique de cette période soit l'hôtel de luxe construit sur Apollo Bunder par J. N. Tata, le Taj Mahal Hotel, achevé en 1903. Tout au plus la gestion de l'épidémie contribua-t-elle à donner une nouvelle orientation à l'expansion de la ville, en favorisant l'essor des banlieues septentrionales. En mars 1898, 45 000 personnes étaient en effet parties s'installer dans le nord de l'île ou bien sur l'île voisine de Salsette. Ce mouvement concerna ceux qui avaient les moyens de couvrir leurs frais de déplacement quotidien. L'ouverture dans les années 1880 de nouvelles gares intermédiaires, comme celle de Santa Cruz en 1888, facilita l'établissement de campements et de quartiers le long des voies ferrées Mais le train restait un moyen de transport onéreux. Ces nouvelles installations suivirent des logiques communautaires : les membres d'une même caste ou communauté s'implantaient au même endroit, comme les Bhatias originaires de Cutch qui s'établirent dans la localité de Ghatkopar. Elles profitèrent dans certains cas de la présence d'implantations plus anciennes, comme à Andheri où l'ingénieur M. C. Murzban avait, en 1887, fait construire un ensemble de résidences destinées à sa communauté, les Parsis. Celui-ci devint un lieu de refuge pendant l'épidémie dont les habitants et habitantes auraient été si satisfaits qu'ils demandèrent aux autorités l'autorisation de le nommer « Murzbanabad » (ville de Murzban)[1].

Ces implantations restaient toutefois d'une ampleur limitée. Plusieurs facteurs contribuaient à en freiner l'extension, dont le plus important était que celle-ci dépendait uniquement de l'initiative privée. La question des transports, tout d'abord, restait cruciale. Les tramways, qui furent électrifiés entre 1905 et 1908, étaient aux mains d'une compagnie privée, BEST, qui ne voyait

1. Chopra P., « Free to move, forced to flee : the formation and dissolution of suburbs in colonial Bombay, 1750-1918 », *Urban History*, vol. 39, n° 1, 2012, p. 100-102.

pas d'intérêt à étendre ses lignes vers le nord et préférait les concentrer sur les espaces les plus rentables du sud de la ville. Tout au plus consentit-elle à construire un prolongement jusqu'au quartier de Parel. Ces nouvelles banlieues demeuraient, ensuite, dépourvues des aménagements les plus élémentaires. En 1925, l'île de Salsette ne possédait toujours pas d'égouts, d'acheminement en eau courante ou de brigade de pompiers ; seules les localités de Bandra, Santa Cruz, Andheri et Kurla avaient été raccordées au réseau municipal, avec un approvisionnement en eau toujours déficient. Il faut dire que les autorités n'avaient pas cherché à faire entrer ces zones sous la juridiction de Bombay, ce qui aurait facilité la planification de leur développement. Régies par des statuts variables, aucune d'entre elles ne disposait des moyens financiers nécessaires à la mise en œuvre des travaux de viabilisation. Les autorités avaient en effet choisi de concentrer leur action sur les banlieues les plus proches. À partir de 1899, le BCIT débuta la mise en œuvre de ses projets V et VI, à savoir l'acquisition et la viabilisation des localités de Dadar, Matunga et de Sion, en vue d'y loger près de 200 000 personnes. À la veille de la guerre, toutefois, si la localité de Dadar-Matunga avait été reliée au centre de la ville par l'ouverture de l'Eastern Avenue qui débouchait sur l'artère principale du quartier, Kingsway, son développement attendait encore. Par ses opérations d'expropriation de grande ampleur, le Trust se retrouvait à la tête de 2/9e des terrains de l'île, assurant par conséquent une mainmise importante du gouvernement colonial sur la précieuse ressource foncière.

Une « caserne dans les mers orientales »

La militarisation de l'espace urbain

Le déclenchement, à l'été 1914, du premier conflit mondial eut des conséquences importantes sur la colonie indienne qui assuma une partie de l'effort de guerre britannique. L'ouverture d'un front en Mésopotamie, à la fin de l'année 1914, amena Bombay et son port à jouer un rôle clé dans la mobilisation. En l'espace de quatre ans, elle devint tout à la fois une aire de recrutement et une base arrière, fournissant soldats, équipement et soins aux divers fronts.

Entre 1914 et 1918, près d'un demi-million d'hommes embarquèrent depuis son port vers les champs de bataille de la Mésopotamie, tandis qu'un million était acheminé vers les autres fronts : en Europe, en Égypte, en Afrique de l'Est, etc. Tous n'étaient pas originaires des régions avoisinantes, mais des bataillons marathes ou mahars furent très vite formés, et les chrétiens locaux fournirent l'essentiel des cuisiniers et des boys. L'armée établit des camps de recrutement, notamment à proximité des populeux quartiers ouvriers, comme à Dadar. L'enrôlement ne se fit cependant pas sans résistances et sans heurts. En juillet 1917, des rumeurs concernant la brutalité des méthodes des recruteurs du Dadar Military Labour Camp donnèrent lieu à des émeutes dans les faubourgs usiniers environnants. La situation fut jugée assez critique pour que les autorités décident d'arrêter les opérations dans les zones situées au nord de Grant Road[1].

Cette imposante levée d'hommes nécessitait d'énormes espaces pour y installer les camps de recrutement, les camps de transit, etc. Les autorités militaires procédèrent à la réquisition des terrains du BCIT à Dadar, ainsi que de la majorité des installations portuaires, et tout particulièrement du nouvel Alexandra Dock dont elles se servirent pour envoyer hommes et matériel en Mésopotamie. Un monument fut d'ailleurs érigé aux portes de celui-ci afin de commémorer la participation du BPT à l'effort de guerre. Si l'on en croit les inscriptions gravées sur les plaques de bronze, 1 870 000 hommes de troupes y auraient transité, ainsi que 2 228 000 tonnes de matériel militaire, 3 046 cargos et 668 bateaux-hôpitaux. Une des fonctions dévolues à Bombay en tant que base arrière était en effet d'assurer l'accueil des blessés. Entre janvier et octobre 1916, près de 120 000 soldats rapatriés d'Irak y furent soignés. Des hôpitaux

1. Hazareesingh S., *The Colonial City*..., *op. cit.*, p. 72 et p. 83-89.

de fortune furent installés dans tous les bâtiments disponibles : le Byculla Club dont ce fut la dernière utilisation puisqu'il fut vendu après la guerre, le Taj Mahal Hotel mis à disposition par J. N. Tata, les bâtiments nouvellement achevés du Prince of Wales Museum et du Royal Institute of Science dont les inaugurations furent repoussées après la fin du conflit. En 1917, la ville comptait 12 hôpitaux militaires. Une société locale de production de documentaires, la Vernon and Co, consacra même à cette fonction un de ses films intitulé *The Sick and Wounded in Bombay* (Les malades et les blessés à Bombay, 1917).

Un des autres atouts stratégiques de la ville résidait dans ses installations industrielles, qui furent pleinement mises à contribution. Le War Purposes Board, installé dans les tout récents bâtiments de la New Custom House, à Ballard Estate, près du port, coordonnait la réorganisation de la production. Les ateliers de la compagnie de chemin de fer GIP de Parel furent ainsi reconvertis afin de produire des munitions, des wagons-ambulances et des véhicules blindés[1]. Quant aux usines textiles, elles fournirent draps et uniformes aux troupes. L'état-major allemand avait conscience de l'importance du rôle joué par Bombay dans l'effort de guerre britannique. Le port de la ville, tout comme celui de Calcutta, fut l'une des cibles du vaisseau de guerre *The Wolf* qui mouilla plus d'une centaine de mines au large de ses installations. Quatre navires furent ainsi coulés. Un cinquième, le *City of Exeter*, très sérieusement touché, parvint toutefois à faire demi-tour et à revenir à quai. Les opérations de dragage permirent de récupérer près de 50 mines, tandis que 8 autres furent rabattues par le courant sur la côte, notamment sur la plage de Juhu[2]. Ce fut la seule opération proprement militaire qui toucha directement la ville.

Cette participation soutenue à l'effort de guerre suscita un énorme afflux de population, attirée par les opportunités de travail offertes par les docks et les usines qui fonctionnaient à plein

1. Burnett-Hurst A. R., *Labour and Housing…*, *op. cit.*, p. 3.
2. Sheppard S. T., *Bombay*, Bombay, Times of India Press, 1932, p. 52-53.

régime. Entre 1914 et 1917, le nombre de travailleurs employés sur le port tripla, passant de 30 000 à 100 000, tandis qu'entre 1914 et 1922 la main-d'œuvre des manufactures textiles augmenta de 40 %. Lors du recensement de 1921, la population dépassa, pour la première fois, le million d'habitants et d'habitantes. Une telle croissance n'avait nullement été anticipée et la ville n'était aucunement préparée à y faire face. La mobilisation de toutes les ressources pour l'effort militaire avait même poussé à des coupes sévères dans les budgets de la santé publique, ce qui ne tarda pas à entraîner de tragiques conséquences. Entre 1915 et 1919, le taux de mortalité tripla, notamment du fait d'une recrudescence de choléra et de l'arrivée de la grippe, rapportée par les soldats qui combattaient sur le front européen. Elle fit 12 millions de victimes en Inde dans les six mois qui suivirent l'armistice. Le conflit eut enfin deux types d'effets sur l'économie urbaine. Tandis que la guerre ouvrait aux classes possédantes de nouvelles opportunités d'accumulation du capital, l'inflation toucha de plein fouet les travailleurs et travailleuses, les employés et employées, qui virent rapidement leurs conditions de vie se détériorer.

Profits de guerre et fantasmes urbains

L'industrie textile connut, entre 1916 et 1922, sa plus faste période de prospérité depuis les années 1870-1880. Ses profits atteignirent cinq fois leur niveau d'avant-guerre, alors que s'envolaient les dividendes versés aux actionnaires. Les manufactures bénéficiaient à la fois des commandes militaires et de la dislocation du commerce international qui favorisait le processus de substitution des importations. La signature de la paix ne mit pas immédiatement fin au boom. Le rétablissement des circuits du commerce international prit du temps, tandis que la chute du cours de l'argent stimula les exportations vers la Chine qui, de 73 millions de pounds en 1918-1919, atteignirent l'année suivante une valeur de 160 millions[1].

1. Chandavarkar R., *The Origins of Industrial Capitalism…*, *op. cit.*, p. 251-255.

Les industriels ne furent toutefois pas les seuls à profiter de la situation exceptionnelle provoquée par le conflit. L'annonce de l'entrée en guerre entraîna une soudaine hausse des prix des denrées alimentaires, accentuée par la tendance des populations les plus aisées à constituer des réserves et par les prélèvements de plus en plus arbitraires effectués par l'administration coloniale. Sa priorité était en effet d'assurer le ravitaillement des troupes. En 1918, elle avait par conséquent acheté pour près de 40 millions de livres sterling de grains en provenance du Penjab, menant à un épuisement des stocks et contribuant par ce biais très largement à la flambée des prix. Des effets similaires affectèrent l'autre aliment de base de la population de la ville, le riz[1]. Entre 1914 et 1917, le prix des céréales à Bombay augmenta de 300 %, celui des pommes de terre de 150 %, du sucre de 120 %, du lait, du riz et du sel de 100 % et du kérosène de 87 %. Dans le même temps, l'afflux énorme de population ne fut pas suivi par une progression comparable des constructions dans les quartiers populaires, ce qui mena à une hausse des loyers. L'Indian Industrial Commission de 1916 constata, lors de son enquête, que les loyers payés dans les faubourgs usiniers avaient augmenté de 70 % depuis 1901.

Le conflit permit donc d'accélérer l'accumulation de capital entre les mains des classes possédantes de la ville : industriels, propriétaires immobiliers, commerçants et boutiquiers, etc. L'un des signes visibles de cet enrichissement fut l'augmentation du nombre d'automobiles qui passa, entre 1914 et 1924, de 2 000 à 10 000. Dès 1915, les autorités chargées du contrôle de la pollution liée à l'émission de fumées s'alarmèrent même de la nouvelle nuisance qu'elles constituaient et commencèrent à verbaliser les automobilistes[2]. Un autre signe fut la rapide augmentation du nombre de salles de cinéma dans la ville, ainsi que l'émergence de sociétés de production cinématographiques locales. En 1927,

1. Hazareesingh S., *The Colonial City…*, *op. cit.*, p. 100.

2. *Report of the Bombay Smoke Nuisance Commission for the year 1915-1916*, Bombay, Government Central Press, 1916, p. 2.

Bombay possédait en effet 21 salles, dont 7 avaient ouvert après 1923, ce qui la plaçait loin devant Calcutta, Madras et Delhi[1]. Les nouveaux bâtiments se concentraient désormais autour de l'axe Grant Road-Lamington Road, où ils côtoyaient bars et salles de billard, et répondaient à des standards plus élaborés. Plusieurs d'entre eux, comme l'Imperial (1917), le Royal ou encore le Majestic (1918), étaient d'anciens bungalows reconvertis en salles de spectacles. Installés au milieu d'une cour, ils étaient flanqués d'arbres, de boutiques et de bancs afin que les spectateurs puissent attendre le début des séances. À partir de 1924, ils se répandirent aussi vers le nord et les quartiers ouvriers de Parel, Sewri et Dadar, avec l'ouverture des salles Vénus et Laxmi en 1924, Saraswati en 1927 ou encore Kohinoor.

Le cinéma était devenu un secteur rentable, où pouvaient être réinvestis les profits de guerre. En 1919, la principale société de distribution de films qui contrôlait au début des années 1920 la moitié des salles indiennes, Madan Theatre, fit son entrée en bourse. Son propriétaire avait fait fortune dans le ravitaillement de l'armée à Calcutta. Mais la nouveauté que suscita le boom d'après-guerre fut l'émergence de sociétés de production locales. À Bombay, les deux plus importantes furent la Kohinoor Film Company (1919) et la Star Film Company (1920). La première fut fondée par Dwarkadas Sampat, un marchand bhatia, propriétaire de l'usine de Kohinoor, située dans le quartier de Dadar. Son succès reposa en large partie sur la construction d'un studio qui lui permettait de produire simultanément plusieurs films et sur le recours à des campagnes de publicité appuyées mettant en avant ses actrices phares comme Moti, Jamna ou encore Sulochana. Tous les techniciens, réalisateurs, acteurs et actrices qui allaient marquer l'histoire locale du cinéma muet dans la seconde moitié des années 1920 y firent leurs premières armes. Dans le cas de la Star Film Company, devenue en 1926 l'Imperial Film Company, le capital émanait déjà du secteur du cinéma. Elle fut créée par

1. Vitali V., *Hindi Action...*, *op. cit.*, p. 13.

Ardeshir Irani et Abdulally Esoofally qui avaient débuté dans la distribution et possédaient notamment deux salles de projection, l'Alexandra et le Majestic. Ces nouvelles compagnies de production, à l'exclusion de l'Imperial, eurent tendance à se regrouper dans le quartier de Dadar qui possédait l'avantage de disposer de beaucoup d'espaces ouverts et d'un accès facile à de nombreux lieux de tournage en plein air[1].

Selon un processus déjà rencontré, une large partie des profits de guerre fut aussi convertie en placements fonciers et immobiliers. La demande fut telle que les prix des terrains s'envolèrent. En 1916, un acre (0,4 hectare) se vendait entre 200 et 1 500 roupies, mais en 1919 les prix s'échelonnaient entre 5 000 et 25 000 roupies. En 1923, l'ensemble des bâtiments du Ballard Estate qui peinaient à trouver preneur avant le déclenchement du conflit étaient occupés. Les plus grandes compagnies de commerce et de transport y possédaient désormais des bureaux : P&O, la Chambre de commerce de Bombay, Burmah Shell, tandis qu'y était achevé en 1922 un luxueux complexe hôtelier, le Grand Hotel. Durant la seule année 1918-1919, 25 hectares appartenant au BCIT furent loués, dégageant un bénéfice de près de 5 millions de roupies.

Cela ne sembla pas suffisant aux yeux des autorités qui décidèrent alors de mener de grands projets de conquête de terres sur la mer. En 1916, le BCIT entama un chantier de poldérisation le long de Worli Road, sur la côte ouest, à destination, comme le formulait son rapport, « des classes supérieures qui [pouvaient] se permettre d'entretenir une voiture ». En 1922, 48,5 hectares bordés d'une promenade (aujourd'hui Worli Sea Face Road) furent ainsi mis à la disposition de résidences de standing[2]. L'appât du gain poussa surtout à la mise en œuvre du projet qui suscitait toutes les convoitises et les fantasmes depuis des décennies : la poldérisation de Back Bay. Située sur la côte ouest, idéalement exposée à la bise marine, celle-ci permettait de gagner de nouvelles

1. Bhaumik K., « The Emergence of... », *op. cit.*, p. 26 et p. 49-54.
2. Dwivedi S. et Mehrotra R., *Bombay...*, *op. cit.*, p. 184.

parcelles jouxtant directement le centre économique et politique de la cité. Depuis les années 1880, chaque commission chargée de se pencher sur le développement de la cité l'avait évoquée, tout en soulignant son considérable coût. La formidable accumulation de capital permise par la guerre semblait enfin la rendre possible, un groupe de grands marchands et d'industriels formant en 1917 un syndicat en vue d'entreprendre les travaux. Le gouvernement de Bombay les prit toutefois de court en confiant le chantier à un nouveau ministère, le Bombay Development Department (BDD), créé en 1920. En lançant un emprunt public aux conditions très favorables, celui-ci trouva le moyen de mobiliser les surplus accumulés pour financer ses opérations. Quatre-vingt-dix millions de roupies furent ainsi levés, un peu moins de la moitié, 40 millions, émanant de l'industrie textile de la ville[1].

Le projet initial reflétait l'avidité et l'*hubris* d'un pouvoir colonial qui pensait posséder la maîtrise technologique de la nature : il envisageait de récupérer 463 hectares sur la mer, dont la valeur était estimée à près de 20 millions de livres. Mais hâtivement préparés, les travaux s'avérèrent considérablement sous-estimés, problème aggravé par des bévues techniques commises par l'ingénieur chargé de sa supervision, ce qui mena à la hausse vertigineuse de leur coût de près de 89 % alors que s'amorçait la période de récession d'après-guerre. Les opérations du BDD firent dès lors l'objet de critiques de plus en plus vives, forçant les autorités à en rabattre. Lorsque le chantier fut arrêté en 1929, seules trois zones, sur les huit initialement envisagées, avaient été poldérisées : la plus méridionale, située à Colaba, au sud de Cuffe Parade, ainsi que les deux les plus septentrionales qui reliaient Churchgate à la plage de Chowpatty, sur lesquelles fut érigée la promenade de Marine Drive (Netaji Subhash Chandra Bose Road)[2].

1. Chari K. N., « History of Bombay, 1918-1939 », mémoire de thèse, Université de Bombay, 1983, p. 24.

2. Prakash G., *Mumbai Fables*, New Delhi, Harper Collins, 2010, p. 75-94.

L'arrêt du chantier de Back Bay marqua la fin provisoire d'une série de travaux qui, depuis les premières opérations mises en œuvre au XVIIIe siècle, avaient profondément modifié le milieu côtier de l'archipel de Bombay et de Salsette. Les poldérisations détruisirent vasières et mangroves qui constituaient cet espace aux équilibres fragiles, tandis que sous l'effet de la déforestation accrue qui faisait charrier plus de sédiments aux rivières l'envasement des criques s'accentuait. Tout le système de circulation des eaux au sein des baies s'en trouva affecté, les études actuelles montrant une accélération de la dérive littorale des sédiments vers le sud, ce qui explique l'érosion visible de nombreux endroits exposés sur la côte, à Bandra, Worli ou encore Walkeshwar[1]. Le « projet de dépouiller la mer au profit des riches », périphrase par laquelle l'historien Gyan Prakash désigne âprement l'opération de Back Bay, semble ainsi mis en péril.

Inflation et limites des contrôles mis en place par l'État colonial

Si la période du conflit fut marquée par un enrichissement soutenu des classes possédantes, elle coïncida pour les plus pauvres avec une détérioration de leurs conditions de vie. La flambée des prix ne fut nullement accompagnée d'un accroissement proportionnel des salaires. Selon une étude publiée par le *Bombay Chronicle*, le coût de la vie augmenta, entre 1914 et 1918, de 150 % pour les familles ouvrières, 103 % pour les familles d'artisans et 85 % dans le cas d'employés, alors que dans le même intervalle les salaires ne connaissaient qu'une hausse moyenne de 50 %.

Il fallut toutefois attendre le début de l'année 1918 et le déclenchement de troubles pour que les autorités se décident à agir. Dans la nuit du 24 janvier, des groupes d'ouvriers et d'employés des ateliers des chemins de fer s'en prirent à des magasins de grains

1. Srivastava S. et Mukherji D., *The Environmental History of Maritime Forts in and around Mumbai*, Bombay, Maritime History Society, 2008, p. 32-33.

dans les quartiers de Parel et de Matunga. Cent quinze boutiques furent mises à sac et plus de 75 000 roupies de marchandises volées. Poussées par la crainte que de tels événements se généralisent, les autorités nommèrent un Controller of Prices (contrôleur des prix) et un Food Commissioner (commissaire à la nourriture) chargés de sanctionner les augmentations excessives. Elles étendirent par la suite le contrôle au domaine du logement en promulguant, en mars puis en novembre 1918, deux lois de contrôle des loyers. Tout autant préoccupé de préserver la paix sociale que de maintenir la production au moment où l'industrie connaissait un boom, le patronat textile concéda alors à ses salariés une allocation contre la vie chère. Devant la multiplication des mécontentements, le gouvernement lui emboîta le pas en juin 1918 en octroyant à ses employés les moins bien payés une allocation spéciale de temps de guerre[1].

Ces mesures eurent toutefois une portée limitée. Le manque de moyens alloués au contrôle des denrées alimentaires et la priorité qui continuait à être donnée aux prélèvements militaires empêchèrent d'enrayer la hausse des prix et l'intervention des autorités contribua même à faire disparaître certains produits du marché. Quant aux législations affectant les loyers, elles bénéficièrent essentiellement aux locataires les mieux lotis. Le premier dispositif impliquait en effet qu'en cas de dépassement du loyer de référence fixé par la loi le locataire saisisse un tribunal civil, ce qui restreignait fortement sa portée. Les autorités le reconnurent elles-mêmes par la promulgation de la seconde loi qui mit en place un Rent Controller (contrôleur des loyers) devant lequel les locataires pouvaient venir porter leurs griefs. Ce dispositif s'avéra toutefois aussi inefficace que celui mis en place pour les denrées alimentaires. Un an après sa nomination, le Rent Controller n'avait traité « que de 350 cas », chiffre qu'il estimait lui-même « bas »[2].

1. Hazareesingh S., *The Colonial City*..., *op. cit.*, p. 104-106.

2. General Department 1920, Comp. 1138, lettre du Rent Controller au secrétaire du Revenue Department (War Purposes Branch) n° 481/A du 28 août 1919, Maharashtra State Archives, Mumbai, p. 19.

L'inefficacité des mesures prises ou leur caractère palliatif n'apportèrent donc qu'un secours très relatif aux travailleurs et travailleuses de la ville. Cela déboucha, dans l'immédiat après-guerre, sur des mobilisations d'une ampleur nouvelle qui culminèrent en janvier 1919 et 1920 par l'organisation de grèves générales. La guerre ne perturba pas seulement les équilibres politiques à Bombay, elle affecta aussi les équilibres sociaux. La montée des revendications nationalistes, y compris au niveau des institutions locales, s'y conjugua avec une agitation sociale sans précédent, la faisant apparaître aux yeux du vice-roi comme le « principal foyer de danger » du pays[1].

« Le principal foyer de danger » du pays

Grèves générales et mobilisations ouvrières

Au lendemain du conflit, travailleurs et travailleuses firent en effet montre de leur capacité à mettre sur pied des mobilisations d'une ampleur inédite, sans que cela se traduise pour autant, avant la fin des années 1920, par la création d'organisations syndicales pérennes. Entre 1921 et 1924, la ville connut 406 grèves sectorielles – contre 48 entre 1914 et 1917 – et trois grèves générales. Bombay était devenue le centre de l'activité ouvrière du pays.

Comme le souligne l'historien Richard Newman, le contexte était tel que « la plus petite protestation venue d'un groupe de travailleurs était susceptible d'aboutir à une révolte générale[2] ». Le mouvement de grève débuté en janvier 1919 par les salariés des usines textiles, qui formaient la fraction la plus militante de la classe ouvrière urbaine, s'étendit ainsi aux travailleurs des docks, des ateliers de chemin de fer, des ateliers municipaux et de la presse gouvernementale. La mobilisation finit par concerner, selon

1. Cité par Hazareesingh S., *The Colonial City…*, *op. cit.*, p. 102.

2. Newman R., *Workers and Union in Bombay, 1918-1929 : A Study of the Organisation in the Cotton Mills*, Canberra, Australian National University Monograph on South Asia, 1981, p. 122.

les estimations des autorités, près de 200 000 personnes[1], ce qui, allié à l'angoisse suscitée par la récente révolution bolchévique, leur faisait percevoir une ambiance insurrectionnelle. Les ouvriers et ouvrières du coton sortirent victorieux de cette lutte, obtenant l'augmentation de l'allocation contre la vie chère qui leur avait été accordée en 1918, ainsi que l'attribution d'une prime annuelle. Ce fut la rumeur de la suppression de cette dernière qui entraîna l'organisation d'une seconde grève générale, en janvier 1920, elle aussi couronnée de succès.

Le contexte de boom économique favorisait la satisfaction des revendications ouvrières. Les industriels étant prêts au compromis afin de maintenir la production, les grèves étaient courtes et victorieuses. À partir de 1923, toutefois, l'industrie entra en crise, du fait de la hausse du prix du coton brut et d'une compétition accrue au niveau international. En 1926, les filatures de Bombay avaient ainsi perdu les marchés de Shanghai et de la Chine du Nord au profit de leurs concurrentes japonaises. Elles se rabattirent par conséquent sur le marché domestique où la compétition était aussi bien présente. Outre les produits provenant du Japon et des usines du Lancashire, les manufactures installées à l'intérieur du pays qui disposaient d'une main-d'œuvre encore plus mal payée étaient de redoutables concurrentes. Les industriels de Bombay cherchèrent par conséquent à revenir sur les concessions consenties pendant le boom, afin d'augmenter leurs marges.

Ces tentatives rencontrèrent de très vives résistances. En 1924, ce ne fut qu'après avoir essuyé une grève générale d'un mois que le patronat parvint à supprimer la prime annuelle. Il relança l'offensive en juillet 1925 en annonçant une baisse des salaires de 11,5 %, ce pourcentage étant censé représenter le coût infligé à l'industrie par l'*excise-duty*, levée depuis 1896 sur les produits textiles indiens à la demande de l'industrie du Lancashire afin de limiter la concurrence de la colonie. Le gouvernement finit par céder à ce chantage en supprimant la taxe mais, avant que

1. Burnett-Hurst A.R., *Labour and Housing...*, *op. cit.*, p. 146-147.

la décision ne soit prise, l'industrie fit face à une grève générale de trois mois. À partir de 1927, avec l'introduction de ce qu'il désigna comme des « systèmes de rendement » (*efficiency systems*), le patronat chercha à accentuer l'exploitation de sa main-d'œuvre. Sous couvert d'un discours de rationalisation de la production, les mesures envisagées équivalaient essentiellement à une augmentation de la charge de travail, des coupes de salaires et des licenciements[1]. Dès leur introduction, elles suscitèrent des mouvements de grève qui se généralisèrent en avril 1928 après qu'un ouvrier, Parshuram Jadhav, eut été abattu par la police. Le conflit dura six mois, en dépit des nombreuses tentatives du patronat pour briser la solidarité des grévistes. Il se conclut sur un accord en faveur des travailleurs : les salaires étaient rétablis à leur niveau d'avant la grève, tandis que toutes les questions relatives à la mise en œuvre des « systèmes de rendement » devaient être négociées entre le patronat et le comité de grève devant un comité d'arbitrage.

Dans un premier temps, ces mobilisations ouvrières se tinrent en dehors de toute organisation pérenne. Lors de la première grève générale en 1919, seules des associations de travailleurs sociaux intervenaient dans les quartiers usiniers : la Kamgar Hitwardhak Sabha fondée en 1909 par un tisserand, B. R. Nare et deux militants non-brahmanes, S. K. Bole et H. A. Talcherkar, et la Social Service League créée en 1911 par l'ancien maître d'école N. M. Joshi. D'inspiration modérée, leur action reposait sur l'éducation populaire, et si ces organisations purent jouer le rôle de négociatrices dans les conflits, elles n'aspiraient nullement à structurer les luttes. Lors de la grève de 1920, la Kamgar Hitwardhak Sabha enjoignit même les travailleurs à reprendre le travail, ce qui lui aliéna une large partie de ses soutiens. Le mouvement de 1924 marqua un palier dans l'organisation ouvrière puisque le comité de grève apparu durant le conflit donna lieu à la création d'un premier syndicat, le Girni Kamgar Mahamandal (Grande organisation des travailleurs du textile). Durant la grève de 1928

1. Chandavarkar R., *The Origins of Industrial Capiralism...*, *op. cit.*, p. 335-396.

et sous l'action des communistes S. A. Dange et K. N. Joglekar, qui promouvaient une stratégie d'opposition frontale au patronat, celui-ci donna naissance à une nouvelle organisation, le Girni Kamgar Union (GKU – Syndicat des travailleurs du textile) qui prit la tête du mouvement. Les grandes capacités d'organisation des communistes, qui mirent alors sur pied comités d'usines et comités de voisinage ou encore caisses de grève, et firent revivre leur journal, *Kranti* (Révolution), pour faire circuler les nouvelles des grèves des différentes manufactures, leur permirent de soutenir une longue lutte. Les victoires remportées renforcèrent encore la popularité du syndicat qui, à la fin de l'année 1928, comptait 54 000 adhérentes et adhérents, des effectifs jusqu'alors inégalés et qui en firent probablement l'organisation ouvrière la plus importante de la période coloniale[1].

L'émergence relativement tardive d'un mouvement syndical au sein des usines de coton s'explique en large partie par l'implacable répression à laquelle il fut confronté de la part du patronat. Celui-ci ne recula devant aucun moyen : licenciement des meneurs, recours à des briseurs de grève, recrutement de « dadas » (littéralement grands frères, en fait des caïds locaux) comme Keshav Borkar. Ce tisserand devenu patron de gymnases fut nommé au lendemain de la grève de 1928 superintendant de la main-d'œuvre du groupe Sassoon, dans le but d'endiguer, y compris par la violence, l'influence grandissante des communistes[2]. Cherchant à tirer profit des divisions internes de la main-d'œuvre, il choisissait les briseurs de grève dans des castes ou des groupes linguistiques différents de ceux de la majorité des grévistes. Ainsi, l'emploi de Pathans (Pachtounes originaires d'Afghanistan) comme briseurs de grève lors du mouvement de 1929 fut à l'origine d'affrontements entre communautés, en février et en mai. Les travailleurs ayant eu affaire à des usuriers

1. Chandavarkar R., « Questions of Class : The General Strikes in Bombay, 1928-1929 », *Contributions to Indian Sociology*, vol. 33, n° 1 et 2, 1999, p. 211-214.

2. Chandavarkar R., *The Origins of Industrial Capitalism…*, *op. cit.*, p. 204.

pathans lors du conflit précédent en 1928 furent d'autant plus enclins à s'en prendre violemment à eux. À cette répression exercée sur leurs lieux de travail, les ouvriers et les ouvrières répondirent en modifiant leurs modes de lutte. Le déroulement du conflit de 1929 donna ainsi lieu à une singulière innovation, puisque les grévistes décidèrent d'y faire participer leurs enfants. Munis des mêmes insignes que les volontaires ouvriers, ceux-ci se mirent à tenir des piquets devant leurs écoles, transplantant dans leur univers quotidien une forme d'action désormais interdite à leurs parents. Les instituteurs cherchèrent dans un premier temps à réaffirmer leur autorité, en confisquant les insignes, mais ils furent forcés de les rendre « devant la menace de grève des enfants ». Les autorités municipales préférèrent fermer les huit écoles concernées plutôt que de laisser se développer un tel mouvement[1].

L'attitude des autorités coloniales vis-à-vis de la combativité ouvrière fut en effet ambiguë. Elles y percevaient un danger social à réprimer, et de façon encore plus pressante lorsque le GKU commença à dominer, à la fin des années 1920, le mouvement. Elles envoyèrent par conséquent police et armée contre les grévistes, interdirent piquets et réunions publiques et s'employèrent à décapiter l'organisation communiste. En avril 1929, les meneurs du GKU ainsi qu'une vingtaine de militants d'autres provinces furent accusés de sédition, jugés et emprisonnés à Meerut. Le GKU y répondit par l'organisation d'une nouvelle grève générale en 1929, la première de l'histoire de Bombay qui fut appelée par un syndicat. Indirectement aidées par des scissions internes au mouvement, les autorités parvinrent provisoirement à leurs fins : en 1930, les effectifs du GKU étaient tombés à 800. Mais la prison devint, selon les mots d'un des syndicalistes emprisonnés, S. V. Ghate, « l'université du marxisme-léninisme ». Certains des militants, polyglottes, mirent à profit leur incarcération pour

1. Home (Special) Department 1929, File n° 543 (10) E- Part D, Maharashtra State Archives, Mumbai.

traduire en marathi des textes fondamentaux du mouvement qu'ils parvinrent à faire entrer dans la prison en prétextant qu'ils étaient essentiels pour préparer leur défense. Le *Manifeste* fut ainsi traduit en 1931 par Gangadhar Adhikari, à Meerut. La répression allait donc finalement permettre une nouvelle impulsion à la diffusion des théories communistes[1].

Les autorités coloniales cherchèrent dans le même temps des solutions à plus long terme, percevant les bénéfices qu'elles pourraient retirer de l'existence de syndicats avec lesquels négocier afin de prévenir les conflits. Dans une très large mesure, Bombay devint le laboratoire de l'élaboration de la politique du travail de l'Inde britannique. Y fut fondé en 1920 le Labour Office (Office du travail) afin de produire des statistiques susceptibles d'aider à arbitrer les disputes et en 1926 y fut promulgué le *Trade Union Act* (loi sur les syndicats). Cette législation, qui légalisait les organisations professionnelles, entraîna une importante hausse des effectifs syndicaux de la ville. En l'espace de deux ans, ils passèrent de 87 000 à 200 000[2]. Les autorités mirent en œuvre, ensuite, un certain nombre de mesures en vue d'acheter la paix sociale. Puisqu'une intervention sur la question salariale constituait une attaque trop directe contre les intérêts du puissant patronat dont elles désiraient se conserver le soutien, elles orientèrent leur action dans deux directions : le logement ouvrier et l'encadrement des conditions de travail dans les industries. Elles promulguèrent en 1922 une nouvelle loi industrielle limitant le travail à soixante heures par semaine dans l'industrie textile et en 1924 une législation sur les accidents du travail.

Quant au logement des travailleurs, les autorités coloniales avaient acquis une certaine expérience au travers de l'action du BCIT. L'ampleur des mobilisations de l'après-guerre les poussa à mettre en œuvre un projet bien plus ambitieux, qu'elles

1. Shaikh J., *Outcaste Bombay. City Making and the Politics of the Poor*, Washington, Washington University Press, 2021, p. 63-65.

2. Hazareesingh S., *The Colonial City*..., *op. cit.*, p. 212-214.

confièrent au nouveau BDD. Ce dernier prévoyait la construction de 50 000 logements d'une pièce, financée par une taxe levée sur le coton importé dans la ville. Seuls 16 534 furent finalement construits, les critiques à propos de ce programme s'ajoutant à celles concernant la poldérisation de Back Bay. Avec les *chawls* du BDD et ceux du BCIT, les autorités coloniales se retrouvèrent à la tête de 10 % des logements d'une pièce de la ville, ce qui faisait de Bombay un cas unique dans l'empire britannique. Il existe très peu d'exemples, en contexte colonial, d'intervention des autorités à une telle échelle dans la sphère du logement, ce qui atteste de la forte crainte que leur inspirait la mobilisation ouvrière. Les immeubles construits – sur les quatre sites de Sewri, Naigaum, DeLisle Road et surtout de Worli où plus d'une centaine de *chawls* identiques en béton furent érigés – n'étaient cependant pas adaptés aux populations qu'ils étaient censés loger, notamment parce que les autorités qui voulaient que leur investissement soit rentable fixèrent des loyers bien trop élevés. Sous la pression de mouvements de locataires et de militants du parti non-brahmane, les autorités consentirent à certaines modifications des bâtiments et à baisser les loyers.

Les années 1920 marquèrent en effet une nouvelle phase du mouvement de défense des basses castes dans la ville. Bombay devint alors l'un des centres importants de la révolte débutée dans la région alentour, sous l'effet de l'émergence d'un nouveau leadership politique, notamment autour de la figure de Bhimrao Ramji Ambedkar (1891-1956), juriste de caste mahar formé à l'Elphinstone College puis aux États-Unis et en Angleterre. Celui-ci travailla activement à la structuration du mouvement, le dotant par exemple à partir de 1920 d'un premier journal, le *Mooknayak* (Héros des sans-voix), permettant de faire entendre les voix des dits « intouchables » dans une sphère publique jusqu'alors tenue par les castes dominantes. Il contribua aussi à la fondation d'associations, comme la Bahishkrit Hitakarini Sabha, créée en 1924, qui fit de l'éducation un de ses chantiers privilégiés, mettant en place un système de bourses et construisant des logements destinés aux étudiants de basses castes à Bombay. Les réformes constitutionnelles de l'après-guerre leur ouvrirent une nouvelle arène de lutte. Le récent parti non-brahmane, avec à sa tête Sitaram Keshav Bole, issu de la caste des Bhandaris, remporta 10 sièges au sein de la nouvelle assemblée, tandis que des représentants des basses castes comme P. G. Solanki et B. R. Ambedkar appartenaient aux membres nommés. Dans le sillage des luttes menées depuis les années 1880, leurs thématiques principales d'intervention y furent les questions d'accès à l'éducation et au logement. Avec la création du BCIT, la revendication de réserver un certain nombre de logements aux basses castes dans les immeubles construits par les autorités avait gagné de l'ampleur. Lorsqu'en 1903 la famille de B. R. Ambedkar migra depuis Satara jusqu'à Bombay, elle trouva d'ailleurs à se loger dans un bâtiment du Trust, le Dabak *chawl*. Les améliorations apportées aux immeubles mal conçus du BDD et les baisses de loyer consenties par les autorités furent essentiellement des victoires remportées au sein du conseil législatif par S. K. Bole qui n'eut de cesse de porter ces demandes. Cette affirmation des droits des basses castes eut également des répercussions au sein du mouvement ouvrier : lors de la grève de 1928, les ouvriers dalits obtinrent des leaders communistes qu'ils portent leurs revendications d'accès à des postes mieux payés au sein des ateliers de filage[1].

Radicalisation du mouvement nationaliste

L'après-guerre marqua aussi une évolution majeure du mouvement nationaliste dans la ville. Jusqu'alors, une division opposait, au sein du parti du Congrès, les « modérés », partisans d'une stratégie constitutionnaliste, et les « radicaux » qui prônaient le recours à des méthodes plus directes de contestation de la

1. Shaikh J., *Outcaste Bombay…*, *op. cit.*, p. 33-45 et Nambissam G. B., « Caste and the Politics of the Early "Public" in Schooling : Dalit Struggle for an Equitable Education », *Contemporary Education Dialogue*, vol. 17, nº 2, 2020, p. 126-154.

domination britannique, comme le boycott des produits importés employé à partir de 1904 au Bengale. Les leaders de Bombay, P. M. Mehta et le réformateur social G. K. Gokhale en tête, comptèrent parmi les tenants de la ligne modérée, qu'ils défendirent âprement face au champion radical, B. G. Tilak, dont le bastion était la ville voisine de Poona (Pune). Ce dernier trouva toutefois un certain écho au sein des populations marathiphones de la ville qui adoptèrent, à partir de la fin des années 1890, la célébration de la fête de Ganpati (Ganesh) qu'il avait contribué à remettre au goût du jour. Il fit de cette fête religieuse, jusqu'alors célébrée dans le cadre familial, une festivité publique impliquant processions et chants, dont le contenu pouvait être politique. Ganpati reste aujourd'hui l'une des fêtes les plus populaires de la ville. L'arrestation de Tilak le 25 juin 1908 et l'annonce de sa condamnation à six ans de prison provoquèrent une grève dans les faubourgs ouvriers. À l'exception de ces événements, toutefois, la vie politique de la ville était restée dominée par les modérés.

Mais l'engagement forcé de l'Inde dans la guerre contribua à modifier les équilibres politiques internes à la colonie. La participation des armées indiennes à cette grande boucherie que fut le premier conflit mondial contribua à entamer la réputation des puissances coloniales. Ensuite, tout comme les suffragettes en Grande-Bretagne, les nationalistes indiens virent dans la participation à l'effort de guerre une opportunité stratégique de faire avancer leurs revendications, ce qu'ils résumèrent par le slogan « pas de contribution sans représentation ». En 1916, une fraction d'entre eux, dont B. G. Tilak et la théosophiste A. Besant, décidèrent de mettre sur pied de nouvelles organisations qui, contrairement au parti du Congrès tel qu'il existait alors, avaient pour but explicite d'entreprendre des campagnes de masse pour faire avancer l'idée d'autonomie (*Swaraj*) : les Home Rule Leagues, inspirées de l'exemple irlandais. Ces dernières rencontrèrent un fort écho à Bombay qui devint l'un des centres du mouvement, autour des figures de l'avocat Muhammad Ali Jinnah, de Sarojini Naidu ou encore du lieutenant de B. G. Tilak dans la ville, Joseph Baptista. En dépit de la censure, cette campagne s'accompagna d'un formidable essor de la presse, notamment nationaliste, dont les tirages augmentèrent de 70 % entre 1914 et 1918. Le *Bombay Chronicle*, fondé en 1910 par P. M. Mehta, vit ainsi ses ventes tripler. Avec à sa tête depuis 1913 le journaliste britannique Benjamin G. Horniman, le journal devint le fer de lance du combat pour l'autonomie et travailla activement à faire converger les différentes luttes[1].

Dans ce contexte, la promulgation en février-mars 1919 des *Rowlatt Acts* qui visaient à prolonger certaines restrictions aux libertés fondamentales introduites pendant la guerre fit l'effet d'un choc. B. G. Horniman invita alors Mohandas K. Gandhi à mener une campagne de résistance passive (baptisée « *satyagraha* », force de la vérité) depuis Bombay. Ce dernier avait démontré l'efficacité de cette forme de lutte, lors de ses combats en Afrique du Sud pour la défense des droits de la communauté indienne, puis après son retour en Inde en 1914, pour défendre les paysans du Bihar[2]. Il s'installa dans le quartier de Gamdevi, à Laburnum Road, dans le bungalow de son ami Revashankar Jhaveri, nommé Mani Bhavan, par la suite son principal lieu de résidence dans la ville, abritant aujourd'hui un musée et une bibliothèque dédiés à sa mémoire. Bombay devint alors l'épicentre de l'agitation : entre mars et avril, la grande majorité des signataires du vœu de *satyagraha* étaient des habitants et habitantes de la ville. Le *hartal* que Gandhi appela pour le 6 avril fut dans ses propres termes « un succès total » : 80 % des magasins et des bureaux restèrent fermés, y compris les marchés de tissus, de vêtements, de légumes, même si seulement 11 des 80 usines textiles se joignirent au mouvement. Mais le rappel du mouvement après le massacre de manifestantes et manifestants par l'armée à Amritsar au nord de l'Inde porta un coup dur à la mobilisation à Bombay qui fit les frais de la répression. Le 27 avril 1919, les autorités britanniques

1. Hazareesingh S., *The Colonial City…*, *op. cit.*, p. 108-116.

2. Pouchepadass J., *Planteurs et paysans dans l'Inde coloniale : l'indigo du Bihar et le mouvement gandhien du Champaran (1917-1918)*, Paris, L'Harmattan, 1986.

déportèrent B. G. Horniman en Grande-Bretagne, sous l'accusation de sédition. L'annonce de cette nouvelle provoqua un grand émoi. Une pétition contre la sentence infligée au journaliste fut signée par près de 50 000 personnes, tandis que Gandhi consentit à appeler à une nouvelle journée de mobilisation, le 11 mai.

Avec la menace de démantèlement de l'Empire ottoman par les Britanniques, à la suite du conflit, d'autres groupes se joignirent à la critique de la politique impériale. Certaines fractions des musulmans indiens mirent ainsi sur pied un mouvement de défense du califat sunnite ottoman, auquel M. K. Gandhi accorda son appui. À Bombay, ce mouvement ne bénéficiait pas des mêmes soutiens que le mouvement contre les lois Rowlatt qui avait surtout mobilisé de jeunes shiites, comme Muhammad Ali Jinnah. Il rallia essentiellement la communauté sunnite de la ville. Du fait de la présence de Gandhi et des financements venus des nombreux marchands sunnites, Bombay fut l'un des lieux importants du Khilafat Day (jour du califat) organisé le 17 octobre 1919 et le nouvellement formé Central Khilafat Committee y installa son siège[1].

L'entrée en vigueur, en décembre 1919, des réformes constitutionnelles promises par les Britanniques durant le conflit n'apaisa pas les tensions. Le caractère limité des concessions accordées par ce système de dyarchie, où le pouvoir colonial conservait la pleine mainmise sur des questions aussi cruciales que les finances ou l'armée, ainsi que la signature du traité de Sèvres en mai 1920 qui acta le démantèlement de l'Empire ottoman, relancèrent la mobilisation. En juin 1920, le Central Khilafat Committee décida d'un programme de non-coopération, inauguré à Bombay le 1er août 1920, qui donna son nom à cet épisode de la lutte. Alors que M. K. Gandhi retournait aux autorités britanniques la médaille qu'il avait gagnée par sa participation à la guerre des Boers, les commerçants hindous et musulmans observèrent un *hartal*. Le succès remporté par cette journée à Bombay aida Gandhi à imposer sa stratégie au sein du parti du Congrès. Lors d'une session spéciale

1. Hazareesingh S., *The Colonial City…*, *op. cit.*, p. 150-166.

tenue à Calcutta en septembre, le parti adopta un certain nombre d'actions – boycott des marchandises étrangères, des écoles officielles, des conseils législatifs, achat exclusif de tissu fait à la main (« *khadi* ») – qui visaient à remettre en cause le pouvoir britannique.

L'arrestation en novembre 1921 des frères Ali, leaders du mouvement du califat, et l'annonce de la visite officielle en Inde du prince de Galles, le fils du roi régnant, donnèrent une nouvelle impulsion au mouvement. Bombay, où débarquait le prince, se trouva une nouvelle fois à la pointe de l'agitation. Le 17 novembre, alors que se déroulaient dans le sud de la ville les cérémonies officielles pour célébrer son arrivée, le Congress Committee et le Central Khilafat Committee tinrent une réunion commune à Dadar, suivie par près de 50 000 personnes et durant laquelle furent brûlées des piles de vêtements et de tissus importés. Dès le soir, toutefois, la mobilisation déborda le cadre que les organisations avaient voulu lui donner pour virer à l'émeute, des petits groupes s'en prenant à ce qu'ils percevaient comme des symboles de la domination coloniale : personnes vêtues à l'européenne, résidences d'Européens caillassées et pillées, etc. Gandhi appela au calme, mais l'ordre ne fut véritablement rétabli que le 23 novembre, après l'intervention de l'armée. Les 50 morts et près de 300 blessés lors de ces événements doivent cependant moins être imputés aux forces de l'ordre qu'aux classes supérieures qui n'hésitèrent pas à faire feu sur la foule. Cet épisode porta un coup d'arrêt à la mobilisation dans la ville, avant même que M. K. Gandhi ne mette fin au mouvement en février 1922, après l'épisode de Chauri-Chaura, dans les Provinces unies (actuel Uttar Pradesh), où des manifestants, en représailles à des tirs qu'ils essuyèrent, mirent le feu à un poste de police, tuant tous ses occupants.

De bastion des modérés, Bombay devint donc un des postes avancés de la mobilisation nationaliste, accompagnant la transformation du Congrès en un mouvement capable de mener de grandes campagnes anti-impérialistes. Cette évolution doit cependant peu à l'effervescence sociale qui régnait alors dans la ville. Une large fraction des nationalistes, Gandhi en tête, étaient marqués par un fort conservatisme social et se méfiaient de la radicalité des mobilisations ouvrières. Ils se gardèrent par conséquent d'avancer des mots d'ordre trop radicaux socialement, qui auraient pu entrer en écho avec l'expérience concrète et les revendications des travailleurs et travailleuses de la ville. Congrès et Central Khilafat Committee recrutèrent le gros de leurs troupes au sein des nombreux petits commerçants et grossistes urbains, notamment gujaratis et marwaris, et des milieux étudiants. Les premiers avaient été très affectés par les mesures mises en œuvre par les Britanniques pour soutenir l'effort de guerre, notamment par l'instauration d'un impôt sur le revenu en 1916, et par la déprécation de la roupie en 1920. Exclus, en outre, de l'extension du suffrage censitaire permis par les réformes constitutionnelles, ils se montrèrent particulièrement sensibles à la rhétorique nationaliste, ainsi qu'à certains modes de lutte choisis, comme le boycott des produits étrangers.

Malgré ses limites, cette réelle radicalisation du Congrès lui aliéna le soutien de ses membres les plus modérés et notamment de figures comme D. E. Wacha, H. P. Mody ou encore Sir Cowasji Jehangir junior qui allaient par la suite former le noyau de la branche locale de la National Liberal Federation. Quant aux influents industriels, à l'exception de certains tels que Sir Dinshaw Petit ou encore A. B. Godrej, un entrepreneur parsi qui se lança après 1920 dans la production de savons, ils se tinrent aussi à l'écart des mobilisations. Tant que leurs profits étaient soutenus par le boom d'après-guerre, ils ne voyaient en effet aucun intérêt à s'opposer à un gouvernement qui leur avait assuré de nombreux moyens d'enrichissement à travers ses emprunts ou ses commandes de guerre. Certains d'entre eux prirent même ouvertement position contre le mouvement de non-coopération avec la création d'un Anti-Non-Cooperation Committee qui rassembla des industriels, des membres du parti libéral, et fut largement financé par R. D. Tata[1].

1. Gordon A. D. D., *Businessmen and Politics...*, *op. cit.*, p. 85-116 et p. 158-159.

La suspension du mouvement de non-coopération entraîna quant à elle des dissensions internes. Certaines fractions du parti se tournèrent vers des luttes plus institutionnelles, en fondant en 1923 le Swaraj Party, en vue de prendre part aux élections des assemblées provinciales réformées qu'ils avaient boycottées en 1920. *A contrario*, des militants plus radicaux, comme S. A. Dange et R. S. Nimbkar, jeunes brahmanes d'origine modeste qui avaient abandonné leurs études au Wilson College pour rejoindre la mobilisation, prirent leurs distances avec le Congrès. Dange explicita, dans un ouvrage paru en 1921 intitulé *Gandhi vs Lenin*, sa critique de la stratégie de Gandhi. Les deux militants orientèrent alors leur activité vers la classe ouvrière, dont ils avaient perçu les dures conditions d'existence en travaillant en tant que volontaires dans les faubourgs usiniers pendant l'épidémie de grippe. Ils commencèrent à fédérer autour d'eux des jeunes attirés par le socialisme : S. V. Ghate, S. S. Mirajkar, K. N Joglekar, et lancèrent en 1922 un mensuel, *The Socialist*. Grâce à l'action du marchand Ranchchoddas Lotwala, qui fonda une société pour la propagation du socialisme, et son imprimerie située sur Girgaum Road, Bombay devint, en dépit d'une censure sévère, un des points de diffusion de la littérature marxiste en Inde. Ce fut par l'intermédiaire de Lotwala que le *Manifeste du parti communiste* fut pour la première fois publié en Inde, dans sa version anglaise, en 1922, au même titre que les travaux d'autres auteurs comme F. Engels, P. Lafargue, K. Kautsky. Ayant rejoint le Parti communiste, ces militants participèrent à la formation, en 1926, du Workers and Peasants Party (Parti des travailleurs et des paysans) dont un des objectifs était de peser sur l'orientation du Congrès et de radicaliser la lutte[1].

1. Shaikh J., *Outcaste Bombay…*, *op. cit.*, p. 52-53 et Newman R., *Workers and Union…*, *op. cit.*, p. 104-105.

Les luttes pour la réforme des institutions municipales

Le combat mené contre la domination britannique connut également à la même période une dimension locale. Dès 1905, des voix s'étaient élevées pour demander une nouvelle réforme des institutions municipales. Le cens appliqué réservait le droit de vote à une infime minorité – 1 % de la population de la ville en 1914. Les élections donnaient lieu, en outre, à de nombreux abus. R. P. Masani notait ainsi que « le nombre de candidats qui concourait pour l'élection était à peine supérieur au nombre de sièges à pourvoir ». Il déplorait que dans bien des quartiers « un vote devait être acheté, pas uniquement en offrant des rafraîchissements et des promenades gratuites en voiture à chevaux ou en automobile, mais aussi en espèces sonnantes et trébuchantes »[1]. Ces revendications pour une démocratisation de l'assemblée municipale prirent un élan inédit dans le contexte de la montée du mouvement nationaliste.

La presse nationaliste, et tout particulièrement le *Bombay Chronicle*, s'attacha à décliner la nouvelle rhétorique du *Swaraj* à l'échelon local, reliant la question de l'élargissement du cens avec les droits des citoyens ordinaires à de bons logements, des transports adéquats ou encore des politiques efficaces de santé publique. Sous la férule de J. Baptista fut fondée la Municipal Reform Association qui exigea une assemblée municipale entièrement élue et l'application d'un cens fondé sur le montant du loyer payé, fixé à 5 roupies (ce qui aurait permis à 20 % de la population d'accéder au droit de vote). En faisant le lien entre ses revendications et le caractère anti-démocratique de la BMC qui favorisait les propriétaires, celle-ci s'agrégea bientôt le soutien des associations de petits employés et des petites classes moyennes qui

1. Masani R. P., *Evolution of Local Self-government in Bombay*, Londres, Milford, 1929, p. 363.

avaient vu le jour au lendemain de la guerre pour défendre les intérêts de ces groupes, très fortement touchés par l'inflation : la Bombay Tenants' Association (1919) ou encore le Clerks' Union (1918) qui rassemblaient les employés de plus d'une centaine d'entreprises de la ville. Parallèlement, des associations féminines, avec à leur tête la militante nationaliste Sarojini Naidu, menaient campagne pour que les femmes puissent voter et se présenter aux élections locales. Elles remportèrent un succès en 1920 lorsqu'un vote de la BMC les autorisa à siéger à l'assemblée municipale.

Sous la pression de ces mobilisations, une réforme fut adoptée en 1922, en dépit des fortes protestations des représentants des propriétaires. Tout homme payant un loyer d'au moins 10 roupies obtint le droit de vote, tandis que le nombre de conseillers était porté à 106, dont 80 étaient élus, 16 nommés par le gouvernement et 10 cooptés. Les avancées concédées étaient toutefois très limitées. Si désormais 7 % des habitants de la ville pouvaient participer aux élections – ce qui revenait à avoir accordé le droit de vote à l'*intelligentsia* et aux classes moyennes commerçantes –, la majorité de la population urbaine, et notamment les femmes, restait exclue du pouvoir municipal[1].

Les autorités pensaient contenir ainsi l'influence des nationalistes à l'échelon local, objectif qui fut partiellement compromis par les résultats des élections municipales de janvier 1923. L'élargissement du suffrage avait favorisé la structuration de partis locaux, notamment le Nationalist Municipal Party (NMP) emmené par Vithalbhai Patel et le Progressive Party (PP) qui avait à sa tête l'avocat Homi Mody, très proche des intérêts industriels. À l'issue du vote, le NMP remporta 35 sièges, ce qui en faisait le premier parti de l'assemblée locale. Ce ne fut toutefois pas suffisant pour l'emporter face à la coalition des élus du PP et des membres nommés par le gouvernement. V. Patel perdit ainsi l'élection au siège de maire de trois voix au profit de son rival, H. Mody. L'assemblée municipale comptait aussi,

1. Hazareesingh S., *The Colonial City*..., *op. cit.*, p. 188-191.

pour la première fois en Inde, quatre élues femmes : Sarojini Naidu et Avantikabai Gokhale (NMP), Perin Captain (PP) et Mrs Hodgkinson (indépendante).

Le bilan du NMP au sein de la Corporation entre 1923 et 1926 s'avéra cependant mince. Il remporta quelques succès la première année en obtenant le droit de prononcer des discours en langues indiennes et une baisse du prix du tramway. Mais il ne fut pas en mesure de faire avancer les espoirs de démocratisation nés au sortir du conflit. En 1925, la proposition, déposée par l'un des membres les plus énergiques du NMP, l'avocat parsi Khurshed F. Nariman, d'élargir de nouveau le cens et de faire de la fonction de Municipal Commissioner une fonction élective fut ainsi repoussée. Des évolutions internes à la mouvance nationaliste rendirent, en outre, le NMP de moins en moins apte à être le champion des droits démocratiques. Après le reflux du mouvement de non-coopération, l'implication grandissante des nationalistes dans les logiques institutionnelles favorisa à la fois les luttes de faction et les compromis de classe. En 1925, ainsi, six membres du Swaraj Party, dont M. R. Jayakar et J. Baptista, s'abstinrent lors d'un vote sur une proposition de loi déposée devant l'assemblée provinciale visant à prolonger le contrôle des loyers des boutiques et des bureaux, que le gouvernement voulait supprimer. Cette décision fut lourde de conséquences puisque la proposition fut rejetée à deux voix près[1]. Ces frictions internes finirent par entraîner des défections. En 1926, un certain nombre de swarajistes, menés par M. R. Jayakar, choisirent de former un nouveau groupe, appelé Responsivist, qui prônait une « collaboration responsable » avec les autorités coloniales. Le NMP fut lui aussi affecté par une scission, venue cette fois des défenseurs des droits des locataires. Jamnadas Mehta, un avocat gujarati qui avait été très actif durant le mouvement de non-coopération, décida de fonder le groupe des Independent

1. *Times Of India*, 25 juillet 1924, p. 7.

Nationalists. En partie du fait de ces divisions, la position des nationalistes dans les assemblées municipale et provinciale se trouva affaiblie lors du scrutin de 1926, à l'issue duquel ils ne furent plus que 30 à siéger à la BMC, et 14 (contre 29 en 1923) au sein du conseil législatif de la province.

Ce fut toutefois une question locale qui offrit aux nationalistes de Bombay leur plus importante geste après le mouvement de non-coopération. Celle-ci se cristallisa autour du très dispendieux chantier de Back Bay. Avec la création du BDD, le gouverneur Sir George Lloyd avait en effet réussi à aller plus loin dans le court-circuitage des institutions locales que ne l'avait permis la fondation en 1898 du BCIT. Le BDD fut conçu comme un ministère du gouvernement, où la BMC n'était nullement représentée. L'envolée des coûts du chantier de Back Bay lui attira rapidement de multiples mécontentements : des propriétaires qui craignaient que sa mise en œuvre ne fasse chuter la valeur de leurs biens ou encore des petits commerçants et marchands qui appréhendaient une hausse d'impôt. À partir de 1924, dans toutes les assemblées, K. F. Nariman s'évertua à dénoncer la mauvaise gestion, voire les malversations, du BDD et à les relier au caractère autocratique de l'institution. Le procès qui lui fut intenté en 1927 pour diffamation par l'un des ingénieurs du BDD, Thomas Harvey, qu'il avait accusé de favoritisme et de corruption, lui fournit une tribune encore plus large pour faire valoir ses idées. L'acquittement de l'avocat, un an plus tard, procura aux nationalistes leur plus grand succès politique des années 1920 dans l'arène locale. Comme l'écrit l'historien A. D. D. Gordon, « un lien direct était désormais établi dans l'esprit des gens entre l'incapacité du gouvernement de Bombay à donner aux citoyens de Bombay la gestion de leurs propres affaires et le désastre financier créé par le gouvernement[1] ». Le pouvoir britannique fut forcé de relâcher son emprise sur la politique urbaine. En mars 1926, les négociations

1. Gordon A. D. D., *Businessmen and Politics…*, *op. cit.*, p. 150 et 154.

entamées depuis 1917 avec la BMC sur le transfert du BCIT aboutirent enfin, l'ensemble des propriétés du Trust étant transféré aux autorités municipales[1], tandis qu'en mars 1930 le BDD était aboli et ses prérogatives partagées entre le ministère des Travaux publics et celui du Trésor (Revenue Department)[2].

1. General Department 1926, File 512-Part VIII, unofficial reference du General Department n° 867 du 17 février 1927, Maharashtra State Archives, Mumbai.

2. *Report of the Administration of the Bombay Presidency*, 1929-1930, part I, p. 20, Oriental and India Office Collections, British Library, Londres.

Chapitre cinq

Les navires (années 1930-1940)

« Colaba Causeway était ma via Appia. Les collines de Malabar et de Cumballa étaient notre Capitole et Palatin, le stade Brabourne notre Colisée et quant à l'étincelante courbe de Marine Drive, hé bien, c'était quelque chose dont même Rome ne pouvait se glorifier. » Ainsi Rai, le narrateur du sixième roman de Salman Rushdie, *The ground beneath her feet* (*La Terre sous ses pieds*) évoque-t-il la perception qu'il avait, enfant, de la ville où il grandit, s'amusant *a posteriori* du fait qu'il la pensait alors éternelle. Car ces parties de Bombay qu'il récite – devenues hautement emblématiques, presque métonymiques, de la ville – étaient alors, comme il le confesse, « presque toutes nouvelles », Bombay ayant pris l'allure d'« un immense chantier » pendant la décennie qui sépara la naissance d'un des personnages principaux du roman, Ormus Cama, en 1937, de la sienne, en 1947.

Peu couvertes par les ouvrages consacrés à l'histoire de la ville, du fait de l'appauvrissement des sources disponibles, les décennies 1930-1940 furent pourtant une période dense et contrastée. Bombay y subit les retombées de deux grands phénomènes mondiaux : la crise des années 1930 et le second conflit mondial qui, du fait de l'avancée japonaise, atteignit les portes de l'Inde. La vie politique connut, dans ce court intervalle, deux massives campagnes de mobilisation nationaliste, une première expérience de gouvernement congressiste, une situation insurrectionnelle, ainsi que la plus grande vague de grève jamais expérimentée.

Cette succession d'événements entraîna de nombreuses conséquences sur la fabrique sociale et matérielle de la ville.

« Un immense chantier »

« On ne peut faire de l'argent nulle part, même pas sur le champ de courses[1] »

C'est par cette rude assertion qu'Homi P. Mody, alors président de l'association des industriels du textile, résume la situation qui prévalait selon lui à Bombay au lendemain du déclenchement de la crise de 1929. Si son constat peut paraître outré, il reflète toutefois une part de réalité : Bombay, et tout particulièrement son activité cotonnière, fut plus durement touchée par la récession mondiale que les autres centres économiques de la colonie. La brutale chute des prix des produits agricoles n'affecta pas tant l'économie intérieure, protégée par le fait qu'une large partie de ceux-ci n'étaient pas destinés au marché local, que la balance commerciale de la colonie. Afin de compenser cette baisse des revenus tirés des exportations, le gouvernement central décida de relever les frais de douane sur les importations. Alliée à la baisse du coût des matières premières, cette décision enclencha incidemment un processus de substitution aux importations, dont bénéficia l'industrie indienne, sa production augmentant de 65 % entre 1929 et 1939[2].

Certains secteurs furent toutefois les moteurs de cette croissance, comme le raffinage du sucre, la production de papier, d'acier ou encore l'industrie chimique. Or les capitalistes de Bombay possédaient très peu d'intérêts dans ces domaines. Le boom du sucre fut essentiellement porté par la communauté marchande des

1. *Annual Report of the Bombay Mill Owners' Association*, 1929, p. XIII, Maharashtra State Archives, Mumbai.

2. Markovits C., *Indian Business and Nationalist Politics, 1931-1939*, Cambridge, Cambridge University Press, 1985, p. 56.

Marwaris de Calcutta, tandis que les nouvelles usines chimiques ou automobiles établies dans la ville le furent par de grands groupes étrangers, tels que General Motors ou Lever Brothers, qui trouvèrent ainsi le moyen de contourner les barrières douanières[1]. Le capital des industriels locaux était lié essentiellement à l'industrie textile dont les profits, avant même 1929, étaient déjà considérablement affectés par la concurrence de la production japonaise. La chute brutale du cours du coton se répercuta sur le prix du fil et des cotonnades, dont la valeur diminua d'un tiers entre 1929 et 1931, ce qui porta un coup supplémentaire, parfois fatal, à un secteur déjà fragilisé. De manière significative, les deux seules faillites de cette période se comptèrent parmi les rangs des anciennes familles industrielles de Bombay, les groupes Petit et Currimbhoy

Face à cette situation, les industriels eurent recours à leurs stratégies habituelles, faisant porter sur leur main-d'œuvre l'essentiel de la réduction des coûts. Ils licencièrent d'abord massivement, le recensement de 1931 évaluant le nombre de chômeurs et chômeuses à 50 000. Les femmes en furent les premières victimes. Elles venaient tout juste d'obtenir de nouveaux droits en termes de congés maternité et d'interdiction du travail de nuit, ce qui, de manière perverse, se retourna contre elles. En 1931, leur nombre dans les usines avait été divisé de moitié par rapport à la dernière enquête menée dix ans plus tôt[2]. La main-d'œuvre qui resta fut soumise à des réductions de salaires, ce qui provoqua en avril 1934 une nouvelle grève générale, puis à des mesures d'intensification du travail, avec notamment l'introduction en 1930 de quarts de nuit. En dépit de la récession prolongée, le patronat ne fut nullement capable de mettre en place un plan d'ensemble pour réorganiser la production. Il préféra faire porter ses efforts sur une campagne auprès des autorités coloniales afin d'obtenir un infléchissement de leur politique fiscale et douanière. La position

1. Bombay Rotary Club, *Bombay the Gateway of India, the advantages it offers to industrialists*, Bombay, E. M. Gilbert-Lodge, 1936, p. 7.

2. *Census of 1931*, p. 9 et 50.

particulière qu'il occupait dans l'économie mondiale par rapport à ses homologues du reste de l'Inde, plus prompts à défendre une industrie nationale, le mena à soutenir les accords d'Ottawa signés en 1932 qui introduisaient, pour certains secteurs, un système de préférence impériale. À l'été 1933, il alla jusqu'à conclure un pacte avec les industriels du Lancashire, ce qui lui fut beaucoup reproché dans les cercles nationalistes. Il espérait tirer de ces deux accords une certaine protection contre la concurrence japonaise. Mais si ces derniers assurèrent le maintien de la production, ils ne permirent en aucun cas au secteur de regagner sa prospérité. Les capitalistes de Bombay connurent, donc, durant les années 1930 un certain déclin dans l'espace industriel national, au profit de ceux de Calcutta.

Seul un secteur largement aux mains du capital bombayite tira alors son épingle du jeu, celui de la production de ciment. Dès le début du XXe siècle, des bâtiments en béton armé avaient été érigés, notamment par le Bombay City Improvement Trust (BCIT) qui avait eu recours de manière systématique à cette technique pour la construction de ses *chawls*. Ce mode de construction restait toutefois onéreux, le ciment et le béton devant être importés d'Europe. La rupture des approvisionnements provoquée par la Première Guerre mondiale, alors que la demande était à la hausse, poussa les capitalistes de Bombay à investir ce secteur. Trois cimenteries furent créées, la production domestique parvenant en 1920 à assurer la moitié de la quantité consommée dans le pays. Son coût ayant considérablement baissé, le recours au béton armé se diffusa rapidement. Alors même qu'elle ne faisait, *a contrario* d'autres secteurs au même moment, l'objet d'aucune mesure de protection, la production de ciment doubla entre 1930 et 1938, réduisant presque à néant la part des importations dans la consommation locale[1]. La crise des prix agricoles avait en effet eu pour conséquence l'affaissement de la rentabilité de l'usure et

1. Bagchi A. K., *Private Investment in India 1900-1939*, Cambridge, Cambridge University Press, 1972, p. 354.

de l'investissement ruraux, entraînant la migration des capitaux des campagnes vers l'un des rares domaines qui apparaissait encore comme un placement attractif, le marché immobilier et de la construction urbaine.

À l'exception de l'importante fraction de la population qui dépendait pour sa survie quotidienne de l'industrie textile, une partie de la société urbaine put tirer certains bénéfices de la situation créée par la récession. La chute du coût des produits de première nécessité améliora sensiblement le pouvoir d'achat de celles et ceux qui avaient encore un travail. Le surplus ainsi dégagé pouvait être dirigé vers d'autres postes de dépense, et notamment celui du logement. Dans ce contexte, les nombreux terrains qui avaient été mis sur le marché au cours des décennies précédentes par les opérations du BCIT et du Bombay Development Department trouvèrent preneur. En février 1936, le *Bombay Chronicle* décrivait la ville aux prises avec un véritable « boom de la terre[1] ». La croissance urbaine s'étendit dans deux directions : vers les banlieues septentrionales et vers les parcelles gagnées sur la mer, à Back Bay. Ces expansions n'engagèrent pas les mêmes groupes. Employés et professionnels allèrent coloniser les périphéries du nord, utilisant à leur profit les législations visant à aider les mouvements coopératifs, tandis que promoteurs et classes aisées faisaient émerger le long de la mer d'Arabie un nouvel ensemble urbain. Ces créations des années 1930 partageaient certains traits communs : parfois un style architectural, Art déco, mais surtout un nouveau mode d'habitat. Le recours au béton armé permettait des constructions verticales maximisant l'utilisation de la parcelle ; à l'idéal ancien du *bungalow* se substitua celui d'un appartement dans un immeuble d'habitation.

1. *Bombay Chronicle*, 14 février 1936, Maharashtra State Archives, Mumbai, p. 5.

Bombay Dekho

Dans le roman de Salman Rushdie, le narrateur raconte qu'il se figurait, enfant, que le style Art déco était autochtone de Bombay et que son nom dérivait du verbe « voir », « dekho », en hindi. Le facétieux jeu de mots montre combien aujourd'hui, dans l'imaginaire urbain, ce style est assimilé à la ville. Cette identification est passée par l'entremise du cinéma d'après l'indépendance, notamment des célèbres films de Raj Kapoor (1924-1988) qui contribuèrent à mythifier la promenade de Marine Drive (Netaji Subash Chandra Bose Road) où s'égrènent les bâtiments de ce type. Plus récemment, beaux livres et sites Internet se sont attachés à recenser, décrire et cartographier ce patrimoine architectural, dont l'importance ne serait disputée à Bombay, en termes de surface occupée, que par Miami[1].

Le premier bâtiment Art déco à voir le jour est le cinéma Regal, érigé en 1933 sur l'Apollo Reclamation, à Colaba. Commandité par le propriétaire de Globe Theatres, le parsi Framji Sidhwa, et érigé par Charles Frederick Stevens, le fils de l'architecte de la gare Victoria, l'édifice avec son intérieur d'inspiration cubiste se voulait un véritable manifeste à la modernité. Flanqué sur sa droite d'une aire de stationnement intérieure, chargée d'accueillir la clientèle motorisée, le bâtiment est orné du tout premier éclairage au néon de la ville[2]. Ce n'est aucunement un hasard si une salle de projection inaugure l'ère de l'Art déco à Bombay. L'industrie locale du cinéma était alors en pleine expansion. Entre 1927 et 1938, le nombre de salles y doubla, s'élevant désormais à 40. Même si la moitié des films projetés était encore importée, la production locale gagnait de l'ampleur. L'introduction de

1. Voir notamment : Ramani N., *Bombay Art Deco Architecture, a Visual Journey*, Bombay, Roli Books, 2007 ; Dwivedi S. et Mehrotra R., *Bombay Deco*, Bombay, Eminence Designs, 2008 et en ligne sur Art Deco Mumbai (consulté le 26 juillet 2017).

2. Windower M., « Exchanging Looks : "Art Dekho" Movie Theatres in Bombay », *Architectural History*, vol. 52, 2009, p. 205-208.

nouveaux registres, et particulièrement celui du film d'action qui fleurit à cette période, soutenait cette croissance. L'audacieuse Fearless Nadia, campée une décennie durant par l'actrice d'origine britannique Mary Evans, constitua l'incarnation la plus marquante du genre. Mary appartenait à la troupe d'un cirque lorsqu'elle rencontra le réalisateur J. H. B. Wadia qui lui fit faire ses premiers pas à l'écran en 1934, avant de lui offrir la vedette en 1935 dans *Hunterwali*. Le succès fut immense et persista avec les productions suivantes de Wadia Movietone. Il tenait en large partie au fait que l'actrice réalisait elle-même la plupart des impressionnantes cascades qui ponctuaient ses performances[1].

Illustration n° 14 : Affiche du film *Hunterwali* (1935), produit par Wadia Movietone, un exemple des films d'action à succès de la période.

1. Vitali V., *Hindi Action...*, *op. cit.*, p. 100-115.

La construction du Regal initia une tendance qui continua de régir les décors des lieux de loisirs des classes aisées jusqu'aux prémisses des années 1950, avec notamment la construction des cinémas New Empire en 1948 et Liberty en 1950. Les propriétaires des salles ne cessèrent de rivaliser dans l'introduction de nouvelles aménités, aboutissant à la construction de véritables complexes dédiés à la récréation. L'inauguration en 1938 de l'Eros et du Métro en marqua l'apothéose. Le bâtiment à quatre étages du premier, orné de ziggourats (forme de pyramide à étages) et coiffé d'une tour octogonale, comprenait à l'origine, en plus d'une salle de projection, une salle de bal, un restaurant pouvant accueillir jusqu'à 500 convives, des magasins ainsi que la résidence personnelle du propriétaire, le parsi Shiavax Cambata, qui avait fait fortune dans l'accastillage. Le second, commandité par la société cinématographique étatsunienne Metro-Goldwin-Mayer et érigé à l'angle de Mahatma Gandhi Road et d'A. Podar Road, abritait lui aussi locaux commerciaux et appartements. La salle de cinéma, située à l'angle du bâtiment et surmontée d'une tour, comptait 1 500 places et comportait de nombreux éléments décoratifs fabriqués et expédiés depuis les États-Unis[1]. Lorsque l'influent Cricket Club Of India, dont le président n'était autre que l'homme à la tête du groupe Tata, Nowroji Saklatwala, s'ingénia à obtenir du gouvernement qu'il lui cédât à un tarif préférentiel 7,5 hectares des terrains poldérisés de Back Bay pour y construire un stade, ce fut aussi le style Art déco qui fut retenu pour son édification. Avec l'inauguration de celui-ci, dédié au gouverneur Brabourne, en 1937, la ville acquit sa première grande arène sportive permanente, comme celles qui commençaient à être construites en Europe, entièrement dédiée à la pratique et au spectacle sportif des élites britanniques et indiennes.

Contrairement au néo-gothique qui incarna les décennies précédentes le langage architectural des sphères officielles, l'Art

1. Ramani N., *Bombay Art Deco...*, *op. cit.*, p. 201 et suivantes.

déco fut à Bombay le registre des classes aisées indiennes. Du fait des coupes drastiques opérées dans le budget de la province pour compenser la baisse des recettes suscitée par la crise, les autorités restèrent à cette période en retrait de la production urbaine. Le style, judicieusement qualifié par Gyan Prakash comme l'« expression du tournant esthétique du capitalisme », entra en écho avec les aspirations des élites d'un grand centre de commerce et d'industrie comme Bombay, alignées sur une vogue internationale[1]. Il inspira ainsi les résidences érigées sur une large partie des 167 hectares gagnés sur la mer à Back Bay et leurs abords. La plus vaste d'entre elles, le Dharani Mahal, construite en 1938 à l'emplacement de l'ancienne annexe de l'hôtel Watson, sur l'Apollo Pier, et commanditée par un noble d'Hyderabad, Raja Dhanrajgirji Narsingji, est exemplaire de l'émergence d'un nouveau mode d'habiter chez les riches urbains. Le coût élevé des parcelles et la volonté de rentabiliser l'investissement décidèrent d'une construction étagée, cinq étages dans ce cas, tandis que l'aspect luxueux de ce nouveau « Mahal » (palais) se traduisait désormais dans le décor soigné de sa façade ainsi que dans le caractère spacieux et l'équipement moderne (luminaires, postes de radio, réfrigérateurs, etc.) de ses appartements.

L'ornementation des décors extérieurs puisait aux divers répertoires de l'Art déco. L'architecture inspirée des grands bateaux de croisière, emblèmes des loisirs de luxe du temps, trouva ainsi particulièrement sa place dans un grand port comme Bombay. L'ornementation du stade Brabourne dotée d'hublots et de hampes, comme celle de très nombreux immeubles de Marine Drive, puise à ce registre. Le Sonawala Building, construit à la fin des années 1930, est lui aussi orné de hublots tandis que l'imposant Soona Mahal, établi au numéro 143 de l'avenue, est coiffé d'une tour d'observation ovale qui rappelle celle des paquebots (voir illustration n° 15).

1. Prakash G., *Mumbai Fables*, *op. cit.*, p. 95.

Illustration n° 15 : Soona Mahal (achevé en 1937), situé à l'angle de Churchgate Street et de Marine Drive, élaboré par l'architecte G. B. Mhatre.

Mais N. Ramani souligne toutefois que le style Art déco développé à Bombay a un caractère moins industriel et urbain que celui des grandes villes de la côte est des États-Unis, par exemple. Les motifs préférés dénotent une certaine acclimatation aux conditions locales, avec une large place donnée à la flore et la faune tropicales dans la décoration des balcons, bas-reliefs et autres portes ornementales. Ce sont dans les programmes des édifices commerciaux que les emprunts à la culture locale sont les plus marqués. De remarquables panneaux décoratifs représentant des scènes de la vie paysanne indienne ornent ainsi le New India Insurance Building, érigé entre 1935 et 1937, sur Esplanade Road (Mahatma Gandhi Road). Sur P. Mehta Road, le Lakhsmi Insurance Building (1936-1940) se distingue par ses inspirations mythologiques et par la proéminente statue de la déesse Lakhsmi dont il est surmonté. De manière significative, l'architecture commerciale semble alors traduire le relatif déclin industriel de la ville, puisqu'elle concerna essentiellement des sièges de banques ou de compagnies d'assurance. Ces traits distinctifs tiennent sûrement au fait que la très grande majorité de ces constructions furent prises en charge par des architectes locaux. Si certains avaient déjà pignon sur rue tels Gregson, Batley & King ou encore Charles Frederick Stevens, les années 1930 virent surtout l'affirmation de cabinets indiens comme Poonager & Billimoria ou Master, Sathe & Bhuta qui se spécialisèrent dans l'architecture commerciale. Bombay, où fut fondée en 1929 l'Indian Institute of Architects, possédait un vaste vivier de jeunes architectes qui, à l'instar de Gajanan B. Mhatre (1902-1973) à l'origine de certains des bâtiments les plus marquants de la période, avaient effectué une partie de leurs études à l'étranger et jouèrent un rôle majeur dans la dissémination de styles alors en vogue[1].

Les années 1930 furent donc loin de représenter une période de récession généralisée. Pour certaines des franges les plus nanties de la population urbaine, elles furent même une époque intense, pendant laquelle elles purent façonner une partie de la ville à leur image, « proclamant une modernité indienne, nourrie par le capital et non par le nationalisme anticolonial[2] », et patronner une riche vie culturelle. Outre le cinéma, ces années virent aussi le début de la ferveur pour le jazz. La crise en Europe et les législations mises en place, notamment à Paris, pour limiter la présence des étrangers, poussèrent les jazzmen africains-américains à aller chercher fortune ailleurs, et particulièrement en Asie. Les premiers concerts donnés au Taj Mahal Hotel en 1935 et 1936 par le violoniste Leon Abbey lancèrent l'engouement. Il agrégea bientôt autour de lui d'autres étatsuniens venus s'installer en Inde comme le pianiste Teddy Weatherford. En 1947, le Bombay Swing Club recensait 60 groupes et la ville avait produit ses propres stars, tel le trompettiste Antonio Xavier Vaz, connu sous le nom de scène de « Chic Chocolate ».

1. Iyer K. (dir.), *Buildings that shaped Bombay : Works of G. B. Mhatre, FRIBA*, Bombay, Urban Design Research Institute, 2000.

2. Prakash G., *Mumbai Fables*, *op. cit.*, p. 104.

Bombay réunissait les conditions de la réussite de la greffe. Elle disposait d'un vivier de musiciens locaux formés à l'instrumentalisation occidentale. La plupart d'entre eux étaient d'origine goanaise. Ils avaient appris le solfège au sein des institutions catholiques et souvent fait leurs premières armes dans des orchestres liés aux églises, avant de créer dans les années 1930 les premiers « Swing Bands » indiens. Ainsi, en 1934, quelques membres du St Cecilia Orchestra fondèrent le groupe Spotlight, avec pour trompettiste Chic Chocolate. En une décennie, ils étaient passés à la composition, avec des chansons évoquant leur ville, comme la « Juhu Jive ». Outre le Taj Mahal Hotel, il existait de nombreux lieux où pouvaient se produire les groupes. L'un des plus courus, connu pour son atmosphère bohème, était le Green's Hotel, un bâtiment situé à l'emplacement présent de l'aile moderne du Taj. De nouveaux établissements ouverts sur la poldérisation de Back Bay se mirent aussi à accueillir groupes et concerts, comme la salle de bal de l'Eros ou encore le Vianelli's, sur la plage de Chowpatty[1].

Cols blancs et vie suburbaine

Les décennies 1930 et 1940 furent aussi celles de l'affirmation d'une nouvelle catégorie de la population urbaine, les employés, hommes et femmes. La diversification de l'économie qui suivit la Première Guerre mondiale, alliée à la croissance du secteur de la banque et de l'assurance, entraîna une augmentation importante du nombre de ces salariés, formés notamment à la sténographie et à la dactylographie. Une partie d'entre elles et eux étaient des brahmanes venus du sud de l'Inde après l'arrivée au pouvoir du Justice Party à la présidence de Madras, en 1920. Afin de lutter contre les discriminations qui frappaient les non-brahmanes, cette formation avait en effet limité l'accès des hautes castes aux postes

1. Fernandes N., *Taj Mahal Foxtrot : The Story of Bombay's Jazz Age*, New Delhi, Roli Books, 2017, p. 17-88.

au sein de l'administration. Les contours de la catégorie d'employé restant flous, leur dénombrement n'est pas aisé. Selon les recensements, entre 1921 et 1931, leur nombre aurait crû de 17 %, quelque 50 000 hommes et un peu moins de 2 500 femmes étant énumérés sous cette occupation, chiffre que le recensement de 1951 porte de façon sans aucun doute exagérée à 75 % de la population active de la ville ! Il est toutefois possible d'en tirer une tendance indicative, qui se traduisit par l'émergence de véritables quartiers qu'ils contribuèrent à façonner.

Ces derniers étaient invariablement situés dans les banlieues septentrionales, sur des terrains viabilisés par les opérations du BCIT au début du siècle et du BDD à partir de 1920. Ces espaces, où le coût des parcelles restait encore relativement peu élevé, permirent à ces groupes de donner corps à leurs aspirations de réussite et de distinction sociale. Ils purent goûter à leur échelle, aux conforts de la vie urbaine moderne, même si cela impliquait de vivre en appartement plutôt que de posséder une maison. Tel fut en effet le compromis bien souvent adopté afin d'accéder à la propriété d'un logement, trait qui les distinguait de la masse des travailleurs et travailleuses de la ville condamnés à demeurer locataires. Ils mobilisèrent, pour réaliser cet idéal, un outil privilégié, à savoir les législations promulguées à partir de 1904 encourageant le développement du mouvement coopératif. Ces dispositifs autorisaient les sociétés coopératives à s'organiser de façon communautaire, et non sur le principe d'une adhésion ouverte à toutes et tous. Les premiers à s'en saisir furent les Saraswats, des brahmanes originaires de la côte ouest de l'Inde, qui fondèrent en 1915 la Saraswat Cooperative Housing Society. Celle-ci fut bientôt suivie en 1917 par la Catholic Co-partnership Housing Colony promue par l'ensemble des communautés catholiques de la ville – East Indians, Goanais, etc. – qui y trouvèrent l'occasion de dépasser leurs anciennes divisions. Les migrants plus récemment arrivés, comme les brahmanes du sud, se dotèrent eux aussi de leurs sociétés coopératives, la première étant la South Indian Cooperative Credit Society, fondée en 1919.

Si les premières sociétés commencèrent leurs opérations à la fin des années 1910, comme la Catholic Co-partnership Housing Colony qui lotit ainsi à Santa Cruz, entre 1918 et 1925, les quartiers de Willingdon East et West, le désengagement des autorités allié à la récession d'après-guerre porta un coup d'arrêt aux constructions au milieu des années 1920[1]. Elles reprirent dans les années 1930, décennie où ces espaces commencèrent à acquérir une identité propre, tel le quartier de Matunga qui finit par être identifié avec la communauté sud-indienne, du fait de l'émergence d'une intense vie associative qui couvrait toutes les dimensions de la vie urbaine : la nourriture, la musique, l'éducation, les activités sportives, etc[2]. Par le biais de l'institution coopérative, classe, origine régionale et caste jouèrent donc un rôle majeur dans l'appropriation et la production de l'espace urbain, reproduisant et renforçant les rapports de domination puisque les premiers groupes à être en mesure de bénéficier des législations furent des membres de hautes castes. À la fin des années 1930, toutefois, des piliers du mouvement dalit de la ville, Sambhaji Gaikwad, Govindrao Adrekar et C. N. Mohite, s'emparèrent aussi de ces dispositifs pour fonder la Koknasth Mahar Co-operative Housing Society et commencer à bâtir des maisons dans la banlieue septentrionale de Khar[3].

Les années 1930 ne constituèrent pas seulement un moment important de la fabrique urbaine, elles furent aussi une décennie cruciale sur le plan politique. Débutant avec une nouvelle phase de mobilisation nationaliste où Bombay joua un rôle majeur, gagnant le surnom peu enviable aux yeux du gouverneur de l'époque, Lord Sykes, de « citadelle du gandhisme », elles virent l'accession au

1. Albuquerque T., *Santa Cruz that was*, Bombay, Wenden Offset Private Limited, [1981] 2011.

2. Rao N., « House, But No Garden : Apartment Living in Bombay's Suburbs, 1898-1964 », mémoire de thèse, University of Minnesota Press, 2013 et « South Indians are like that only, Communal Identity in Late Colonial Bombay », *in* Chakrabarty D. (dir.), *From the Colonial to the Post-Colonial, India and Pakistan in Transition*, Oxford, Oxford University Press, 2007, p. 190-195.

3. Shaikh J., *Outcaste Bombay...*, *op. cit.*

pouvoir du parti du Congrès au sein des institutions municipales et à la tête de la province.

« La citadelle du gandhisme »

Le mouvement de Désobéissance civile et ses conséquences politiques

Une nouvelle concertation sur le statut de l'Inde avait été promise par les autorités à la fin des années 1920, mais le fait que la commission Simon, censée y réfléchir, mise en place en 1927, ne comportât que des blancs relança la mobilisation nationaliste. Après d'importantes discussions internes, le parti du Congrès lança un ultimatum pour l'obtention du statut de *dominion*. Devant l'absence de réponse des autorités, la première campagne de Désobéissance civile fut inaugurée en janvier 1930. Elle marqua une importante radicalisation du Congrès par rapport à la mobilisation de 1922, non seulement sur les mots d'ordre, mais aussi sur les méthodes de lutte. Ce n'était plus une simple non-coopération avec le pouvoir colonial qui était évoquée, mais une violation délibérée de certaines lois, choisies pour dénoncer l'arbitraire de la domination britannique, comme le monopole d'État sur la distribution de sel.

À Bombay, la mobilisation fut lancée le 26 janvier 1930, baptisé pour l'occasion « journée de l'Indépendance », par la tenue d'une réunion à la Congress House, dans le quartier de Girgaum, suivie d'une procession vers la plage voisine de Chowpatty. Lors de cette dernière, les congressistes furent pris à partie par des militants qui souhaitaient voir le drapeau rouge remplacer le drapeau tricolore choisi comme emblème national[1]. Contrairement

1. Kumar R., « From Swaraj to Purna Swaraj : Nationalist Politics in the city of Bombay, 1920-1932 », *in* Low D. A. (dir.), *Congress and the Raj : Facets of the Indian Struggle, 1917-1947*, Londres, Heinemann, 1977, p. 103.

à ce qu'il s'était passé en 1922, la majorité des leaders ouvriers se montra en effet critique à l'égard du mouvement. Les effets combinés de l'échec de la grève de 1929, de la crise qui frappait durement les usines textiles et de la stratégie « classe contre classe » suivie par le Parti communiste indien (PCI) expliquèrent que la quasi-totalité des travailleurs et travailleuses de la ville s'en tinrent à l'écart. Quant à l'influente élite industrielle, si elle considéra dans un premier temps la mobilisation d'un œil favorable, espérant tirer profit du boycott des produits textiles britanniques, elle ne tarda pas à changer d'avis lorsqu'il s'avéra qu'il servait surtout les intérêts des industries d'Ahmedabad et d'Inde du Nord. Les principaux agents du mouvement furent par conséquent soit des industriels moins influents comme Jamnalal Bajaj, devenu un ardent partisan de M. K. Gandhi, soit, surtout, des petits commerçants et marchands rassemblés au sein de la Cotton Brokers' Association ou de la Muccadams' Association. Lourdement affectés par la chute des prix agricoles, ces derniers se montrèrent particulièrement sensibles à la rhétorique du parti du Congrès et étendirent le boycott aux entreprises britanniques opérant sur le marché du coton. L'élection au sein de l'Indian Merchants' Chamber du tenant de la faction nationaliste, Manu Subedar, fut un des aboutissements de leur mobilisation[1].

Les premières actions nationalistes furent impulsées à partir de trois centres principaux. Au nord, dans la banlieue de Vile Parle, J. Bajaj avait ouvert un camp de volontaires, qui rassemblait principalement de riches Gujaratis et Marwaris. Ce fut de ce camp que partit le premier cortège, le 6 avril 1930, pour aller récolter du sel sur la plage, dans un geste symbolique de remise en cause du monopôle d'État. Le même jour, les employés de la compagnie de chemin de fer G. I. P., en grève depuis le mois de février, allèrent bloquer les voies à Kurla et à Kalyan, dans l'île de Salsette. Leur principal syndicat avait la particularité d'être dirigé par un congressiste, F. J. Ginwalla, qui les avait persuadés de se joindre

1. Markovits C., *Indian Business…*, *op. cit.*, p. 69-82.

au mouvement. Enfin, la section locale du Congrès, qui avait désormais pour président le champion du BDD, K. F. Nariman, se mit en branle le lendemain, partant en procession jusqu'à la grève de Worli pour y recueillir du sel.

La réaction des autorités ne se fit pas attendre. Tandis que les grévistes de la G. I. P. étaient dispersés par des tirs, les principaux meneurs – Ginwalla, comme Bajaj et Nariman – furent appréhendés et écroués[1]. Les arrestations se multiplièrent au point que la prison centrale d'Arthur Road ne fut bientôt plus en mesure de contenir tous les prisonniers. Comme elles avaient pu le faire ponctuellement en 1929, les autorités transformèrent alors certains *chawls* du BDD à Worli en prisons temporaires, les entourant de fils de barbelés électrifiés. Le dispositif se prêta rapidement aux manifestations de solidarité, comme le décrit un rapport des autorités pénitentiaires de juillet 1930 :

> Les prisonniers pouvaient voir et échanger avec les personnes au dehors, qui les considéraient comme des martyrs et leur montraient toute leur compassion, en leur jetant constamment, de partout, des paquets remplis de confiseries, de fruits, de tabac et de journaux de toutes sortes. Des manifestations se tenaient constamment autour de la prison, scandant des slogans gandhiens, et excitaient les prisonniers qui se joignaient à leurs cris.

Les immeubles en question restèrent toutefois à la disposition des autorités pénitentiaires jusqu'en juillet 1949, des militants nationalistes y étant de nouveau incarcérés lors du mouvement Quit India de 1942[2].

En dépit de l'importante répression, les militants et militantes du Congrès se montrèrent déterminées à poursuivre leurs actions non-violentes, attitude qui pesa dans la décision du vice-roi,

1. Kumar R., « From Swaraj… », *op. cit.*, p. 99-100.

2. Caru V., « The Making of a Working-Class Area, the Worli BDD Chawls (1922-1947) », *in* Adarkar N. (dir.), *Galleries of Life : The Chawls of Bombay*, Gurgaon, Imprint One, 2011, p. 26-36.

Lord Irwin, d'ouvrir des négociations avec M. K. Gandhi afin qu'il participât aux discussions entamées en novembre 1930 dans le cadre de la Round Table Conference. Ce dernier accepta de suspendre le mouvement en mars 1931 pour rejoindre les pourparlers qui se tenaient à Londres. Les discussions achoppèrent sur la question de la représentation des minorités, notamment musulmane et dalit. M. K. Gandhi se déclara défavorable à leur accorder des électorats séparés, arguant de la prétention du Congrès à représenter la nation tout entière. Il rentra par conséquent en Inde en décembre, avec l'idée de relancer la mobilisation. Celle-ci fut moins suivie que l'année précédente, sauf à Bombay où les opérations de boycott sur le marché du coton furent encore plus intenses que durant la première phase du mouvement. Toutefois, les désaccords qui s'étaient manifestés durant la conférence avaient accru la distance avec les populations musulmanes, ce qui joua un rôle certain dans les émeutes qui les opposèrent aux hindous en mai 1932. Ces violences eurent pour déclencheur des incidents survenus durant la fête de Muharram qui commémorait le massacre des partisans d'Ali, lorsque des commerçants hindous refusèrent de donner de l'argent pour les célébrations, comme de coutume. Les affrontements, qui firent 138 morts, prirent fin le 16 mai à la suite de l'intervention de l'armée. Ils précipitèrent la fin de la mobilisation, même si celle-ci ne fut officiellement levée qu'en 1934[1].

Les concessions politiques obtenues par le mouvement de Désobéissance civile furent limitées. Le *Government of India Act* promulgué en 1935 ne conférait pas l'octroi du statut de *dominion*. Il renforça uniquement l'autonomie provinciale en abolissant le système de dyarchie et en permettant l'élection à un suffrage élargi – 20 % de la population masculine accéda alors au droit de vote contre 7 % selon l'ancien système – d'assemblées provinciales devant lesquelles les gouvernements régionaux étaient désormais responsables. Les autorités coloniales conservaient le contrôle sur le gouvernement central et sur les domaines jugés essentiels

1. Kumar R., « From Swaraj… », *op. cit.*

à la domination impériale : la défense, la politique monétaire et étrangère. Si les conséquences constitutionnelles furent réduites, les événements des années 1930-1934 menèrent toutefois à de notables recompositions des forces politiques en présence.

La position adoptée par M. K. Gandhi lors des négociations entraîna d'abord une certaine prise de distance des leaders musulmans, en premier lieu de M. A. Jinnah. Celui-ci rentra en 1934 de Grande-Bretagne où il était allé s'établir en tant qu'avocat. Se réinstallant à Bombay, dans sa résidence de Mount Pleasant Road, il s'attacha dès lors à réorganiser la Ligue musulmane pour lui donner les contours d'un parti de masse. Le mouvement dalit connut lui aussi un tournant, dont Bombay fut un des épicentres. Les affrontements autour de la question des électorats séparés et le chantage exercé par M. K. Gandhi qui se mit en grève de la faim pour protester contre la mise en œuvre de cette mesure qu'il accusait de diviser les hindous acheva de persuader B. R. Ambedkar de la nécessité de doter les basses castes d'un parti pour défendre leurs intérêts. L'absorption progressive au cours des années 1920 des franges les plus modérées du parti non-brahmane au sein du Congrès avait en effet poussé l'avocat à organiser sa propre communauté, les Mahars, un des plus importants groupes de basses castes de la région, afin de gagner des droits sociaux et politiques. S'il céda à M. K. Gandhi en 1932 sur la question des électorats séparés, il n'en décida pas moins en 1936 de fonder son premier parti politique, l'Independent Labour Party (ILP) qui avait vocation à rassembler plus largement[1].

L'écho, enfin, qu'avait pu rencontrer le mouvement de Désobéissance civile auprès de certaines fractions de la paysannerie pauvre qui l'investirent de demandes plus radicales, ainsi

1. Zelliot E., « The leadership of Baba Saheb Ambedkar », *in* Pandey B. N. (dir.), *Leadership in South Asia*, New Delhi, Vikras, 1977 ; *From Untouchable to Dalit : Essays on The Ambedkar Movement*, New Delhi, Manohar Publications, 1992 ; *Dr Babasaheb Ambedkar and the Untouchable Movement*, Delhi, Blumoon Books, 2004 et Jaffrelot C., *Dr Ambedkar. Leader intouchable et père de la Constitution indienne*, Paris, Presses de Sciences Po, 2000.

que l'incapacité du Congrès à prendre en charge ces aspirations poussèrent un certain nombre de militants de la gauche du parti à fonder un groupe socialiste distinct, agissant à l'intérieur du Congrès, le Congress Socialist Party (CSP). Ils cherchaient par ce biais à intégrer au combat nationaliste un programme de réformes sociales avancées. L'un des principaux animateurs en fut à Bombay le parsi M. R. Masani. Alors que le Parti communiste avait été interdit par les autorités britanniques en 1934, le CSP ne tarda pas à lui servir, dans la ville, de front légal. À la faveur du changement de tactique introduit par le VIIe Congrès du Komintern qui appela à la formation en 1935 d'un front unique contre le fascisme, les militants communistes se rapprochèrent des nationalistes de gauche[1]. Ils déployèrent, avec le CSP, une activité importante au sein des faubourgs usiniers, ouvrant notamment, en juin 1936, une « maison des travailleurs » sur Arthur Road, en face de Lalbaugh Maidan[2].

Des répercussions de ces évolutions, et de la vitalité des mouvements antifascistes en Europe, eurent aussi lieu dans la sphère culturelle. En 1935, un groupe d'écrivains et d'écrivaines indiennes, comptant l'auteur à succès Mulk Raj Anand, fondèrent à Londres la All India Progressive Writers' Association (PWA). L'un d'entre eux, Sajjad Zaheer, converti au marxisme lors de ses études en Grande-Bretagne, retourna en 1935 en Inde afin d'y implanter le mouvement, ce qui déboucha sur la tenue en 1936 de la première réunion de la All India Progressive Writers' Association à Lucknow. Si Zaheer était membre du PCI, ce n'était pas le cas de beaucoup des auteurs liés au mouvement, bien qu'en partageant les idéaux. Leur but était de transformer la littérature sous l'influence du réalisme socialiste, pour dépeindre les souffrances

1. Chaudhuri A. K., *Socialist Movement in India : The Congress Socialist Party, 1934-1947*, Calcutta, Progressive Publishers, 1980, et Girja S., *A History of the Congress Socialist Par*ty, Jodhpur, Twenty First Century Publishers, 1995.

2. Home (Special) Department 1936, File 800 (75) A-IV, rapport du Home Department sur le Congress Socialist Party du 25 juin 1936, Maharashtra State Archives, Mumbai, p. 220(a).

des moins nantis, mais aussi l'horizon d'une nation fondée sur l'égalité sociale et l'harmonie entre les communautés. La PWA trouva à Bombay un terreau très favorable. Les opportunités d'emploi suscitées par l'industrie du cinéma, chaque studio ayant à sa solde une écurie d'écrivains, attiraient dans la ville un grand nombre d'auteurs et d'autrices, dont certains étaient rebutés par les injustices criantes de la société urbaine. Une partie des plus talentueux d'entre eux tels que Ismat Chugtai, Krishan Chander ou Ali Sardar Jafri rejoignirent le mouvement, tandis que d'autres gravitèrent autour, comme Saadat Hasan Manto[1].

Bombay au temps du Congress Raj (1937-1939)

En mars 1937 se tinrent les élections prévues par les réformes de 1935. La campagne connut à Bombay une acuité particulière du fait que presque toutes les personnalités politiques les plus en vue de la province se présentèrent dans l'une des neuf circonscriptions de la ville ou de sa banlieue. Le Congrès y remporta une victoire écrasante, raflant huit des neuf sièges, sur lesquels furent notamment élus K. F. Nariman, S. K. Patil ou encore l'avocat B. G. Kher. Seule lui échappa l'une des circonscriptions du nord de la ville qui regroupait les quartiers ouvriers de Byculla et Parel et où se déroula l'un des duels les plus suivis, opposant le leader dalit B. R. Ambedkar au congressiste Baloo Palwankar. À l'échelle de la province, toutefois, les résultats furent moins nets que dans la capitale. Sur les 175 sièges que comptait désormais l'assemblée législative, le Congrès en remporta 87, tandis que les indépendants en gagnaient 17, l'ILP de B. R. Ambedkar 13, les indépendants musulmans 12 et la Ligue musulmane 10, pour ne citer que les groupes les mieux représentés[2]. Le parti nationaliste dut par conséquent compter sur le ralliement de certains indépendants pour être en mesure de former un gouvernement

1. Prakash G., *Mumbai Fables*, *op. cit.*, p. 128-131.
2. Shankardass R. D., *The First Congress Raj : Provincial Autonomy in Bombay*, New Delhi, MacMillan, 1982, p. 34-35.

majoritaire, en juillet 1937, déclinant la proposition de M. Jinnah de participer à l'administration de la province. La présidence de Bombay se trouva parmi les huit provinces – sur les onze que comptait la colonie – à connaître un gouvernement congressiste entre 1937 et 1939.

Le choix de son personnel eut en partie à voir avec des enjeux liés à la politique locale. Le populaire chef de file de la branche provinciale du parti, K. F. Nariman, pouvait légitimement prétendre au poste de Premier ministre, mais il fut écarté au profit d'un homme qui avait lui aussi effectué toute sa carrière politique à Bombay, B. G. Kher. Élu à partir de 1928 dans une circonscription de la ville pour le Congrès, il fut l'organisateur de la campagne de *satyagraha* en 1930 dans le faubourg de Vile Parle, ce qui lui valut deux ans de prison. Aux yeux de la direction du parti, il semblait plus facilement contrôlable que Nariman et avait l'avantage d'être originaire du Maharashtra, région de la province qui comptait le plus gros contingent d'élus à l'assemblée.

Par sa nombreuse population ouvrière et l'implantation importante qu'y possédaient socialistes et communistes, Bombay fut une sorte de pierre de touche pour la politique du Congrès dans la sphère du travail. Comme dans le reste de la colonie, l'annonce de la formation des gouvernements congressistes fit émerger des espoirs de réforme sociale qui dépassaient largement les promesses électorales du parti. La décision prise par celui-ci, à sa prise de fonction, d'abolir les pouvoirs spéciaux dont s'étaient dotées en 1932 les autorités coloniales afin de réprimer l'agitation politique, suivie de la libération d'un certain nombre de dirigeants ouvriers emprisonnés, laissa, en outre, entrevoir aux syndicats et aux travailleurs et travailleuses la possibilité de se mobiliser sans craindre de répression. La période vit ainsi l'organisation de franges jusqu'alors peu combatives du prolétariat urbain, comme les domestiques, le petit personnel employé dans les restaurants ou encore les travailleurs des tanneries du quartier de Dharavi qui menèrent en avril 1937 une grève victorieuse.

L'orientation du gouvernement formé à Bombay était toutefois résolument conservatrice, et ses membres se montrèrent très soucieux de maintenir l'agitation ouvrière sous contrôle, y compris par le recours à la violence. Ainsi, lorsque les propriétaires des tanneries cherchèrent à revenir sur les concessions qu'ils avaient consenties en faisant jouer les rivalités existantes entre les deux communautés qui composaient leur main-d'œuvre, les Maravars et les Adi-Dravidas, toutes deux originaires de la présidence de Madras (Chennai), et que des affrontements éclatèrent dans le quartier, ils autorisèrent la police à ouvrir le feu sur la foule[1]. La grève débutée en octobre 1937 par les employés de l'imprimerie du gouvernement pour obtenir des augmentations de salaire leur fit redouter une généralisation du mouvement vers les faubourgs usiniers qu'ils cherchèrent à désamorcer par la mise en place d'un comité d'enquête sur la main-d'œuvre textile (Textile Labour Enquiry Committee). Celui-ci rendit en février 1938 un pré-rapport qui préconisait des hausses salariales. Même si elles n'eurent finalement pour effet que de compenser les coupes opérées par le patronat les années précédentes, elles furent suffisantes au maintien de la paix sociale[2].

Mais le gouvernement cherchait aussi des moyens plus durables de contenir la mobilisation ouvrière et combattre l'influence des socialistes et communistes, ce qui déboucha sur la promulgation en novembre 1938 d'une loi visant à régir les relations industrielles, l'*Industrial Disputes Act*. Si les Britanniques avaient auparavant eu recours à des législations de ce type, les nouvelles dispositions envisagées par le Congrès furent immédiatement dénoncées comme une entrave au droit de grève par les syndicats et les partis de gauche. La loi suscita l'unique grève générale à laquelle durent faire face

1. Home (Special) Department 1937, File n° 550 (23) A, Maharashtra State Archives, Mumbai.

2. *Bombay Labour Gazette*, n° 6, février 1938, « Interim report of the Bombay Textile Labour Inquiry Committee », Oriental and India Office Collections, British Library, Londres, p. 399.

les congressistes à Bombay durant leur mandat. Appelée par les communistes, les socialistes ainsi que l'ILP pour le 7 novembre 1938, elle donna lieu à d'intenses préparatifs dans les quartiers ouvriers. Une grande réunion publique fut organisée la veille sur la Kamgar Maidan, animée notamment par B. R. Ambedkar et J. Mehta. Elle fut suivie par un départ en cortège au travers des faubourgs de Parel, Kalachowki, Sewri, Naigaum, jusqu'aux *chawls* du BDD de Worli, où B. R. Ambedkar consulta jusque tard dans la nuit ses partisans. Ce fut de ces immeubles que partirent, le lendemain matin, vers 5 h 30, près de 500 militants de l'ILP pour rejoindre les postes qui leur avaient été attribués[1].

Le mouvement de grève rencontra un certain succès. La moitié des usines textiles gardèrent portes closes du fait du manque de main-d'œuvre, tandis que les rues restèrent jonchées des ordures de la journée, les balayeurs municipaux ayant massivement rejoint la mobilisation sous l'impulsion de l'ILP. Mais il dut faire face à une farouche répression. Alors que les grévistes tentaient de faire débrayer les ateliers encore en activité, le gouvernement donna l'ordre à la police d'ouvrir le feu, faisant un mort et 72 blessés. Ce sévère bilan pour une seule journée de lutte attira de vives critiques de la gauche qui ne manqua pas de souligner que, sous les Britanniques, des mouvements de plusieurs mois avaient pu se dérouler sans que de tels événements soient à déplorer. Mais le Congrès avait fait montre de sa volonté de contenir l'agitation sociale, par tous les moyens.

Bombay, tout comme la ville ouvrière d'Ahmedabad, fut aussi le lieu d'expérimentation d'une mesure phare du parti nationaliste, et qui préfigura des politiques mises en place après l'indépendance, à savoir la prohibition de l'alcool. Cette dernière constituait l'un des piliers de la doctrine gandhienne. La tenue de piquets devant les magasins d'alcool était l'un des instruments de lutte privilégiés des congressistes. Tout en s'en prenant à l'une des sources de

1. Home (Special) Department 1938, File n° 550 (25) 8, Maharashtra State Archives, Mumbai.

revenus de l'État colonial, de telles actions permettaient d'associer une large partie de la population, y compris les femmes, tout en promouvant une campagne de purification de la nation indienne. L'instauration d'une politique de prohibition pouvait donc en apparaître comme le prolongement logique. Sa mise en œuvre, toutefois, aurait de lourdes implications sur le plan politique et économique. Les taxes sur l'alcool représentaient d'abord un tiers des recettes de la province, soit un énorme manque à gagner dans une période déjà marquée par l'austérité budgétaire. La mesure, de plus, était loin de faire consensus. Elle heurtait de front les intérêts de plusieurs groupes urbains comme les Bhandaris qui vivaient de la collecte et de la transformation en alcool de la sève de palme ou encore les Parsis, très engagés dans le commerce de spiritueux. La province, enfin, était entourée d'États où l'alcool était vendu moins cher, notamment les possessions portugaises comme Daman. Les nombreuses criques de Thana et de Bombay étaient déjà réputées pour les opérations de contrebande qu'elles abritaient. Un tel contexte poussa un des membres de l'assemblée législative à ironiser sur le fait que « lorsque la prohibition entrera en vigueur, la compagnie B. B. & C. I. devra affréter un train spécial pour les besoins de tous ceux qui iront à Daman les samedis soir parce qu'ils ne peuvent boire à Bombay[1] ».

En dépit de ces difficultés, le gouvernement décida de mettre en œuvre la mesure par étapes. Durant les six premiers mois, les magasins d'alcool se trouvant dans un rayon de moins de 100 mètres d'une école, d'un temple, d'une mosquée ou encore d'un hôpital, se verraient retirer leur licence. Les quartiers ouvriers faisaient l'objet d'une attention particulière puisqu'il était prévu d'y fermer tous les débits de boissons le jour de paie des usines, ainsi que le jour suivant. Telle qu'elle fut conçue, la politique de prohibition du Congrès comportait un fort biais de classe. Sa cible principale était en effet la consommation des classes populaires, que les congressistes accusaient commodément d'être à l'origine de leur pauvreté et de la

1. Shankardass R. D., *The First Congress Raj…*, *op. cit.*, p. 225-226.

réduction de leur productivité. Un système de permis, nécessitant la production d'un certificat médical, fut d'ailleurs mis en place, qui permettait aux classes aisées, couvertes par la complaisance de leur médecin, de s'affranchir de l'interdiction imposée. Bombay devait ainsi devenir « sèche » (*dry*) en août 1939.

À l'approche de cette date, les opposants à la mesure se firent de plus en plus entendre. Un comité anti-prohibition fut mis sur pied et Sir Byramjee Jeejeebhoy menaça d'accueillir son entrée en vigueur par l'organisation d'un cocktail. Ce fut toutefois l'annonce de l'augmentation de la taxe sur l'électricité et de la création d'un nouvel impôt sur la propriété foncière pour compenser le manque à gagner qui fit prendre à l'agitation une tournure politique. Des groupes musulmans, dont la Ligue musulmane, s'emparèrent de la question pour attaquer le Congrès, arguant que ces dispositions portaient un coup injuste à leur communauté qui, ne pouvant par interdiction religieuse pratiquer l'usure, avait surtout investi dans l'immobilier urbain. Ils organisèrent une manifestation le 1er août, dans les quartiers à majorité musulmane de la ville. Lorsque des affrontements éclatèrent entre manifestants et forces de l'ordre, le Congrès eut une nouvelle fois recours à la force pour s'imposer : il donna l'ordre à la police de tirer sur la foule et promulgua un couvre-feu.

Poussé par la crainte que les propriétaires répercutent sur leurs locataires l'entièreté de la hausse envisagée, le gouvernement promulgua en avril 1939 une loi de contrôle des loyers, à la portée limitée. Celle-ci finit pourtant par être la conséquence la plus durable de cette première politique de prohibition. Après la démission des congressistes en novembre 1939, les mesures prohibitionnistes ne tardèrent pas à faire l'objet d'attaques, notamment devant les tribunaux où les juges déclarèrent leurs prérogatives comme *ultra vires*. Si dans un premier temps les Britanniques se montrèrent soucieux, pour des raisons politiques évidentes, de donner l'apparence de maintenir l'interdiction, ils se rangèrent à l'avis final de la Haute Cour donné en juillet 1940 qui déclara le dispositif invalide. L'alcool importé fut par conséquent de nouveau en vente libre dans la ville, tandis que celui produit en Inde ne pouvait désormais être acheté que dans des magasins gouvernementaux, ce qui pouvait apparaître comme une concession en faveur du mouvement de tempérance.

Ce fut l'annonce faite par le vice-roi Lord Linlithgow, le 3 septembre 1939, de l'entrée en guerre de l'Inde aux côtés de la Grande-Bretagne contre l'Allemagne, sans consultation des gouvernements des onze provinces, qui mit fin à cette expérience du pouvoir congressiste. Dans un premier temps, le Congrès chercha à négocier sa participation à l'effort de guerre et menaça de faire démissionner ses gouvernements si aucun engagement concernant l'indépendance de la colonie n'était pris. Mais les autorités britanniques n'allèrent pas au-delà d'une vague promesse d'octroyer le statut de *dominion*, ce qui les poussa à mettre leur menace à exécution le 15 novembre. Pour une large partie de l'administration britannique, il ne s'agissait pas d'une maladresse mais bien d'une stratégie délibérée pour regagner le terrain perdu sur les nationalistes depuis 1937. Par le jeu de la section 93 du *Government of India Act* de 1935 qui permettait à tout moment au gouverneur, s'il jugeait que la situation le nécessitait, d'imposer un contrôle direct sur l'administration d'une province, elle avait désormais les coudées franches pour organiser la mobilisation.

Les derniers temps de la domination britannique

La guerre et l'explosion démographique

Avec l'entrée en guerre contrainte de la colonie, Bombay se retrouva à jouer le rôle de base arrière qu'elle avait assumé durant le premier conflit mondial. Son port servit à acheminer une large partie des 2 millions de soldats indiens envoyés vers le Moyen-Orient qui, après la défense de son propre sol, constituait la priorité stratégique de la Grande-Bretagne[1]. Les usines indiennes furent

1. Singh S. B., *Second World War as Catalyst for Social Changes in India*, Delhi, Pragati Publications, 1998, p. 1-17.

aussi de nouveau mises à contribution, les commandes militaires permettant à l'industrie cotonnière de la ville de sortir de la situation de crise qu'elle connaissait depuis la fin des années 1920. Les années 1940 constituèrent pour elle une décennie de prospérité exceptionnelle, qui se prolongea jusqu'au début des années 1950, soutenue notamment par les conséquences tragiques de l'attaque atomique qui suspendirent pour un temps la concurrence japonaise. Cette accumulation de capital permit à l'industrie d'achever une série de transformations amorcée à la fin des années 1920 : une montée en gamme, le développement de nouvelles activités comme le blanchiment et la teinture, ainsi qu'une certaine diversification par l'ajout du mercerisage et de l'impression sur calicot[1].

Au-delà du textile, la situation créée par le conflit stimula le développement d'autres secteurs industriels. Les principales bénéficiaires, du fait des multiples besoins suscités par l'effort de guerre, en furent les industries chimiques et celles liées à l'ingénierie. En 1942, leur essor était tel qu'elles employaient désormais près de 40 000 personnes. La dislocation des circuits de commerce engendra également un processus de substitution aux importations. La pénurie de batteries incita ainsi un ingénieur, R. D. Char, à installer à Vakola, dans la banlieue de Santa Cruz, un atelier de recyclage des éléments mis au rebut par l'armée. Il fut bientôt en mesure de répondre aux besoins suscités par l'effort de guerre et, en 1947, son entreprise avait acquis l'expérience nécessaire pour produire, grâce à l'installation d'une chaîne d'assemblage moderne, les premières batteries indiennes. De la même manière, la colonie vint bientôt à manquer de cartes à jouer, principalement importées du Japon. Noman L. Contractor, un Bohra, réorienta alors son imprimerie de Tardeo, jusqu'alors spécialisée dans l'impression d'affiches de cinéma, vers ce marché et y obtint un tel succès qu'il ne tarda pas à ouvrir une usine plus vaste à Vakola, la Rainbow Ink Company[2].

1. Chandavarkar R., *The Origins of Industrial Capitalism…*, *op. cit.*, p. 271.
2. Albuquerque T., *Santa Cruz…*, *op. cit.*, p. 75-76.

Une différence notable, toutefois, avec la situation qui prévalait durant le premier conflit mondial fut la présence militaire accentuée dans la ville, du fait de la fulgurante avancée japonaise à partir de décembre 1941 qui chassa en quelques semaines les Britanniques de Malaisie, Singapour et de Birmanie. Le réalisateur et romancier K. A. Abbas se souvient ainsi que « beaucoup de nationalités étaient représentées parmi les soldats alliés que l'on pouvait alors voir à Bombay. On pouvait les rencontrer, principalement dans le quartier du Fort – Britanniques et (plus tard) Américains, bien sûr mais aussi des Canadiens, même des Français, des Hollandais et des Suédois et des prisonniers de guerre italiens débraillés qui, en route pour les camps de prisonniers installés dans les campagnes du Maharashtra, passaient par Bombay[1] ». Les bâtiments et les terrains publics ne suffirent bientôt plus pour les loger, ce qui poussa les autorités à saisir des bâtiments privés, au grand désarroi des élites de la ville. La réquisition, en mars 1945, de deux des hôtels Art déco cossus construits sur Churchgate Street (Veer Nariman Road), le Sea Green et le Château Windsor, provoqua ainsi l'organisation d'une délégation, menée par l'homme d'affaires H. P. Mody et le maire de Bombay, J. A. DeSouza, qui ne parvint pas à faire annuler cette décision[2]. La trace la plus durable que laissa toutefois cette présence militaire dans l'espace urbain fut la création d'un véritable aéroport. Depuis 1932, la compagnie Tata avait certes ouvert des lignes aériennes reliant la ville à Karachi et à Madras (Chennai), depuis un petit aérodrome situé à Juhu, près de la côte. Mais ces installations étaient très limitées et en aucun cas en mesure d'accueillir les bombardiers de la Royal Air Force. Trois pistes et deux hangars furent alors construits à Santa Cruz, sur une parcelle de 600 hectares. La gestion de ces installations fut en 1946 transmise au directeur de l'aviation civile, les deux hangars convertis en terminaux destinés

1. Cité dans Pinto J. et Fernandes N. (dir.), *Bombay, Meri Jaan : Writings on Mumbai*, New Delhi, Penguin Books, 2003, p. 144.

2. *Bombay Chronicle*, 24 mars 1945, Maharashtra State Archives, Mumbai, p. 7.

aux passagers, l'un pour le transport domestique, l'autre pour les vols internationaux, fournissant l'embryon des infrastructures actuelles[1].

Les initiatives se multiplièrent pour encadrer l'accueil des troupes britanniques et alliées dont les autorités redoutaient le caractère turbulent. Sous le patronage de la femme du gouverneur Roger Lumley, Katharine, un Hospitality Committee fut mis sur pied. Il publia notamment une brochure à destination des soldats, intitulée « Welcome to Bombay ». Celle-ci contenait une multitude de détails pratiques, y compris le taux de conversion de la roupie, et de conseils censés prévenir les incidents comme ceux d'éviter « d'exposer leur tête au soleil avant 4 h de l'après-midi, de manger des fruits trop mûrs ou qui ne sont plus protégés par leur peau, de boire l'eau des fontaines des rues, [...] de s'enivrer durant la journée, notamment avec de l'alcool » ou encore de « fréquenter des mendiants, des diseurs de bonne aventure et des marchands d'antiquités »[2] ! Quelques cinémas de la ville proposaient des tarifs réduits pour les soldats et marins en uniforme du lundi au vendredi, tandis qu'un certain nombre d'institutions – du Green's Hotel au Seamen's Institute – maintinrent des cantines qui leur étaient dédiées. Comme le décrit K. A. Abbas, les échoppes d'ouvrage de seconde main de Lamington Road se remplirent « de magazines et de journaux dans toutes les langues » allant « de la pornographie jusqu'à des publications plus sérieuses comme le *New Yorker* et le magazine du *New York Times* ». Ce fut aussi une période faste pour les groupes de jazz de la ville qui travaillèrent alors énormément, sollicités pour galvaniser le moral des troupes[3].

Le recours massif aux bombardements des villes durant le conflit avait dans un premier temps laissé craindre que Bombay puisse devenir la cible de frappes ennemies. Une équipe de prévention

1. Albuquerque T., *Santa Cruz...*, *op. cit.*, p. 69.

2. Hospitality Committee, *Welcome to Bombay*, CBI Veteran John Sunne, p. 3 [consulté le 14 août 2023].

3. Fernandes N., *Taj Mahal...*, *op. cit.*, p. 83-84.

des raids aériens fut par conséquent mise sur pied, composée de 17 000 hommes et femmes, dotée d'ambulances et de près de 120 pompes à incendie. Elle fut toutefois suspendue en 1943. Si la ville n'eut à déplorer aucune agression des forces de l'Axe, son statut de base arrière ne la prémunissait pas de tous les dangers, comme le prouvèrent les événements d'avril 1944. Le 12 de ce mois, l'un des « liberty ships » loués par l'administration américaine aux Britanniques, le *Fort Stikine*, accosta dans le Victoria Dock. Il avait pour mission d'acheminer à Bombay près de 1 400 tonnes d'explosifs destinés à une éventuelle riposte en cas d'avancée des troupes japonaises. Avant de rallier sa destination finale, le navire avait toutefois fait escale à Karachi où il avait chargé un important nombre de balles de coton ainsi que de l'huile lubrifiante. La nécessité de ne pas interrompre l'approvisionnement des manufactures de la ville qui soutenaient l'effort de guerre avait poussé à laisser de côté certaines précautions. Pendant les opérations de déchargement qui débutèrent le 14, les débardeurs remarquèrent que certains des barils fuyaient. L'origine du feu qui se déclencha vers midi resta inconnue, mais ce dernier ne pouvait pas trouver meilleur combustible que du coton imbibé de graisse. Malgré les efforts des pompiers dépêchés sur place, aux alentours de 4 h les explosifs s'enflammèrent à leur tour, ce qui déclencha deux gigantesques explosions. Une onde fut distinctement enregistrée par un sismographe installé à Simla, soit à 1 700 kilomètres, alors que des morceaux de métal brûlants étaient projetés à plus d'un kilomètre et demi du navire[1]. L'un d'entre eux, désormais transformé en monument, est encore visible dans la cour de la St Xavier's High School, à l'endroit où il aurait atterri.

Les dégâts furent importants. Des 24 navires amarrés à proximité du *Fort Stikine*, 11 prirent feu tandis que 4 autres coulaient. Les hangars, bureaux et quais environnants furent entièrement soufflés par l'explosion. Il fallut près de sept mois, et au plus

1. Ennis J., *Bombay Explosion*, Bombay, Jaico Publishing House, 1960, p. 94-95.

fort des travaux de déblaiement et de reconstruction le recours à près de 8 000 travailleurs, pour que l'activité puisse reprendre sur le dock. Les habitations aux alentours ne furent pas épargnées. Les balles de coton enflammées projetées par la conflagration déclenchèrent des incendies qui entraînèrent la destruction de 312 bâtiments et en rendirent 274 autres inhabitables dans le quartier de Mandvi[1]. Le rapport officiel fait mention de près de 800 morts et 3 000 blessés. Le souvenir de l'événement resta très vif dans les mémoires de celles et ceux l'ayant vécu, comme le montre le court texte publié en 2003 par Jerry Pinto, intitulé « Le jour où il plut des briques d'or et un cheval courut sans tête ». L'écrivain y présente différents témoignages qu'il a recueillis. Tous mentionnent la violence ressentie de l'explosion et les effets du gigantesque incendie qui ravagea la ville trois jours durant, ainsi que l'interprétation la plus commune qui vint à l'esprit de ces témoins, à savoir une attaque japonaise[2].

Si cet épisode marqua les consciences par son caractère violent, il prêta néanmoins beaucoup moins à conséquence sur les conditions de vie urbaine que le véritable bouleversement introduit par le déclenchement du conflit : l'emballement de la croissance démographique. La population de Bombay fut multipliée par deux en l'espace de dix ans, passant d'1,4 million en 1941 à un peu moins de 3 millions en 1951. La première cause de cette croissance exceptionnelle fut le boom économique suscité par la multiplication des commandes de guerre. Un grand nombre de travailleurs et travailleuses afflua dans la ville, attiré par les opportunités de travail qu'elle offrait. À ces derniers vinrent bientôt s'ajouter les évacués, d'abord de Birmanie puis, après 1947 et la Partition, des régions devenues le Pakistan.

Or la cité n'était nullement préparée à faire face à un tel afflux de population. En dépit du boom immobilier des années 1930, le

1. *Annual Report of the Bombay Municipal Corporation for the year 1944-45*, Maharashtra State Archives, p. 134.

2. Pinto J. et Fernandes N. (dir.), *Bombay...*, *op. cit.*, p. 138-140.

rapport du Rent Enquiry Committee estimait déjà en 1938 qu'il aurait fallu construire des logements pour près de 50 000 personnes afin de pourvoir convenablement aux besoins de la population existante. Or non seulement le conflit avait entraîné la réquisition et la hausse du prix des matériaux de construction, portant un coup d'arrêt aux chantiers, mais il permit aussi aux propriétaires de laisser libre cours à leur cupidité, par la flambée des loyers. Celle-ci fut telle que les autorités promulguèrent en 1944 une nouvelle loi de contrôle, en sus de celle, à la portée limitée, mise en place en 1939. Elles cherchèrent aussi à se doter d'instruments de planification urbaine, tels que la Greater Bombay Law de 1945 qui permit à la municipalité d'incorporer les communes jusqu'alors indépendantes de Bandra, Santa Cruz, Juhu, Kurla, Ghatkopar, Thana et Trombay, espérant trouver dans l'annexion de nouvelles banlieues un remède à la croissance démographique.

Ces mesures ne refrénèrent pas l'avidité des propriétaires, qui multiplièrent les recours en justice pour se débarrasser de leurs anciens locataires et relouer au plus offrant. À l'automne 1947, 75 % des procès en attente devant la Court of Small Causes qui traitait les affaires courantes étaient liés à des procédures d'expulsion, proportion jusqu'alors inégalée[1]. Les colonnes de la presse se remplirent de dénonciations à l'encontre des profiteurs. Une pratique retenait alors particulièrement l'attention, celle du *pugree*, qui consistait à demander à l'aspirant locataire, en plus du montant du loyer, une importante somme d'argent avant de lui consentir l'accès au logement. Si la pratique n'était pas nouvelle, elle commença à recevoir, durant cette période, une publicité certaine parce qu'elle n'épargnait plus désormais les classes aisées qui avaient jusqu'alors bénéficié d'un marché immobilier préservé.

Les premières victimes de la flambée des prix furent toutefois les classes laborieuses. À l'été 1943, les vêtements se vendaient déjà cinq fois le montant qu'ils coûtaient avant-guerre. Pour faire

1. *Bombay Chronicle*, 18 octobre 1947, Maharashtra State Archives, Mumbai, p. 9.

face au manque et à la cherté des logements, les travailleurs et travailleuses n'avaient pas d'autre choix que de s'entasser dans les habitations déjà existantes ou de s'installer à même les trottoirs. En septembre 1945, les services municipaux évaluèrent ainsi entre 200 000 et 300 000 le nombre de personnes à subir cette précarité extrême. Dans l'ensemble de la ville, les densités doublèrent entre 1931 et 1951, date à laquelle le recensement mentionnait que près de la moitié de la population vivait dans un logement d'une pièce occupé par plus de sept personnes[1]. Les infrastructures municipales ne furent bientôt plus en mesure de pourvoir aux besoins les plus primaires de la population. En janvier 1945, les autorités finirent par reconnaître l'existence d'une grave pénurie d'eau, notamment pour la consommation domestique, qui touchait plus particulièrement les quartiers populaires comme celui de Dharavi[2]. L'aggravation de l'entassement des populations, conjuguée à l'incurie des autorités locales et aux privations alimentaires, finit par avoir de graves conséquences sanitaires. En mai 1945, le choléra redevint endémique dans la ville, tandis que l'année 1947 voyait une recrudescence fulgurante de la fièvre typhoïde[3].

Les difficultés rencontrées par les travailleurs et travailleuses de Bombay – la faim, le manque de logement, leur exploitation par les profiteurs de guerre – devinrent des thèmes centraux des productions culturelles qui se développèrent dans le sillage du PCI, redevenu légal en 1942 du fait de sa participation à l'effort de guerre qu'il concevait comme une lutte contre le fascisme. En 1943, sous l'impulsion de ce dernier, le siège de la All India Progressive Writers' Association fut transféré de Lucknow à Bombay, tandis qu'y était créée l'Indian People's Theater

1. *Report of the Land and Open Spaces and other Community Requirements Panel of the Study Group for Greater Bombay*, Bombay Government Central Press, 1959, p. 98.

2. *Dharavi : An Economic and Social Survey of a Village in the Suburbs of Bombay*, Bombay, Tata Institute of Social Sciences, 1944, p. 15.

3. *Bombay Chronicle,* 3 mai 1945, p. 3 et 10 décembre 1947, Maharashtra State Archives, Mumbai, p. 4.

Association pour diffuser et populariser leurs idéaux. En 1944, Tukaram (Annabhau) Sathe fonda la Lal Batva Kalapathak (troupe d'artistes du drapeau rouge). Né en 1920 dans une famille dalit, il avait émigré à Bombay alors qu'il était encore enfant. Après une série d'emplois dans le secteur informel, il fut embauché dans l'atelier de filature de l'usine Morbaug. Les pièces en marathi qu'il commença à écrire dans les années 1940 se font l'écho des dures conditions éprouvées dans les quartiers ouvriers et des injustices qui en étaient la source. L'un des anti-héros de sa pièce *Shetjiche elecshan* (*L'Élection du financier*, 1946) est ainsi un profiteur de guerre tandis que *Muka Miravanuk* (*La Procession silencieuse*) écrite en 1949 a pour sujet principal les conditions précaires du logement populaire. Les protagonistes en sont des sous-locataires qui, ne pouvant accéder au statut de locataires du fait du montant trop élevé du *pugree*, sont sans cesse menacés d'être repoussés vers les bidonvilles (*jhopdi*) et ainsi exposés aux démolitions arbitraires[1].

Cette flambée du coût de la vie relança la mobilisation ouvrière. En mars 1940, sous l'égide du syndicat communiste, le GKU, 132 000 travailleurs et travailleuses du textile cessèrent le travail pour réclamer des hausses de salaires, mettant toutes les usines, sauf une, à l'arrêt. La grève prit fin un mois après, au terme d'une sévère répression menée par la police, mais non sans que les grévistes aient obligé le patronat à leur concéder une allocation temporaire[2]. Les autres employeurs de la ville durent bientôt lui emboîter le pas. Ces allocations pouvaient représenter un important complément de revenu. Dans le cas des balayeurs municipaux, par exemple, elles équivalaient pratiquement au montant du salaire. La priorité du moment était en effet de soutenir l'effort de guerre et de permettre la rentrée des juteux bénéfices engrangés grâce aux commandes militaires. Les autorités coloniales usèrent

1. Shaikh J., *Outcaste Bombay…*, *op. cit.*, p. 85-91.

2. *Bombay Labour Gazette*, n° 7, mars 1940, p. 557 et n° 6, février 1940, Oriental and India Office Collections, British Library, Londres, p. 459.

par conséquent de leur stratégie habituelle, de manière outrée dans ce contexte où l'avancée japonaise rendait dangereuse toute déstabilisation intérieure de la colonie, alliant répression et concessions. En décembre 1941, elles déclarèrent tout mouvement de grève illégal. Ne pouvant toutefois espérer sauvegarder l'ordre social seulement par l'usage de la force, le gouvernement central, par le biais du nouveau ministère du Travail dirigé par B. R. Ambedkar, promut deux importantes avancées pour les droits des travailleurs et travailleuses des grandes industries : l'adoption de la semaine de 48 heures et de congés payés pour la main-d'œuvre permanente[1].

Bombay, foyer d'insurrection

Alors que les opérations militaires se rapprochaient dangereusement de l'Inde, les Britanniques se virent acculés à faire un geste pour se concilier l'opinion indienne. S. Cripps, un membre travailliste du cabinet de Guerre, fut dépêché en Inde pour négocier avec les dirigeants nationalistes. Les discussions achoppèrent sur la question du contrôle de la conduite des affaires militaires, que les Britanniques voulaient à tout prix conserver. Le mandat de Cripps était, dès le départ, chargé d'ambiguïtés et l'essentiel semblait être pour Winston Churchill d'avoir donné l'impression de négocier. Cet épisode précipita la décision du Congrès d'engager une nouvelle confrontation. Le 8 août 1942, la résolution « Quit India » fut votée à Bombay, après un combatif discours de M. K. Gandhi, dont fut retenu le slogan « Do or Die » (« fais ou meurs »).

Les termes de la résolution restaient toutefois vagues quant à la manière dont devait se dérouler la mobilisation. Mais la répression immédiate, justifiée à leurs yeux par le contexte de guerre, menée par les Britanniques conduisit à sa radicalisation. Au matin du 9 août, les principaux leaders congressistes, M. K. Gandhi

1. *Bombay Chronicle*, 27 octobre 1947, Maharashtra State Archives, Mumbai, p. 5.

Illustration n° 16 : Après le vote de la résolution « Quit India », le 8 août 1942, un rassemblement se forma sur la Gowalia Tank Maidan. Il fut rapidement réprimé par les autorités britanniques, à coups de gaz lacrymogène.

et J. Nehru en premier lieu, furent en effet arrêtés et incarcérés, ce qui entraîna des réactions spontanées et radicales dans tout le pays. Le vice-roi Lord Linlithgow confia ainsi dans un télégramme à Churchill le 31 août qu'il faisait face « à la plus sérieuse rébellion depuis 1857, dont nous avons caché la gravité et l'importance au monde jusqu'alors pour des raisons de sécurité militaire[1] ». Bombay fut, comme dans les années 1930, l'épicentre du mouvement dans sa phase initiale. Le jour de l'arrestation des leaders congressistes, de petits groupes se formèrent, notamment dans le quartier de Girgaum, pour bloquer les bus et tramways et s'attaquer aux conduites d'eau. À partir de 4 h de l'après-midi, des gens commencèrent à s'assembler à Shivaji Park, dans le quartier de Dadar, à l'endroit où il était originellement prévu que

1. Cité par Sarkar S., *Modern India, 1885-1947*, Delhi, Macmillan India, 1983, p. 391.

M. K. Gandhi prononçât un discours. La police tenta de disperser la foule, mais ne parvint à ses fins qu'aux alentours de 8 h, au terme d'affrontements. Le lendemain, le mouvement sembla encore s'étendre puisqu'en sus des actions précédemment décrites, les écoles et les *colleges* restèrent fermés, tout comme les marchés aux tissus et aux vêtements et près de 31 usines textiles. Des magasins de grain et de sucre furent aussi pris pour cibles et pillés.

Les Britanniques réprimèrent très violemment ces actions. Le bilan pour ces deux seules premières journées s'élevait à 24 morts et 101 blessés par balles. Un couvre-feu fut instauré et tout rassemblement de plus de cinq personnes interdit. Cela eut deux conséquences sur l'évolution du mouvement. Les méthodes de mobilisation les plus usitées par le Congrès firent leur retour : processions et piquets devant les marchés furent de nouveau organisés, mais se heurtèrent à une répression systématique. Les actions évoluèrent aussi, comme dans le reste de l'Inde, vers des formes plus clandestines et proches du sabotage, en prenant pour cibles tous les rouages du pouvoir colonial. Le 21 août, plusieurs bureaux de poste de la ville reçurent ainsi des lettres piégées qui occasionnèrent peu de dommages. Des incendies volontaires furent arrêtés à la General Post Office, ainsi que dans les bureaux où étaient stockées les fournitures de bureau du gouvernement. Des publications clandestines virent le jour, diffusées à assez large échelle s'il faut en croire les quantités d'exemplaires saisies par la police. Le 24 septembre, ce ne furent pas moins de 20 000 copies du *Bombay Congress Bulletin* qui tombèrent aux mains des forces de l'ordre. Il diffusait des slogans radicaux tels que « cette terre est la nôtre » ou encore « les Indiens ne sont plus les esclaves des Britanniques », tout en exhortant au recours à tous types d'action : le blocage des trains, la procrastination dans les administrations publiques, etc. Même les cuisiniers employés chez des Britanniques étaient incités à apporter leur contribution, en sabotant leurs repas[1]. À partir du

1. Masselos J., « Bombay, August 1942, re-readings in a nationalist text », *in* Masselos J. (dir.), *The City in Action...*, *op. cit.*

14 août, une radio clandestine commença à émettre dans la ville, organisée par une jeune militante du Congrès, Usha Mehta.

Ce ne fut qu'en décembre 1942 que les Britanniques parvinrent à venir à bout de ces actions spontanées. S'ils avaient réussi, au prix d'une féroce répression, à maintenir leur contrôle sur le pays, leur légitimité se trouvait fortement ébranlée. Les fulgurantes victoires japonaises avaient non seulement démontré leur faiblesse, mais avaient aussi une nouvelle fois mis au jour le racisme brutal qui guidait leurs décisions. Alors que les Européens de Singapour ou de Birmanie disposèrent de tous les moyens de transport disponibles pour fuir les Japonais, les populations indiennes qui y vivaient furent livrées à elles-mêmes et durent bien souvent entreprendre à pied, dans des conditions éprouvantes, leur exode. Alliée aux multiples privations liées à l'effort de guerre, cette situation aboutit à un « mélange de rage anti-blancs et d'espoir de la fin du pouvoir britannique » qui, selon l'historien S. Sarkar, fut le terreau du mouvement d'août 1942. Avec le règlement du conflit, le pouvoir colonial ne pouvait plus espérer tenir le pays uniquement par la force. À son arrivée, le nouveau vice-roi, Lord Wavell, chercha par conséquent à entamer des négociations avec les principaux dirigeants du Congrès et de la Ligue musulmane. Il annonça notamment la tenue, à l'hiver 1945, d'élections dans les provinces et au niveau central, espérant par ce biais y canaliser les énergies des partis nationalistes.

Une série d'événements qui se tint durant l'automne et l'hiver 1945-1946 força cependant les autorités à reconsidérer leur position et à envisager désormais un retrait rapide de l'Inde. Les premiers eurent lieu à Calcutta en novembre 1945 puis en février 1946, où se tinrent des mouvements massifs de contestation, réprimés dans le sang. Mais l'épisode qui fit peser la menace la plus sérieuse sur le maintien de l'ordre colonial se déroula à Bombay, entre les 18 et 23 février. Dans sa première phase, ses principaux protagonistes en furent les matelots indiens de la Royal Indian Navy. Ces derniers avaient accumulé durant le conflit de nombreux motifs de mécontentement. Outre la crainte de la démobilisation et du chômage, les discriminations raciales flagrantes dont ils étaient victimes étaient devenues insupportables à des hommes que leurs nombreux voyages entrepris durant les opérations de guerre avaient mis en contact avec d'autres formes d'organisation moins discriminantes. La décision prise par les Britanniques d'envoyer une partie de leur flotte indienne en Birmanie, en Indonésie ou encore en Indochine, pour aider au rétablissement des colonies françaises et hollandaises, et celle de traduire en procès les soldats de l'Indian National Army (INA), créée en octobre 1943 par le nationaliste S. C. Bose, qui avaient combattu aux côtés des Japonais dans l'espoir d'obtenir l'indépendance de leur pays, avaient encore rajouté à leur ressentiment.

Le 18 février, les 1 500 marins du vaisseau *Talwar* se mirent en grève de la faim pour protester contre la mauvaise qualité de leurs rations et les insultes racistes dont ils étaient victimes. Le lendemain, le mouvement s'étendit à terre, notamment dans les baraquements du Fort et du Castle, et à vingt-deux autres navires amarrés dans le port de Bombay. Une partie de ces vaisseaux hissèrent à la place de l'Union Jack le drapeau tricolore du parti du Congrès, celui flanqué d'un croissant de la Ligue musulmane et la faucille et le marteau du Parti communiste indien. Le 20 au matin, les ports de Karachi, Calcutta, Kochi et d'autres bases navales indiennes rejoignaient la rébellion, qui à son apogée toucha 78 vaisseaux, 20 établissements à terre et près de 20 000 marins. En l'espace de deux jours, les Britanniques se retrouvaient face à leur pire crainte, celle d'une mutinerie de leurs forces armées.

Les marins mirent sur pied un Comité central de grève de la Marine, élu et dirigé par le signaleur M. S. Khan, et établirent une plateforme de revendications. Celle-ci mêlait des demandes immédiates, comme l'égalité salariale entre marins blancs et indiens ou l'amélioration de leurs rations quotidiennes, à des revendications politiques plus générales. Ils exigeaient notamment la libération des soldats de l'INA et le retrait des troupes indiennes d'Indonésie.

Ils hésitaient toutefois sur la stratégie à suivre pour obtenir la satisfaction de leurs revendications et finirent par obéir à l'ordre qui leur fut donné par l'amiral Godfrey, dépêché à Bombay pour rétablir l'ordre, de rejoindre leurs vaisseaux et baraquements. Dans l'heure qui suivit, Godfrey envoya des troupes encercler les différents bâtiments. Réalisant qu'ils s'étaient fait prendre au piège, les marins interrompirent leur grève de la faim et cherchèrent à briser l'encerclement dont ils étaient victimes. Les Britanniques répliquèrent par une véritable démonstration de force : sept vaisseaux appelés en renfort mirent immédiatement le cap sur Bombay et Godfrey fit survoler les navires mutinés par des bombardiers, menaçant de détruire les bâtiments. La rumeur se répandit alors en ville que les Britanniques voulaient affamer les matelots pour les obliger à se rendre, ce qui donna lieu à d'impressionnantes scènes de fraternisation. Des centaines de personnes vinrent à la Gateway of India apporter des vivres de toutes sortes, que les marins venaient récupérer au moyen de petites embarcations, tandis que des commerçants proposèrent de les approvisionner gratuitement[1].

Le 22 février, le Parti communiste, avec le soutien de certains dirigeants du Congress Socialist Party, chercha à étendre le mouvement de solidarité en organisant une grève générale en soutien aux mutins. Le Congrès et la Ligue musulmane, qui désapprouvaient la radicalité sociale du mouvement, se tinrent à l'écart de l'initiative, et allèrent même jusqu'à proposer l'aide de volontaires pour maintenir l'ordre. En dépit de cette opposition, près de 300 000 personnes cessèrent le travail, forçant la fermeture de toutes les usines de la ville, des ateliers de réparation des chemins de fer et mettant à l'arrêt une large partie des transports urbains. La situation devint rapidement insurrectionnelle. De violents affrontements opposèrent grévistes et forces de l'ordre, autour de barricades prestement érigées, notamment dans les quartiers ouvriers de Parel et de DeLisle Road. Dix postes de police, 9 banques, 10 bureaux de poste et 64 magasins de grain

1. Sarkar S., *Modern India…*, *op. cit.*, p. 423-424.

furent attaqués. Les Britanniques, déployant en ville deux bataillons de soldats, réprimèrent férocement le soulèvement. Au terme des deux jours qu'il dura, 228 morts et 1 046 blessés étaient à déplorer du côté des insurgés, auxquels s'ajoutaient les 3 morts et 91 blessés dans les rangs des forces de l'ordre[1].

Le contexte politique chargé, ainsi que la détérioration continue des conditions de vie des travailleurs et travailleuses expliquent le vaste écho que rencontra cette action de soutien aux mutins. L'arrêt des opérations militaires ne mit en effet pas un terme à l'inflation, et le coût de la vie à Bombay continua d'augmenter, alors qu'avec l'arrêt des commandes de guerre les industriels cherchaient à revenir sur les concessions qu'ils avaient dû accorder pendant le conflit. Les classes laborieuses y répondirent par une formidable combativité, l'année 1946 connaissant la plus grande vague de grève jamais expérimentée dans le pays. À Bombay, elle démarra en novembre 1945 par l'action des balayeurs du BDD, bientôt suivis par les chauffeurs de taxis et les dockers en décembre, les employés de la compagnie BEST et de la presse gouvernementale en février 1946, les instituteurs en mars, les balayeurs municipaux en avril, les employés des postes et des télégraphes en juillet, etc.[2]. Dans la seule industrie textile, les ouvriers et ouvrières menèrent cette année-là 106 grèves, entraînant la perte de près d'1,2 million de journées de travail pour le patronat. L'action des marins intervint donc dans un contexte social très tendu et combatif, où leurs revendications se trouvaient directement en prise avec les aspirations de milliers de travailleurs et travailleuses.

Confrontés à la violente répression qui s'abattit sur la ville, les mutins engagèrent des pourparlers par l'intermédiaire du congressiste S. Patel. Celui-ci, avec l'aide de M. Jinnah, les persuada

1. Sarkar S., « Popular Movements and National Leadership, 1945-47 », *Economic and Political Weekly*, vol. 17, n° 14/16, 1982.

2. *Bombay Chronicle*, 19 novembre 1945, p. 3, 20 et 27 décembre 1945, p. 3 et 3, 2 et 21 février 1946, p. 1 et 3, 8 mars 1946, p. 2, 6 avril 1946, p. 7 et 12 juillet 1946, p. 1, Maharashtra State Archives, Mumbai.

d'arrêter leur mouvement, en leur promettant notamment de les protéger de toutes représailles. Le 23 février au matin, l'ensemble des équipages des bâtiments mutinés se rendirent, des centaines parmi eux se retrouvant détenus durant des mois dans un camp situé dans la banlieue de Mulund en dépit des promesses des dirigeants nationalistes. Contrairement à la geste des soldats de l'INA, cet épisode fut largement oublié dans les récits qui retracèrent par la suite la lutte pour l'indépendance. Sa radicalité sociale et le rôle peu enviable qu'y jouèrent les principaux partis nationalistes y comptent pour beaucoup. L'éclipse mémorielle de ces événements ne doit cependant pas en obstruer la portée : la frayeur qu'ils suscitèrent au sein des cercles officiels britanniques contribua fortement à convaincre ces derniers de la nécessité d'un retrait rapide d'Inde, avec les conséquences dramatiques qui s'ensuivirent.

Chapitre six

La vitrine de l'Inde indépendante : ville plurielle ou terre de contrastes ? (les années 1940-1950, voire 1960)

L'Inde indépendante, à la différence de la République islamique du Pakistan – qui voit le jour en même temps qu'elle –, se veut plurielle et adopte d'ailleurs pour devise « L'unité dans la diversité ». Le « sécularisme » qu'elle hérite du Mahatma Gandhi, et que le fils spirituel de ce dernier, Jawaharlal Nehru, contribue à inscrire dans les institutions et à rendre concret par sa pratique politique, vise à reconnaître toutes les communautés religieuses sur un pied d'égalité. Bombay, ville multiculturelle et même cosmopolite s'il en est, sert de vitrine à ce projet, d'autant plus qu'elle est peu affectée par les violences et les migrations de la Partition. Le 15 août 1947 à minuit, ce n'est qu'après avoir fait entendre la prière d'un prêtre hindou, d'un *maulvi*, d'un évêque et d'un religieux parsi que le chef du gouvernement de la province de Bombay, B. G. Kher, hisse le drapeau national en disant – non sans pléonasme : « Citoyens de l'Inde libre, vous êtes maintenant libres[1] ! »

L'essor de plusieurs courants artistiques conforte l'image d'ouverture culturelle de la ville : des pionniers de la peinture et de la littérature modernes s'installent dans la cité, qui demeure en outre la capitale du jazz indien – et bien sûr, encore et toujours, du cinéma. La diversité s'étend au domaine politique, car si le parti du Congrès, jusqu'à la fin

1. Cité dans Fernandes N., *City Adrift : A Short Biography of Bombay*, New Delhi, Aleph, 2013, p. 81.

des années 1960, y règne en maître, l'opposition de gauche fait preuve d'une grande vitalité, au point d'y disposer de véritables bastions.

Mais Bombay, terre de contraste, n'est pas un « melting-pot » harmonieux. Les tensions politiques qui la traversent dans les années 1940-1950 sont à l'origine de violences récurrentes qui reflètent des antagonismes sociaux procédant non seulement d'inégalités socio-économiques et de conflits de castes, mais aussi de rivalités entre groupes ethno-linguistiques. Capitale économique de l'Inde indépendante, Bombay est le théâtre d'une lutte de classes acharnée où les ouvriers d'usine et le patronat s'affrontent par partis et syndicats interposés.

Un haut lieu du multiculturalisme indien

Bombay a fait du cosmopolitisme sa marque de fabrique, une fierté ancrée dans un passé qui, on l'a vu, lui a permis de bénéficier de l'apport de minorités aussi actives que les Parsis, les Juifs – dont la communauté fondit toutefois à partir de 1949, nombre de ses membres étant attirés par le nouvel État d'Israël[1] –, les Iraniens etc. Ce multiculturalisme s'incarnait, depuis les débuts de la municipalité, dans le fait qu'un représentant de chaque communauté (hindous, musulmans, parsis et chrétiens) occupait le poste de maire à tour de rôle – une pratique aussi observée pour les fonctions de shérif[2]. Salman Rushdie, l'auteur né à Bombay l'année de la Partition qui a peut-être le mieux dépeint le

1. Minwalla S., « Never at home », *in* Pinto J. et Fernandes N. (dir.), *Bombay, Meri Jaan…*, *op. cit.*, p. 288-306.

2. Cette institution, qui remonte à 1671, a été perpétuée après 1947. À travers les époques, le shérif a été considéré comme un trait d'union entre la hiérarchie officielle et les gens du commun (Maharashtra State Gazetteers, Greater Bombay, Law, Order and Justice). Si la fonction est honorifique, il s'y attache un prestige relevant de l'ordre symbolique.

cosmopolitisme de sa ville[1], en donne une vision saisissante dans *Le Dernier Soupir du Maure* dont le héros, comme l'écrit Pico Iyer, « incarne Bombay à lui tout seul – moitié catholique, moitié juif, il est, un peu comme son créateur, un Britannique apostat qui a suivi une éducation chrétienne dans un environnement dominé par les hindous[2] ».

Si Bombay est une mosaïque de communautés depuis le Raj – période au cours de laquelle la ville a attiré des migrants de l'Inde entière qui se sont regroupés par quartier[3] –, des événements internationaux ont encore accru cette diversité. Témoin l'arrivée, pendant (ou avant) la Seconde Guerre mondiale, de réfugiés venus d'Allemagne, d'Autriche et du Danemark. Parmi eux figuraient des membres de l'*intelligentsia* juive, comme Rudolph von Leyden et Walter Langhammer, tous deux artistes et critiques d'art au *Times of India* dans les années 1940-1950[4].

La Partition, née du désir de la minorité musulmane de disposer d'un État séparé, le Pakistan, et à l'origine de transferts de population sans précédent, risquait fort, en 1947 de mettre à mal cette tradition ; d'autant plus que le père du Pakistan, Jinnah, était lui-même originaire de Bombay où il avait d'ailleurs incarné ce cosmopolitisme en épousant une parsie avant de contribuer à durcir la frontière entre hindous et musulmans.

1. Voir Roy M. et Roy A. G., « Bombay in Salman Rushdie's Novels : A Study from Global Perspective », *Glocalism. Journal of culture, politics and innovation*, n° 3, 2014.

2. Iyer P., « Bombay : Hobson-Jobson on the Streets », *in* Pinto J. et Fernandes N. (dir.), *Bombay, Meri Jaan...*, *op. cit.*, p. 3.

3. Voir, à propos du quartier de Matunga, à majorité tamoule, le témoignage de Kamu Iyer, *Bombay, from Precincts to Sprawl*, Mumbai, Popular Prakashan, 2014, p. 26-27.

4. Arbuthnot M., « Rudolf von Leyden : The German-born cartoonist who became Bombay's top art critic in the 1930s », *Scroll.in*, 16 décembre 2018, et Wilmes A., « Walter Langhammer and the Illumination of India », Leo Baeck Institute, 24 octobre 2016.

Les séquelles discrètes de la Partition

La Partition n'a pas marqué Bombay comme Delhi, loin de là. Premièrement, la ville n'a pas été le théâtre du même type de violences. Certes, des émeutes sporadiques ont éclaté entre hindous et musulmans, mais aucune d'entre elles n'a eu l'ampleur de celles du nord de l'Inde[1]. Dans son anthologie en trois volumes des récits de fiction de la Partition, traitant tous des horreurs de ce moment, Alok Bhalla n'en trouve qu'un sur 63 ayant Bombay pour cadre[2].

À la différence de Delhi, Bombay n'a pas vu non plus des réfugiés hindous affluer par milliers, ni des musulmans fuir en masse[3]. Certes, d'après le recensement de 1951, en dix ans, la population de « Greater Bombay » – comme on appelait alors la ville dans ses frontières nouvelles, voir carte n° 1, premier rabat – a augmenté de 67,5 %, contre 30,1 % seulement au cours de la décennie précédente[4]. Mais si la ville a ainsi gagné plus d'1,1 million d'habitants (soit un gain décennal deux fois supérieur à tous ceux enregistrés de 1901 à 1941)[5], les flux migratoires liés à la Partition ne représentent qu'une petite partie de ce total.

1. Le gouverneur de Bombay, A. C. Clow, pouvait se féliciter en 1947 de l'absence de « Bombay riots » (cité dans Prakash G, *Mumbai Fables*, *op. cit.*, p. 143).

2. On le doit à ce génie littéraire qu'était Manto, un punjabi installé à Bombay dans les années 1930 dont nous reparlerons. Voir Bhalla A. (dir.), *Stories about the Partition of India*, New Delhi, Indus, 1994.

3. Lentin S., « Bombay, Karachi, linked by sea and refuge », *Gateway House*, 15 août 2017.

4. *Census of India, 1951, volume IV. Bombay, Saurashtra and Kutch. Part I – Report and Subsidiary Tables*, Bombay, Government Central Press, 1953, p. 218. Du fait du redécoupage des frontières de la ville, la densité s'y établissait désormais à 25 579 habitants au km^2, soit moins qu'à Ahmedabad (38 834), la deuxième ville de la province – et bien moins qu'à Surat (58 732) (*ibid.*, p. 225).

5. *Ibid.*, p. 12.

En effet, du million de réfugiés en provenance du Pakistan passé par le port de Bombay, la plupart n'y resta pas. Sur ses 2,8 millions d'habitants en 1951, 790 000 étaient nés dans la ville, 1 million ailleurs dans la province et 850 000 encore ailleurs dans l'Inde d'avant 1947[1]. Résultat, le pourcentage des personnes recensées à Bombay qui n'y étaient pas nées – 72,1 % – était presque identique à ce qu'il était en 1941 – 72,6 % – et en 1931 – 75,4 % : la stabilité des flux (si l'on peut s'exprimer ainsi !) est ici remarquable[2].

D'après le recensement de 1951, la province de Bombay n'accueillit « que » 340 000 réfugiés en provenance du Pakistan – et plus précisément du Sind[3] –, et seuls 84 000 d'entre eux s'installèrent dans la *Urbs prima in Indis* – soit moins de 3 % des habitants de la ville[4]. Ces « personnes déplacées » (pour reprendre la terminologie officielle[5]) s'adonnaient principalement au commerce et aux activités de service[6]. C'est qu'il s'agissait pour l'essentiel de membres de castes marchandes qui excellaient

1. *Ibid.*, p. 198.

2. *Census of India, 1951, volume IV. Bombay, Saurashtra and Kutch. Part II-A Tables*, Bombay, Government Central Press, 1953, p. 35. À noter que la comparaison entre les chiffres de 1951 et ceux des années antérieures est imparfaite car au lendemain de l'indépendance les statistiques portent sur une définition de la ville étendue au « Greater Bombay ».

3. *Census of India, 1951, volume IV. Bombay, Saurashtra and Kutch. Part I*, p. 129.

4. La plupart d'entre eux (67 000) étant arrivés en 1947. *Census of India, 1951, volume IV. Bombay, Saurashtra and Kutch*, p. 213. Le premier bateau accosta aux Alexandra docks début septembre 1947 (Bhavnani N., *The Making of Exile. Sindhis and the Partition of India*, Chennai, Tranquebar, 2014, p. 169).

5. Dans le recensement figure la définition suivante : « Les personnes déplacées sont celles ayant rejoint l'Inde et ayant laissé ou ayant été obligées de laisser derrière elles leur maison au Pakistan occidental après le 15 mars 1947 inclus, ou le Pakistan oriental après le 15 octobre 1946 inclus, en raison de troubles ou par peur de troubles ou à cause de la création de l'Inde et du Pakistan » (*Census of India, 1951, volume IV. Bombay, Saurashtra and Kutch. Part I*, p. 129).

6. *Census of India, 1951, volume IV. Bombay, Saurashtra and Kutch. Part I*, p. 219.

dans le négoce. Pour loger ces réfugiés, le gouvernement de la province fit voter une *Bombay Land Requisition Ordinance* dès 1947, mais bien des propriétaires gardaient secrets leurs biens immobiliers. Les logements libérés par les musulmans partis au Pakistan offraient une autre ressource, mais ces derniers n'étaient pas assez nombreux. Bien des réfugiés furent donc installés, à partir d'avril 1948, dans une garnison située à la périphérie de Bombay (près de Kalyan, à 65 kilomètres de la ville) dont le gouvernement indien fit le cœur d'une agglomération nouvelle, Ulhasnagar, dite « la ville de la joie », inaugurée par le président de la République, Rajendra Prasad, en 1949[1]. En fait, les 80 000 réfugiés qui s'entassaient encore dans le camp en 1953 trouvaient leurs conditions de vie fort difficiles du fait de l'insalubrité des lieux (en partie responsable d'épidémies de tuberculose), du manque d'eau et de l'isolement (le camp ne disposerait d'une gare qu'en 1956)[2]. Prompts à rebondir économiquement grâce à leur sens de l'entreprise et à leurs réseaux, les Sindhis établirent pourtant très vite leurs propres affaires et s'installèrent en ville dès qu'ils le purent – conformément à leur habitus citadin de « Karachites ». On comptait 100 000 Sindhis dans la ville de Bombay dès 1948 et le double en 1952-1953 (auxquels il faut alors ajouter les 100 000 habitants de Ulhasnagar)[3]. Excellents entrepreneurs de bâtiments et travaux publics, ils y construisirent eux-mêmes des « *housing societies* » (immeubles en forme de coopératives) comme, dès les années 1950, la Navjivan Society (La Société de la vie nouvelle) à Mahim. Les Sindhis s'intégrèrent aussi à la vie politique, les leaders du Congrès qui avaient officié à Karachi le faisant maintenant dans leur ville d'adoption, comme Jethi Sipahimalani, l'ancien président de l'assemblée du

1. Lentin S., « The making of Bombay's mini Sindh », *Gateway House*, 24 août 2017.

2. Comme le montre une enquête sociologique réalisée par C. N. Vakil, un professeur de l'université de Bombay (Bhavnani N., *The Making of Exile…*, *op. cit.*, p. 185).

3. *Ibid.*, p. 198.

Sindh qui devint président de celle de la province de Bombay. Mais les Sindhis, qui reprochaient volontiers au Congrès à la fois la Partition (dont le Mahtama Gandhi, à leurs yeux trop faible face à Jinnah, aurait été responsable) et leurs conditions de vie de réfugiés, ne soutenaient pas le parti autant que les autres citoyens de la ville[1]. Comptant surtout sur leurs propres forces, une fois fortune (re)faite, ils développèrent leurs propres institutions caritatives et éducatives (hôpitaux Jaslok et Hinduja, collèges Jaihind, Kishinchand et National). L'État de Bombay aida toutefois les enseignants du D. J. Sind College de Karachi réfugiés à Bombay à retrouver une place au sein de l'université, grâce notamment aux relations que l'un d'entre eux, T. M. Advani, entretenait avec Morarji Desai, le chef du gouvernement de la province entre 1952 et 1956. Celui-ci permit au Jai Hind College de voir le jour près de Churchgate au début des années 1950. Advani fut ensuite nommé président (Vice-Chancelor) de l'université de Bombay en 1957[2]. Résultat : Bombay pouvait légitimement être considérée comme « la capitale culturelle des Sindhis hindous de l'Inde d'après la Partition[3] », malgré le petit pourcentage de la population de la ville qu'ils représentaient.

Non seulement le nombre de réfugiés hindous n'était pas important, mais celui des musulmans qui avaient fui la ville restait limité. Si, en 1951, les hindous de Bombay étaient un peu plus de deux millions, les musulmans étaient pour leur part plus de 400 000[4], contre 250 000 en 1941[5]. En valeur relative,

1. *Ibid.*, p. 229.

2. « The child of Partition », *Mumbai Mirror*, 15 août 2011. Sur T. M. Advani, voir l'autobiographie de son fils, Indru Advani, *Sur les pas d'Indru Advani dans l'Asie en mutation*, Paris, Riveneuve, 2009, p. 90-97.

3. Bhavnani N., *The Making of Exile…*, *op. cit.*, p. 198.

4. *Census of India, 1951, volume IV. Bombay, Saurashtra and Kutch. Part I*, p. 188-189. La minorité parsie est beaucoup plus petite, mais ses 70 000 ressortissants pèsent d'un poids plus considérable étant donné son rôle économique.

5. *Census of India, vol. 1, India, Part 1, Tables*, Delhi, Government of India, 1943, p. 86.

leur poids ne diminua que de deux points et demi de pourcentage, de 16,9 à 14,5 %. La Partition s'était certes traduite par le départ vers Karachi de représentants de l'élite musulmane de Bombay. Outre Jinnah qui avait déjà élu domicile dans sa ville natale, Karachi, avant 1947, des leaders de la Ligue musulmane, des hauts fonctionnaires et nombre d'hommes d'affaires quittèrent les lieux. Mais dans le cas de ces derniers il ne s'agissait pas d'un exode – comme cela put être le cas au Gujarat qu'un nombre considérable de commerçants musulmans désertèrent pour s'installer dans les villes du Sind[1]. Dressant la liste des « 20 familles » qui dominaient les milieux d'affaires pakistanais à partir des années 1960, Stanley Kochanek n'en trouve que trois originaires de Bombay. Il explique cette anomalie par le « caractère cosmopolite » de la ville dont les deux grandes organisations patronales – la Bombay Millowners Association et la Indian Merchant Chambers – étaient à ce point « non-sectaires » que les hommes d'affaires musulmans locaux n'avaient pas même éprouvé le besoin de se doter de leur propre organisation jusqu'en 1944 (à la différence de ce qu'ils avaient dû faire à Calcutta, par exemple). La Ligue musulmane n'était pas parvenue à attirer ni dans ses rangs ni au Pakistan des hommes d'affaires musulmans de Bombay en grand nombre[2]. Le principal groupe familial musulman à avoir quitté la ville fut celui qu'y avait créé Esmail Habib en 1921 sous le nom de « Habib & sons ». La « Habib Bank » devait jouer un rôle clé dans le financement du Pakistan. Ahmed Dawood, le fondateur du « Dawood Group », migra lui aussi de Bombay à Karachi[3].

1. Kochanek S., *Interest Groups and Development : Business and Politics in Pakistan*, Karachi, Oxford University Press, 1983, p. 22.

2. En 1944, I. I. Chundrigar, un pilier du parti de la ville, écrivait à Jinnah que Mohamed Husein Hasham Premji – le père d'Azim Premji, l'actuel PDG de Wipro – ne souhaitait pas rejoindre la Ligue et l'invitait à se rabattre sur un homme d'affaires de Surat pour prendre pied dans les milieux économiques.

3. Cragg C., *The New Maharajahs : The Commercial Princes of India, Pakistan and Bangladesh*, Londres, Century, 1996, p. 68.

Si ces individualités feraient bien sûr défaut à la communauté musulmane, celle-ci n'avait pas été décapitée à Bombay comme dans d'autres villes du nord de l'Inde. Outre les Memons, les deux autres grandes communautés marchandes de cette minorité – les Bohras et les Khojas – ne prirent pas la route de l'exil, loin de là. Un pilier de la Bombay Muslim Chambers of Commerce – qui avait finalement été fondée en 1944 à la demande de Jinnah[1] –, Habib Rahimtoola[2], partit certes au Pakistan, mais son frère Fazal resta à Bombay où il devint président de l'association du prestigieux Saint Xavier College.

Côté Khojas, si le chef de la communauté, l'Aga Khan III, avait rejoint la Ligue musulmane, il migra en Suisse, et non au Pakistan, et son petit-fils, au moment de lui succéder, en 1958, à l'âge de dix-neuf ans, prononça à Bombay un discours d'intronisation renouant avec la tradition indophile de sa communauté. Après avoir rappelé que c'est à Bombay, soixante-treize ans plus tôt, que son grand-père avait été intronisé chef de sa communauté[3], il présenta les Khojas comme « un segment relativement petit de l'immense et complexe marqueterie qu'est l'Inde moderne ».

Un autre symbole de la fidélité des entrepreneurs musulmans à la ville de Bombay n'est autre que Khwaja Abdul Hamied, le fondateur, en 1935, de CIPLA, la grande firme pharmaceutique aujourd'hui leader du médicament générique. K. A. Hamied avait été élu en 1937 à l'assemblée de la

1. Talha N., « Indian Muslims in British India : Towards economic nationalism and economic independence », *Strategic studies*, n° 30-1/2, 2010, p. 253-268 et Zaidi Z. H. (dir.), *Quaid-I-Azam Mohammad Ali Jinnah Papers – 1 October 1943-31 July 1944*, Second series, vol. X, Islamabad, Government of Pakistan, 2004, p. 683.

2. Habib Rahimtool fut président du Bombay Muslim League Parliamentary Board for Local Bodies de 1945 à 1947.

3. Merchant M., « His Highness the Aga Khan on the importance of Mumbai and India to his family and the Ismaili community. March 11, 1958 : The Aga Khan's takhtnashini speech », Barakah, 16 février 2018.

présidence de Bombay sur le siège de « Bombay City » réservé aux musulmans – une circonscription que Jinnah considérait comme sa chasse gardée mais où il échoua à faire élire son protégé[1]. Il devait le garder jusqu'en 1952, tout en faisant prospérer son entreprise qui devint un fleuron de l'industrie pharmaceutique de la ville.

Un couple symbolise l'omniprésence des musulmans dans le Bombay d'après 1947, celui formé par le professeur N. L. Ahmed et son épouse, Qamar Nayar Ahmed. Le premier serait le principal du prestigieux Elphinstone College de 1949 à 1957 et la seconde, député du Congrès, représentant la circonscription de Byculla, de 1962 à 1967. Signe que la tradition d'hospitalité de Bombay ne se démentait pas, le professeur Ahmed était originaire d'Uttar Pradesh, tandis que son épouse venait d'Hyderabad[2].

Les musulmans continuèrent donc, après 1947, d'occuper une place de choix à Bombay. Hormis les monuments emblématiques de la ville que sont toujours la Jama Masjid ou Haji Ali Dargah, le lieu de culte soufi le plus visité de la ville, des communautés musulmanes des plus variées vivaient dans des quartiers entiers. L'un des plus caractéristiques demeurait Bhendibazaar, une zone presque exclusivement habitée par des musulmans depuis des générations. Mais musulmans et hindous cohabitaient dans bien d'autres lieux de la ville, dans les quartiers ouvriers notamment. Là, des musulmans vivant sous le seuil de pauvreté – ou presque – et des Dalits (ex-intouchables) encore moins bien lotis en général se retrouvent souvent côte à côte.

1. Masood N., « Khwaja Abdul Hamied. Father of indigenous modern pharmaceutical industry of India », *Aligarh movement*.

2. Je remercie Naheed Ahmed, leur fille, pour ces informations.

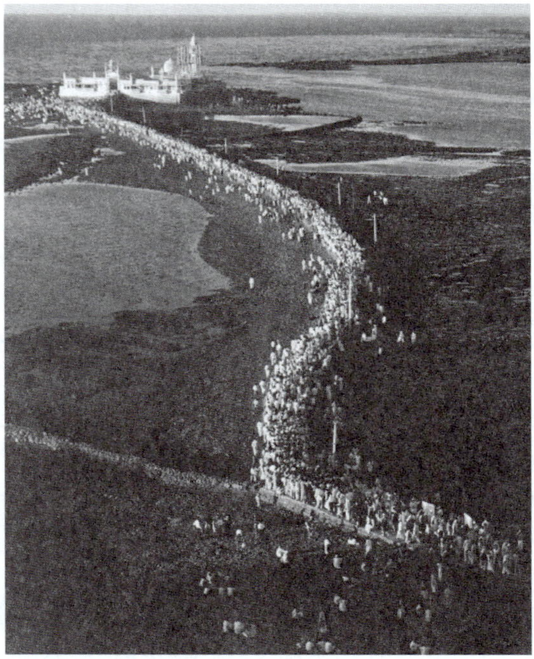

Illustration n° 17 : Des pèlerins visitant Dargah Haji Ali Shrine dans les années 1940.

Peinture, littérature, musique, cinéma… une capitale culturelle inattendue

La Bombay des années 1940-1950 dément les stéréotypes, car la ville n'est pas seulement la vitrine économique et financière de l'Inde : c'est aussi une ville d'art. Qu'il s'agisse de littérature, de peinture, d'architecture ou de cinéma, elle fait preuve d'un dynamisme qui, lui aussi, enjambe l'année 1947.

L'audace créatrice de nombreux écrivains et peintres s'est d'abord incarnée dans le Progressive Artists Group. Ce « groupe » qui vit le jour à Bombay en 1947 est considéré comme le point de départ de l'art contemporain indien[1] en raison de son effort pour dépasser

1. Ithurbide C., *Mumbai hors cadre. Une géographie de l'art contemporain en Inde*, Paris, ENS éditions, 2022.

les académismes européens et le revivalisme de l'école du Bengale[1]. Initié par Francis Newton Souza, il comptait aussi dans ses rangs M. F. Husain, S. H. Raza, K. H. Ara, S. K. Bakre, T. Mehta et H. A. Gade qui avaient en commun, non seulement la jeunesse et le fait d'être sans le sou, mais aussi la soif d'originalité[2]. L'un d'entre eux, Raza, se souvint, bien des années plus tard, à quoi ressemblait leur entreprise : « Nous étions profondément partagés entre les idées des académies occidentales et l'art indien né de la Renaissance bengalie qui avait réveillé notre intérêt pour notre propre tradition[3]. » Le « groupe » tint sa première exposition au Salon de la Bombay Art Society en 1949. Dans le catalogue, Souza expliquait : « Aujourd'hui nous peignons en toute liberté tant du point de vue du fond que de la technique, d'une manière presque anarchique. [...] Notre art s'est forgé au fil des années à partir de notre seule volonté ; à partir de nos couilles et de nos cerveaux[4]. »

Les six artistes du PAG s'étaient rencontrés à la J. J. School of Art, le creuset de l'art moderne à Bombay – et même en Inde, en dépit de sa longue histoire[5]. Ils incarnaient la diversité de cette ville de migrants : Husain était un musulman du sud du

1. Sur le PAG, l'ouvrage de référence reste celui de Yashodhara Dalmia, *The Making of Modern Indian Art : The Progressives*, Delhi, Oxford University Press, 2002.

2. Dalmia Y., « From Jamsetji Jeejeebhoy to the Progressive Painters », *in* Patel S. et Thorner A. (dir.), *Bombay. Mosaic of Modern Culture*, Bombay, Oxford University Press, 1995, p. 188.

3. Raza S. H., « Point of Creation », par Shirin Bahadurji, *Bombay Magazine*, 7-21 mars 1984, cité dans Dalmia Y., « From Jamsetji Jeejeebhoy... », art. cit., p. 190.

4. F. N. Souza, dans le Exhibition Catalogue of the Progressive Artists, Bombay, 7 juillet 1948, cité dans Dalmia Y., « From Jamsetji Jeejeebhoy... », art. cit., p. 191.

5. La Jamsetji Jeejeebhoy School of Art a été créée en 1857 par un notable parsi qui lui a donné son nom. Sur cette école, voir Kelkar N. M., *Story of Sir J. J. School of Art, 1857-1957*, Bombay, Government of Maharashtra–Sir J. J. School of Art, 1969.

Maharashtra arrivé à Bombay en 1937 et ayant décidé de ne pas quitter l'Inde pour le Pakistan[1]. Souza était né à Goa dans une famille catholique et arrivé, lui, en 1924. Mehta était originaire d'une famille chiite du Gujarat, de même que Bakre lui aussi Gujarati, mais hindou. Raza, originaire du Madhya Pradesh, était musulman, quant à Ara, de caste intouchable (Dalit), il venait d'Andhra Pradesh. Ce cosmopolitisme « intra indien » se doublait cependant d'un second, renvoyant à des connections internationales. Les artistes du PAG faisaient en effet également partie des réseaux de von Leyden et Langhammer[2], le premier finançant les travaux de Ara tandis que le second, qui transforma sa maison de Malabar Hill en atelier d'artistes, leur montrait « les reproductions d'œuvres de Raphaël, El Greco, Monet, Cézanne à côté de miniatures rajputs, moghols et persanes afin de les exposer à divers styles... ». De fait, le PAG servit de trait d'union entre Bombay et le reste du monde artistique. Raza s'installa d'ailleurs à Paris où il exposa à la galerie Saint-Placide dès 1952 et à la galerie Raymond Creuze l'année suivante, avant de recevoir le prix de la Critique à Paris en 1956[3]. Il fut rejoint dans la capitale française par Akbar Padamsee, un autre peintre de Bombay qui venait d'entrer dans le cercle du PAG. Les peintres de Bombay établissent aussi un lien privilégié avec le Mexique grâce à Satish Gujral, un réfugié du Punjab occidental au moment de la Partition – dont le frère deviendra Premier ministre de l'Inde –, qui avait obtenu une bourse pour étudier dans ce pays auprès de Diego Rivera et David Siqueiros.

Si le PAG fut officiellement dissous en 1956, il aura marqué la ville de son empreinte. De tous ses membres, M. F. Husain, qui avait commencé comme peintre d'affiches de cinéma, a sans doute influencé le plus durablement la scène artistique de Bombay

1. Maheshwari M., *Art Attacks : Violence and Offence-Taking in India*, New Delhi, Oxford University Press, 2019, p. 211.

2. Jain M., « The Progressives Owe it to the Jews », *DNA*, 10 mars 2010.

3. Jehangir Sabavala avait exposé au Salon national indépendant dès 1950.

– comme en témoigne la fresque ornant aujourd'hui encore le hall du Taj Mahal Hotel, dans le sud de la ville[1].

Illustration n° 18 : Dessin de M. F. Husain, artiste peintre.

« Bombay South » – BoSo comme aiment à dire ceux qui comparent ce quartier à Soho – abrita dès les années 1950 des galeries privées bénéficiant du mécénat de grandes familles industrielles. C'est là – avec les quelques musées que compte la ville, dont le fameux Prince of Wales Museum – qu'on trouve le « district artistique »[2]. Le quartier où se concentrent les artistes, plus précisément, est celui de Kala Ghoda, où se situe la Jehangir Art Gallery, fondée en 1952. Créée par le mécène parsi Cowasji Jehangir, le Prince

1. Husain aussi incarne le cosmopolitisme artistique de la Bombay des années 1950. Après 1951, ses œuvres furent exposées à Paris, Zurich, Prague, Venise et au Brésil (Maheshwari M., *Art Attacks…*, *op. cit.*, p. 212).

2. Sur cette notion clé de la géographie urbaine, voir Ithurbide C., *Mumbai hors cadre…*, *op. cit.*

of Wales Museum et le gouvernement provincial, cette galerie devint le lieu d'exposition publique le plus important de Bombay. Cette dynamique se poursuivit dans les années 1960 avec l'ouverture, en 1963, de la Chemould Art Gallery et de la Pundole Art Gallery où exposèrent M. F. Husain, R. Kumar, F. N. Souza et A. Padamsee[1].

Kala Ghoda abrite aussi deux lieux emblématiques de la vie artistique bombayite nés juste avant l'indépendance, en 1946 : le Chetana Centre où se retrouvaient artistes, musiciens et écrivains autour d'un café et la grande maison d'édition Marg, fondée par l'écrivain Mulk Raj Anand, l'un des pionniers de l'édition artistique en Inde[2].

De l'art pictural à la littérature, il n'y a qu'un pas, et Anand en fut le passeur attitré. De fait, la littérature a aussi ses lettres de noblesse à Bombay, et sur le mode, à nouveau, de la révolte contre tous les conservatismes. Dès sa session inaugurale à Lucknow, en 1943, on l'a vu, la All India Progressive Writers' Association (AIPWA) avait décidé de transférer son siège à Bombay[3], une relocalisation qui s'explique par l'influence des communistes à la fois sur la ville et sur l'Association. S. A. Dange, le grand leader du Parti communiste indien, très cultivé, chercha à utiliser les arts pour conscientiser les masses. Le théâtre était ici appelé à jouer un rôle clé. En 1943 toujours, les communistes de la ville créèrent ainsi la Indian People's Theater Association (IPTA). L'année d'après, Amar Shaikh, D. N. Gavhankar et Tukaram (Annabhau) Sathe fondaient la Red Flag Artists' Troupe.

La PWA et l'IPTA reposaient sur des artistes qui manifestaient « une vision juvénile et cosmopolite mêlée à un goût pour le réalisme et au désir de dénoncer les injustices sociales ainsi

1. « Art Galleries in Mumbai », en ligne sur Universal Adventures.

2. Catherine Ithurbide montre dans son livre combien Anand aura contribué à l'effervescence des arts – et de l'architecture dans le Bombay des années 1950.

3. Shaikh J., *Outcaste Bombay*..., *op. cit.*, p. 85.

que les croyances et coutumes démodées[1] ». Si le PWA était un mouvement national, il jouissait d'une présence significative à Bombay où Chugtai, Krishan Chander, Majrooh Sultanpuri, Ali Sardar Jafri, Sahir Ludhianvi, Kaifi Azmi, Josh Malihabadi étaient tous très actifs[2]. Notons que plus de la moitié de ces artistes étaient des musulmans qui écrivaient d'ailleurs souvent en ourdou, une langue quasiment identique au hindi à l'oral, mais empruntant l'écriture et des éléments de vocabulaire de l'arabe et du persan.

À la pointe de l'innovation littéraire, Bombay s'illustre aussi par ce que Guy Poitevin appelle « le nouveau roman » en langue marathi dont B. Nemade, professeur à l'université de Bombay, s'est « fait le théoricien et le pionnier »[3]. Son premier roman, *Kosla* (1963), ouvre une voie qui sera suivie par bien d'autres, cette école traitant de « réalités tacitement interdites jusque-là : la langue parlée, la sexualité, la difficulté de vivre d'individus confrontés à leur société, la réalité crue des existences et des sentiments, la vie moderne qui exténue », et tout cela avec Bombay pour cadre.

Les Dalits apportèrent leur pierre à cet édifice littéraire, sous l'impulsion d'Ambedkar, dont nous analyserons plus loin la place qu'il tient dans le Bombay d'après 1947. En 1946, celui-ci créait le Siddharth College et, en 1950, la Siddharth Literary Association, puis un système de bourses pour envoyer de jeunes Dalits étudier à l'étranger – comme il l'avait fait lui-même. Il s'agissait de créer une classe d'intellectuels dalits en Inde[4]. En 1953, 14 étudiants en bénéficièrent. L'un d'entre eux, M. N. Wankhede, ne put être du voyage, mais parvint tout de même, près de dix ans plus tard, à rejoindre les États-Unis sur une bourse Fulbright. En maîtrise à

1. Prakash G., *Mumbai Fables*, *op. cit.*, p. 129-130.
2. *Ibid.*, p. 131.
3. Poitevin G., « La littérature marathie », *in* Jaffrelot C. (dir.), *L'Inde contemporaine. De 1950 à nos jours*, Paris, Fayard, 2008, p. 848.
4. Shaikh G., *Outcaste Bombay…*, *op. cit.*, p. 129.

l'université d'Indiana, puis en thèse à celle de Floride, il découvrit la littérature noire (« nigro sahitya ») et, à son retour, en 1966, la fit connaître à travers son fameux article « Les Dalits écrivent une littérature rebelle » (*Dalitano virodhi vangmay liha*).

Le milieu ambedkariste devint alors le creuset d'une littérature nouvelle appelée « Dalit ». Guy Poitevin insiste sur le caractère pionnier de ce mouvement : « Pour la première fois en Inde, à commencer par le Maharashtra, on tord le cou à la littérature elle-même parce qu'il faut dire que la culture, c'est parfois aussi la mort de l'homme »[1]. Les auteurs dalits expriment alors chacun à sa façon ce qu'être vu comme une bête par les autres peut signifier pour les victimes du stigmate de l'intouchabilité. Leurs textes se font à ce moment-là l'écho d'un quotidien des plus sordides que le style autobiographique permet de formuler d'une manière plus réaliste que la poésie ou la fiction[2].

La première Dalit Sahitya Sangh (Association de littérature dalit) fut fondée le 15 août 1950 à Bombay par A. S. Ranpise et Bhausaheb Adsul[3], deux disciples d'Ambedkar[4]. Mais cette initiative ne prit vraiment son essor que cinq ans plus tard sous l'impulsion des pionniers Annabhau Sathe et Shankarrao Kharat. Sathe prononça d'ailleurs le discours inaugural de la *First Dalit Literary Conference* organisée en 1958 par l'association[5]. Il n'y décrivait pas seulement la dure condition des « ex-intouchables » (une

1. Poitevin G., « La littérature Dalit des opprimés », *in* Jaffrelot C. (dir.), *L'Inde contemporaine*..., *op. cit.*, p. 534.

2. Voir le cas de Daya Pawar. Pednekar A. N. et Deosthale A., « Daya Pawar (1935-1996) », *Indian Literature*, vol. 40, n° 3, 1997, p. 146-154.

3. Pawar J. V., « The history of Marathi Ambedkarite Literature », *Forward Press*, 13 avril 2013.

4. L'ajout du mot « Maharashtra » alors que la province qui portera ce nom n'existe pas encore est révélateur de l'ancrage de cette littérature dans la langue Marathi. En termes de lieux, l'épicentre de la littérature dalit était d'ailleurs la Mumbai Marathi Grantha Sangrahalaya.

5. Bhat-Behere A., « "We stood up against the establishment" : An Interview with Raja Dhale », *Journal of Postcolonial Writing*, vol. 53, n° 1-2, 2017, p. 141.

formule consacrée en Inde, sur le mode de l'euphémisme, à la suite de l'abolition de toute discrimination de caste dans la Constitution de 1950), mais visait à réhabiliter leur humanité alors, disait-il, que les Dalits étaient souvent présentés dans la littérature marathie comme des animaux[1].

Les auteurs dalits s'employèrent ainsi à dépeindre la condition des plus opprimés de la manière la plus réaliste qui soit. Sathe ne fait rien d'autre dans ses textes très crus, comme *Fakira* qui décrit la révolte vaine d'un membre de la caste Matang (ex-intouchable). Tous les genres littéraires sont explorés, de la poésie (avec W. Nimbalkar, Daya Pawar, A. Dangle, N. Ingale, U. Randhir, T. Sapkale, P. Chendavankar, J. V. Pawar, K. Meshram) à l'autobiographie avec Daya Pawar, P. Sonkamble et Kondvilkar, en passant, bien sûr, par le roman et la nouvelle (A. Sathe et S. Kharat[2]). De tous, Baburao Bagul est sans doute le plus complet à travers ses poésies, ses nouvelles (dont le recueil *Jevha Mi Jat Chorli Hoti* – Pourquoi je dissimule ma caste, 1963[3]) et ses romans, dont *Maran Swasta Hot Ahe* (La mort coûte de moins en moins cher, 1969) qui montre le sort réservé aux prostituées, aux vidangeurs et aux lépreux des bidonvilles[4].

1. Je remercie Santosh Gade pour sa traduction de ce discours du Marathi vers l'anglais. Sathe prononce aussi ce jour-là une phrase promise à une postérité controversée : « La vieille croyance [hindoue] suivant laquelle le monde repose sur la tête de Sheshnag [le serpent sacré] est fausse. Il ne doit son équilibre qu'aux mains des Dalits et des travailleurs. » Certains exégètes marxistes omettront en effet de mentionner le mot « Dalits » lorsqu'ils citeront cette phrase. D'autres, comme Dhale, soutiennent que le mot « workers » n'avait pas même été prononcé par Sathe (Bhat-Behere A., « "We stood up against the establishment"... », art. cit., p. 145, note 12.).

2. Maitreya Y., « Shankarrao Kharat's literary legacy : Giving words to the Dalit experience in Maharashtra », *FirstPost*, 8 octobre 2017.

3. Maitreya Y., « When I Hid My Caste : Baburao Bagul's short stories were steeped in his ideologically vibrant youth », *Scroll.in*, 1er septembre 2018.

4. Kain D., « For Baburao Bagul, Dalit Literature was about defiance in the face of suffering », *Forward Press*, 11 juillet 2020.

Bagul appelle aussi les Dalits à la révolte[1] et, ce faisant, prépare le terrain au mouvement des Dalits Panthers des années 1970 dont les leaders feront leurs premières armes au sein du « Little Magazines Movement »[2], c'est-à-dire grâce au regain de vitalité de petites revues littéraires[3].

La littérature dalit n'est pas la seule à dépeindre la dureté du Bombay des années 1950 avec une créativité nouvelle. Manto, dans ses textes, le fait aussi, mais il conjugue noirceur et gaieté, un mélange typique de cette période. Pour lui, arrivé d'Amritsar (Punjab) en 1936 pour tenir le secrétariat éditorial d'un hebdomadaire de critiques de films (*The Painter*), Bombay est la ville où tout est possible. Exilé volontaire au Pakistan, il s'en rappelle en 1951 avec une nostalgie consommée :

> Bombay m'a accueilli, un marginal errant, rejeté même par sa famille. Elle m'a dit, « Tu peux vivre heureux ici pour deux centimes ou dix mille roupies par jour. Ou si tu préfères, tu peux être la personne la plus triste au monde à n'importe quel prix. Ici, tu peux faire ce que tu veux, et personne ne te trouvera étrange. Ici, personne ne te dira ce que tu dois faire. [...] Peu m'importe si tu vis sur le trottoir ou dans un magnifique manoir. Peu m'importe que tu restes ou que tu partes. Je serai toujours là. » [...] Là-bas, j'ai gagné une ou deux roupies par jour, puis des milliers – des centaines de milliers – et là-bas j'ai tout dépensé. J'adorais ça – et je l'adore toujours[4] !

1. Zelliot E., « A Note on Baburao Bagul », *Journal of South Asian Literature*, vol. 17, nº 1, 1982 ; Satyanarayan K. et Susie Tharu S. (dir.), *The Exercise of Freedom : An Introduction to Dalit Writing*, New Delhi, Navayana Publishing, 2013.

2. Bagul lui-même crée l'une de ces revues littéraires, *Aamhi*, en 1971.

3. Le premier de ces magazines, *Asmitadarsha*, créé en 1967, a été lancé par des auteurs de haute caste qui ont ouvert leurs colonnes aux Dalits. Voir Murugkar L., *Dalit Panther Movement in Maharashtra. A Sociological Appraisal*, Bombay, Sangam Books, 1991, p. 50 et p. 58.

4. Cité dans Reeck M., « Introduction », *in* Manto S. H. (dir.), *Bombay Stories*, Delhi, Random House, 2012, p. XXXVI.

L'œuvre de Manto s'inscrit dans un genre littéraire que son traducteur et exégète Matt Reeck qualifie de « Bombay fiction », un genre où la ville apparaît comme protectrice, accueillante et surtout tolérante : au-delà des codes culturels et des conventions sociales, les êtres y découvrent la liberté. Les nouvelles de Manto sont d'ailleurs peuplées de femmes libérées – qui fument comme des hommes et s'adonnent aux plaisirs de la vie. Cependant, la frontière entre liberté et licence, entre plaisir et déchéance, est vite franchie et nombre de femmes sombrent, broyées par la grande ville. Au reste, les prostituées sont les personnages fétiches de l'auteur – joyeuses et sinistres à la fois –, brûlant la vie par les deux bouts, parfois dès l'adolescence. Les hommes, eux, s'adonnent volontiers à l'alcool – sous les effets duquel Manto succombera d'ailleurs prématurément.

Si Manto est le premier à jeter sur les bas-fonds de Bombay une lumière crue montrant les dégâts du proxénétisme et de l'alcool, autant que de l'adultère et de la promiscuité dans les quartiers ouvriers, l'atmosphère de ses écrits – rarement sordides – est rendue légère par l'insouciance d'une jeunesse qui s'enivre des chansons des films hindis dont Manto écrit d'ailleurs nombre de scripts pour la compagnie Filmistan. Les personnages de Manto sont animés de sentiments – à commencer par l'amour –, loin des conventions sociales et cela fonde leur humanité, finalement comparable à celle de la ville.

Le genre théâtral fit aussi preuve d'une vitalité remarquable à Bombay – toujours sur le mode du réalisme social – et, à partir de 1960, avec l'aide du gouvernement. Mais un nom, celui de Vijay Tendulkar, domine l'histoire de la scène marathie à partir des années 1950. Tendulkar incarne le progressisme littéraire à travers toutes ses pièces, de *Mānoos Nāwāche Bet* (L'homme est une île (1958) à *Gashiram Kotval* (Le préfet de police, 1973) en passant par *Khāmosh ! Adālat Jāri Hai* (Silence ! La Cour !, 1968). S'inspirant, dans cette dernière œuvre, du théâtre populaire marathi, avec chœur et narrateur, Tendulkar y dénonce l'arbitraire politique, la corruption et toutes les formes de domination[1]. Mais il s'agit d'une œuvre « glocale » car l'histoire est tirée d'une pièce de Friedrich Dürrenmatt, *Die Panne* (1956). Le théâtre de rue, inspiré des mêmes traditions populaires, est mis au goût du jour par bien des hommes de théâtre pour conscientiser par l'exemple un peuple encore trop peu prompt à la révolte aux yeux de l'*intelligentsia* de gauche, comme on le verra plus bas.

Sur la scène musicale – où les musiques de film figurent en bonne place –, c'est le jazz, déjà notoire avant-guerre, qui rayonne. Là encore, on est frappé par le caractère cosmopolite de la ville, ou, pour être plus précis, de Bombay South, car, à nouveau, c'est entre Churchgate Street (rebaptisée depuis Veer Nariman Road) et la Flora Fountain que se concentrent les boîtes de jazz qui portent toutes des noms étrangers, comme Venice, Bombelli's – dont le propriétaire était suisse –, Napoli, The Talk of the Town, Gaylord's etc. Bombay attirait alors des talents internationaux, à commencer par Dave Brubeck en 1958[2] et Duke Ellington en 1963[3]. Outre ces vedettes, la ville accueillit plus durablement des jazzmen de couleur qui avaient quitté les États-Unis dans l'entre-deux-guerres pour jouer leur musique librement. Ce cosmopolitisme, comme pour les peintres, se greffa sur un multiculturalisme local déjà remarquable. La plupart des orchestres étaient en effet composés de catholiques – nombre d'entre eux originaires de Goa, comme Toni Pinto dont le quintet comptait aussi deux juifs[4]. Le rôle croissant des Goanais dans le jazz, lié à l'importance traditionnelle du chant – d'Église notamment – pour cette communauté, explique que cet art musical se soit peu

1. Poitevin G., « La littérature marathie », art. cit., p. 850.

2. Dave Brubeck était tellement impressionné par les musiciens de Bombay qu'il souhaitait y enregistrer un disque avec eux. Fernandes N., « Morning you play different, Evening you play different », *in* Pinto J. et Fernandes N. (dir.), *Bombay, Meri Jaan...*, *op. cit.*, p. 311).

3. Dix ans plus tard, Ellington consacrera une page à Bombay dans ses mémoires, *Music is my mistress* (1973).

4. Pinto J. et Fernandes N. (dir.), *Bombay, Meri Jaan...*, *op. cit.*, p. 310.

à peu déporté vers Sonapur, leur quartier de la ville. En 1958, on dénombrait 341 clubs de jazz goanais[1] ! Empreints d'une grande religiosité, ils se concentraient principalement entre Dhobi Talao et Dabul. Cette localisation les rendait accessibles tant aux marins travaillant sur les docks qu'aux domestiques et aux cuisiniers qui faisaient leurs courses à Crawford Market. Le public était d'ailleurs d'extraction à peine plus populaire et plébéienne que ceux qui se produisaient sur scène. De tous les jazzmen d'origine goanaise, le plus fameux était Chic Chocolate, surnommé « le Louis Amstrong de l'Inde ». La longévité de certains groupes force l'admiration : celui de Micky Correa attira les foules de 1939 à 1961. Signe supplémentaire du cosmopolitisme de la ville, ces artistes semblaient « ne pas être complètement indiens. Ils parlaient un vilain patois hindi avec l'accent anglais. Ils se pomponnaient en portant des vêtements occidentaux. [...] Les femmes catholiques, en général, ne portaient pas de sari et montraient leurs jambes sans retenue [...]. [Celles-ci] avaient des petits copains et leurs parents n'y trouvaient rien à redire. Elles dansaient dans les nightclubs et attiraient les hommes, les conduisant à leur perte en leur promettant un monde où les sexes interagissaient plus librement, où les mariages arrangés n'étaient pas la règle et où l'amour n'était pas tabou[2] ».

Les Goanais jouèrent aussi un rôle clé dans l'industrie du film hindi à Bollywood. Naresh Fernandes est catégorique : « Les classiques du cinéma Hindi qui résonnaient à travers le sous-continent et dans les foyers indiens n'auraient jamais vu le jour sans les Goanais. [...] Grâce à leur héritage bi-culturel et leur connaissance du jazz, les Goanais donnèrent à la musique de Bollywood le charme de la liberté, glissant dans ses mélodies le swing de Dixieland, le fado des Portugais, des accents Ellingtoniens, du cha cha cha, des thèmes de Mozart et de Bach[3]. » Parmi les arran-

1. *Ibid.*, p. 314-316.
2. *Ibid.*, p. 321.
3. *Ibid.*, p. 322-323.

geurs, Frank Fernand et Sebastian D'Souza, qui officia à Bollywood de 1952 à 1975, étaient sans doute les plus demandés.

De tous, le septième art est toutefois celui qui connut sa période la plus faste dans le Bombay des années 1950. Cependant, le séparer des arts que nous venons d'évoquer – et en particulier de la musique et de la littérature – serait mal venu tant il s'en nourrit. Nombre d'auteurs et d'autrices écrivirent ainsi pour le cinéma, certains se faisant même cinéastes. Ismat Chughtai, qui rejoignit la PWA à ses débuts et fit scandale tant ses écrits donnaient à voir des femmes indépendantes et libres, se mit à écrire des scénarios dès les années 1940. Son *Ziddi* fut, en 1948, un gros succès de Bollywood, puis *Arzoo* en 1950. Elle devint metteuse en scène dans les années 1950 puis productrice. Ses romans, comme *Ajeeb Aadmi* (Un homme étrange) et *Jangli Kabootar* (Pigeons sauvages), finirent d'ailleurs par camper des figures – acteurs/actrices, producteurs etc. – de la scène cinématographique de Bombay. Lata Mangeshkar est le symbole d'un autre art propre à Bollywood : la chanson de film. Cette virtuose du playback, qui aura enregistré plus de 1 000 titres, devint une vedette dès 1950 avec *Raam Raam Pahune*.

Les studios de Bollywood, qui tournent à l'époque des « Hindi films » en plein pays marathe, reflètent – et amplifient – l'insouciance de l'époque[1]. Alors que le cinéma d'auteur bengali, sous la houlette de Satyajit Ray, faisait preuve d'un magnifique réalisme social, la troupe (très familiale) de Raj Kapoor vendait du rêve. C'est ainsi qu'*Awaara* (Le Vagabond), en 1951, mit en scène la romance improbable d'un pauvre hère et d'une fille de notable – prouvant qu'à Bombay tout est possible ! Outre un succès record en termes de recette, le titre phare « Awaara houn mein ! » (« Je suis un vagabond !) serait fredonné à travers toute l'Inde.

1. Notons que le cinéma marque aussi la ville de son empreinte à travers des salles au style (parfois art déco) inimitable depuis l'époque coloniale (voir Muhidine E., *Cinéma de Bombay. La fabrique collctive du rêve*, Paris, Éditions Mimésis, 2024).

Le film qui reflète le mieux l'atmosphère du Bombay des années 1950 est toutefois *Taxi Driver* (1954). On y retrouve le goût de la ville pour la liberté et sa diversité sociale et culturelle : dans un club pour ouvriers, Doston ka Adda, dont le propriétaire (comme nombre d'employés) est chrétien, un chauffeur de taxi hindou, appelé « Hero », venu du Nord hindiphone, retrouve au quotidien un musulman, son meilleur ami. Sylvie, chrétienne, une habituée du lieu qui campe une femme moderne, n'hésite pas à flirter ouvertement avec Hero qui ne souhaite rien d'autre qu'être son ami. Gyan Prakash, dans son livre sur Bombay, observe que « les tendres interactions entre Sylvie et Hero, dans une atmosphère de communication des plus détendues entre les sexes et les communautés religieuses donnent tout leur sens à l'univers du club en termes à la fois sociologiques et émotionnels [...] Doston ka adda, un modèle de convivialité urbaine et d'ouverture d'esprit semble une métaphore du monde moderne et culturellement hybride de Bombay[1] ».

Quelques années plus tard, en 1959, Raj Kapoor tournait un film bien différent, *Shri 420*. Certes, le héros est, comme dans *Awaara*, inspiré du Charlot de Charlie Chaplin et l'intrigue se déroule toujours à Bombay, mais cette fois le personnage principal est un fraudeur professionnel qui n'inspire aucune sympathie tandis que la ville a des allures malfaisantes. Kapoor utilise alors « la grande, mauvaise ville comme une métaphore de la culture de corruption du moment, qui contredisait l'idéal nationaliste [du mouvement pour l'indépendance][2] ». Cette image de la ville se retrouve dans un film sorti la même année, *Fleur de papier*, le chef-d'œuvre de Guru Dutt, qui montre le milieu cinématographique de Bombay sous un jour très sombre.

Cet aperçu de la scène intellectuelle et culturelle du Bombay des années 1940-1950 (voire 1960) ne serait pas complet si nous

1. Prakash G., *Mumbai Fables*, *op. cit.*, p. 155-156.

2. Cité dans Gangar A., « Films from the City of Dreams », *in* Patel S. et Thorner A. (dir.), *Bombay. Mosaic...*, *op. cit.*, p. 217.

n'évoquions pas les médias. La presse joue en effet un rôle majeur dans l'espace public de la ville dont elle façonne et reflète à la fois la diversité. Toutes les sensibilités s'y expriment. Le *Times of India*, créé en 1838, fait ici figure d'institution, voire de monument historique. En 1946, à la veille de l'indépendance, Ramakrishna Dalmia, une personnalité centrale des milieux d'affaires de Bombay, le racheta. Le groupe comptait alors non seulement un supplément gratuit consacré à Bombay, mais aussi un hebdomadaire fort populaire, *The Illustrated Weekly of India*, et *Femina*, un titre créé en 1959 qui traitait surtout de style de vie, de santé, de beauté et de vedettes[1]. Ces deux publications à succès propageaient l'image de la grande ville, y compris sous l'angle de la liberté des mœurs. En témoigna, à partir de 1964, le « Femina Miss India Pageant » (un concours de beauté féminine organisé à l'échelle nationale) qui prenait le relais des premiers « Miss India Pageants » organisés à Bombay dans les années 1950.

À gauche, *Blitz* occupait une place à part : cet hebdomadaire développa un discours anti-capitaliste et même tiers-mondiste, soutint Nehru contre les conservateurs du Congrès (comme Morarji Desai) et accueillit même dans ses colonnes des chroniqueurs communistes. Fondé en 1941 par un riche parsi de Bombay, Rusi Karanjia, dans les années 1950, *Blitz* donnait souvent le « la » des débats d'opinion[2].

Ville d'art et de culture, le Bombay des années 1950 fut aussi le lieu où s'installèrent d'importantes institutions éducatives et de recherche appelées à moderniser l'Inde indépendante. Sous l'impulsion de Nehru, convaincu de la capacité de la science à développer le pays, l'Inde se dota alors d'instituts technologiques, les fameux « IITs » (Indian Institutes of Technology), équivalents des grandes écoles d'ingénieurs françaises. Bombay accueillit dès 1958 le deuxième IIT à voir le jour dans le pays. Son campus définitif, dont Nehru posa la première pierre le 10 mars 1959, se situait à Powai,

1. Prakash G, *Mumbai Fables*, *op. cit.*, p. 7.
2. *Ibid.*, p. 164.

à l'époque à l'extérieur de la ville. Cette institution, où l'on retrouve les matières dans lesquelles l'Inde excellait déjà (les mathématiques, la physique-chimie, etc.), illustre à sa manière le caractère cosmopolite de la ville. Née sous les auspices de l'Unesco, avec l'aide financière et technique de l'URSS et de quelques pays occidentaux (comme les États-Unis, la Grande-Bretagne et l'Allemagne), elle reçut quelques étudiants étrangers, et une douzaine d'enseignants venus d'ailleurs (dont un Américain et un Yougoslave).

À côté de ces institutions publiques, d'autres, privées, virent le jour grâce à la force de frappe financière des milieux d'affaires de la ville qui, transformés en philanthropes à l'époque coloniale, continuèrent de jouer ce rôle. C'est ainsi que le Tata Institute of Social Sciences (dont les origines remontent à 1936) se vit reconnaître le statut d'université en 1964. Quant au Tata Institute of Fundamental Research créé en 1945, il trouva un prolongement logique dans l'Atomic Energy Establishment que le grand physicien, Homi Bhaba, fonda en 1954 avec l'aide du gouvernement de Nehru – il sera rebaptisé Bhaba Atomic Centre après sa mort en 1966.

Une scène politique et sociale bigarrée, mais sous tension

La vitalité du multiculturalisme de Bombay et l'anticonformisme de ses artistes vont de pair avec l'extrême diversité d'une scène politique des plus animées. Si la ville, jusqu'aux années 1960, reste dominée par le parti du Congrès – une formation hégémonique mais elle-même plurielle –, la gauche, dans ses variantes tant communistes que socialiste, y est très puissante du fait d'un mouvement syndical ancien et de ses liens avec une forte tradition ambedkariste. Mais diversité n'est pas synonyme d'harmonie et l'échiquier politique recèle de vives tensions à l'origine de répressions récurrentes.

Le Congrès, dominant mais (ou parce que ?) divisé

Au lendemain de l'indépendance, le Congrès domine la vie politique de Bombay à l'instar du reste de l'Inde – et de la même façon : en regroupant des courants de pensée d'une diversité extrême. Lors des élections de 1951-1952, qui visaient à désigner à la fois les assemblées des États fédérés (dont celle de l'État de Bombay[1]) et la chambre basse du parlement national, le parti fut plébiscité dans la capitale économique du pays. D'une part, il apparaissait comme celui qui avait conquis l'indépendance (d'où son principal slogan : « Congre ne kya kiya ? Desh ko Azad kiya ! », « Qu'a donc apporté le Congrès ? Il a libéré le pays ! »)[2]. D'autre part, le Congrès bénéficiait d'un atout maître en la personne de Nehru dont le *meeting* électoral de Chowpatty Beach fut un triomphe[3]. Le taux de participation record qu'enregistra Bombay – 70 %[4] – lors de ces premières élections au suffrage universel contribua au succès du parti qui rafla 23 des 27 sièges que comptait la ville dans l'assemblée régionale, avec plus de 47 % des voix. Le parti socialiste, avec 28 % des suffrages et 2 sièges seulement, était loin derrière[5].

1. Après l'indépendance, « Bombay Presidency » fut rebaptisée « Bombay State ». Cette province ne différait de la précédente que d'un point de vue : elle incorporait les États princiers dont la gestion avait jusque-là été laissée aux Maharajahs et autres Nawabs.

2. Cité dans Venkatarangaiya M., « Bombay City », *in* Kogekar S. V. et Park R. L. (dir.), *Reports on the Indian General Elections 1951-1952*, Bombay, Popular Book Depot, 1956, p. 56.

3. Ramchandra Guha, dans son *opus magnum*, *India after Gandhi*, cite *in extenso* le compte rendu d'un journaliste hostile à Nehru qui ne peut nier l'immense affection que lui porte le peuple, en souvenir du combat pour l'indépendance, des souffrances partagées, et de Gandhi – toutes choses que Nehru invoque avec émotion dans son discours. Guha R., *India after Gandhi : The History of the World's Largest Democracy*, Delhi, Picador, 2007, p. 142-143.

4. *Ibid.*, p. 145.

5. Venkatarangaiya M., « Bombay City », art. cit., p. 60-61.

Si la Partition ne fut pas, à Bombay, une rupture aussi radicale qu'ailleurs du fait de la persistance d'un certain multiculturalisme, au plan politique aussi la continuité le dispute au changement, tant, après 1947, les hommes au pouvoir et leurs politiques demeurèrent semblables à ce qu'ils étaient avant. À la tête du gouvernement de l'État, on retrouvait le même chef du Congrès qu'en 1937, B. G. Kher, et à la tête du parti de la ville, S. K. Patil, qui dominait le Bombay Pradesh Congress Committee (BPCC) depuis la fin des années 1930.

Le BPCC était le seul comité régional à coïncider avec les frontières d'une ville, en reconnaissance de l'implication de cette dernière dans le mouvement anti-colonial et de sa singularité, lié à son cosmopolitisme. V. M. Sirsikar observe que certes le Maharashtra Provincial Pradesh Committee (MPCC), représentant le reste de la province de Bombay, « n'appréciait pas l'existence de cet "État dans l'État". Mais le BPCC n'en avait cure, car il jouissait du soutien, puissant, de la grande bourgeoisie de Bombay et du leadership agressif de S. K. Patil. [...] D'où un conflit inévitable et permanent entre, d'une part, la direction du BPCC soutenue par les riches milieux marchands et magnats de l'industrie et, d'autre part, les chefs du MPCC dont la base, rurale, se recrutait parmi les masses paysannes[1] ».

Patil était en effet l'homme fort du Congrès de Bombay grâce au soutien des milieux d'affaires. Secrétaire général du BPCC dès 1938-1939, année où le Congrès remporta les élections municipales, il resta le leader du groupe des élus municipaux jusqu'en 1952 et le président du BPCC (dont il avait déjà été le secrétaire général pendant dix-sept ans) pendant dix ans, à partir de 1947, jusqu'à ce qu'il rejoigne le gouvernement de Nehru en 1957[2].

1. Sirsikar V. M., « Maharashtra. Politics of linkage elites », *in* Narain I. (dir.), *State Politics in India*, Bombay, Meenakshi Prakashan, 1976, p. 225.

2. Patil S. K., *My Years with Congress*, Bombay, Parchure Prakashan Mandir, 1991, p. 15-16. Faiseur de roi, Patil indique dans ses mémoires : « J'ai été l'architecte de l'élection d'une douzaine de maires » (p. 21).

En 1949, Patil cumula cette fonction avec celle de maire de Bombay, une charge qu'il garda trois ans – un record quand on sait que le titulaire de la fonction remettait alors son mandat en jeu tous les ans. En 1951, il devint député de « Bombay Sud », la circonscription la plus riche de la ville. Entré au gouvernement de Nehru en 1957, il ne se désintéressa pas pour autant des affaires de « sa » ville – il était d'ailleurs connu sous le nom de « king of Bombay »[1].

Patil représentait l'aile conservatrice de son parti, incarnée depuis les années 1930 par son mentor, Vallabhbhai Patel, le Vice-Premier ministre de l'Inde de 1947 à sa mort en 1950. Patel était à la fois proche des milieux d'affaires, porté au traditionalisme hindou et un fervent promoteur de l'autorité de l'État. La proximité de Patil avec Patel, qui voyait dans ce dernier « l'âme » du Congrès de Bombay[2], devint évidente en 1949 lorsque le second demanda au premier de faire campagne pour un candidat à la présidence du Congrès, P. Tandon, réputé pour son conservatisme social et culturel[3]. Les affinités entre Patel et Patil tenaient également à leur proximité avec les milieux d'affaires – qui résidaient en grand nombre dans la circonscription du dernier considéré d'ailleurs comme la « poule aux œufs d'or » du Congrès[4]. Cela allait de pair avec les relations étroites qu'il entretenait avec les Gujaratis de la ville. Patil était également proche des États-Unis – au point que l'ambassadeur des États-Unis en Inde considérait qu'il était « [leur] homme »[5]. Pour toutes ces raisons, Nehru – chantre du non-alignement –, connu pour ses vues progressistes, n'accorda jamais sa confiance

1. *Ibid.*, p. 27-28.

2. Ankit R., « Bombay "city boss", Congress party treasurer, and union cabinet minister from Nehru to Indira : Sadashiv Kanoji Patil (1898-1981) », *India Review*, vol. 22, n° 3, 2023, p. 336.

3. Patil S. K., *My Years with Congress*, *op. cit.*, p. 50.

4. *Parliament of India. Fourth Lok Sabha Who's who*, New Delhi, Lok Sabha Secretariat, 1967, p. 218.

5. Ankit R., « Bombay "city boss"… », art. cit., p. 335.

à cette figure de la ville dont il désapprouva d'ailleurs le choix de candidats du Congrès très conservateurs lors des élections de 1951-1952.

Signe du pluralisme de la ville et de la vitalité du « système Congrès[1] », le parti était toutefois également connu pour son aile gauche, incarnée par des proches de Nehru, à commencer par Krishna Menon. Que Menon soit devenu – dans une circonscription voisine de celle de Patil – l'un des députés de Bombay dans les années 1950 témoigne d'ailleurs en soi du cosmopolitisme et du progressisme de cette métropole où il n'avait jusque-là aucune attache[2]. Originaire du Kérala actuel, Menon avait fait de brillantes études à Londres où il avait découvert le socialisme. Nommé ambassadeur (Haut-Commissaire selon la terminologie propre aux pays du Commonwealth) à Londres en 1947, il prit la tête de la délégation indienne à l'ONU en 1949 puis devint ministre sans portefeuille dans le gouvernement Nehru. En 1957, il se fit connaître par le discours fleuve (cinq heures le 23 janvier et trois heures le lendemain) qu'il prononça à l'ONU pour défendre la position indienne sur le Cachemire. À peine était-il de retour en Inde que celui qu'on surnommait désormais « le héros du Cachemire » entama sa campagne dans la circonscription de Bombay Nord où il avait été parachuté. Cette circonscription, regroupant les quartiers de Mahim, Bandra, Kurla, Chembur, Parle, Andheri et Borivli, formait un Bombay (donc une Inde !) en miniature : on y trouvait à l'époque 280 000 Maharashtriens, 140 000 Gujaratis, 100 000 migrants d'Uttar Pradesh, 75 000 autres venus du Sud, 20 000 Sindhis,

1. Cette formule, que l'on doit à Rajni Kothari, reflète la capacité du parti, dans les années 1950-1960, à dominer la scène politique grâce à son pluralisme interne, un pluralisme tel que, dans certaines régions où il était au pouvoir, le parti contenait sa propre opposition. Voir Kothari R., « The "Congress System" in India », *Asian Survey*, vol. 4, nº 12, 1964, p. 1161-1173.

2. Ramesh J., *A Chequered Brilliance. The Many Lives of V.K. Krishna Menon*, Delhi, Penguin, 2019.

80 000 musulmans et 100 000 chrétiens[1]. Menon l'emporta malgré l'hostilité de S. K. Patil et du Congrès de Bombay en général qui n'appréciaient guère cet homme de gauche. Lors des élections suivantes, en 1962, ce clivage éclata au grand jour. Si Menon était à nouveau le candidat du Congrès, c'était grâce à Nehru. Il ne pouvait compter sur les cadres du parti au niveau local (à l'époque dirigé par un Gujarati, B. M. Yagnik), à commencer par Patil, très réticents à attaquer le candidat rival de Menon, Acharya Kripalani, un ancien lieutenant de Gandhi[2]. Si ce dernier disposait du soutien des partis de droite (Swatantra Party, Jana Sangh) et d'une fraction des socialistes (le Praja Socialist Party), Menon était, lui, le candidat désigné, non seulement du Congrès du Maharashtra et de son leader, le chef du gouvernement du Maharashtra, Y. B. Chavan, mais aussi des communistes. Menon l'emporta haut la main et devint ministre de la Défense dans la foulée. Mais Patil aussi fut élu, ces deux députés aux idéologies antagonistes symbolisant la diversité, pour ne pas dire la division, prévalant alors au sein du Congrès de Bombay – à ce moment-là, un atout du parti qui lui permettait de « ratisser » plus large.

Une gauche forte, à la fois socialiste et communiste

Bombay, qui avait été le berceau du communisme en Inde dans l'entre-deux-guerres, demeura dans les années 1940 un bastion communiste, le PCI faisant fructifier l'héritage de son engagement syndical remontant aux années 1920. C'est d'ailleurs à Bombay que le Parti communiste indien établit son siège en 1943, l'antre de son secrétaire charismatique, P. C. Joshi, un homme de culture qui contribua, comme Dange, à faire de l'IPTA « un puissant mouvement culturel[3] ».

1. Palmer N. D., « The 1962 Election in North Bombay », *Pacific Affairs*, vol. 36, n° 2, 1963, p. 123.
2. *Ibid.*, p. 126 et p. 124.
3. Prakash G., *Mumbai Fables*, *op. cit.*, p. 131.

Mais les communistes aussi étaient divisés à Bombay, comme le montre la rivalité qui opposait les deux grandes figures du communisme indien qui dominaient la scène syndicale et politique de la ville dans les années 1950-1960, Ranadive et Dange. B. T. Ranadive, né à Dadar (un quartier alors situé à la périphérie de Bombay) en 1904, avait fait ses études au Wilson College avant d'être initié au marxisme par son oncle qui, lui, avait étudié en Allemagne[1]. Attiré par l'action syndicale, alors même que, brahmane de la classe moyenne, il était étranger au monde ouvrier, il avait été élu secrétaire du syndicat des cheminots, la GIP Railwaymen's Union, en 1929, année où sa participation à une grève générale l'envoya en prison pour un an : il y retourna pour plus de temps encore, de façon récurrente, pendant les années 1930. C'est lui qui hissa le drapeau rouge lors de l'inauguration du siège du PCI à Bombay. Ranadive fut également le premier communiste bombayite à occuper des fonctions nationales, lorsqu'il fut élu secrétaire général du PCI en 1948. La stratégie révolutionnaire qu'il impulsa – se traduisant par des insurrections violentes, notamment dans le Telangana et au Bengale – fut toutefois désavouée par Moscou, et bien d'autres cadres du parti, qui le poussèrent à la démission. Dès lors, à partir de 1950, il se concentra sur sa ville de Bombay.

S. D. Dange – lui aussi de caste brahmane, mais d'origine rurale puisqu'issu d'une famille ayant migré de son village natal à Bombay lorsqu'il avait cinq ans – est l'autre grand nom du communisme local. Influencé par la Révolution russe de 1917 – et la figure de Lénine –, Dange avait participé à la fondation du PCI en 1925. Comme Ranadive, il s'était aussitôt investi dans l'action syndicale, au risque de faire plusieurs séjours en prison, où il passa de nombreuses années. En 1943, il avait été porté à la tête du grand syndicat communiste qu'était devenu le All India Trade Union Congress pour un an. À la différence de Ranadive, Dange croyait moins à la révolution qu'au processus démocratique

1. *Life and teaching of Com. B.T. Ranadive*, A CITU Publication, 2004.

pour améliorer la condition du prolétariat[1]. Dès 1946, il fut candidat – et élu – à l'assemblée de la présidence de Bombay[2]. En 1947, il fut à nouveau élu à la tête de l'AITUC pour plusieurs années, comme secrétaire général ou président. Hostile à la ligne de Ranadive, il plaida sa cause à Moscou en 1950 avec succès, à un moment où l'URSS s'apprêtait à soutenir Nehru. Son programme l'emporta finalement et en 1951 le PCI disputait les premières élections générales. À Bombay toutefois, Dange fut un candidat malheureux, le PCI n'en réalisant pas moins des scores de plus en plus encourageants aux élections municipales où il gagna 4 sièges en 1952, 13 en 1957 et 18 en 1961 – ce qui le fit passer au deuxième rang, derrière le Congrès.

Au-delà de la compétition électorale, les années 1950 virent se structurer un écosystème communiste qui prospéra non seulement grâce aux cadres et aux militants du PCI, mais aussi à l'action syndicale dans laquelle ils continuaient de s'investir. D'autres personnalités locales s'affirmèrent ainsi, à commencer par un couple qui resterait des décennies durant sur la scène politique et sociale de Bombay, Ahilya et P. B. Rangnekar. La première, sœur cadette de Ranadive, avait entamé son action syndicale parmi les ouvriers du textile dès 1943 et adhéré au PCI la même année. Cet engagement allait de pair avec un combat féministe qu'elle mena d'abord pour les ouvrières de Parel – un quartier ouvrier, à l'époque – puis, au niveau national, à travers la All India Democratic Women's Association. Mais son ancrage local resta toujours premier, comme l'atteste son statut d'élue locale de sa circonscription pendant dix-neuf ans à partir de 1957[3]. Cela ne l'empêcha pas de se faire arrêter – comme tant

1. Sur les débats internes au Parti communiste indien, qui conduiront le parti à renoncer à la stratégie insurrectionnelle, voir Graff V., *Les Partis communistes indiens*, Paris, Presses de la Fondation des Sciences Politiques, 1975, p. 33.

2. *Parliament of India. Fourth Lok Sabha Who's who*, *op. cit.*, p. 106-107.

3. La date de sa première élection varie suivant les sources, certaines indiquant que celle-ci serait intervenue en 1961. Voir « Comrade Ahilya Rangnekar » en ligne sur Communist Party of India (Marxist), 19 avril 2009 et Dhawale A.,

d'autres communistes – lorsque la Chine déclara la guerre à l'Inde en 1962, « les rouges » étant alors soupçonnés de sympathies transnationales. Ahilya avait épousé en 1945 un leader étudiant, P. B. Rangnekar, qui avait rejoint le PCI en 1932 et était devenu le premier secrétaire de la All India Students Federation, le syndicat étudiant communiste, avant d'officier comme responsable du siège du PCI dans ses nouveaux locaux, inaugurés en 1960, de Janashakti, au cœur du quartier ouvrier de Worli[1]. À côté du parti, les communistes animaient donc la scène syndicale et bien des mouvements de défense des femmes qui multipliaient les manifestations à travers la ville.

À gauche, les socialistes représentaient une force plus grande encore que les communistes, même s'ils étaient apparus près de dix ans plus tard. Le « Bombay Socialist Group » avait en effet vu le jour en 1933, ce qui en faisait une force pionnière du socialisme indien. Ce n'est d'ailleurs pas au Bihar – comme on le pense souvent – qu'était née l'idée de créer un parti socialiste au sein du Congrès, mais à Bombay, sous l'impulsion d'hommes et de femmes que décevait le conservatisme de l'entourage du Mahatma Gandhi et qui organisèrent la première réunion du Congress Socialist Party[2]. En 1948, ce parti socialiste sortit du Congrès à regret, à la suite du vote – lors de la session de Bombay, précisément, du All India Congress Committee le 24 avril – d'un amendement aux statuts du « Grand Old Party » aux termes duquel aucun de ses membres ne pouvait appartenir à une organisation ayant son propre programme.

Parmi les fondateurs du Parti socialiste figuraient bien des personnalités de la ville, à commencer par Yusuf Meherally, le fils d'un riche industriel. Malgré cette ascendance de nanti, il prit

« Comrade Ahilya Ragnekar : An Intrepid Revolutionary », *People's Democracy*, 17 juillet 2022.

1. Dhawale A., « Comrade P. B. Ragnekar : A Centenary Tribute », 20 décembre 2012.

2. Ali Q., « Seventy-Five years of Socialist Movement in India », *Janata*, vol. 64, n° 17-20, 18 octobre-8 novembre 2009.

fait et cause pour la classe ouvrière et contre les Britanniques. Ayant créé la Bombay Youth League en 1928, Meherally participa à toutes les manifestations du Mouvement pour l'indépendance, y compris le Quit India Movement, ce qui lui valut quelques séjours en prison – il s'y trouvait encore lorsqu'il fut élu maire de Bombay en 1942. Sa mort prématurée, en 1950 – il avait quarante-sept ans –, « suscita la même émotion dans l'opinion que ses slogans. La ville qui ne s'arrête jamais, Bombay, se figea un temps pour honorer la mémoire d'un homme qui avait donné sa vie et son sang pour le bien de la nation[1] ». Minoo Masani joua lui aussi un rôle moteur dans la constitution du Parti socialiste à Bombay. Fils d'un notable parsi de la ville qui en avait été le commissaire municipal, Masani avait été avocat au barreau de Bombay avant de participer lui aussi au mouvement Quit India et de devenir également maire de la ville. Il avait opté pour le socialisme afin, comme il l'expliquait à son ami Nehru, de faire pression sur un Congrès par trop « droitier[2] » à son goût. Masani adhéra finalement au projet de la droite, mais d'autres leaders socialistes de Bombay formés dans le cadre du mouvement pour l'indépendance continuèrent de porter cette idéologie. Bien des intellectuels figuraient parmi eux, pour la plupart basés à l'université de Bombay. M. L. Dantawala, professeur d'économie dès les années 1930, qui avait suivi Gandhi – et même l'avait conseillé –, rallia par exemple les fondateurs du mouvement socialiste en Inde, Jaya Prakash Narayan et Ram Manohar Lohia.

Mais, dans les années 1950, l'étoile montante du socialisme à Bombay était le syndicaliste George Fernandes. Originaire de Mangalore, Fernandes était arrivé à Bombay en 1949 : il venait de

1. « Yusuf Meherally », *Unsung Heroes Detail*, en ligne sur Azadi Ka Amrit Mahotsav.

2. Voir aussi Ali Q., *Founders of the Socialist Movement in India*, cité dans « Book Extract : Socialist Movement in India Is a Saga of Splits and Differences », *The Wire*, 15 février 2023.

quitter le séminaire (il n'avait pas la vocation) et se retrouva dans la ville qui faisait rêver tant de migrants sans le sou[1]. Quelques années plus tard il se rappelait : « Quand je suis arrivé à Bombay, je dormais sur les bancs de Chowpatty Sands. Au milieu de la nuit les policiers me réveillaient et me demandaient de partir[2]. » Trouvant à s'employer sur les docks, il y rencontra Placid D'Mello, lui aussi chrétien et originaire de Mangalore, qui avait rejoint Bombay, comme tant d'autres, pour travailler au port. Il y avait organisé les dockers, avant de créer des syndicats de cheminots, d'ouvriers d'usine, d'employés municipaux etc.[3]. Fernandes trouva en lui un mentor. Dans son sillage, il s'efforça de fédérer les travailleurs, organisant des grèves et des manifestations qui lui valurent de passer – comme tant d'autres – du temps en prison. Sa popularité ne fit qu'augmenter : en 1958, il succédait à D'Mello (mort d'une crise cardiaque) à la tête d'une nébuleuse de syndicats avant d'entrer au Conseil municipal de Bombay en 1961.

Bombay, à la fin des années 1940, n'abritait pas un, mais deux partis socialistes. Né d'une scission du Congrès, à l'instar du Parti socialiste, et quelques semaines après lui, au printemps 1948, le Peasants and Workers Party procédait moins, quant à lui, de la tradition marxiste que de celle – si forte en pays marathe – du mouvement anti-brahmane. Son fondateur, Keshavrao Jedhe, était d'ailleurs un disciple de J. Phule, le premier leader de basse caste de la région. Jedhe – un Maratha – et ses partisans (Marathas et Dalits pour la plupart) quittèrent le Congrès pour deux raisons. Ils désapprouvaient ses liens avec les milieux d'affaires et condamnaient la domination du parti par les brahmanes[4]. Le fait que les principaux soutiens de Jedhe se trouvaient en zone

1. *Parliament of India. Fourth Lok Sabha Who's who*, *op. cit.*, p. 151.

2. *Himmat*, Volume 4, R. M. Lala, 1974, p. 6, cité dans « Georges Fernandes », en ligne sur Wikipedia.

3. Prajapati S., « P. D'Mello : a great labour leader », en ligne sur *Socialist Express*, 26 juin 2020.

4. Patterson M., « Caste and political leadership in Maharashtra », *Economic and Political Weekly*, 5 septembre 1954, p. 1067.

rurale explique le nom du parti[1]. Mais cela n'empêcha pas le PWP de s'implanter à Bombay d'une manière plus durable que le Parti socialiste, un signe de plus du rôle clé de la caste dans la construction des cultures politiques de la ville.

Aux élections régionales de 1951-1952, le Parti socialiste fut toutefois le seul, à gauche, à remporter plus d'un siège – 3 au total, sur 27 (contre 21 au Congrès) –, dans les circonscriptions de Tardeo, Shivdi et Lower Parel. Le seul autre parti d'opposition à tirer son épingle du jeu était la Scheduled Castes Federation (SCF), le parti d'Ambedkar qui remporta le siège de Lower Parel réservé aux ex-intouchables.

Un haut-lieu du mouvement ambedkariste

En 1947, Bombay était la capitale du mouvement dalit, non seulement parce que des milliers d'intouchables avaient convergé vers elle dès le XIXe siècle pour s'y embaucher dans les usines ou sur les docks, mais aussi parce que leur leader incontesté, B. R. Ambedkar, comptait parmi ses personnalités les plus éminentes. Il y avait fait ses études, au prestigieux Elphinstone College, avait pratiqué le droit au barreau de la ville dès 1922, y avait enseigné (au Sydenham College), y avait siégé comme élu à l'assemblée régionale dès 1937, y avait créé deux partis politiques, l'Independent Labour Party (1935) et la Scheduled Castes Federation (1942). Tout au long de ces années, il y avait défendu les classes laborieuses, en créant un syndicat des employés municipaux, le Bombay Municipal Kamgar Sangh en 1935, et en luttant, en vain, en 1938, contre le *Industrial Disputes Bill* introduit par le Congrès pour limiter le droit de grève. Cette année-là, la branche bombayite de l'ILP accueillait 4 000 membres[2].

1. Nalawade V. N., *Shetkari Kamgar Sangh (Peasants and Workers Organization)*, Shivaji University, sans date.

2. Les informations contenues dans ce paragraphe proviennent toutes de Jaffrelot C., *Dr Ambedkar*..., *op. cit.*

Après l'indépendance, Ambedkar résida moins à Bombay qu'à Delhi, où il était à la fois à la tête du comité chargé de rédiger la Constitution de l'Inde (jusqu'à sa promulgation en 1950) et ministre de la Justice du gouvernement Nehru. Mais sa présence n'en restait pas moins forte et son influence crût encore lorsqu'il revint s'installer à Bombay en octobre 1951 après avoir démissionné du gouvernement. Candidat, peu après, aux élections législatives dans la circonscription dite de « Greater Bombay », il se retrouva en concurrence avec deux autres ténors de l'opposition au Congrès, le socialiste Ashok Mehta et le communiste S. A. Dange, une lutte (en partie) fratricide qui permit au Congrès de remporter le siège. Dès lors, Ambedkar consacra l'essentiel de son temps à l'écriture et se convertit au bouddhisme. Il persuada même des centaines de milliers de Dalits de la province de le suivre dans sa démarche, en octobre 1956, quelques semaines avant sa mort le 6 décembre.

Dans les quartiers dalits et les bidonvilles de Wadala, Naigaon, Shivdi et Matunga, on « s'arrachait les publications [d'Ambedkar] », *Bahishkrit Bharat*, *Janata* ou *Prabudha Bharat*[1]. S'inscrire dans cette mouvance, pour une famille dalit de Bombay, impliquait bien des choses, à commencer par une valorisation extrême de l'éducation des enfants comme des adultes et l'apprentissage d'un nouvel ethos recouvrant à la fois une hygiène de vie (et même une propreté) impeccable et une mise vestimentaire tout aussi irréprochable. À partir de 1956 et de la conversion d'Ambedkar au bouddhisme, à Nagpur, en compagnie de centaines de milliers de ses partisans, être de ce mouvement signifiait aussi changer de religion et rompre avec l'hindouisme que Babasaheb (comme les Dalits appelaient Ambedkar affectueusement et respectueusement) considérait comme le creuset du système des castes.

Les disciples d'Ambedkar, à Bombay comme ailleurs, lui vouaient un véritable culte. « Son anniversaire était l'occasion

1. *Ibid.*, p. 314.

d'un défilé gigantesque où chacun portait ses plus beaux vêtements. En tête venait une immense photographie d'Ambedkar lui-même, posée sur un char à bœuf ou un camion. » Les Dalits prenaient alors possession de la ville. Ils le firent une dernière fois lors de ses funérailles qui témoignèrent d'une manière éclatante de sa popularité. Tous les Dalits qui étaient un tant soit peu politisés se souviennent de ce qu'ils faisaient quand ils ont appris la mort de leur guide et chef. Tous n'eurent qu'un désir, le voir une dernière fois. Lorsqu'on annonça que son corps serait ramené à Bombay, depuis Delhi, chacun fit ses préparatifs et la ville fut submergée par une foule en pleurs qui l'accompagna de l'aéroport à sa demeure, Rajgriha, puis de là au crématorium[1].

Se reconnaître dans la parole d'Ambedkar, c'était aussi, dans le Bombay des années 1940-1950, se mobiliser pour défendre ses droits. Les membres des castes affectés au nettoyage de la ville, les vidangeurs, furent les premiers à le faire après l'indépendance. En juillet 1948, 9 000 d'entre eux se mirent en grève pour obtenir de meilleurs salaires et de meilleurs logements. Le mouvement fut rapidement suspendu lorsque les autorités municipales assurèrent aux grévistes qu'ils avaient été entendus, mais il reprit en mai 1949, pour de meilleurs salaires et la gratuité du logement. Un tiers d'entre eux étaient logés dans des appartements d'une seule pièce, très insalubres, fournis par la municipalité, les autres étaient obligés de les louer. Quinze mille personnes se mobilisèrent, sous la houlette de la Bombay Municipal Employees' Union qu'avait créée Ambedkar. Le gouvernement de la province réagit par la répression. Le mouvement dura cent quarante jours puis s'effondra après la mort d'un des manifestants. Ce fut l'un des facteurs de la défaite

1. *Ibid.*, p. 274. D'autres témoignages mériteraient d'être cités, à commencer par celui de Daya Pawar, *Ma vie d'intouchable* (traduit du marathi par Jean-Luc Proffit et Madhuri Purandare, préface de Guy Poitevin, Paris, La Découverte, 1990, p. 192) ou de Shantabhai Kamble, « Mes souvenirs » (Kamble S. et Kamble B., *Paroles de femme intouchable*, préface de Guy Poitevin, Paris, Côté-femme, 1991, p. 116).

du Congrès lors des élections municipales de 1957, que remporta une coalition rassemblant les communistes, les socialistes et la Scheduled Castes Federation, qui devait se transformer en Republican Party of India (RIP).

Peu avant sa mort, Ambedkar avait en effet annoncé le remplacement de la SCF par le RPI qui vit officiellement le jour en 1957, plusieurs mois après sa disparition. Aux élections de 1957, le nouveau parti réalisa un très bon score à Bombay où l'un de ses chefs, P. T. Boral, le leader ambedkariste de la grève des employés municipaux, devint maire[1]. Depuis 1946, Borale militait pour la gratuité des logements[2], à l'instar d'un autre lieutenant d'Ambedkar, G. M. Jadhav, alias Madke Buva. Le RPI eut aussi à cœur de défendre les habitants des bidonvilles. En 1958, Borale créa la Republican Hutment Association. Le parti jouissait d'une indéniable popularité dans les quartiers populaires. Au point que même les prostituées dalit du quartier le plus interlope de Bombay, Kamathipura, se convertirent au bouddhisme le 15 mars 1959, sous la houlette d'un autre ambedkariste, Kisan Jadhav[3]. À partir de 1959, le RPI s'efforça toutefois de s'imposer dans les campagnes où il militait pour la redistribution des terres[4].

Milieux d'affaires et parti libéral

Si les travailleurs étaient si nombreux à Bombay – faisant de la ville un haut lieu de la gauche et du syndicalisme indien –, c'est que les capitalistes y avaient créé nombre d'usines dès le XIXe siècle et continuaient d'y prospérer malgré l'orientation réputée socialiste du gouvernement de New Delhi. Dans les années 1950, des représentants des milieux d'affaires de Bombay s'engagèrent contre

1. Shaikh J., *Outcaste Bombay…*, *op. cit.*, p. 104-105.
2. *Ibid.*, p. 43.
3. *Ibid.*, p. 128.
4. Gokhale J., *From Concession to Confrontation : The Politics of an Indian Untouchable Community*, Bombay, Popular Prakashan, 1993.

la politique de Nehru[1], notamment après l'annonce du deuxième plan quinquennal. Ce dernier se voulait particulièrement dirigiste, conformément à la volonté émise par le Congrès, lors de sa session annuelle de 1955, de créer un « type de société socialiste ». Les milieux d'affaires de Bombay furent les premiers à réagir au nom du libéralisme, une idéologie à laquelle la vieille élite industrielle de Bombay conduite par la famille Tata était plus attachée que les autres communautés économiques du pays[2].

De fait, J. R. D. Tata, qui avait pris les commandes du plus grand groupe privé indien en 1938 et qui résidait toujours dans une demeure familiale au nom des plus éloquents, « Bombay House », comme si la ville lui appartenait, avait plus à se plaindre que quiconque de la politique de Nehru[3]. Il était en effet victime de la nationalisation – totale ou partielle – de plusieurs de ses entreprises. En 1953, Tata Airlines, la compagnie que « J. R. D. », comme on l'appelait dans la presse, pilote d'avion lui-même, avait fondée en 1932, passa dans le giron de l'État – même s'il en restait le « Chairman » – pour devenir Air India. Puis ce fut le tour de la New India Assurance Company, créée par les Tatas en 1929 et ayant son siège à Bombay.

En 1956, A. D. Shroff, un collaborateur des Tatas qui avait dirigé l'India Assurance Company et fondé l'Investment Corporation of India ainsi que la Bank of India, avec l'aide d'autres acteurs du monde économique[4], créa un think tank, le Forum of Free

1. Chibber V., *Locked in Place : State-building and Late Industrialization in India*, Princeton, Princeton University Press, 2003.

2. Kochanek S., *Business and Politics in India*, Berkeley, University of California Press, 1974, p. 216.

3. Kuber G., *The Tatas : How a family built a business and a nation*, Noida, Harper Collins, 2019, p. 78-79.

4. Le Council of Management comptait ainsi dans ses rangs S. Anantharamakrishnan, S. K. Sen, M. A. Sreenivasan, S. Mohan Singh, N. Dandekar, M. R. Masani, S. J. Haji, Col. Leslie Sawhny, F. S. Mulla, T. M. Desai, K. C. Cooper, C. B. Parikh, F. P. Mehta, M. A. Master, C. M. Srinivasan et K. G. Khosla.

Enterprise (FFE), pour « former l'opinion publique de l'Inde à la libre entreprise ». Le Forum était surtout l'œuvre de M. R. Masani, un autre collaborateur de J. R. D. Tata, qui avait fait ses premières armes sous les couleurs socialistes avant de devenir viscéralement anti-communiste et très hostile à la politique économique de Nehru[1]. Le FFE lança une série de publications. Dans l'une d'elles, Shroff invitait les milieux d'affaires à lutter contre « le pouvoir illimité dont jouit l'administration, dans le cadre de laquelle une armée de plus en plus nombreuse de "petits Hitlers" a été créée[2] ». Le FFE bénéficiait aussi du soutien du Managing Director de Tata Electric Company, Homi Mody, également engagé contre les « intolérables fardeaux pesant sur ceux qui sont engagés dans la production de biens et de services[3] ». Nehru chercha à faire fermer le Forum[4], mais bien des leaders du Congrès de Bombay lui étaient favorables.

En 1959, les architectes du FFE s'associèrent à des représentants de l'aristocratie foncière (et même princière) ainsi qu'à des conservateurs ayant quitté le Congrès (comme Rajagopalachari, l'ancien gouverneur général de l'Inde entre 1947-1950) pour créer un nouveau parti politique, le Swatantra Party (Parti libéral) dont J. R. D. Tata, dans une lettre à Nehru, justifia la formation par ses efforts « pour éviter que le Parti Communiste reste la deuxième force au parlement[5] ».

À Bombay, les soutiens du Swatantra allaient bien au-delà des milieux d'affaires. On y trouvait notamment des héritiers du « patelisme », du nom de Vallabhbhai Patel. Le fils de Patel lui-même, Dahyabhai Patel, rejoignit le Swatantra où il faisait figure de vieux routier de la politique de Bombay après avoir

1. Erdman H. L., *The Swatantra Party and Indian Conservatism*, Cambridge, Cambridge University Press, 1967, p. 66.

2. Shroff A. D., *An Economic Review*, Bombay, Forum of Free Enterprise, 1957, p. 16.

3. Cité dans Kochanek S., *Business and Politics in India*, *op. cit.*, p. 221.

4. « About Us », en ligne sur *Forum of Free Enterprise*.

5. Cité dans Kuber G., *The Tatas*..., *op. cit.*, p. 112.

fait ses études dans la ville, il en avait rejoint le conseil municipal en 1939 – il y siégera dix-huit ans – avant d'en devenir maire en 1954, sous l'étiquette du Congrès qu'il quitta en 1957[1].

Le vice-président du Swatantra, K. M. Munshi, était aussi un Gujarati de Bombay, « un patéliste » patenté et un transfuge du Congrès, parti dont il avait été un poids lourd. Munshi – qui avait fait ses études à Bombay et avait occupé le poste de ministre de l'Intérieur dans le gouvernement provincial de 1937 à 1939 – ne résida pas souvent dans sa ville d'adoption au cours des années 1947-1950. Membre du Comité chargé de rédiger la Constitution indienne et ministre du gouvernement Nehru, il vivait surtout à Delhi. Mais il exerçait toujours une forte influence sur sa ville, où il s'installa à nouveau en 1959 lorsqu'il quitta le Congrès pour rejoindre le Swatantra.

L'épicentre des activités culturelles de Munshi à Bombay se situait depuis 1938 à la Bharatiya Vidya Bhavan, un haut lieu de la défense des traditions hindoues – qu'elles soient linguistiques (à travers la promotion de la littérature sanskrite), culturelles ou sociales. L'épouse de Munshi, Lilavati, qui avait fondé la Society for the Prevention of Unhealthy Trends in Motion Pictures in Bombay et représenta l'État de Bombay à la chambre haute indienne, la Rajya Sabha, de 1952 à 1958, introduisit dans cette assemblée, en 1954, une résolution interdisant les « scènes obscènes » et les « films indésirables ». C'est sur cette base que fut amendé le *Cinematograph Act* en 1959, faisant ainsi largement disparaître les images de baisers des écrans indiens.

1. Kothari U., « The political dynasty nobody is talking about : Sardar Patel's », en ligne sur *The Print*, 31 octobre 2018.

Caste, classe et communautés linguistiques : d'une inégalité à l'autre

Le pluralisme politique de Bombay, qui concentrait alors toutes les sensibilités que comptait le pays, était surtout le reflet de divisions sociales profondes. Ville plurielle où les communautés religieuses continuèrent de cohabiter après 1947, Bombay était en effet une terre de contraste en termes de castes, de classes et de communautés linguistiques.

Une ville ouvrière

Le Bombay des années 1950-1960 était une ville ouvrière en expansion, l'industrie faisant preuve d'un beau dynamisme. La main-d'œuvre industrielle y passa de 37 % de la population active en 1951 à 42 % en 1971[1]. L'industrie restait dominée par les usines textiles qui, dans les années 1970, produiraient plus d'un quart des vêtements de l'Inde[2]. Certes, les activités textiles de Bombay reposaient aussi sur des artisans, qui utilisaient des métiers à tisser manuels (*handlooms*) dans de petits ateliers ou chez eux, et sur des petits entrepreneurs qui faisaient travailler des ouvriers sur des métiers mécaniques (*powerlooms*). Mais les usines représentaient une part importante de la production totale et structuraient le milieu industriel de la ville et même sa géographie. Le centre de la cité, avec des quartiers emblématiques comme Lalbag, Parel, Dadar, Worli, Sewri, Tardeo, Byculla, tous hérissés de cheminées, était d'ailleurs appelé « Girangaon » (le village des usines).

Les « textile mills » étaient le fer de lance d'un secteur constitué, pour l'essentiel, de salariés qui jouissaient d'une grande sécurité

1. Deshpande S. et Deshpande L., « Work, wages, and well-being : 1950s to 1990s », *in* Patel S. et Masselos J. (dir.), *Bombay and Mumbai. The City in Transition*, Delhi, Oxford University Press, 2003, p. 65.

2. Wersch H. van, *The 1982-83 Bombay Textile Strike and the Unmaking of a Labourers' City*, New Delhi, Speaking Tiger, 2019, p. 184, note 52.

de l'emploi, d'assurances (maladie, accidents etc.), de congés (en cas de maternité notamment) et même d'une retraite. Ce secteur était aussi encadré par de nombreuses lois et bien des règlements visant à protéger les précaires, les *badli*, des non-salariés qui représentaient environ 1/5e de la force de travail[1] et qui trouvaient à s'embaucher à la journée en fonction des besoins de l'entreprise. Le *Decasualization Scheme* (1950) visa d'ailleurs à réguler le recours à cette main-d'œuvre flexible en obligeant les usines à ne faire travailler que ceux qui s'étaient fait enregistrer de manière à favoriser leur accès à l'emploi et à créer un vivier de quasi-intérimaires professionnels. Gérard Heuzé est formel : « Les ouvriers du textile de Bombay sont en 1950 les mieux lotis du sous-continent[2] », ce qui ne veut pas dire qu'ils vivent bien, nous le verrons.

Les usines textiles étaient des bastions d'un syndicalisme ouvrier qui s'adossait aux partis communistes et socialistes, mais aussi au Congrès. Le *Bombay Industrial Relations Act* de 1946 encadrant l'activité des syndicats était toutefois rédigé de manière à limiter le pluralisme syndical, seule *une* centrale bénéficiant de la reconnaissance officielle lui permettant de participer aux négociations de branche. Il s'agissait là d'une manœuvre du Congrès pour exercer une forme de monopole – et donc de contrôle sur la classe ouvrière. De fait, cette loi figea pour de très longues années les résultats des élections syndicales qui avaient eu lieu l'année précédente et qui avait donné la majorité au Rashtriya Mill Mazdoor Sangh (RMMS, Association nationale des ouvriers d'usine). Ce dernier, lié au Congrès de manière organique[3], fut reconnu comme le seul interlocuteur du patronat

1. *Ibid.*, p. 270.
2. Heuzé G., *Inde : La grève du siècle*, 1981-1983, Paris, L'Harmattan, 1989, p. 23.
3. La preuve en est que l'un de ses leaders, Shantilal Shah, d'origine gujaratie, a été élu sous l'étiquette du Congrès à l'assemblée de la province de Bombay de 1952 à 1966 – période au cours de laquelle il détient différents portefeuilles ministériels – avant d'être élu député de la circonscription de Bombay Nord-Ouest, toujours sous l'étiquette de Congrès (*Parliament of India. Fourth Lok Sabha Who's who*, *op. cit.*, p. 527-528).

et de l'État, au grand dam des « syndicats rouges », qui réclamaient des élections professionnelles pour vérifier le caractère représentatif (et majoritaire) du RMMS – ce que le gouvernement refusa[1]. D'où une première grève orchestrée en 1947 par le Mill Mazdoor Sangh (MMS, Association des ouvriers d'usine) sous la houlette du leader socialiste Ashok Mehta. Ce mouvement fut sévèrement réprimé, les grèves décidées par un syndicat autre que le RMMS étant illégales. En 1950, une nouvelle grève fut toutefois décidée par le MMS pour obtenir l'octroi de primes. Elle fut sévèrement réprimée par le gouvernement de Bombay au bout de deux mois. Le RMMS, par contraste, se montrait très peu revendicatif, au point d'exclure de ses moyens d'action le recours à la grève[2]. Cette décision détourna de ses rangs tellement de membres qu'il perdit son statut d'organisation représentative, jusqu'à ce que le Tribunal industriel (Industrial Court) le lui rende sous les pressions du gouvernement du Congrès. Si Bombay demeurait un bastion ouvrier et syndical, les organisations de gauche et la classe ouvrière qu'elles représentaient étaient en réalité prisonnières d'un carcan au service des patrons d'usine, pour la plupart proches du Congrès.

Acteur économique, la classe ouvrière était aussi un milieu social. Depuis le Raj, elle vivait dans des *chawls*[3]. Conçus, au XIXe siècle, comme on l'a vu, pour abriter des travailleurs migrants, ils furent peu à peu été adaptés aux besoins des familles[4]. Un processus toutefois très progressif : ville de migrants, Bombay

1. Wersch H. van, *The 1982-83 Bombay Textile Strike...*, *op. cit.*, p. 83.
2. Heuzé G., *Inde...*, *op. cit.*, p. 23.
3. Iyer K., *Bombay, from Precincts to Sprawl*, *op. cit.*, p. 124.
4. De nombreuses photos et plans de *chawls* figurent dans le mémoire de Letitia Allemand et Marie Sagnières, *Along Bombay's streets. On pavement dwellers and their homes*, mémoire de Master 3, EPFL-ENAC-SAR, janvier 2015. Voir aussi, pour les mêmes raisons, Titni Sanyal, *The Chawls and Slums of Mumbai : Story of Urban Sprawl*, mémoire de Master du programme d'architecture de l'université de Michigan.

resta longtemps une ville d'hommes. Le rapport entre les genres s'établissait à 574 femmes pour 1 000 hommes en 1951 (contre 807 au niveau de la province). Ce ratio n'évoluera que lentement, décennie après décennie, pour monter à 626 en 1961, 670 en 1971, 729 en 1981, 791 en 1991, 777 en 2001 et 832 en 2011[1].

Illustration n° 19 :
Vue du B.I.T. Chawl Complex à Byculla, Mumbai.

Après 1947, les *chawls*, accueillant de plus en plus de femmes (et de familles), se présentaient pour la plupart comme de vastes bâtiments d'un étage (ou deux) où se trouvaient des rangées de pièces exiguës le plus souvent dépourvus de sanitaires – ceux-ci était partagés par toute la « maisonnée » – et accessibles *via* un couloir extérieur en forme de balcon. Les familles habitant les rares *chawls* disposant d'une salle d'eau n'avaient pas pour autant

1. *District Census Handbook, Mumbai, Town Directory*, Mumbai, Maharashtra Directorate of Census operations, 2011, p. 40.

accès à l'eau, comme le montre Kiran Nagarkar dans un célèbre docufiction historique racontant la vie de deux enfants, Ravan et Eddie, dans le Bombay des années 1950-1960 :

> Vous quittiez le robinet avant d'aller vous coucher. Quand l'eau crachait et éclaboussait à 3, 4 ou 5 heures du matin, votre journée commençait. Vous maudissiez le ciel et remplissiez tous les récipients en vue et essayiez de faire votre toilette, et s'il restait un filet d'eau vous réveilliez les enfants et leur donniez un bain rapide[1]...

Dans certains cas, l'eau n'était accessible qu'au robinet collectif – il y en avait un pour deux *chawls*, ce qui impliquait de longues heures de queue.

Les *chawls* se trouvaient naturellement à proximité des fabriques textiles de Girangaon, le bien nommé « village d'usines ». Ironique étant donné l'urbanisation à marche forcée de Bombay, l'appellation de « village » n'est pas entièrement usurpée si l'on considère la culture du milieu ouvrier[2]. Fraîchement arrivés des campagnes, les travailleurs migrants conservaient leurs traditions à la fois culinaires et vestimentaires et leur patois avant de se mettre au « Bambaiya Hindi », la langue de Bombay – mélange de hindi, d'anglais et de marathi et fruit des flux migratoires en tous genres. Cette importation de la vie villageoise dans la grande métropole était d'autant plus vivace que le village demeurait l'espace de référence[3],

1. Nagarkar K., « The Great Water Wars », *in* Pinto J. et Fernandes N. (dir.), *Bombay, Meri Jaan*..., *op. cit.*, p. 85.

2. Cette question se retrouve ailleurs qu'à Bombay – et même ailleurs qu'en Inde (voir Glover W. J., « The troubled passage from "village communities" to planned new town developments in mid-twentieth century South Asia », *in* Rademacher A. et Sivaramakrishnan K. (dir.), *Ecologies of Urbanism in India. Metropolitan Civility and Sustainability*, Hong Kong, Hong Kong University Press, 2013, p. 93-117.

3. Saglio-Yatzimirsky M.-C., « Village dans la ville ou village imaginaire ? Communautés migrantes de Mumbai », *Purushartha*, n° 26, 2007, p. 190.

les migrants rentrant « chez eux » à l'occasion d'événements familiaux ou de fêtes ou rapportant rites et coutumes, notamment les fêtes religieuses.

L'une d'elles, Ganesh Chaturthi, est devenue un pilier de la culture de Bombay[1]. Le leader nationaliste du Congrès, B. G. Tilak, qui l'avait popularisée à la fin du XIXe siècle pour mobiliser les masses dans la rue en exploitant la religiosité hindoue, avait en effet organisé les premières célébrations dans les *chawls* de Parel[2]. Depuis, là comme ailleurs, des Ganeshotsav mandal (associations de quartiers de la fête de Ganesh) confectionnaient chaque année une statue de Ganesh, en papier mâché le plus souvent, avant de l'emmener en procession et de l'immerger dans la mer d'Oman. En 1947, les processions furent suspendues pour éviter les heurts inter-communautaires, Ganesh Chaturthi étant associée, depuis Tilak, à un certain militantisme hindou. Mais les célébrations reprirent en 1953[3].

La culture populaire s'incarnait aussi dans des lieux de convivialité comme les *khanavals*, où les migrants – pour la plupart célibataires – se retrouvaient autour d'un repas des plus rustiques. Elle s'exprimait enfin dans certains loisirs, souvent issus des villages cette fois, comme les *vyayamshalayas* (l'ancêtre de la salle de musculation où l'on soulève toutes sorte d'haltère et/ou s'adonne à la lutte). Plus ludique, le jeu de *kabaddi* (sorte de balle au prisonnier où le gagnant est celui qui parvient à toucher le maximum d'adversaires en retenant sa respiration et en répétant « kabaddi ») était fort populaire au sein de la jeunesse. Chaque *chawl* ou presque abritant un club, les tournois opposaient souvent des équipes culturellement assez homogènes. Car les *chawls* regroupaient fréquemment des communautés ayant en partage la

1. Saglio-Yatzimirsky M.-C., « Fêter Ganeshotsav aujourd'hui, détourner la tradition ? », *in* Saglio-Yatzimirsky M.-C. (dir.), *Le Maharashtra : entre tradition et modernité*, Paris, INALCO, 2002.

2. Fernandes N., « Urban fabric », *in* Pinto J. et Fernandes N. (dir.), *Bombay, Meri Jaan…*, *op. cit.*, p. 80.

3. Adarkar N. et Menon M., *One Hundred Years…*, *op. cit.*, p. 107-109.

langue, la religion et/ou la caste. Si une classe ouvrière était en formation à Bombay, elle restait différenciée – sinon divisée – suivant ces lignes socio-culturelles. La caste faisant même figure ici de ligne de faille.

Dalits dans la cité

B. R. Ambedkar, pour lequel les campagnes indiennes étaient le conservatoire des inégalités, incitait les intouchables à s'installer en ville pour y jouir d'un certain anonymat et s'y émanciper De fait, les Dalits étaient surreprésentés au sein du prolétariat de Bombay, et parmi eux les Mahars, une caste – celle d'Ambedkar – dont les membres étaient victimes d'une intense discrimination dans les villages de la povince et faisaient figure de « premiers des derniers »[1]. D'une part, ils assumaient des fonctions parmi les plus impures puisqu'ils étaient chargés de débarrasser les champs et les chemins des animaux morts, dont ils se nourrissaient ; d'autre part, ils étaient les messagers porteurs de nouvelles, des naissances aux décès, courant de villages en villages, de ce fait très mobiles et indispensables à tous. Plus instruits que la moyenne, ils s'employèrent en ville d'abord sur les chantiers des chemins de fer qu'avaient développés les Britanniques, puis sur les docks et, finalement, dans les usines textiles.

Au moment de l'indépendance, les Dalits s'entassaient dans des *chawls*, regroupés par sous-caste dans des quartiers homogènes. Car s'ils avaient fui les villages pour s'émanciper des servitudes de la caste, ils n'échappaient qu'aux tâches liées à leur statut – pas au stigmate, contrairement aux espoirs d'Ambedkar[2]. Une étude sociologique des domestiques réalisée dans les années 1950 montre que 90 % des femmes de ménage étaient alors de caste dalit et vivaient dans des *chawls* ségrégués par

1. Voir la section de l'ouvrage de C. Jaffrelot intitulée « Les Mahars, les premiers des derniers », *in* Jaffrelot C., *Dr. Ambedkar*..., *op. cit.*, p 46-54.

2. Shaikh J., *Outcaste Bombay*..., *op. cit.*, p. 177.

caste comme leur nom l'indique parfois – « Mang Chawl » ou « Chamar Chawls »[1].

Pour bien des migrants dalit, Bombay s'avéra être un miroir aux alouettes. Ils continuaient d'y occuper des fonctions dégradantes – comme trier les déchets, la tâche qu'effectuait la mère du poète Daya Pawar pour nourrir sa famille –, tandis que la caste y perdurait. L'écrivain en fit la dure expérience lorsque des Marathas l'empêchèrent d'entrer dans le bâtiment qu'ils occupaient, et où il était venu accompagner un ami de son village – Maratha lui-même – qui y rendait visite à sa famille. Les logiques de caste étaient finalement plus rigides en ville[2]. Cette réalité se confirma lorsque Daya découvrit que tous les élèves de son école étaient des Dalits. Narendra Jadhav, un Mahar de Bombay ayant aussi mis par écrit son histoire et celle de ses parents, constatait, lui, que ses enseignants étaient tous Dalits – certains convertis au christianisme[3]. Mais il concluait pour sa part que le stigmate de la caste était bien pire au village qu'à Bombay – où les Dalits pouvaient par exemple porter des chaussures, chose impensable en milieu rural[4].

Ces témoignages révèlent également combien il était dur de trouver un toit décent dans le Bombay des années 1950-1960. Pawar, à la fin de sa vie, se lamentait : « Dans cette ville de Bombay, je n'ai même pas pu m'acheter un appartement et j'habite encore une maison aux murs de tôle[5]. » La situation avait été bien pire encore à son arrivée, lorsqu'il dormait, avec sa femme, sous le lit de son oncle et sa tante dans un *chawl* décrépit. S'il s'agit là d'un cas extrême, la promiscuité était bien le lot de toutes les familles pauvres. Pawar vécut ensuite dans une seule pièce de moins de 3 mètres sur 3, avec sa mère, sa femme et sa fille,

1. Mehta A., *The Domestic Servant Class*, Bombay, Popular Prakashan, 1960.
2. Shaikh J., *Outcaste Bombay*..., *op. cit.*, p. 107.
3. Jadhav N., *Intouchable. Une famille de parias dans l'Inde contemporaine*, traduit de l'anglais par Simone Manceau, Paris, Fayard, 2002, p. 300-301.
4. *Ibid.*, p. 308-309.
5. Pawar D., *Ma vie d'intouchable*, *op. cit.*, p. 169.

et deux autres familles : « Le soir on tendait des saris pour faire des cloisons », explique-t-il[1]. Bien qu'il eût fini par obtenir un emploi relativement bien payé dans un laboratoire (pour manipuler une manière organique réputée impure), Daya ne trouvait toujours pas de lieu pour vivre. Il se résolut donc à rejoindre, avec sa mère, le bidonville[2] où habitait sa sœur, à Sewri, un quartier bordant la mer, à l'est de Parel. La description qu'il en fait est des plus édifiantes :

> La première semaine j'étais gêné par la puanteur émanant des dépôts de poissons séchés. Quand on passait par là il fallait se mettre un mouchoir sur le nez. [...] Ce qui m'embêtait aussi, c'était que les trains de banlieue passaient juste à côté. Les vibrations des rails nous réveillaient. Le sol couvert de bouse était secoué comme dans un tremblement de terre. On s'est habitué à ça aussi. [...] Ma sœur s'était installée dans cet enfer, dans une pièce de trois mètres sur quatre aux murs de tôle. On entendait tout ce qui se disait dans la pièce voisine. Les robinets étaient communs. Prêt de la porte, un endroit pour se laver. Dans cette pièce minuscule habitaient ma sœur, mon beau-frère, leur fils et le grand-père. Un ami de mon beau-frère y vivait en outre avec sa famille. [...] Le plus problématique c'était les toilettes. Je tremblais à l'idée d'y aller. Les vers blancs grouillaient et les excréments débordaient[3].

Si la question du logement est particulièrement aiguë pour les Dalits habitant dans un bidonville, elle l'est à peine moins chez les résidents d'un *chawl* ou d'autres logements collectifs. En 1949, un Bombay Housing Board fut créé pour garantir aux ouvriers des loyers modérés. Mais très vite cette politique fut abandonnée pour

1. *Ibid.*, p. 203.

2. Le mémoire de Letitia Allemand et Marie Sagnières permet de saisir visuellement les différents types de bidonvilles qu'on rencontre à Bombay/Mumbai (Allemand L. et Sagnières M., *Along Bombay's Streets...*, *op. cit.*, p. 125 et suivantes).

3. *Ibid.*, p. 209-210.

une raison peu avouable : « parce que les autorités ont l'impression que les tâches consistant à vérifier la solvabilité des locataires, la collecte des loyers et l'entretien des bâtiments étaient trop compliquées[1] » – une claire indication du médiocre niveau d'engagement du Congrès sur la voie du socialisme, sa doctrine officielle.

Le parti se montra plus anti-social encore lorsqu'en 1956 il fit voter au parlement indien le *Slum Areas (Improvement and Clearance) Act*, une loi visant à nettoyer les villes des logements, comme disait le texte, « impropres à l'habitat humain » faute de « ventilation, de lumière et de sanitaires », ce qui rendait la vie difficile du point de vue de « la sécurité, de la santé et de la morale ». À Bombay, cette loi rendit possible, davantage encore que par le passé, la démolition pure et simple de bidonvilles dont les habitants étaient plus ou moins bien relogés dans des Janata Squatters Colonies situées à la périphérie de la ville, à Jogeshwari. Sans même viabiliser le terrain où il n'y avait ni eau, ni électricité, ni tout-à-l'égout, la municipalité y déplaça 1 957 familles auxquelles elle donna un lopin de 20 pieds sur 15, en échange d'un loyer mensuel de quelque 3 roupies. Elles y reconstruisirent un bidonville[2].

La municipalité de Bombay, dans les années 1950-1960, oscillait toutefois entre manière forte et politiques sociales, un fidèle reflet de la cohabitation d'une aile gauche et d'une aile droite au sein du Congrès. Si au milieu des années 1950, la Bombay Municipal Corporation s'était donné les moyens légaux de « nettoyer » la métropole de ses bidonvilles en amendant le *Bombay Municipal Corporation Act*, en 1958, au contraire, elle s'employa à moderniser, au moyen d'un projet pilote, un des quartiers les plus déshérités – et parmi les plus présents dans la littérature dalit –,

1. Narayana H., « In search of shelter : the politics of the implementation of the Urban Land (Ceiling and Regulation) Act 1976 in Greater Mumbai », *in* Patel S. et Masselos J. (dir.), *Bombay and Mumbai*..., *op. cit.*, p. 202.

2. Shaikh J., *Outcaste Bombay*..., *op. cit.*, p. 110.

Kamathipura, un haut lieu de la prostitution de Bombay depuis le Raj. L'expérience échoua, faute d'un soutien substantiel de l'État selon l'autorité locale et faute d'avoir pu convaincre les habitants de migrer en périphérie pour y jouir de logements moins insalubres[1]. C'est que les clients des prostituées venaient des usines et des docks voisins. Bien des années plus tard, la photographe Mary Ellen Mark les retrouva donc à Kamathipura, décrivant l'une des rues du quartier en ces termes : « Un alignement de vieilles bâtisses en bois. Au rez-de-chaussée des structures ressemblant à des cages, avec des filles à l'intérieur. Au-dessus de ces cages, les bâtiments s'élevaient sur trois ou quatre étages et à chaque fenêtre il y avait davantage de filles encore – se peignant, assises en groupe dans l'embrasure, faisant signe aux clients potentiels[2]. » Si dans les années 1970-1980, Kamathipura accueillerait les membres de gangs mafieux, il resta jusque-là le lieu de rendez-vous des poètes dalits.

Un bastion de la haute bourgeoisie

Bombay est connue comme la capitale économique du pays, parce que la plupart des grandes entreprises indiennes y ont installé leur siège social. Le plus célèbre d'entre tous, en 1947, était celui de Tata Sons, situé depuis 1924 sur Hutatma Chowk, près de Churchgate, et nommé « Bombay House » pour manifester le lien intime unissant l'entreprise à la ville.

Les grandes banques élirent domicile dans la même zone, au sud de Bombay, autour de la bourse. Ce Bombay Stock Exchange, historiquement situé près de Horniman Circle, dans Dalal Street (la rue des courtiers), fit peau neuve dans les années 1970 lorsque fut construite la « Sir Phiroze Jamshedji Jeejeebhoy Tower », du

1. *Ibid.*, p. 108.

2. Banerjee P., « Beyond brothels : How real estate and online sites are changing red light areas », en ligne sur *Hindustan Times*, 30 avril 2017. Voir aussi Mark M. E., *Falkland Road : Prostitutes of Bombay*, New York, Alfred A. Knopf, 1981.

nom de l'homme d'affaires parsi qui présidait à la destinée du BSE depuis 1966. À quelques encablures de la bourse, la Reserve Bank of India (RBI), nationalisée en 1949, était abritée depuis 1944 par un bâtiment dont l'architecte local n'était autre que Shapoorji Pallonji, un actionnaire historique de Tata Sons qui avait aussi réalisé les sièges de Bombay de la Hong Kong Bank, Grindlays Bank et Standard Chartered Bank. En 1962, un nouveau bâtiment fut conçu pour faciliter la modernisation de cette institution ; d'un style austère mais caractéristique, il ne serait inauguré qu'en 1981.

Haut lieu de la finance indienne, l'étroite bande de terre de Colaba qui va de la Porte de l'Inde à Nariman Point accueillait également les hôtels de luxe : en 1972, le Taj Mahal Palace, créé par le fondateur du groupe Tata en 1903, se dota d'une extension massive « cinq étoiles », The Taj Mahal Tower. L'année suivante, un autre hôtel de luxe voyait le jour, le Trident, de la chaîne Oberoi.

Parmi les hauts lieux de l'élite locale, Malabar Hill mérite une mention spéciale. Sise dans un écrin de verdure, la colline qui surplombe la mer d'Arabie sur ses deux versants était le lieu de villégiature de l'élite indienne depuis l'époque coloniale : le gouverneur de la présidence de Bombay y avait établi sa résidence – reprise par le gouverneur de la province après 1947 – et le chef du gouvernement de l'État y vivait aussi. La villa que Jinnah s'y était fait construire, mise sous séquestre après 1947 à la suite d'un litige appelé à durer, s'y dresse toujours. Seul quartier de Bombay riche en espaces verts, Malabar Hill est aussi un lieu de promenade en raison des Jardins suspendus qui dominent la mer et offrent une vue imprenable sur Marine Drive, la version locale de la Promenade des Anglais qui court jusqu'à Nariman Point. Dans les années 1950, la bourgeoisie parsie y était encore largement surreprésentée, mais sans doute pas tant que les Gujaratis (parfois d'origine parsie et musulmane mais majoritairement hindoue).

L'encombrante domination des Gujaratis

Dans les années 1940-1950, Bombay était la plus grande ville gujaratie de l'Inde. D'après le recensement de 1951, les personnes parlant gujarati étaient alors plus de 520 000, contre 1,23 million de locuteurs de marathi et moins de 490 000 d'hindiphones (quand Ahmedabad, la plus grande agglomération du Gujarat, ne comptait que 864 000 habitants à la même époque)[1]. Historiquement, du fait du caractère élitaire de la communauté gujaratie attirée à Bombay pour y suivre des études, la ville avait été « le creuset du Gujarat moderne »[2]. Après 1947, Bombay resta un temps leur capitale culturelle, notamment grâce à la présence de la Bharatiya Vidya Bhavan de Munshi. Auteur prolifique de romans historiques à succès, il y chantait la gloire des royaumes hindous du Gujarat antérieurs à l'arrivée des musulmans – et ce dans sa langue (ou en hindi, mais jamais en marathi, qu'il ignorait). Il publia également une revue en gujarati, *Samarpan*, et présida la Gujarati Sahitya Parishad ainsi que la Hindi Sahitya Sammelan[3].

Cette présence minoritaire aurait pu simplement ajouter à la diversité et au cosmopolitisme tant vantés de la *Urbs prima in Indis*. Mais si les hindiphones étaient pour l'essentiel des migrants économiques, les Gujaratis pesaient d'un tout autre poids économique. Cette domination n'était pas sans poser problème aux « locaux », expliquant sans doute pourquoi le parti dans lequel les élites gujaraties avaient investi à partir de 1950, le Swatantra, ne parvint jamais à percer à Bombay.

Comment expliquer le poids des Gujaratis à Bombay ? C'est que, profitant du fait qu'en pays marathe il manquait une caste,

1. *Census of India, 1951, volume IV. Bombay, Saurashtra and Kutch. Part II-A Tables*, *op. cit.*, p. 136.

2. Mallison F., « Bombay as the intellectual capital of the Gujaratis in the Nineteenth Century », *in* Patel S. et Thorner A. (dir.), *Bombay. Mosaic…*, *op. cit.*, p. 76.

3. Shukla S., « Gujarati Cultural Revivalism », *in* Patel S. et Thorner A. (dir.), *Bombay. Mosaic…*, *op. cit.*, p. 95.

celle des commerçants, les milieux d'affaires du Gujarat – où les castes marchandes et les entrepreneurs parsis étaient historiquement très puissants – bénéficièrent du dynamisme impulsé à la ville par les Britanniques pour y investir. Au lendemain de l'indépendance, les Gujaratis comptaient parmi eux un nombre considérable de capitaines d'industrie[1]. Comparant le poids économique des trois grands milieux d'affaires de l'Inde en 1965, Kochanek évalue celui des Marwaris, en termes d'actifs (« assets »), à 7,5 milliards de roupies, celui des Parsis (souvent d'origine Gujaratie) à 4,7 milliards et celui des Gujaratis (hindous) à 3,8 milliards[2].

Parmi les grandes familles parsies d'origine gujaratie et installées à Bombay depuis le XIXe siècle, de grands noms continuaient de régner, à commencer par les Tata, originaires de Navsari (sud du Gujarat)[3], et les Wadia (originaires de Surat, également situé au sud du Gujarat). Parmi les Bhatias (une caste marchande du Gujarat et du Sind), la famille Khatau, originaire du Kutch, s'était installée à Bombay dès le début du XIXe siècle, s'imposant dans le textile[4]. Parmi les Jains, une communauté religieuse très bien implantée au Gujarat et spécialisée dans l'usure et le commerce, les Walchand étaient arrivés au même moment[5]. Dans les années 1950, associés à Fiat, ils créèrent une marque de voiture promise à un bel avenir, « Premier ». À ces milieux marchands traditionnels s'en ajoutèrent d'autres lorsque des castes jusque-là spécialisées dans l'agriculture commerciale investirent dans le monde des affaires, à commencer par les

1. Voir Gordon A. D. D., *Businessmen and Politics…*, *op. cit.*, et Markovits C., *Indian Business and Nationalist Politics…*, *op. cit.*

2. Kochanek S., *Business and Politics in India*, Los Angeles, University of California Press, 1974, p. 96.

3. Piramal G. et Herdeck M., *India's Industrialists*, vol. 1, Bombay, India Book Distributors, 1986, p. 299.

4. Tripathi D. et Mehta M., *Business Houses in Western India. A Study in Entrepreneurial Response, 1850-1956*, Delhi, Manohar, 1990, p. 77.

5. *Ibid.*, p. 147.

Kanbis d'où sont issues certaines des familles encore aujourd'hui très influentes, comme les Mafatlal[1].

Les Gujaratis constituant le cœur du capitalisme de Bombay, ils étaient omniprésents au sein des grandes organisations patronales comme la Fédération des chambres de commerce et d'industrie indiennes ou la Confédération des industries indiennes. De toutes les organisations patronales basées en ville, la Indian Merchants Chamber est toutefois la plus remarquable. Créée en 1907, elle s'installa dans un nouveau bâtiment Art déco à Churchgate juste après l'indépendance, un siège social dont Vallabhbhai Patel lui-même posa la première pierre en tant que Vice-Premier ministre[2]. Son président entre 1946 et 1947 ne fut autre que le père de Azim Premji, l'actuel patron de la grande entreprise informatique Wipro, Mahomed Husein Hasham Premji[3], dont la famille était originaire du Kutch (Gujarat). Son successeur, Ratilal Mulji Gandhi, était aussi un homme d'affaires gujarati.

L'omniprésence des Gujaratis sur la scène économique locale contribua à asseoir leur influence politique : non seulement nombre des fondateurs du Swatantra Party, on l'a vu, étaient des Gujaratis (qu'il s'agisse de H. Mody, K. M. Munshi ou Minoo Masani)[4], mais on trouve aussi de nombreux Gujaratis parmi les leaders du Congrès de Bombay[5], en particulier issus des milieux d'affaires

1. *Ibid.*, p. 105 ; Piramal G. et Herdeck M., *India's industrialists*, *op. cit.*, p. 177.

2. « The IMC Chamber of Commerce and Industry », en ligne sur IMC, sans date.

3. « Our Leaders », en ligne sur IMC, sans date.

4. Certains de ces leaders sont à cheval sur les deux pôles régionaux – le pôle gujarati et le pôle marathi – que compte la province de Bombay. C'est ainsi que Viren Shah, un industriel influent d'origine gujarati, éduqué à Bombay et domicilié dans cette ville, est élu sous l'étiquette Swatantra à Junagadh (Gujarat) en 1967 (*Parliament of India. Fourth Lok Sabha Who' who*, *op. cit.*, p. 529).

5. Dans les années 1950, de nombreux élus du Gujarat résident à Bombay, comme Fulsinhji Dabhi (Singh T., *Indian Parliament – 1952-1957*, New Delhi, Arunam & Sheel, [sans date], p. 62) ou Tulsidas Kilachand (*ibid.*, p. 297). Ces élus d'origine gujaratie ont aussi, parfois depuis plusieurs générations, migré pour de

comme G. D. Somani, le président de la Bombay Millowner's Association qui, en 1965, remplaça D. M. Khatau à la tête de The Associated Cement Companies, un cartel regroupant onze entreprises.

La présence des Gujaratis, si elle contribua au cosmopolitisme de Bombay, fut source de tensions en raison de la coupure existant entre cette communauté et les locaux parlant marathi. Ce clivage communautaire se superposait à un autre qui, lui, relevait des rapports de classes, comme le suggère le témoignage de Suketu Mehta, un natif de Bombay, fils de joaillier gujarati devenu universitaire de renom aux États-Unis et auteur d'un *opus magnum* sur Bombay :

> Enfant, je ne connaissais pas beaucoup de Marathes [« locuteurs de Marathi » aurait été une meilleure traduction]. Je vivais dans le monde de Nepean Sea Road [quartier proche de Malabar Hill], vaguement conscient qu'il en existait un autre, dont les représentants lavaient notre linge, relevaient nos compteurs électriques, conduisaient nos voitures, peuplaient nos cauchemars. Nous habitions Bombay et n'avions guère de rapports avec Mumbai. Les Marathes, pour moi, c'étaient les domestiques, la vendeuse de bananes, les personnages des livres de classe dans lesquels nous apprenions à lire. Nous avions même un surnom pour eux : les *gathis*, littéralement les gens des *ghats*, autrement dit des collines ; c'était aussi le terme générique qui nous servait à désigner les domestiques[1].

L'écart social décrit ici reflète une situation de colonialisme intérieur auquel les *gathis* se résignaient d'autant moins qu'ils avaient commencé à lutter contre ce type de domination lors du combat pour l'indépendance.

bon à Bombay, comme les fameux industriels Lalchand Hirachand Doshi (*ibid.*, p. 89) et Chandulal P. Parikh (*ibid.*, p. 210) ainsi que le leader dalit du Congrès hostile au « séparatisme » d'Ambedkar, P. T. Leuva (*ibid.*, p. 168).

1. Mehta S., *Bombay, Maximum City*, Paris, Buchet-Chastel, 2004, p. 91.

Chapitre sept

« Bombay aux fils du sol ! » L'essor de la Shiv Sena et le repli de la gauche (les années 1960-1970)

Le cosmopolitisme de Bombay fut remis en cause dès le milieu des années 1950, au moment où la carte de l'Inde commença à être redécoupée suivant le critère linguistique. De quoi s'agissait-il ? Les États de l'Union indienne hérités des provinces du Raj britannique comprenaient souvent des groupes ne parlant pas la même langue, leurs frontières ayant été déterminées sur d'autres bases, telles que les voies de communication. Gandhi, dès les années 1920, s'était inquiété de cette organisation qui forçait les élites régionales à parler anglais et, de ce fait, à se couper encore davantage des masses. C'est pourquoi il avait redessiné la carte du parti du Congrès suivant une logique linguistique de sorte que les « Congress Provincial Committees », véritables piliers de l'architecture du parti, pratiquent les langues vernaculaires de leur région.

Au début des années 1950, des leaders congressistes demandèrent que New Delhi appliquât les mêmes principes au niveau de l'Union indienne. Nehru refusa, de crainte qu'une telle mesure ne transformât l'Inde en une collection de petites patries ethnolinguistiques. Mais la mobilisation des leaders régionaux du Congrès fut si forte qu'il céda en 1953 à propos d'un cas particulier, celui de la province de Madras, scindée en deux pour donner naissance à l'Andhra Pradesh (parlant télougou) et au Tamil Nadu (de langue tamoul). D'autres régions faisant la même demande, une commission baptisée States Reorganization Commission fut créée en août 1953. Elle remit son rapport en septembre 1955.

Dans la plupart des cas, la Commission recommandait un redécoupage des États suivant le critère linguistique, ce que le gouvernement Nehru accepta finalement, ouvrant la voie au fameux *States Reorganisation Act* de 1956. La province de Bombay fut la seule – ou presque, le cas du Punjab étant aussi délicat – à poser problème. Les débats et vives tensions qui s'ensuivirent enfoncèrent un coin dans le caractère cosmopolite de Bombay, ville symbole et capitale économique de l'Inde que se disputaient Gujaratis et Maharashtriens.

Reprendre Bombay aux Gujaratis ?

Si Bombay possédait une forte communauté gujaratie dominant le monde des affaires, les Britanniques avaient encore renforcé leur influence en créant une présidence de Bombay regroupant le Gujarat et le pays Marathe (où l'on parlait marathi). Lorsque le processus de redécoupage des États suivant le critère linguistique fut amorcé, des représentants des locuteurs de marathi – qu'on appellera Maharashtriens par commodité, même si le Maharashtra n'existe pas avant 1960 – se mobilisèrent pour obtenir leur propre État[1]. Dans son rapport de 1955 cependant, la States Reorganization Commission (SRC) se prononçait en faveur du maintien d'un État bilingue dans ses frontières de l'époque, à quelques mineurs ajustements près, où le statut de Bombay resterait inchangé[2]. La Commission justifiait ce choix par le fait que ni les Maharashtriens ni les Gujaratis ne voulaient renoncer à une ville dont dépendaient financièrement tant les zones gujaratiphones que marathiphones, où seuls 44 % de la population parlaient marathi et où les milieux d'affaires jouaient un rôle majeur. Ce choix reflétait les vues des élites gujaraties qui craignaient d'être

1. « Samyukta Maharashtra Parishad », en ligne sur Sarthaks, sans date.
2. *Report of the States Reorganisation Commission. 1955*, [sans mention, ni de ville, ni d'éditeur], p. 112-121.

marginalisés si venaient à être créés un Gujarat et un Maharashtra séparés. Dans cette hypothèse, si Bombay était rattachée à ce dernier, la ville ne serait plus guère qu'un îlot urbain, perdu dans un État dont l'écrasante majorité des électeurs seraient les paysans du pays marathe. Le Congrès de Bombay, dominé par les milieux d'affaires, partageait les craintes des Gujaratis. S. K. Patil, son chef, défendait donc la proposition de la SRC pour préserver le caractère cosmopolite de la ville et ne pas indisposer les Gujaratis garants de son économie[1]. Cette posture était aussi soutenue par l'Indian Merchants' Chamber of Commerce et le Bombay Committee – bientôt rebaptisé Bombay Citizens' Committee –, où l'on retrouvait de grands industriels comme J. R. D. Tata et Rameshwardas Birla – un Marwari originaire du Rajasthan[2].

Avant même la publication du rapport, en octobre 1955, les partisans d'un Maharashtra séparé – qui avaient eu accès à ses conclusions grâce à des fuites – se mobilisèrent autour d'un leader du Congrès, Shankarrao Deo – bénéficiant, sur cette question, du soutien des communistes et des socialistes. Le Congrès, lui, était fort divisé sur le sujet : si le Congrès de Bombay aspirait, comme on l'a vu, à une forme de statu quo, le Congrès du Maharashtra était désireux de faire de la ville la capitale d'un nouvel État dont les frontières coïncideraient avec l'aire d'extension de la langue marathie.

Pour désamorcer la tension qui montait, la direction nationale du Congrès, Nehru en tête, proposa un compromis prévoyant la création d'un Gujarat, d'un Maharashtra et d'une troisième province constituée de la seule ville de Bombay qui conserverait ainsi, disait-on, son caractère cosmopolite – et qui pourrait choisir de rejoindre le premier ou le second au bout de cinq ans[3]. Le

1. Patil S. K., *My Years with Congress*, *op. cit.*, p. 39.

2. Isaka R., « The multilingual city of Bombay and the formation of linguistic states, 1947-60 », *in* Bates C. et Mio M. (dir.), *Cities in South Asia*, New York, Routledge, 2015, p. 146-147.

3. Windmiller M., « The Politics of States Reorganization in India : The Case of Bombay », *Far Eastern Survey*, n° 25-9, 1956, p. 131.

Congrès de Bombay se rallia à cette option[1], tandis que celui du Maharashtra fit une contre-proposition : il acceptait finalement la formule de la SRC à une réserve importante près, la province de Bombay inclurait désormais le Vidarbha (une zone marathiphone laissée à l'Andhra Pradesh pour le moment) et le Gujarat pourrait choisir de quitter la province au bout de cinq ans. La branche du Congrès du Gujarat rejeta cette formule et apporta son soutien à celle proposée par la SRC ou, à défaut, à celle suggérée par Nehru et les chefs du Congrès.

Le 1er novembre 1955, les forces de gauche créèrent une Samyukta Maharashtra Parishad (Association pour un Maharashtra uni)[2]. Le 5, les socialistes, derrière S. M. Joshi, et les communistes, derrière S. A. Dange, organisèrent sous cette nouvelle bannière, à Bombay, un *meeting* réunissant 5 000 partisans issus, pour l'essentiel, des syndicats de la ville. Ils demandèrent la création d'un Maharashtra qui aurait Bombay pour capitale. La gauche présentait la lutte comme un enjeu de classes, la majorité des ouvriers étant locuteurs de marathi et les capitalistes de gujarati[3]. Elle chercha à populariser son discours en promouvant la figure de Shivaji qui, jusque-là, avait surtout été instrumentalisée par les nationalistes hindous. C'était en effet B. G. Tilak, le principal leader traditionaliste du Congrès de la présidence de Bombay, qui, dès la fin du XIXe siècle, avait fait de l'anniversaire de Shivaji un grand événement public comparable aux fêtes de Ganesh. Si le chef de guerre de caste marathe qu'était Shivaji s'était opposé aux Moghols et avait étendu la Confédération marathe aux dépens de leur empire et de ses États successeurs au XVIIe siècle, il avait aussi entretenu des relations étroites avec bien des souverains musulmans. Tilak n'en avait pas moins fait un défenseur

1. Patil S. K., *My Years with Congress*, *op. cit.*, p. 39.

2. « Samyukta Maharashtra Parishad – History and Civics », en ligne sur Shaalaa.com, sans date.

3. Prakash G., *Mumbai Fables*, *op. cit.*, p. 226.

de l'hindouisme dans son combat contre l'islam et le héros du Maharashtra. Dans les années 1950, la gauche s empara de cette figure légendaire pour mobiliser autour d'une nouvelle identité « maharashtrienne » dont Shivaji devenait le symbole. De leur point de vue, il incarnait la lutte contre le féodalisme et une forme de sécularisme[1]. Ils ne se doutaient pas qu'ils préparaient ainsi le terrain à la Shiv Sena qui allait s'imposer comme leur plus grand ennemi.

Le 18 novembre, les partisans d'un Maharashtra séparé organisèrent une grande manifestation à Bombay[2]. En réponse, le chef du gouvernement de la province, Morarji Desai, un Gujarati partisan du maintien d'une province bilingue, tint un grand *meeting* qui réunit 150 000 personnes sur la plage de Chowpatty. S. K. Patil était à ses côtés, lui qui, trois jours plus tôt, avait prononcé un long discours au parlement de New Delhi pour faire de Bombay une « cité-État »[3] – discours auquel un autre leader du Congrès, N. V. Gadgil, l'influent député de Poona, avait répliqué dans l'enceinte parlementaire que seul serait acceptable un Maharashtra uni ayant Bombay pour capitale[4].

Le 21 novembre, les leaders de gauche ayant lancé un appel à la grève générale, 600 000 ouvriers débrayèrent et participèrent à de grandes manifestations. Ils mirent le feu à des dizaines de bus. La répression fut terrible : 10 personnes tombèrent sous les balles de la police, 300 autres furent blessées[5]. L'épicentre des violences, la Flora Fountain, un des momuments emblématiques du centre de Bombay de l'époque, fut rebaptisé « Hutatma Chowk » (la Fontaine des Martyrs). Le calme ne revint qu'en raison

1. *Ibid.*

2. Phadke Y. D., *Senapati Bapat. Portrait of a Revolutionary*, New Delhi, National Book Trust, 1993, p. 83.

3. Cité dans Guha R., « The Battle for Bombay », en ligne sur *Scribd*, 5 octobre 2009.

4. Cité in *ibid.*

5. Windmiller M., « The Politics of States Reorganization in India… », art. cit., p. 135.

de la visite de Nikita Khrouchtchev et Nikolaï Boulganine qui atterrirent à Bombay le 23 novembre, les leaders communistes se refusant à perturber cette visite au sommet qui témoignait de la proximité entre l'Inde de Nehru et l'URSS.

En janvier 1956, le gouvernement indien annonça finalement la formation de deux États, le Maharashtra et le Gujarat, et le placement de Bombay sous l'autorité du pouvoir central. Les manifestations reprirent aussitôt. Leur répression fit 76 morts d'après les autorités indiennes, entre 250 et 400 d'après les reporters étrangers[1]. Les Gujaratis firent alors l'objet d'attaques ciblées, certains magasins étant pillés et des habitations prises d'assaut, au point de forcer nombre d'entre eux à fuir vers leur province d'origine en train ou par bateau[2]. La police n'intervint pas, une entorse à l'État de droit que le chef du gouvernement, Morarji Desai, attribua dans ses mémoires au fait qu'une majorité de la troupe parlait marathi[3].

C'est dans ce contexte que la Samyukta Maharashtra Parishad se transforma le 6 février 1956 en Samyukta Maharashtra Samiti (SMS, Mouvement pour un Maharashtra uni) avec Dange et Joshi à sa tête – respectivement dans le rôle de président et de secrétaire général. Ce SMS comptait toutefois des nouvelles recrues, non-issues de la gauche, comme P. K. Atre[4] et K. S. Thackeray dont le nationalisme maharashtrien préfigurait celui de son fils, « Bal », le futur fondateur de la Shiv Sena.

En mars 1956, un projet de loi prévoyant la création d'une province de Bombay directement gérée par New Delhi fut introduit au parlement. La crainte de voir les violences reprendre poussa des

1. *Ibid.*, p. 140.

2. Isaka R., « The multilingual City of Bombay... », art. cit., p. 149.

3. Desai M., *The Story of my Life*, New Delhi, S. Chand, 1978, vol. 2, p. 58.

4. P. K. Atre (connu sous le nom de Acharya Atre) est un touche-à-tout omniprésent sur la scène publique de Bombay dans les années 1950 : écrivant en marathi (de la poésie, des pièces de théâtre, des romans, des essais...), il est le fondateur et le rédacteur en chef du *Maratha* et a réalisé des films, dont *Shyamchi Hai*, qui, en 1954, remporte le National Film Award for Best Feature Film.

députés de tous bords vers une formule qui prévoyait le maintien d'un État bilingue incluant toutes les zones parlant gujarati et marathi. Cette fois, ce furent les Gujaratis partisans de deux États séparés qui se mobilisèrent, leurs manifestations débouchant sur des émeutes et une répression sanglante à Ahmedabad.

Le Congrès du Maharashtra se scinda alors entre les partisans d'une solution à trois entités (parmi lesquels on retrouvait Shankarrao Deo) et ceux qui ne voulaient rien d'autre qu'un Maharashtra regroupant toutes les zones parlant marathi avec Bombay pour capitale. Y. R. Chavan, un membre de la caste des Marathas[1], représentant l'intérieur de la province, prit la tête de ce dernier groupe pour s'opposer frontalement au gouvernement de Nehru[2].

Le parlement vota la création d'une province bilingue incluant le Gujarat et le Maharashtra, évitant ainsi la constitution de Bombay en entité séparée. Morarji Desai, qui avait perdu la confiance des Maharashtriens après la répression de 1955, ne fut pas candidat à la tête du nouvel État. Deux hommes se disputèrent le poste de chef du gouvernement régional : Hiray et Chavan, qui l'emporta haut la main. Mais il n'avait que quelques mois devant lui avant les élections de 1957 – portant renouvellement à l'assemblée de la province et au parlement national – et renonça à prendre la moindre initiative.

À Bombay, les élections eurent non seulement la création du Maharashtra, mais aussi la répression des dernières années pour principaux enjeux. Le Congrès, sur la défensive, vit sa majorité à l'assemblée de la province tomber à 199 élus sur 269 sièges. La coalition du SMS remportait, elle, un succès d'estime. Bombay n'était plus un bastion du parti au pouvoir qui n'y conserva que

1. Les Marathis représentent la caste dominante du Maharashtra en raison de son poids démographique (environ 30 % de la population) et du contrôle qu'elle exerce sur la terre – l'agriculture étant son activité traditionnelle.

2. Karnik D. B., *Y.B. Chavan. A Political Biography*, Bombay, United Asia Publications, 1972, p. 58.

deux sièges de député – celui de Bombay Sud où Patil était réélu et celui de Bombay Nord avec V. K. Krishna Menon. Le SMS remporta les deux sièges de Bombay Centre, l'un d'entre eux revenant à S. A. Dange dont le score en voix était inégalé à l'échelle du pays[1]. La situation n'était pas plus favorable au Congrès au niveau des circonscriptions de l'assemblée provinciale : le parti n'en remporta que 13 sur les 24 que comptait Bombay. Les socialistes du Praja Socialist Party en obtinrent trois (Parel, Matunga et Mahim), tout comme la Scheduled Castes Federation qui n'allait pas tarder à prendre le nom de Republican Party of India et mettait la main sur les sièges réservés aux Dalits de Byculla et Matunga et sur le siège de Worli. Le PCI, lui, en gagnait deux, dans d'autres quartiers ouvriers, Sewri et Byculla.

Nehru vint au Maharashtra pour assister à l'intronisation de Chavan pour son deuxième mandat, mais celle-ci fut assortie d'un événement des plus significatifs : l'inauguration d'une statue équestre de Shivaji à Pratapgarh. Chavan y prononça un discours témoignant du nationalisme maharashtrien croissant du Congrès de la région. Il commença par ces mots : « Shivaji Maharaj est aimé, respecté, adoré par des centaines de milliers de personnes depuis 300 ans[2]. »

En 1958-1959, le patriotisme maharashtrien de Chavan l'amena à demander à Nehru de renoncer à l'expérience d'un État bilingue – sous peine qu'il démissionne. En janvier 1960, les dirigeants de New Delhi se résignèrent donc à créer, d'un côté, un Gujarat et, d'un autre côté, un Maharashtra avec Bombay pour capitale, formule que le parlement entérina en avril. Une partie des fonctionnaires gujaratis travaillant dans l'administration à Bombay quitta la ville pour la capitale du futur État voisin, Gandhinagar[3]. La veille de l'inauguration de ce nouvel État, le 1er mai 1960,

1. Dastur A. J., « The BPCC shaken », *in* Varma S. P. et Narain I. (dir.), *Fourth General Election in India*, Bombay, Orient Longmans, 1970, p. 102.
2. Cité dans Karnik D. B., *Y. B. Chavan*..., *op. cit.*, p. 65.
3. Isaka R., « The multilingual city of Bombay... », art. cit., p. 152-153.

Chavan se rendit au fort de Shivneri, le lieu de naissance de Shivaji, pour déclarer : « Nous rêvions de ce jour depuis des années. Le rêve se réalise. [...] Ce grand moment est advenu avec la bénédiction de Shivaji Maharaj[1]. »

Lors des élections de 1962, sous la houlette de S. B. Chavan, le Congrès conserva une large majorité de 215 sièges sur les 264 que comptait désormais l'assemblée du Maharashtra – y compris à Bombay où il l'emporta dans 21 des 24 circonscriptions. Seuls un communiste, un socialiste et un indépendant – P. K. Atre, à Dadar – résistèrent à cette vague congressiste. Les élections de 1967 marquèrent, elles, un recul sensible du Congrès, le parti remportant 203 sièges sur les 270 que comptait désormais l'assemblée. À Bombay – où il gagna 20 sièges sur 28 –, le parti restait sous la pression du PCI, qui arrivait en tête dans trois circonscriptions (Byculla, Parel et Sewri). C'est l'une des raisons pour lesquelles le chef du gouvernement qui avait succédé à Chavan en 1963, Vasantrao Naik, décida de ménager la Shiv Sena, une formation viscéralement anticommuniste dont la base se trouvait précisément à Bombay, dont elle allait fortement amoindrir le cosmopolitisme.

Le combat des « Maharashtriens de souche »

La création d'un Maharashtra ayant Bombay pour capitale n'était, pour les nationalistes maharashtriens, que le point de départ d'une entreprise de reconquête de leur terre – et plus particulièrement de leur métropole – par les Maharashtriens, non seulement contre les Gujaratis, mais contre tous les immigrés. Parmi ces derniers, les cibles privilégiées des « fils du sol » venaient de provinces lointaines situées tant au sud qu'au nord de l'Inde.

Si le taux de croissance démographique de Bombay était passé de 66 % entre 1941 et 1951 à 40 % au cours de la décennie suivante, puis à 43,7 % entre 1961 et 1971, ces chiffres continuaient

1. Cité dans Karnik D. B., *Y. B. Chavan...*, *op. cit.*, p. 73.

de témoigner d'un dynamisme lié, principalement, aux flux migratoires[1], même si ceux-ci tendaient à diminuer : le nombre de migrants ayant rejoint la ville était passé de 950 000 entre 1941 et 1951 à 600 000 entre 1951 et 1961. La part des habitants de Bombay nés hors de la ville avait ainsi fléchi de 72,1 % à 64,5 %, une proportion encore considérable, d'autant plus que la part des locuteurs de marathi continuait de baisser – passant de 43,6 % à 42,8 %, nombre de migrants venant d'autres États que le Maharashtra. La part des Sud-Indiens progressa ainsi légèrement de 7,8 à 8,4 %.

Cette immigration massive explique que la densité de la population ait atteint les 9 480 habitants au km^2 dans le recensement de 1961 – d'où une congestion croissante des voies de communication. L'augmentation de la population entraîna aussi une baisse des ressources en eau par tête qui tomba à 29 gallons par habitant et par jour, une raréfaction plus grande encore des biens immobiliers et une compétition pour les emplois.

La question du logement devint aussi critique dans les années 1960. Si le Maharashtra State Housing Board construisit 60 000 logements, à la fin de la décennie, le manque de logement était évalué à 385 000. Non seulement les mises en construction étaient insuffisantes mais nombre d'appartements basculèrent dans l'insalubrité notamment en raison du blocage des loyers décidé en 1947 *via* le *Bombay Rents, Hotel and Lodging House Rates Control Act*, qui devait faciliter l'accès des pauvres au logement mais qui dissuadait les propriétaires d'investir dans leurs biens[2]. Entre 1956 et 1971, en moyenne, 113 bâtiments

1. Gogate S., *The Emergence of Regionalism in Mumbai. History of the Shiv Sena*, Mumbai, Popular Prakashan, 2014, p. 133. Les données qui suivent dans cette section, sauf mentions contraires, procèdent de cette source.

2. L'impact du blocage des loyers doit toutefois être relativisé car l'insalubrité de bien des logements lui était antérieure et la loi fut de toute façon contournée dès sa mise en œuvre à travers ce que l'on a appelé le « système *pugri* » (voir Manur A., « Rent Control in Mumbai », en ligne sur Medium, 19 mai 2016).

s'effondrèrent tous les ans, faute d'entretien. L'état du parc immobilier et l'afflux de migrants expliquent la prolifération des bidonvilles au nombre de 144 sur l'île de Bombay à la fin des années 1950, soit une population de 415 000 personnes. Dix ans plus tard, la ville s'étendit pour devenir « Greater Bombay » (voir carte n° 1, premier rabat), mais le nombre de bidonvilles augmenta aussi, passant à 180 – dont 69 sur l'île de Bombay. Aux habitants des bidonvilles s'ajoutaient ceux qui vivaient dans la rue : 62 000 d'après le recensement de Greater Bombay en 1961, dont 50 000 dans le centre de la ville. Une étude du Tata Institute of Social Sciences révéla, à la fin des années 1960, que parmi ces sans-abris 19 % venaient du Maharashtra, 19 % d'Uttar Pradesh et du Madhya Pradesh, 15 % du Tamil Nadu, 11 % du Gujarat, 11 % de l'Andhra Pradesh, 8 % de l'État de Mysore et 5 % du Kérala. Une enquête de terrain portant sur le bidonville de Golibar Maidan (sur le Western Express Highway de Bombay Nord) montra, elle, que 40 à 45 % de ses habitants venaient du Maharashtra quand 30 % venaient de la « Hindi Belt », 13 % des États du Sud et 4 % du Gujarat. Une autre enquête diligentée par le gouvernement de New Delhi portant sur plus de 97 % des bidonvilles de Bombay – soit 1,1 million de personnes – révéla que 47 % des habitants parlaient marathi et 20 % hindi. Les « locaux » étaient donc dans une situation de précarité comparable aux « outsiders ».

Plus encore que des logements, les « fils du sol » reprochaient aux migrants de leur prendre leur travail – et surtout les emplois les plus qualifiés. Marie Katzenstein établit que, dans les années 1960, si les Maharashtriens représentaient 43 % de la population de Bombay, ils entraient pour 50 % dans la composition du milieu ouvrier (contre 11 % pour les Gujaratis – qui formaient 19 % de la population de la ville – et 13 % pour les Sud-Indiens, 9 % des habitants). En revanche, les Gujaratis et les Sud-Indiens étaient surreprésentés parmi les professions libérales (avec respectivement 23 et 19 % des emplois) et les emplois administratifs (25 et 21 %) où les Maharashtriens n'apparaissaient qu'à hauteur de 35 %[1]. Cette situation reflétait en partie un différentiel d'éducation : alors que près de 38 % des Maharashtriens étaient analphabètes en 1961, ils n'étaient que 32 % chez ceux ne parlant pas marathi. Symétriquement, alors que seuls 10,4 % des premiers avaient atteint la fin de l'enseignement secondaire, ils étaient 19,2 % parmi les seconds.

Les Maharashtriens étaient pleins de ressentiment vis-à-vis des non-maratiphones qui accaparaient à leurs yeux les meilleures places. Ils s'inquiétaient en outre de voir les emplois ouvriers se raréfier à mesure que Bombay était frappée par la stagnation du besoin de main-d'œuvre industrielle. À partir de la fin des années 1950 et plus encore au cours de la décennie suivante, le textile cessa en effet d'embaucher au rythme soutenu que l'on connaissait jusque-là. Cette tendance était en partie liée aux progrès de la mécanisation. Le nombre de travailleurs, dans ce secteur clé de l'économie bombayite, baissa de 26 000 entre 1961 et 1974, avec une perte nette de 10 000 ouvriers entre 1961 et 1965. Sudha Gogate observe ainsi : « Au milieu des années 1960 le sentiment que ceux qui parlaient marathi avaient été repoussés hors de la ville, imperceptiblement, et que leur identité et leur culture avaient été ignorées, voire méprisées, par les autres habitants de la ville était si fort et si répandu que même la littérature populaire s'en faisait l'écho[2]. »

Les défenseurs des « fils du sol » de Bombay se recrutèrent d'abord parmi ceux qui s'étaient mobilisés pour créer un Maharashtra séparé du Gujarat. Un journal très populaire, le *Maratha* – qui se faisait l'écho des angoisses des Maharashtriens tout en les amplifiant – mérite ici une mention spéciale. Les éditoriaux d'Atre, un journaliste dont l'entrée en politique a été mentionnée plus haut, y jouaient un rôle clé. Mais ces héritiers

1. Cité in *ibid.*, p. 169. Voir aussi Katzenstein M. F., *Ethnicity and Equality : The Shiv Sena Party and Preferential Policies in Bombay*, Ithaca, Cornell University Press, 1979.

2. Gogate S., *The Emergence of Regionalism in Mumbai*..., *op. cit.*, p. 208.

du SMS ne se contentaient pas de parler et d'écrire : ils agissaient aussi pour promouvoir la solidarité des Maharashtriens par-delà les clivages de classes. C'est ainsi que plusieurs leaders de l'ancienne SMS s'associèrent à des communistes pour organiser les habitants des *chawls* et résister aux tentatives de les refouler en périphérie – en exigeant que leurs lieux d'habitation soient rénovés. C'est de cette mouvance que naquit la Shiv Sena.

La Shiv Sena ou l'émergence d'un nativisme urbain

L'architecte de la Shiv Sena, Bal Thackeray, était, on l'a vu, le fils d'un des leaders de la SMS, Prabodhankar Thackeray, né Thakre[1]. Issu d'une caste de rang intermédiaire – les Chandraseni Kayasth Prabhu –, ce dernier avait rejoint le mouvement d'émancipation de la plèbe créé par Jotirao Phule pour lutter, dès la fin du XIXe siècle, contre la domination des brahmanes – la fameuse Satyashodak Samaj (Association de la quête de la vérité). Après avoir commencé sa carrière au *Free Press Journal* comme caricaturiste, Bal lança son propre hebdomadaire, *Marmik* (« Du fond du cœur »), en 1960. Il y dénonçait la marginalisation des Maharashtriens de Bombay, publiant notamment la liste des cadres d'entreprises publiques (comme les chemins de fer) et privées où ceux qu'il appelait les « Upreyas » (« étrangers ») originaires du nord et du sud de l'Inde étaient majoritaires. En 1965, ces listes se succédèrent, numéro après numéro, tout au long de l'année, assorties d'un mot d'ordre, « Vacha Ani Thand Basa » (« Lisez et laissez-vous faire »), jusqu'à ce que cette formule se change en « Vacha Ani Utha » (« Lisez et relevez-vous ! »)[2]. En mai 1966, Bal Thackeray annonça la création de la Shiv Sena, fondée d'abord par un petit comité de 18 personnes avant d'être officiellement

1. L'orthographe « Thackeray » semble avoir été préférée par référence au célèbre romancier William Makepeace Thackeray (1811-1863).

2. Gupta D., *Nativism in a Metropolis*, Delhi, Manohar, 1982, p. 124.

établie le 19 juin à l'occasion d'un grand *meeting* tenu à Dadar, le fief des Thackeray.

Xénophobie et anti-communisme

Cette organisation tirait son nom de Shivaji, qui, on l'a vu, était déjà valorisé par le Congrès du Maharashtra. Si le chef de ce dernier, Chavan, voyait en Shivaji la figure de proue du nationalisme maharashtrien, il incarnait aussi, aux yeux de Bal Thackeray, un précurseur du nationalisme hindou anti-musulman. De fait, Thackeray était persuadé que « l'hindouisme devrait être la culture dominante de l'Inde car seuls les Hindous sont de véritables patriotes[1] », tandis que les « Musulmans sont des agents du Pakistan ». Dans les années 1960, ses ennemis étaient cependant bien davantage les Indiens du Sud et du Nord ainsi que les communistes. La sécheresse de 1966 créa un contexte propice à une radicalisation de ce discours xénophobe. Des voix s'élevèrent pour chasser de la ville les migrants qui consommaient ce bien précieux qu'était devenue l'eau[2]. Ce nativisme se parait volontiers de moralité. C'est ainsi que la croisade contre les migrants du Sud se nourrit de l'idée que ces gens s'adonnaient aux trafics en tous genres, dont celui de l'alcool dans cet « État sec » qu'était le Maharashtra depuis le vote du *Bombay Prohibition Act* de 1949.

Peu à peu, le discours de la Shiv Sena devint plus systématique, comme l'atteste le long serment que devaient prêter ses adhérents à partir du 19 juillet 1966, véritable programme politique :

> Un Maharashtien ne doit pas vendre un bien immobilier à un non-Maharashtrien, et lorsqu'une telle chose a lieu, elle doit être signalée au bureau local de la Shive Sena,
>
> Les commerçants maharashtriens doivent se fournir auprès des grossistes maharashtriens [...],

1. Cité in *ibid.*, p. 40.
2. Gogate S., *The Emergence of Regionalism in Mumbai...*, *op. cit.*, p. 125.

> Les patrons maharashtriens ne doivent employer que des Maharashtriens,
>
> [Les Maharashtriens] doivent boycotter les hôtels restaurants udipi [des Sud-Indiens] et ne doivent rien acheter à des commerçants non-Maharashtriens [...][1].

Dans les années 1960-1970, l'hostilité de la Shiv Sena vis-à-vis des migrants du sud et du nord de l'Inde se trouva atténuée par deux facteurs bien différents. Premièrement, l'organisation, très désireuse d'élargir sa base électorale au-delà des 38 % de locuteurs de marathi que comptait Bombay, fut vite tentée de se montrer moins xénophobe. Deuxièmement, ces migrants, notamment ceux du Sud, se déclarèrent prêts à apprendre le marathi et affichèrent même parfois le portrait de Shivaji dans leurs restaurants udipis – voire rejoignirent la Shiv Sena[2] ! Les musulmans eux-mêmes n'étaient « pas de très bons ennemis ». La Shiv Sena distinguait d'ailleurs ceux de Bombay de ceux du Konkan – qui avaient migré en nombre dans la capitale du Maharashtra –, les seconds étant appréciés parce qu'ils parlaient marathi et s'habillaient comme des hindous[3]. Au début des années 1970, la Shiv Sena n'hésita d'ailleurs pas à solliciter l'appoint en voix d'élus de la Ligue musulmane pour parvenir au pouvoir au sein du Conseil municipal de Bombay.

Or la Shiv Sena avait besoin d'un ennemi, comme l'a bien montré Julia Eckert, car « le cœur de son idéologie reposait sur l'idée d'un conflit existentiel, d'une menace qui devait être déjouée par le militantisme et la violence[4] ». C'est dans un nativisme de combat que la plupart des jeunes Maharashtriens sans éducation ni emploi pouvaient recouvrer l'estime d'eux-mêmes, une dignité. Dans ce contexte, l'ennemi que se donna le parti ne fut autre que le communisme. Cette hostilité était sous-tendue par un substrat

1. Cité *in* Gupta D., *Nativism in a Metropolis*, *op. cit.*, p. 128.

2. Eckert J. M., *The Charisma of Direct Action. Power, Politics and the Shiv Sena*, Delhi, Oxford University Press, 2003, p. 89.

3. *Ibid.*, p. 185.

4. *Ibid.*, p. 113.

idéologique combinant nationalisme et rejet du marxisme. Non seulement les communistes étaient perçus comme athées, antipatriotes du fait de l'allégeance qu'ils prêtaient à l'URSS et à la Chine, mais en outre ils condamnaient Bombay, pour Thackeray, au sous-développement économique en gênant l'industrie par leurs actions syndicales. En 1973, lors d'un *meeting* électoral dans le bastion communiste de Lalbag, Thackeray éructait : « Ceux qui sucent le sang des hommes du Maharashtra [Marathi manoos] n'ont aucune leçon de paix à nous donner. [...] Aujourd'hui, nous n'avons pas le pouvoir, sinon, nous ne permettrions pas à un seul communiste de rester ici[1]. » Mais cette lutte se faisait également au nom d'un intérêt bien compris car le parti était conscient du fait qu'il ne pourrait élargir sa base électorale que s'il s'étendait aux milieux populaires et à la classe moyenne inférieure des Maharashtriens « de souche » qui soutenaient en grand nombre la gauche.

Une organisation pour contrôler Bombay

C'est donc d'abord pour lutter contre les communistes et se constituer en force électorale que Bal Thackeray bâtit une machine politique dont Bombay fut d'emblée l'épicentre.

Cette organisation s'inspira en partie du Rashtriya Swayamsevak Sangh (RSS, Association des volontaires nationaux) – le mouvement nationaliste hindou auquel Bal Thackeray avait appartenu enfant[2]. Il s'attacha ainsi à établir, sur le modèle du RSS, des « branches » (*shakha*) de la Shiv Sena dans chaque quartier et même dans chaque rue, l'objectif étant de disposer d'une *shakha*

1. Cité in *ibid.*, p. 89.

2. Gupta D., *Nativism in a Metropolis*, *op. cit.*, p. 73. La filiation entre RSS et Shiv Sena est relative. Thackeray a sans doute été membre du premier, enfant, entre 1941 et 1944, mais il n'y voyait qu'un lieu d'exercice physique, semble-t-il. Lui-même dira que le RSS « ne m'a en fait pas laissé une forte impression » (cité dans Purandare V., *Bal Thackeray ans the Rise of the Shiv Sena*, New Delhi, Roli Books, 2012, p. 35).

pour 1 000 habitants[1]. Là, un Gata Pramukh (un chef local) était chargé d'entretenir une relation quotidienne avec les habitants. Son implantation fut d'autant plus solide que ces hommes et leurs équipes jouaient le rôle d'intermédiaire avec l'État, rendant aux gens des services précieux. Le bureau de la *shakha* – qui ouvrait tous les jours à 17 h – était à la fois un bureau des doléances et un bureau de placement : d'un côté, les citoyens ne parvenant pas à faire valoir leurs droits (à une connexion au réseau électrique, à une place à l'école pour leur enfant, à une adduction d'eau...) s'adressaient au Gata Pramukh qui intervenait auprès de l'administration d'une façon souvent efficace – quand il ne rendait pas des services lui-même. D'un autre côté, la Shiv Sena disposait d'une flotte d'ambulances, offrait des soins gratuits, préparait les jeunes aux examens, organisait les mariages ou les funérailles des plus pauvres, réglait les conflits de voisinages, initiait des médiations intra-familiales, administrait pour cela les lois coutumières (*lok adalat*) dans des conseils en forme de tribunaux. Plus important encore, les demandeurs d'emploi pouvaient aussi s'y faire pistonner pour dénicher un travail, d'autant plus que l'organisation établit un excellent rapport avec bien des chefs d'entreprise qu'elle débarrassait volontiers des syndicalistes d'obédience communiste – et qui devinrent une source de financement de ses activités.

Ce travail social se doublait d'activités culturelles. La plus connue d'entre elles n'était autre que la fête de Ganesh que Tilak, on s'en souvient, avant transformé en un moment de mobilisation politique avant même d'exploiter la figure de Shivaji. Ce rendez-vous annuel ne servait pas qu'à parrainer des processions hautes en couleur qui permettaient d'affirmer l'engagement identitaire du mouvement : il fournissait aussi à la Shiv Sena une occasion supplémentaire de pénétrer la société locale à travers les *mandals* (cercles organisés à l'échelle des quartiers) chargés de fabriquer les statues de Ganesh ensuite emmenées en procession et finalement immergées dans la mer. Ces *mandals* faisaient office de clubs locaux

1. Eckert J. M., *The Charisma of Direct Action*..., *op. cit.*, p. 16.

que la Shiv Sena, en offrant son aide, utilisait comme des points d'entrée dans la société bombayite[1].

Certaines ressources nécessaires à la réalisation de ce travail social et religieux, outre les dons des patrons d'entreprise, étaient toutefois obtenues de manière bien moins noble, la Shiv Sena pratiquant volontiers l'extorsion. Chaque Gata Pramukh levait ainsi une partie des fonds nécessaires à son action auprès des commerçants et autres industriels ou artisans locaux en arguant du fait qu'il les protégeait, notamment lors d'émeutes intercommunautaires – ou contre les communistes[2]. De fait, à côté du réseau des Gata Pramukh, la Shiv Sena se dota, dès 1968, de son propre syndicat, la Bharatiya Kamgar Sena (BKS), qui non seulement rejetait la logique marxiste de la lutte des classes[3] (comme le syndicat du RSS, le Bharatiya Mazdoor Sangh), mais s'employa aussi à contrer les communistes en brisant les grèves et en pratiquant l'assassinat ciblé. En échange, le patronat aida la BKS à acquérir une certaine popularité en obtenant des hausses de salaire pour ses adhérents et en embauchant les chômeurs recommandés par la Shiv Sena pour remplacer les syndiqués qu'il licenciait une fois la grève terminée. Au tournant des années 1970, les pratiques de la Shiv Sena créèrent un climat de peur inédit dans les milieux syndicaux.

L'organisation recrutait dans une jeunesse (la moyenne d'âge des 37 cadres du mouvement qu'a interviewés Mary Katzenstein pour sa thèse de doctorat est de vingt-six ans) issue de milieux sociaux très contrastés. On y trouve autant de représentants de la classe moyenne éduquée que de prolétaires analphabètes. Une diversité comparable prévalait en termes de caste : parmi la douzaine de fidèles qui accompagnèrent Bal Thackeray dans la création et le développement de la Shiv Sena, on trouve 4 brahmanes, 4 représentants de castes intermédiaires et 4 autres des basses castes.

1. *Ibid.*, p. 40.

2. *Ibid.*, p. 25-27.

3. Purandare V., *Bal Thackeray…*, *op. cit.*, p. 63. Les données de cette section procèdent de cette source.

Ces différents milieux sociaux avaient en commun un profond ressentiment envers les « étrangers ». Ce caractère interclassiste est typique des mouvements identitaires où l'appartenance à une communauté ethnique transcende les clivages socio-économiques – il s'agit aussi d'un trait propre aux mouvements populistes.

De fait, la Shiv Sena était, davantage qu'un mouvement ethnique, une formation populiste – la première à voir le jour en Inde. D'abord parce que l'organisation n'existait qu'à travers son chef et le pouvoir qu'il exerçait. Ensuite parce que Bal Thackeray se dressait contre l'establishment, pour défendre ses victimes, alors qu'il était extérieur au monde politique : comme bien des populistes, il tirait une partie de sa popularité de son statut d'outsider – lui qui venait du monde de la presse. Il cultivait d'ailleurs ce statut en s'habillant d'une manière atypique : au Maharashtra, le calot blanc et le *dhoti* (pagne généralement ramené entre les jambes) de la même couleur, depuis Gandhi, faisait presque figure d'uniforme des hommes politiques, mais Thackeray, lui, opta pour l'habit de la classe moyenne (chemise et pantalon) avant de lui préférer, dans les années 1970, le *kurta pyjama* (longue tunique sur un pantalon bouffant), panoplie à laquelle il ajouterait très vite un châle puis le chapelet de graines de basilic (*rudraksha*). Par contraste délibéré avec l'ethos gandhien (et des hautes castes en général), il fumait (la pipe) et buvait (de la bière) de façon quasi ostentatoire – des pratiques qui, elles aussi, « faisaient peuple ». Mais c'est surtout son mode d'expression qui permet de ranger Thackeray parmi les populistes : caricaturiste, il avait été formé au sarcasme et à la formule lapidaire sur un mode visuel ; à la tribune, il convertit ce style en une faconde lui permettant d'entrer directement en relation avec son auditoire. Thackeray était un orateur hors pair qui savait parler au peuple – toujours de manière improvisée. Mais, à la différence d'autres leaders populistes, il misait autant sur l'écrit que sur l'oral. Son passé d'homme de presse explique en grande partie cette caractéristique atypique : il prit l'habitude de propager ses idées par l'imprimé, sous la forme de caricatures ou d'articles. Son premier journal, *Marmik*, creuset de la Shiv Sena, vit son tirage passer de 20 000 exemplaires en 1965 à 40 000 l'année suivante, celle de la naissance du parti. Le taux d'alphabétisation de Bombay ayant bondi de 40,8 % en 1951 à 58,6 % en 1961, on peut dire que l'imprimé a beaucoup contribué à l'essor de la Shiv Sena. Ces taux d'alphabétisation reflètent un effort de scolarisation spectaculaire, le nombre d'écoles primaires municipales étant passé de 483 en 1951-1952 à 741 en 1961-1962 et à 1 061 en 1971-1972 – et le nombre d'élèves, en parallèle, de 170 089 à 349 454 et 528 802. Cette progression vaut en particulier pour les élèves locuteurs de marathi dont le nombre est passé de 102 932 à 215 294 et 317 956[1].

Le peuple auquel s'adressait Thackeray se limitait toutefois aux Maharashtriens « de souche ». Il se faisait ainsi le pionnier, non seulement du populisme, mais du *national*-populisme en Inde[2], alors qu'au même moment, Indira Gandhi introduisait dans le pays un répertoire symétrique mais bien différent, le populisme de gauche. Le prestige et l'autorité que Bal Thackeray acquit par un verbe mis au service des Maharashtriens lui permirent de diriger la Shiv Sena de façon solitaire : il décidait seul tandis que les cadres du mouvement lui devaient une obéissance absolue. Tel fut le mode opératoire sur la base duquel le mouvement connut une progression rapide : dès janvier 1967, le parti comptait 60 branches (*shakha*) à Bombay et Thane, la ville voisine du Nord.

La Shiv Sena dans l'arène électorale : la montée en puissance d'un groupe de pression

À la fin des années 1960, la Shiv Sena ne devait toutefois pas sa montée en puissance aux seules qualités de son chef : le soutien – discret – du Congrès y contribua aussi. Alors que le BPCC était honni des Thackerays dix ans plus tôt, en raison de son refus de

1. Greater Bombay District, *Maharashtra State Gazetteers, Education and culture*, 1986.

2. Sur l'analyse de la Shiv Sena en termes de « populisme culturel » (plus que de national-populisme), voir Heuzé G., « Cultural populism : the appeal of the Shiv Sena », *in* Patel S. et Thorner A. (dir.), *Bombay Mosaic…*, *op. cit.*, p. 213-247.

faire de la ville la capitale du Maharashtra pour mieux défendre les intérêts des Gujaratis – et le BPCC le leur rendait bien –, tout changea dans la seconde moitié des années 1960 lorsque la Shiv Sena fut perçue par les leaders du Congrès de Bombay – S. K. Patil y compris – comme un contrepoids aux communistes. Quand Bal Thackeray organisa une cérémonie pour annoncer la formation officielle de son parti dans l'auditorium Ravindra Natyamandir de Prabhadevi (à Bombay), le « chief guest » ne fut autre que le chef du gouvernement, V. P. Naik. L'année suivante, le leader du Congrès Vasantdada Patil participa à la fête anniversaire de *Marmik*. Ces affinités acquirent une dimension supplémentaire dès les élections de 1967 lorsque la Shiv Sena soutint le protégé de Patil contre Krishna Menon. Ce dernier avait quitté le parti après la disparition de Nehru, son mentor, et était désormais perçu comme un crypto-communiste. Le Congrès parvint ainsi à battre Menon dans la circonscription de Bombay Nord[1]. Ce faisant, le parti au pouvoir contribua à mettre sur orbite une formation appelée à devenir son principal concurrent – sans cesser d'être un partenaire occasionnel.

Mais l'essor de la Shiv Sena s'explique aussi par sa capacité à capitaliser sur l'hostilité au Congrès née du mouvement pour la création du Maharashtra que la SMS avait cristallisé[2]. En 1968, le Congrès et la Shiv Sena s'affrontèrent lors d'élections municipales que le premier remporta (avec 65 sièges), mais où la seconde arriva deuxième avec 42 sièges, loin devant les socialistes et les communistes. Son score – 30 % des voix, contre 46 % au Congrès – était identique à celui de la SMS en 1961. Ce premier succès fut largement dû au soutien des « Maharashtriens de souche », tandis que les Gujaratis – le second groupe linguistique de la ville – continuaient de voter pour le Congrès[3].

1. Palmer N. D., « Election and by-election in North East Bombay », *in* Varma S. P. et Narain I. (dir.), *Fourth General Election in India*, *op. cit.*, p. 521-542.
2. Purandare V., *Bal Thackeray…*, *op. cit.*, p. 31.
3. Gupta R., *Nativism in a Metropolis*, *op. cit.*, p. 110-111.

La percée électorale que la Shiv Sena réalisa en 1968 fut suivie d'un deuxième succès lorsqu'en 1971 un élu sans étiquette, H. C. Gupte, obtint la mairie de Bombay avec le soutien du parti. En 1973, lors de nouvelles élections municipales, ce dernier s'allia au Republican Party of India (RPI) et remporta 40 sièges, ce qui lui permit de faire élire l'un des siens, Sudhir Joshi, maire de la ville avec le soutien d'une fraction des élus du Congrès (O)[1].

L'essor électoral de la Shiv Sena à Bombay en fit un puissant groupe de pression : le Congrès, s'il continuait de gouverner le Maharashtra, ne pouvait ignorer cette force politique montante dans la principale ville de l'État. Dès 1968, le gouvernement du Maharashtra invita les administrations et les grandes entreprises à recruter des Maharashtriens plutôt que des migrants. En 1973, cette injonction se fit plus pressante : si, jusque-là, le gouvernement avait appliqué cette directive au seul bénéfice des résidents de la ville qui y étaient installés depuis quinze ans et pour des emplois peu qualifiés (ceux des catégories III et IV de la fonction publique), désormais 60 % des emplois de cadre et 90 % de ceux situés au-dessous devaient revenir aux personnes dont le marathi était la langue maternelle. La même année, la connaissance du marathi devint obligatoire pour accéder à la fonction publique[2]. Ces mesures suscitèrent un débat houleux au parlement central et le gouvernement de New Delhi intervint auprès de celui de Bombay pour que les bénéficiaires de cette politique ne soient plus définis par leur langue maternelle mais par leur domiciliation. L'État du Maharashtra continua toutefois à faire pression sur les entreprises (tant publiques que privées) en leur faisant remplir un questionnaire où devaient figurer l'origine géographique et la langue de leurs employés

1. Né de la scission du Congrès de 1969, le Congrès (O) regroupait à Bombay – comme ailleurs – des représentants de l'aile droite du parti, comme S. K. Patil.

2. Weiner M. et Katzenstein M. F., *India's Preferential Policies : Migrants, the Middle Classes, and Ethnic Equality*, Chicago, University of Chicago Press, 1981, p. 47.

à tous les niveaux de leur organigramme. Les témoignages de chefs d'entreprise recueillis par Myron Weiner et Mary Fainsod Katzenstein révèlent que le gouvernement n'hésitait pas, pour parvenir à ses fins, à recourir au chantage (notamment parce que les entreprises privées avaient besoin de multiples autorisations administratives pour fonctionner). Plusieurs études portant sur plusieurs dizaines d'employeurs publics et privés montrent que ces réformes eurent de l'effet[1].

La pression se fit parfois plus directe encore. En 1972, la Shiv Sena envoya une délégation aux bureaux d'Air India situés à Nariman Point pour s'entretenir avec le responsable des ressources humaines qui fut très malmené. Il s'agissait de le punir de ne pas recruter de Maharashtriens de souche. La même opération fut répétée à la Bank of Baroda, dans les hôtels Oberoi Sheraton, à la Reserve Bank of India, à la Fertiliser Corporation of India et à Indian Oil[2]. Tant dans le public que dans le privé, le nombre des employés et des cadres ayant le marathi pour langue maternelle ne cessa d'augmenter entre les années 1950-1960 et le début des années 1970, le plus souvent aux dépens des Indiens du Sud et des Sindhis, les Gujaratis résistant mieux. Un sondage de 1971 indiquait que 51,5 % des personnes interrogées considéraient qu'il était désormais plus facile aux Maharashtriens de Bombay de trouver du travail[3].

En parallèle, la municipalité de Bombay mettait l'accent sur le système éducatif où le marathi devint la seconde langue enseignée de manière de plus en plus systématique, y compris dans les écoles gujaraties. De plus, la municipalité adopta une directive suivant laquelle 75 % des places des trois écoles de médecine gérées par elle seraient réservés aux étudiants ayant passé leur Matriculation (l'équivalent du baccalauréat) à Bombay – ce

1. Purandare V., *Bal Thackeray*..., *op. cit.*, p. 111-112.

2. *Ibid.*, p. 104.

3. Weiner M. et Katzenstein M. F., *India's Preferential Policies*..., *op. cit.*, p. 52-54.

qui, paradoxalement, n'aida pas forcément les Maharashtriens, un bon nombre d'entre eux venant d'autres villes de l'État[1]. Surtout, à terme, l'accent sur le marathi privait les enfants des compétences linguistiques les plus prisées par les employeurs, à commencer par l'anglais qui n'était plus guère enseigné que dans les écoles privées « English medium ». À Bombay, ce handicap allait nuire – certes marginalement – à leur mobilité sociale et à leur reconversion professionnelle, un problème d'autant plus criant à partir des années 1970-1980 lorsque la ville commença à ne plus offrir autant d'emplois industriels qu'avant.

Notons que la promotion du marathi dont la Shiv Sena était le principal héraut s'accommoda de l'essor du cinéma hindi de Bollywood. Certes, Film City, un complexe de studios situé à Goregaon et inauguré en 1977, était censé servir de cadre à des films marathis, mais ceux-ci demeuraient très minoritaires.

Une nouvelle culture politique : violence symbolique et violence physique

La Shiv Sena introduisit à Bombay un style politique à l'origine d'une véritable brutalisation de la scène publique. En 1969, le parti orchestra ainsi une agitation violente visant à rattacher au Maharashtra les districts maratiphones de Belgaum et Karwar – qui faisaient toujours partie du Karnataka. Bal Thackeray annonça en février que son parti ne laisserait aucun ministre du gouvernement central rentrer dans Bombay tant que cette question ne serait pas réglée. Quelques jours plus tard, la visite de l'un de ces ministres, Morarji Desai – un Gujarati, on s'en souvient, qui s'était montré hostile à la création d'un Maharashtra avec Bombay pour capitale lorsqu'il dirigeait le gouvernement de la province[2] – fut stoppé par des shiv sainiks qui, avec l'aide de la police, lui remirent un

1. *Ibid.*, p. 50.

2. En 1954, Bal Thackeray avait alors dessiné Desai sur un tas de crânes dans *Marmik*, ce qui lui avait valu des poursuites de la part de l'État (Purandare V., *Bal Thackeray*..., *op. cit.*, p. 12).

mémorandum. En parallèle, les manifestants mettaient à sac les quartiers de Dadar et Mahim. La riposte de la police fut féroce. Aussitôt, Bal Thackeray tint *meeting* et, devant 10 000 partisans, il déclara : « Le sang de shiv sainiks a été versé. Nous allons nous venger[1] » – ce type d'appel à la violence deviendrait récurrent. En 1969, les violences durèrent quatre jours au cours desquels 44 personnes furent tuées et 293 autres blessées par la répression policière. Environ 3 400 manifestants furent arrêtés. Une cinquantaine d'hôtels et de restaurants – propriétés, le plus souvent, d'Indiens du Sud – furent pillés, auxquels s'ajoutèrent des attaques de bus municipaux et de trains. La ville fut largement paralysée, une cinquantaine d'usines textiles et 3 000 autres restant à l'arrêt pendant plusieurs jours[2]. Bal Thackeray fut arrêté et emprisonné pendant trois mois, un épisode qui semble l'avoir marqué durablement. Les violences redoublèrent alors d'intensité, des shiv sainiks incendiant des bus, des postes de police, des hôtels, des stations-service, des marchés etc. Le gouvernement du Maharashtra dut demander à Thackeray d'appeler ses partisans au calme. Ce qu'il fit, au nom de « l'intérêt national ».

Les violences de 1969 – et leur fin – témoignèrent d'un nouveau rapport de force qui faisait de Bal Thackeray, dans une certaine mesure, le maître de la ville. Elles illustrèrent aussi les méthodes de la Shiv Sena qui théorisa même son recours à la violence sous le terme de *Thokshahi*, « violence constructive ». En 1973, dénonçant à nouveau la situation des Maharashtriens de Belgaum et Karwar, le parti incendia des trains et en caillassa d'autres tandis que les restaurants udipis étaient à nouveau pris pour cible : 1 074 personnes furent interpellées.

Ces irruptions de violence occasionnelles se doublaient de la banalisation de pratiques d'intimidation. Entre la fin des années 1960 et le début des années 1970, la Shiv Sena

1. Cité in *ibid.*, p. 76.

2. Gupta R., *Nativism in a Metropolis*, *op. cit.*, p. 155-156. Les données de cette section procèdent de cette source.

recourut surtout à ses méthodes musclées pour défendre les Maharashtriens et leur culture. C'est ainsi que ses militants s'attaquaient aux cinémas qui projetaient des films hindi, exigeant d'eux qu'ils promeuvent les œuvres en marathi. Deux d'entre eux seraient forcés de fermer. Cette police culturelle demeura une constante, les cibles seules évoluant avec le temps : aux hindiphones s'ajoutèrent les musulmans et les « libéraux » aux mœurs occidentalisés.

La culture politique que la Shiv Sena tentait de promouvoir à Bombay n'était pas seulement xénophobe, anti-communiste et violente, mais aussi autoritaire. Bal Thackeray ne faisait d'ailleurs pas mystère de son admiration pour Hitler (dès 1972)[1]. S'il considérait les shiv sainiks comme ses « enfants », il campait volontiers la figure d'un véritable « père fouettard ». Il confiait d'ailleurs à Dipankar Gupta en 1973 que, lorsqu'il avait conçu et construit son mouvement, il n'avait pas caché ses intentions : « J'ai soutenu, sans relâche, que ceux qui me rejoignaient devaient être prêts à m'obéir. Je ne crois pas à vos soi-disant démocraties[2]. »

Une gauche en déclin : congressistes, marxistes et Dalits en quête de renouveau

La droitisation masquée du Congrès

Dans les années 1950-1960, le Congrès – à Bombay comme ailleurs – avait été autant de droite que de gauche. D'une part, il comptait dans ses rangs des leaders des deux obédiences ; d'autre part il devait lutter à la fois contre les communistes et les formations favorables au libéralisme économique (le Swatantra notamment) et contre le nationalisme hindou du Jana Sangh, le parti

1. Sur les références à Hitler dans la vie politique du Maharashtra, voir Saglio M.-C. et Beltz J., « Chronique du Maharashtra : Hitler patriote », *Bulletin de l'École française d'Extrême-Orient*, tome 83, 1996, p. 233-239.

2. Cité *in* Gupta R., *Nativism in a Metropolis*, *op. cit.*, p. 73.

créé par le RSS. Après la scission de 1969 toutefois, le parti glissa vers la gauche, puis vers la droite – tout en prétendant rester socialiste. Au tournant des années 1970, le coup de barre à gauche fut spectaculaire puisque Indira Gandhi supprima la pension que les anciens princes (Maharajahs et Nawabs) avaient obtenue du gouvernement en échange de l'intégration de leurs États à l'Union indienne après 1947 et lança une vague de nationalisations des banques et assurances. Ces mesures, dont elle fit grand cas lors de sa campagne électorale de 1971, l'aidèrent à remporter les élections législatives. Elle changea cependant son fusil d'épaule peu après, notamment en vue des élections régionales qui devaient se tenir dans de nombreux États – dont le Maharashtra – en 1972.

À Bombay, ce cynisme court-termiste se traduisit par un soutien discret, mais efficace, à la Shiv Sena. L'artisan de cette tactique n'était autre que le chef du gouvernement du Maharashtra – Vasantrao Naik – qui, en 1963 avait succédé à Y. B. Chavan, devenu ministre de Nehru puis d'Indira Gandhi. Naik soutenait la Shiv Sena pour affaiblir le mouvement syndical et les partis de gauche. En 1972, ce rapprochement aida le parti de Thackeray à remporter pour la première fois un siège à l'assemblée de l'État où le Congrès triompha avec 24 des 27 sièges mis en jeu à Bombay : Pramod Navalkar, un des fondateurs du parti, fut élu dans la circonscription très emblématique de Girgaum. L'année d'après, les deux partis se trouvèrent à nouveau réunis par une alliance de fait lors des élections municipales[1].

La « droitisation » du Congrès se traduisit aussi par une plus grande proximité avec les milieux d'affaires. Certes, Nehru n'avait jamais cessé de négocier avec les grands capitalistes indiens, mais il n'avait pas accédé à leurs demandes. Indira Gandhi, elle, n'hésita pas. Ce mouvement n'était rien moins que paradoxal car après être devenue Première ministre en 1966 elle s'était affirmée face aux barons conservateurs du parti (comme Morarji Desai, S. K. Patil et d'autres) en jouant la carte du populisme

1. *Ibid.*, p. 165.

de gauche : court-circuitant ces notables, elle était « allée au peuple » et avait promis, notamment, une vague de nationalisations. Les tensions internes au parti étaient devenues telles que le Congrès avait éclaté en 1969, Indira créant le Congrès (R) – pour « Ruling » car elle gardait la majorité au parlement – et les caciques formant le Congrès (O) – pour Organisation, car ils conservaient le contrôle de l'appareil du parti. Si le Congrès (R) poursuivit officiellement une ligne dite « socialiste » jusqu'au milieu des années 1970, Indira Gandhi était déjà en relation avec les milieux d'affaires de Bombay dès 1972, comme en témoigne sa correspondance avec J. R. D. Tata[1]. New Delhi opta alors progressivement pour une politique de l'offre aux dépens des acquis de la classe ouvrière, ainsi que le manifestait la nouvelle législation sur les primes – un sujet très sensible dans les usines de Bombay. En 1971, Indira Gandhi avait fait voter une loi aux termes de laquelle ces primes (appelées « bonus ») passaient de 4 % à 8,33 % des salaires annuels. Dès 1974, le *Wage Freeze Act* revenait sur cette mesure, la moitié des primes devant être épargnée sur un compte bloqué.

Le mouvement de régression sociale atteignit toutefois son point culminant lors de l'État d'urgence, cette période de dix-huit mois au cours de laquelle Indira Gandhi, acculée par l'opposition (qui occupait la rue) et la Justice (qui menaçait de lui faire perdre son poste), suspendit la démocratie en Inde. La répression fut des plus sévères : 2 000 syndicalistes furent arrêtés. Parmi eux figuraient de nombreux hommes de gauche de Bombay, à commencer par George Fernandes qui avait acquis une stature nationale dès 1974, lorsqu'il avait lancé une grève d'une ampleur sans précédent dans les chemins de fer. Par ailleurs, le gouvernement déclara la grève illégale[2],

1. Cité dans Jaffrelot C. et Anil P., *India's First Dictatorship. The Emergency, 1975-77*, Londres, Hurst et New York, Oxford University Press, 2020, p. 326.

2. Selbourne D., *An Eye to India : The Unmasking of a Tyranny*, Harmondsworth, Penguin, 1977, p. 181 et Hoeber Rudolph S. et Rudolph L., « To the Brink

et le fameux « bonus » fut ramené à 4 % – et encore, seules les entreprises faisant des bénéfices quatre ans de suite étaient appelées à le payer.

Le monde du travail manifesta sa colère, mais fut soumis à une intense répression. À Bombay, des employés du port étaient arrêtés dès qu'ils essayaient de se mettre en grève, et même le président du Bombay Port Trust Union, Shanti Patel, un ancien maire et un cadre du Congrès, fut incarcéré. En parallèle, des agents du fisc effectuèrent des descentes dans les bureaux de la All India Employees Union, une mesure d'intimidation très efficace[1]. Les milieux d'affaires de Bombay saluèrent la fermeté d'Indira Gandhi[2], mais aussi la baisse des impôts sur les entreprises, la volonté de déplafonner les dividendes, l'augmentation des subventions aux investissements, l'assouplissement des quotas d'importation auxquels étaient soumises les entreprises, etc.[3].

Pendant l'État d'urgence, les pauvres, eux, ne furent pas seulement victimes du régime en tant que travailleurs, mais aussi comme habitants des bidonvilles. Indira Gandhi – et plus encore son fils, Sanjay –, s'était en effet donné pour objectif de nettoyer les grandes villes de l'Inde de ces quartiers qui les défiguraient. Bombay ne fut pas autant touchée que Delhi par la démolition des cahutes où vivaient entre un tiers et la moitié des habitants de la ville à l'époque, mais elle ne fut pas épargnée non plus ; d'autant que cette politique avait déjà commencé à être mise en œuvre par le Congrès avant l'État d'urgence.

and Back : Representation and the State in India », *Asian Survey*, n° 18-4, 1978, p. 379-400, ici p. 388.

1. Jaffrelot C. et Anil P., *India's First Dictatorship*..., *op. cit.*, p. 91.

2. Cité in *ibid.*, p. 329. Tata ira plus loin lorsqu'il déclarera : « Le système parlementaire n'est pas adapté à nos besoins. » Cité dans Dhar P. N., *Indira Gandhi, the « Emergency » and Indian Democracy*, New Delhi, Oxford University Press, 2000, p. 313.

3. Blair H., « Mrs Gandhi's Emergency, the Indian Elections of 1977, Pluralism and Marxism : Problems with Paradigms », *Modern Asian Studies*, n° 14-2, 1980, p. 237-271, ici p. 257.

Jusque-là, en effet, les pouvoirs publics avaient oscillé entre une politique d'éradication des bidonvilles (héritée de la loi de 1956 citée plus haut) et une politique de rénovation (« redevelopment »). En 1971, le gouvernement de New Delhi poussa celui du Maharashtra à faire voter un *Maharashtra Slum Areas (Improvement, Clearance and Redevelopment) Act* qui, s'il permettait toujours de « nettoyer » (*clear*) Bombay de certains bidonvilles, ouvrait une perspective nouvelle puisqu'il s'agissait aussi d'y améliorer l'habitat. Le gouvernement de l'État créa donc le Maharashtra Slum Improvement Board en 1973 pour, notamment, faciliter l'accès à l'eau (qu'il s'agisse de robinets ou de sanitaires). La Maharashtra Housing and Area Development Authority (MHADA) vit en outre le jour en 1976 avec des objectifs plus généraux de modernisation du parc immobilier. La question du logement fut affichée comme prioritaire au point qu'en 1976 encore était voté le *Urban Land Ceiling and Regulation Act* limitant à 500 m^2 les terrains vacants dont un même individu pouvait être propriétaire dans les grandes métropoles de l'Inde. En 1976 toujours, le premier recensement officiel des bidonvilles de Bombay identifia 1 680 implantations représentant 2,8 millions de personnes. Cette loi marquait un progrès car les habitants des bidonvilles qui pouvaient démontrer qu'ils y résidaient depuis 1975 se voyaient gratifiés d'une pièce d'identité (un « photopass ») et devenaient éligibles à un relogement (éventuellement sur les terrains récupérés par l'État) et à certains services publics – sans que cela n'écarte le risque de démolitions[1].

En plein État d'urgence[2], cette politique – à l'image de celle d'Indira Gandhi à l'échelle de l'Inde – ne suffit pas à masquer un véritable virage à droite. La loi plafonnant la superficie désormais autorisée pour les propriétés privées en milieu urbain ne

1. Sharma K., *Rediscovering Dharavi. Stories from Asia's Largest Slum*, Delhi, Penguin, 2000, p. 15.

2. Jaffrelot C. et Anil P., *India's first dictatorship…*, *op. cit.*, p. 179-181.

permit d'ailleurs pas de redistribuer beaucoup d'espaces vacants pour les sans-logis. Premièrement, elle fut contournée grâce à un stratagème éculé appelé *benami* (prête-nom) suivant lequel les propriétaires des biens les plus importants les subdivisaient en plusieurs ayants droit au sein de leur famille pour tomber sous le plafond des 500 m^2. Deuxièmement, bien des terrains vacants – 1 544 exactement à Bombay – que l'État aurait pu préempter pour y construire des logements sociaux destinés, entre autres, à abriter des anciens résidents de bidonvilles étaient occupés précisément par des bidonvilles[1]. Or toute occupation de leur terrain – même illégale – exemptait les propriétaires de la nécessité de vendre les superficies qui faisaient dépasser les plafonds fonciers à leur propriété. Troisièmement, le gouvernement du Maharashtra n'était pas particulièrement pressé de venir ainsi en aide aux pauvres : non seulement acquérir les terres en surplus risquait de grever son budget, mais en outre la loi lui donnait moult occasions de cultiver des relations clientélistes avec les puissants disposant d'un capital foncier. En leur octroyant des exemptions à un titre ou un autre (les terres agricoles ne tombaient pas sous le coup de la loi, ni les terrains industriels, par exemple), les leaders du Congrès pouvaient gagner le soutien de notables possédant d'imposants biens fonciers. À cela s'ajoutait le fait que le chef du gouvernement disposait d'un volant de 10 % des surfaces à redistribuer qu'il pouvait octroyer de façon discrétionnaire à ses affidés : Sharad Pawar, alors chef du gouvernement du Maharashtra, fit, ainsi, 200 heureux entre 1979 et 1980, tous plus riches les uns que les autres[2].

Paradoxalement, la loi de 1976 ouvrit donc la voie à une collaboration nouvelle entre gouvernants et promoteurs immobiliers.

1. Saglio-Yatzimirsky M. C., *Intouchable Bombay. Le bidonville des travailleurs du cuir*, Paris, CNRS éditions, 2002, p. 220.

2. Narayanan, « In search of shelter : The Politics of the Implementation of the Urban Land (Ceiling and Regulation) Act 1976 in Greater Mumbai », *in* Patel S. et Masselos J. (dir.), *Bombay and Mumbai : The City in Transition*, Delhi, Oxford University Press, 2003, p. 199.

Les premiers renonçaient à promouvoir le logement social et s'en remettaient pour cela aux promoteurs immobiliers, qu'ils étaient prêts à exempter des fameux plafonds, pourvu qu'ils s'engagent à construire pour les pauvres – car c'était là une autre façon d'échapper à la loi sur les plafonds. Dès janvier 1977, les propriétaires d'une centaine d'hectares de Powai s'accordèrent avec le gouvernement. Finalement, sur la période 1976-1999 pour laquelle Harini Narayanan a mené l'enquête, le gouvernement n'acquit que 70,5 des 214 hectares identifiés comme tombant sous le coup de la loi. Le Mumbai Housing and Area Development Board (MHADB), qui avait pris le relais du Bombay Housing Board, en utilisa 65 pour construire, en vingt ans, 4 500 appartements qui ne furent même pas réservés aux plus nécessiteux car le MHADB cherchait, lui aussi, à profiter de la hausse des prix de l'immobilier : le gouvernement avait « transformé en farce » la notion même de logement social à Bombay[1], où les promoteurs formaient en revanche un groupe de pression très lié au pouvoir et très concentré, 20 entreprises contrôlant deux tiers du parc immobilier en construction en 1984.

En outre, les efforts du gouvernement pour détruire les bidonvilles s'intensifièrent, comme le montra bien le cas édifiant de la Janata Colony. Depuis plusieurs années, le Bhabha Atomic Research Center se plaignait de la proximité de ce bidonville (« La colonie du peuple »), où l'organisme voulait construire 700 logements pour ses employés[2]. Dans le cadre de l'État d'urgence, le chef du gouvernement, Naik, put faire voter un *Maharashtra Vacant Land (Prohibition of Unauthorised Occupation and Summary Eviction) Act* et le 17 mai 1976, 12 000 policiers firent irruption dans Janata Colony et en expulsèrent 72 000 personnes qui furent relogées (ou plutôt déplacés) sur un terrain

1. *Ibid.*, p. 202.

2. Clibbens P., « "The Destiny of this City is to be the Spiritual Workshop of the Nation" : Clearing Cities and Making Citizens during the Indian Emergency, 1975-1977 », *Contemporary South Asia*, n° 22-1, 2014, p. 52-54.

marécageux de Trombay, baptisé Cheetah Camp (« Le camp de la panthère »)[1]. Le témoignage de l'urbaniste Shirish Patel explique pourquoi le souvenir de cet épisode est longtemps resté dans les esprits :

> En trois jours, à partir du 22 mai 1976, la Janata Colony fut rasée par des bulldozers. Ses résidents se virent offrir des sites de 10 pieds sur 15 (la moitié des superficies dont ils disposaient à Janata Colony) à Cheetah Camp, quelques kilomètres plus loin. Les déplacer juste avant la mousson, sans leur laisser le temps de s'installer et de construire quoi que ce soit signifiait que les conditions de vie à Cheetah Camp pendant la saison des pluies seraient horribles. Le site fut inondé et ce qu'on y voyait le plus, c'était un charpoy [lit fait de cordages] protégé par un bout de plastique, les pieds dans l'eau, des briques qui y conduisaient, et quelqu'un couché dessus, à peine au-dessus de l'eau. Il n'y avait aucun service public. Les maladies se propagèrent et nombre d'enfants et de vieillards moururent au cours de cette première mousson[2].

Au cours de l'État d'urgence, 12 000 autres habitations précaires furent détruites sur les 260 000 – réparties en 850 bidonvilles – que comptait la ville. Les plans bien plus ambitieux du gouvernement ne purent toutefois pas être mis à exécution à la suite du retour à la démocratie qu'Indira Gandhi décida brusquement en 1977.

L'État d'urgence marque plus une étape qu'une parenthèse dans la trajectoire de l'Inde et de Bombay, non seulement parce que les acquis sociaux gagnés de haute lutte par la classe ouvrière ne seraient pas restaurés après 1977, mais aussi parce que cet épisode conforta la collaboration entre le Congrès et la Shiv Sena.

1. Deshpande S. G., « Janata Colony – Moving to Cheetah Camp », en ligne sur *Economic and Political Weekly*, n° 11-21, mai 1976.

2. Patel S. B., « Slum rehabilitation in Mumbai : Possible if done differently », *Economic and Political Weekly*, n° 31-18, 1996, p. 1048.

En 1975, Bal Thackeray se rallia aussitôt à l'État d'urgence et en fit même l'éloge dans les médias, conformément à sa culture politique, qui, à cet instant, présentait bien des affinités avec celle d'Indira Gandhi. La destruction des bidonvilles de migrants faisait depuis longtemps partie de son programme. Il mit donc au service du pouvoir les quelque 100 000 militants que comptait alors la Shiv Sena – auxquels s'ajoutaient les 30 000 syndicalistes du Bharatiya Kamgar Sena[1].

Cette alliance – qui relève largement du non-dit – s'explique toutefois aussi par la complémentarité des deux formations à Bombay : si la Shiv Sena y défendait les Maharashtriens de souche, le Congrès restait, lui, plus cosmopolite – au point de porter à sa tête Rajni Patel, un avocat gujarati, au début des années 1970 et de faire élire Murli Deora, un Marwari, maire de Bombay en 1977, avec l'aide de la Shiv Sena[2]. Ce dernier, digne héritier de S. K. Patil au regard de ses liens avec les milieux d'affaires, confortait l'enracinement à droite du Congrès.

Après l'État d'urgence, Indira Gandhi entraîna Bal Thackeray dans sa chute, l'impopularité du Congrès lui faisant perdre le pouvoir au niveau national, régional (en tout cas dans le nord et l'ouest de l'Inde, Maharashtra compris) et local : lors des municipales de 1978, le parti de Mme Gandhi ne conserva que 17 sièges, contre 83 (sur 140) au Janata Party qui triompha, la Shiv Sena ne sauvant que 21 sièges.

Une gauche acculée et divisée

Le virage à droite que connut Bombay dans les années 1960-1970 ne fut pas seulement le fait du Congrès et de la Shiv Sena, partenaires plus ou moins secrets ; il dut aussi beaucoup

1. Gupta R., *Nativism in a Metropolis*, *op. cit.*, p. VII et Heuzé-Brigant G., « Populism and the Workers Movement : Shiv Sena and Labor in Mumbai », *South Asia*, n° 22-2, 1999, p. 119-148, ici p. 122.

2. Purandare V., *Bal Thackeray*..., *op. cit.*, p. 119.

à l'affaiblissement de la gauche qui tint à la fois à des facteurs internes et aux attaques à l'encontre des communistes.

La gauche fut d'abord victime de ses propres divisions. Dans les années 1960, socialistes et communistes connurent en effet des scissions à répétition. Côté communiste, la ligne de clivage qui opposait les partisans de Moscou à ceux de Pékin aboutit, en 1964, à la formation d'un nouveau parti, le Parti communiste indien (marxiste). Mais à Bombay, un troisième groupe ajouta encore à la confusion en 1965, le Lal Nishan Party, créé par un militant communiste de la première heure, Yashwant Chavan, dont le syndicat, le Sarva Shramik Sangh, contrôlait la ceinture industrielle de Mumbai, de Kurla à Thane[1].

La gauche était en outre la cible des méthodes musclées de ses rivaux. L'anticommunisme de la Shiv Sena – et d'une frange du Congrès – se traduisit dès les années 1960 par des attaques d'une rare violence. En 1967, peu après s'être engagé à éliminer les communistes de Bombay, Bal Thackeray fit incendier le siège du Parti communiste de l'Inde à Parel[2]. En janvier 1968, plusieurs militants de gauche furent blessés à coups de barre de fer par des shiv sainiks. Gérard Heuzé ajoute que non seulement le parti essayait d'assassiner des leaders communistes aussi réputés que Dange, mais gagna même « à coups de couteaux la campagne électorale de 1968[3] ». Ces violences n'étaient pas seulement le fruit d'une lutte idéologique, mais reflétaient aussi la volonté de la Shiv Sena de récupérer l'électorat de gauche. Répétons-le, les Maharashtriens que le parti prétendait représenter se retrouvaient en grand nombre parmi les ouvriers d'usine et les chômeurs en concurrence avec des migrants non-maratiphones. La Shiv Sena chassait donc sur les terres des bastions communistes comme Lalbag et Parel.

1. Punwani J., « Final salute to trade unionist Yashwant Chavan », en ligne sur *Mumbai Mirror*, 24 janvier 2018.

2. Heuzé G., *Inde…*, *op. cit.*, p. 46.

3. *Ibid.*, p. 46.

C'était bien dans cette perspective que le parti s'était doté d'un syndicat aux manières très musclées.

Ce cycle de violence atteignit son point culminant le 5 juin 1970 avec l'assassinat d'un cadre communiste de la ville, Krishna Desai, de plusieurs coups de couteau. Desai, qui avait été élu au Conseil municipal de la ville en 1957 avant de rejoindre le PCI en 1962, siégeait alors à l'assemblée de l'État où il représentait la circonscription ouvrière de Lalbag. Il était très impliqué dans la montée en puissance de la Garde rouge (Red Guard), un assemblage de 500 gros bras créé par le PCI en réponse à l'annonce d'une « Saffron Guard » de la même taille par Bal Thackeray[1]. Mais il ne s'était pas arrêté là : il avait aussi fondé un Lok Seva Dal aux visées plus politiques car il avait bien conscience de l'attrait idéologique de la Shiv Sena sur la jeunesse et voulait tout faire pour le contrer[2]. L'identité des auteurs de cet assassinat politique ne faisait aucun doute : tous les suspects arrêtés après le crime appartenaient à la Shiv Sena – mais nul ne fut jamais condamné. En réponse à ce meurtre, 25 usines se mirent en grève et 25 000 personnes participèrent aux funérailles. Mais l'opération n'en fut pas moins couronnée de succès : lors de l'élection partielle provoquée par la disparition de Krishna Desai, le PCI donna son investiture à sa veuve, qui reçut le soutien de 13 partis politiques, dont le Congrès – décidément porté au double jeu. La Shiv Sena, elle, présenta un candidat à l'époque atypique : un ancien employé municipal devenu conseiller municipal. Il reçut, lui, le soutien des partis de droite et remporta cette élection très disputée et hautement symbolique. Elle marqua l'entrée du parti à l'assemblée de l'État, et le basculement à droite d'un siège autrefois détenu par les communistes.

1. Pundadare V., *Bal Thackeray*..., *op. cit.*, p. 88.
2. Prakash G., *Mumbai Fables*, *op. cit.*, p. 245.

Heurs et malheurs de la politique dalit

Les partis de gauche ne furent pas les seuls à connaître un affaissement notable dans les années 1960-1970. Le RPI, parti des Dalits initié par Ambedkar, n'était pas en meilleure posture, et pour les mêmes raisons.

La lente agonie du RPI

Alors que Bombay avait été l'épicentre du mouvement ambedkariste, celui-ci s'affaiblit dès les années 1960 en raison de luttes de faction et de la stratégie de cooptation du Congrès. Cette dernière est bien illustrée par la carrière de R. D. Bhandare. Ce « self-made-man », issu d'une famille de migrants mahars – attiré par la grande ville comme tant d'autres –, avait fait son droit pour devenir avocat avant de rejoindre le mouvement d'Ambedkar et en particulier le syndicat créé par ce dernier, le Municipal Kamgar Sangh. Au début des années 1950, il était à la fois vice-président du Bombay Textile Workers Union et président de la Bombay Pradesh Scheduled Castes Federation, l'ancêtre du RPI. Bandhare jouissait d'une popularité telle qu'il fut élu au conseil municipal de 1948 à 1957 puis, sous l'étiquette du RPI dont il était un membre fondateur, à l'assemblée de la province où il officia comme leader de l'opposition de 1960 à 1962, avant de devenir le président du RPI de 1964 à 1966. Et voilà que l'année suivante, il passa au Congrès sous l'étiquette duquel il fut élu député dans la prestigieuse circonscription de Bombay Centre. Il serait réélu sous la même étiquette et dans la même circonscription en 1971[1]. Ce genre de débauchage montre combien le Congrès était passé maître dans l'art d'attirer des leaders dalits auxquels il offrait l'investiture pour un siège au parlement, un portefeuille ministériel, etc.

1. Kulkarni V. S., Kulkarni S. et Kokil P. (dir.), *India's Parliament – 1971*, Poona, Law Book House, 1971, p. 216.

Mais le RPI souffrit davantage encore de son factionalisme. En 1959, une première scission résulta du différend qui opposait B. K. Gaekwad et B. C. Kamble, un avocat de Bombay, qui s'associa, pour finir, au Congrès. D'autres scissions suivirent, la plus importante d'entre elles intervenant en 1969 lorsque Khobragade créa son propre parti. Le fils d'Ambedkar fonda ensuite sa formation, si bien qu'au début des années 1970 il existait pas moins de quatre « RPI » se réclamant tous de B. R. Ambedkar mais ne représentant plus qu'une force marginale, aucun d'entre eux ne remportant à Bombay ni l'un de leurs 5 sièges gagnés à l'assemblée du Maharashtra en 1967, ni l'un de leurs 3 sièges en 1971[1]. Ces quelques sièges avaient été glanés ailleurs au Maharashtra. Dans ce contexte, des intellectuels ambedkaristes initièrent un mouvement à la fois littéraire et social : les Dalits Panthers.

L'éphémère « moment » Dalits Panthers

Des figures de la littérature dalit furent à l'origine du mouvement des Dalits Panthers dont la création fut annoncée le 19 juin 1972 dans un petit journal de Bombay, *Navakal*. Le plus célèbre de ses architectes, Namdeo Dhasal, était un néo-bouddhiste du *Dhor chawl* de Kamathipura, le quartier des prostituées dont il est beaucoup question dans son œuvre[2]. Il venait de faire paraître un ensemble de poèmes intitulé *Golpitha* (du nom d'un quartier mal famé de Bombay[3]) qui eut un succès retentissant et où il demandait

1. La division des Dalits Panthers et du RPI ne reflétait pas que des différends idéologiques ou des approches divergentes quant à la méthode de défense des intouchables : elle renvoyait aussi aux tensions entre sous-castes. Les Mangs et les Chambhars jalousaient en particulier les Mahars qui, dans le sillage d'Ambedkar, avaient davantage investi dans l'éducation et profité plus que toutes les autres *jatis* Dalits des politiques de discrimination positive.

2. Voir l'entretien que Dhasal a accordé à Naipaul, qui témoigne du caractère cosmopolite de cet homme issu des bas-fonds qui, dans les années 1960, connaissait Ginsberg, Rimbaud, Rilke, Baudelaire, Lorca, etc. (Naipaul V. S., *L'Inde : un million de révoltes*, Paris, Plon, 1992, p. 111-135).

3. Voir Bansode V., « Awakening from silence, a study of Namdev Dhasal's "Golpitha" », en ligne sur ResearchGate, octobre 2012.

notamment : « Où est cet âne qu'on appelle l'indépendance[1] ? » Presque au même moment, un autre auteur dalit, Raja Dhale, dont la famille avait migré à Bombay depuis un village de l'ouest du Maharashtra quand il était enfant et qui était partie prenante du mouvement des « Little Magazines », publia un article intitulé « Black Independence Day » (Kala Svatantrata Divas) dans *Sadhana* (Étude), un hebdomadaire marathi[2]. Ce texte eut un écho considérable, à tel point qu'à l'occasion du 25e anniversaire de l'indépendance de l'Inde, des quartiers dalits de Bombay se couvrirent de drapeaux noirs : des activistes faisaient le deuil de leurs espoirs.

Dhale a semble-t-il été le premier à relever, dans un article de 1970, les similitudes entre la vie et l'asservissement des Afro-Américains et ceux des Dalits et à se référer au mouvement des Black Panthers, d'où les Dalits Panthers devaient tirer leur nom[3]. Le 20 mai 1973, ce mouvement désigna ses dirigeants : Dhale en était le président et Dhasal son « ministre de la défense »[4], un titre révélateur des intentions du groupe qui souhaitait « introduire la lutte armée en littérature et hors du domaine de la littérature[5] ». Le « Manifeste » que le mouvement rendit public exactement un an après sa création s'efforçait de combiner lutte des classes et lutte des castes. On y lisait qu'un Dalit « est aussi un travailleur, un paysan sans terre et un prolétaire[6] ». Le Manifeste appelait aussi à « la révolution sociale » qui préparerait « un changement révolutionnaire complet et total ».

1. Shaikh J., *Outcaste Bombay*..., *op. cit.*, p. 118.

2. Dhale écrivait qu'insulter le Drapeau indien – un simple morceau de tissu après tout – n'était rien à côté du sari déchiré d'une femme dalit violée, référence aux atrocités dont les intouchables étaient alors victimes. Rodrigues E. A. et Gavaskar M., « Emancipation and Dalit Politics », *in* Patel S. et Masselos J. (dir.), *Bombay and Mumbai*..., *op. cit.*, p. 148.

3. Bhat-Behere A., « « We stood up against the establishment »... », art. cit., p. 144.

4. Murugkar L., *Dalit Panther Movement in Maharashtra*..., *op. cit.*, p. 65.

5. Cité dans Rodrigues E. A. et Gavaskar M., « Emancipation and Dalit Politics », art. cit., p. 119.

6. Murugkar L., *Dalit Panther Movement in Maharashtra*..., *op. cit.*, chap. « Dalit Panthers Manifesto (Bombay 1973) ».

Illustration n° 20 : L'emblème des Dalits Panthers.

Dhasal et Dhale conçurent les Dalits Panthers non seulement comme une réplique des Black Panthers – réputées pour leurs méthodes violentes –, mais aussi comme une réponse mimétique à la Shiv Sena. Nombre de Dalits du parti rejoignirent d'ailleurs les Dalits Panthers[1] qui, pour finir, développèrent des branches dans une centaine de quartiers de Bombay dès 1973, en suivant le *modus operandi* de la Sena[2]. Au milieu des années 1970, les Dalits Panthers revendiquaient 200 000 militants[3] répartis dans 75 branches principalement concentrées dans des quartiers populaires de Bombay comme Worli, Naigaum, BDD Chawls, Love Lane,

1. Murugkar L., *Dalit Panther Movement in Maharashtra*..., *op. cit.*, p. 66.

2. Rodrigues E. A. et Gavaskar M., « Emancipation and Dalit Politics », art. cit., p. 167.

3. Murugkar L., *Dalit Panther Movement in Maharashtra*..., *op. cit.*, p. 66.

Byculla, Kamathipura, Sewri, Vikhroli et Bhandup. Si les cadres du mouvement étaient surtout issus de la minuscule classe moyenne inférieure dalit que les politiques de discrimination positive avaient engendrée, les militants venaient d'un milieu bien différent :

> Une grande partie du lumpen prolétariat soutenait les Panthers, et Dhasal était leur leader. Ce lumpen prolétariat vivait dans des bidonvilles, déraciné de ses villages, affamé et sans emploi. Quand il ne trouvait pas de travail, il s'adonnait au vol, à la débauche et à l'alcool. Ces êtres oisifs, où on trouvait des proxénètes, des voyous et des criminels à la petite semaine, s'investirent dans cette lutte de libération[1].

Le mouvement souhaitait notamment venir en aide, depuis Bombay, aux villageois qui subissaient alors les pires humiliations dans les campagnes environnantes, en recourant, au besoin, à la violence. Dhale, lors de sa visite dans le village de Brahmawada où deux femmes dalits avaient été exhibées nues en 1972, déclara : « Nous nous battrons et tuerons les thugs des villages qui commettent de tels crimes[2]. » Les Panthers justifiaient le recours à la force en prenant soin de ne pas y voir une agression car « tuer pour se protéger, ce n'est pas être violent[3] ».

Les Dalits Panthers venaient combler un vide, celui laissé par le déclin du RPI alors en proie à d'innombrables divisions et auteur d'un nombre équivalent de compromissions. Les Panthers occupaient de toute façon un autre créneau, celui de l'activisme. Ils devinrent experts en manifestations de rue. Le 14 août 1973, 20 000 militants amenèrent au chef du gouvernement du Maharashtra une liste de revendications de onze pages et leurs chefs annoncèrent que si elle n'était pas suivie d'effet, ils lanceraient

1. *Ibid.*, p. 68.

2. Cité dans Rodrigues E. A. et Gavaskar M., « Emancipation and Dalit Politics », art. cit., p. 120.

3. Cité dans Murugkar L., *Dalit Panther Movement in Maharashtra…*, *op. cit.*, p. 117.

un grand mouvement pour un « Dalisthan séparé »[1]. Les slogans entonnés par la foule étaient des plus radicaux : « Gadu, gadu, Hindutwawad gadu » (« Nous allons enterrer l'hindouisme ») ou encore « Utha Dalita bhuka kangal, bandukila haat ghaal » (« Dressez-vous Dalits opprimés et affamés, prenez vos pistolets »).

Les Dalits Panthers ne parvinrent toutefois pas à mobiliser leurs soutiens dans la durée. Et en 1974, des émeutes à Worli leur portèrent un grave préjudice. Il s'agissait de l'un des quartiers où une élection partielle pour le siège de Bombay Central, une circonscription parlementaire, fut organisée début 1974. Quatre candidats étaient en lice, représentant le Congrès, le Parti communiste et deux partis nationalistes hindous. Les deux favoris étaient ceux des deux premières formations. Le Congrès bénéficiait du soutien de deux des principales factions du RPI, dans une circonscription qui comptaient de très nombreux Dalits, pour la plupart ouvriers d'usine. Or les Dalits Panthers annoncèrent qu'ils appelleraient au boycott du scrutin, ce qui risquait de coûter la victoire au Congrès. Celui-ci continua de courtiser les Panthers, invitant même Dhale à l'un des *meetings* du parti. Ce dernier y parla, mais sans appeler à voter pour le Congrès comme l'espéraient les organisateurs. Au contraire, il s'en prit au gouvernement congressiste dont il dénonça la corruption et multiplia les remarques provocantes sur les dieux et les déesses hindous. Dhale et 19 autres Panthers furent arrêtés. Quant à l'élection partielle, elle fut remportée par le Parti communiste, ce qui amena le Congrès à exercer des représailles contre les Dalits Panthers accusés d'avoir précipité la défaite du parti par leurs appels au boycott. S'ensuivit une série d'émeutes à Worli qui dura de janvier à avril, les militants du Congrès, du RPI et de la Shiv Sena (partie prenante de cette coalition des plus hétéroclites) s'attaquant aux Panthers qui déplorèrent quatre morts (sur un total de sept) et 31 blessés (sur 74)[2].

1. *Ibid.*, p. 122. Le « Dalisthan », ou pays dalit, que réclamaient les Panthers n'était autre que le regroupement des Dalits dans des villages homogènes où ils ne seraient soumis à aucune discrimination.

2. *Ibid.*, p. 160.

Non seulement les Panthers étaient victimes des forces politiques qui dominaient la ville – même si elles venaient de perdre une élection partielle –, mais ils étaient aussi divisés, comme en témoignent les tensions entre Dhale et Dhasal, qui serait finalement exclu du mouvement à la fin de 1974 en raison de son adhésion à la doctrine communiste[1]. Il était en effet un fervent adepte de l'idéologie marxiste[2], tandis que Dhale, un pur disciple d'Ambedkar, pensait que les Dalits devaient d'abord suivre les préceptes du bouddhisme – religion à laquelle il se convertit en juin 1974 – et donner la priorité à la lutte des castes sur la lutte des classes. La scission eut lieu dès juillet 1974, chaque groupe créant son propre réseau. Mais Dhasal se replia sur Poona, laissant Bombay à Dhale. Il fut ensuite coopté par le Congrès[3]. Les Dalits Panthers étaient moribonds, comme la gauche de Bombay.

1. Rodrigues E. A. et Gavaskar M., « Emancipation and Dalit Politics », art. cit., p. 150-151.

2. Il avait d'ailleurs épousé Mallika Sheikh, la fille d'Amar Sheikh, un membre actif du Parti communiste.

3. Il accepta le prix que le gouvernement du Maharashtra lui remit pour *Golpitha* en 1974 et il soutint l'état d'urgence en 1975 (*ibid.*, p. 169). Quelque temps plus tard, dans les années 1990, il passa à la Shiv Sena.

Chapitre huit

Violences mafieuses, policières et « religieuses » Crime organisé, pogrome et terrorisme (les années 1980-1990, voire 2000)

De la répression du mouvement pour la création d'un Maharashtra séparé aux manifestations musclées de la Shiv Sena, la violence semble omniprésente dans l'histoire contemporaine de Bombay. Au fil des années cependant, elle prit des formes plus spécifiques encore.

Premièrement, la richesse attirant la pègre, la vitrine économique de l'Inde devint très tôt la capitale du crime organisé du pays, d'autant plus que ses activités portuaires facilitaient les trafics en tous genres. Ces flux illicites se doublèrent d'activités violentes comme le racket ou le kidnapping dont bien des secteurs de la société – du monde des affaires au milieu du cinéma – furent victimes. Mais c'est surtout la guerre des gangs, mettant aux prises des groupes prêts à en découdre jusqu'à ce que mort s'ensuive, qui fit couler le sang à partir des années 1980.

Si l'essor de ces mafias mit l'État de droit à rude épreuve, celui-ci n'échappait pas à la corruption des élites politiques dont les liens avec la pègre compliquèrent le travail de la police ; cela explique en partie les méthodes expéditives de cette dernière : liquider les mafieux était, dans ce contexte, la plus sûre manière de les mettre hors d'état de nuire.

C'est toutefois l'ampleur des violences inter-religieuses de 1992-1993 et d'actions terroristes afférentes qui marquèrent Bombay au fer rouge. Le pogrome anti-musulman de 1993, notamment, fut suivi de représailles terroristes dont l'architecte ne fut autre que Dawood Ibrahim, le principal parrain de Bombay, exilé au Pakistan. Un pays qui allait être à l'origine d'autres attentats dont Bombay, devenue Mumbai, serait le théâtre dans les années 2000.

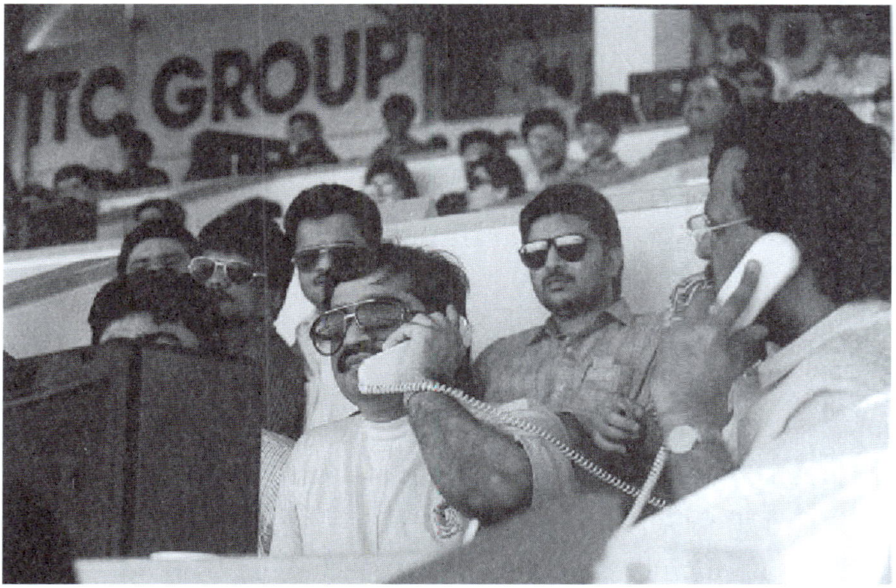

Illustration n° 21 : Dawood Ibrahim, chef d'une des mafias de Bombay (Émirats arabes unis).

Le crime organisé et ses protecteurs anonymes

Dans les années 1980, Bombay, déjà depuis les années 1950, était la capitale du crime organisée en Inde. Ce « titre de gloire » s'explique par l'opulence de ses milieux d'affaires qui fournissaient aux trafiquants un marché des plus lucratifs et des victimes toutes trouvées aux mafias pratiquant le racket. En outre, la ville, ouverte sur le monde et tournée vers les pays arabes et du golfe Persique qui, à la suite des chocs pétroliers, connaissaient alors un véritable boom, offrait aux flux illicites une porte d'entrée sans équivalent en Inde.

Naissance d'un milieu

Le père fondateur de la pègre du Bombay d'après 1947 est sans aucun doute Hajji Mastan qui se spécialisa dans la contrebande des produits dont l'importation était strictement régulée par un État des plus protectionnistes. Né en 1926 dans un village du Tamil Nadu, Mastan Haider Mirza était le fils d'un de ces migrants du Sud venus tenter leur chance dans la grande ville en 1934. Dix ans plus tard, il devenait coolie (porteur) sur les docks où il déchargeait les marchandises – soumises à d'importants droits de douane – en provenance d'Aden, Dubai ou Hong Kong[1]. Il comprit après l'indépendance qu'il pourrait gagner beaucoup d'argent en contournant ces barrières douanières pour faire venir des pays du Golfe – et d'ailleurs – les cigarettes et les produits bruns de l'électronique, occidentaux ou japonais, qu'il revendrait ensuite en Inde à un meilleur prix que dans le commerce. À ce « business » s'en ajouta un autre, lorsque le chef du gouvernement de la province de Bombay, Morarji Desai, soumit sa population à la prohibition. Vendre de l'alcool sous le manteau devint très lucratif. Mais c'est le trafic d'or qui rapporta sans doute le plus à Mastan à partir de 1955, lorsqu'il se mit à en importer illégalement pour contourner les restrictions introduites par l'État indien, et justifiées par le goût – insatiable – des familles indiennes pour ce métal précieux (surtout indispensable à la dot des filles au moment de leur mariage)[2]. Mastan, qui était devenu « Hajji Mastan » après un pèlerinage à La Mecque, se retira des « affaires » dans les années 1970 pour se consacrer aux œuvres sociales – au point d'apparaître comme le grand bienfaiteur des pauvres musulmans – et au cinéma, sa passion qui l'amena même, semble-t-il à financer

1. Zaidi S. H., *Dongri to Dubai : Six decades of the Mumbai mafia*, New Delhi, Roli Books, 2012, p. 14-15.

2. *Ibid.*, p. 19.

des films de Bollywood (où l'on montrait les mafieux sous un jour favorable)[1].

Un autre parrain avait alors entamé une trajectoire très comparable à la sienne : Varadarajan Mudaliar était lui aussi originaire du Sud tamoul (de Vellore), était lui aussi né en 1926, et avait lui aussi suivi ses parents à Bombay où il devait finir par s'employer sur les docks et s'installer à Dharavi, un bidonville dont les Tamouls occupaient tout un quartier. « Vara » – surnom sous lequel il fut vite connu dans le milieu – fit d'abord fortune dans la vente d'alcool frelaté après l'introduction de la prohibition[2], avant de se lancer dans le proxénétisme. Comme Hajji Mastan, il investit également dans le travail social, au sens où il aidait les Tamouls à se fournir en électricité (illégalement), à obtenir des cartes alimentaires auprès de l'administration (non sans recourir à des formes d'intimidation), etc. Mais dans les années 1960, rien ne valait les trafics dans lesquels Hajji Mastan s'était spécialisé, à commencer par celui de l'or. Mastan, de son côté, avait besoin d'hommes de main et noua bientôt avec Vara une « alliance tamoule » – chose que les nationalistes maharashtriens et la Shiv Sena ne manquèrent pas de dénoncer comme une attaque de plus contre l'intégrité de leur cité. Les deux mafieux se partagèrent donc la ville : le premier tenait le centre, tandis que le second étendait son empire sur le Nord et l'Ouest.

Cet équilibre fut rompu par l'arrivée d'un troisième homme, Karim Lala, un Pathan venu de Peshawar dans les années 1930. D'abord usurier, il s'imposa progressivement comme le leader des Pathans de Bombay parmi lesquels il jouissait d'une grande popularité grâce à ses médiations dans le règlement de litiges privés ou collectifs. Ce réseau l'aida à prendre place dans l'« *underworld* » (le monde souterrain) de Bombay où il se spécialisa dans les jeux d'argent.

1. Blom Hansen T., *Urban Violence in India. Identity Politics, « Mumbai », and the Postcolonial City*, Delhi, Permanent Black, 2001, p. 188.

2. Zaidi S. H., *Dongri to Dubai…*, *op. cit.*, p. 23-24. Les données de cette section procèdent de cet ouvrage.

La montée en puissance de la mafia pathane fut à l'origine de tensions qui devaient finalement dégénérer en une première guerre des gangs. Celle-ci ne s'intensifia toutefois, au point de changer l'atmosphère de Bombay dans son ensemble, qu'avec l'apparition d'un quatrième acteur, Dawood Ibrahim. Ce dernier avait entendu parler d'Hajji Mastan et de Karim Lala dès le plus jeune âge car son père, Ibrahim Kaskar, avait été policier. Avant de prendre sa retraite en 1967, il avait eu affaire à la mafia et en avait même acquis une connaissance très précise, à force d'interrogatoires musclés – et de transactions avec des informateurs. Ces agents doubles n'étaient que la forme la plus banale de l'osmose qui finit par se développer à Bombay entre la pègre et l'État et dont Kaskar était un – petit – symbole. Il fut d'ailleurs mis à pied plutôt qu'il ne partit à la retraite (comme il le prétendait), faute d'avoir suffisamment enquêté sur un crime mafieux, alimentant un soupçon de complicité avec les malfaiteurs.

Dawood et son frère Sabir commencèrent très jeunes leur carrière clandestine dans leur quartier, Dongri : avant même d'atteindre ses treize ans, le premier s'adonnait au vol à l'arraché et au racket. À partir de 1974, il fit de cette dernière activité sa grande spécialité, aux dépens, en particulier, des commerçants bohras du quartier. Ce petit malfrat prit du galon lorsque la police choisit d'en faire l'un de ses points d'appui, dans Dongri, pour lutter contre le gang des Pathans avec lequel il était entré en compétition – la presse locale elle-même le soutenait dans cette entreprise. L'un des journalistes les plus déterminés à en finir avec ce gang, Iqbal Natiq, publia en 1977 une enquête détaillée sur ses trafics – ce qui lui coûta la vie. Dawood décida de le venger. En outre, il se mit à empiéter bientôt sur le territoire des Pathans en étendant ses activités illicites au Gujarat, l'une de leurs chasses gardées où ils pratiquaient notamment le trafic des produits électroniques et de l'or. C'est à ce moment-là que Dawood Ibrahim entra dans une relation de travail avec les pays du golfe Arabo-Persique.

« Fake encounters » et violences policières

La montée en gamme de Dawood Ibrahim connut un coup d'accélérateur lorsque les Pathans, exaspérés par la complaisance de la police à son endroit, décidèrent de faire assassiner son frère aîné, Sabir, qui codirigeait le gang. Manyar Surve, un nouveau venu sur la scène mafieuse de Bombay, fut chargé de cette basse besogne. Ce crime fut à l'origine de représailles en série, la ville faisant la une des journaux indiens à chaque nouvelle vengeance.

En 1981, Julio Ribeiro, le chef de la police locale, créa une section spéciale pour reprendre l'initiative et plus précisément traquer Surve qui fut abattu en 1982. Confrontée à la guerre des gangs et aux protections politiques dont jouissait le crime organisé, la police de Bombay innovait en inventant ce qu'en Inde on appelle le « fake encounter », une formule intraduisible désignant une véritable mise en scène : plutôt que d'arrêter un suspect que la justice était susceptible de libérer sous caution – ou qui avait déjà été libéré faute de preuve – la police de Bombay préférait, dans certains cas, abattre celui qu'elle tenait pour criminel en prétendant avoir fait feu en situation de légitime défense. Dans les années 1990, le chef de la police de Bombay confierait sur ce point à Suketu Mehta, l'auteur d'une grande enquête sur le monde du crime de Bombay de l'époque : « On arrête un meurtrier pris sur le fait, très bien, mais il ne sera pas jugé avant quatre ans. Entre-temps, les témoins vont se rétracter parce qu'ils recevront des menaces et on sait pertinemment que le type ressortira libre et recommencera[1]. » Certains policiers se firent bientôt une spécialité de l'élimination physique de certains criminels. Le plus connu de ces « encounter specialists », Pradeep Sharma, qui rejoignit la police de Bombay en 1983 en qualité de « sub-inspector » du commissariat de Mahim, a été reconnu responsable de 312 « extra judicial killings ». Il fit donc ses premières armes

1. Cité dans Mehta S., *Bombay, Maximum City*, *op. cit.*, p. 258.

dans les années 1980 à un moment où la lutte contre le crime organisé était devenue une priorité absolue étant donné la terreur que semait la guerre des gangs à travers toute la ville. La première victime de ces « faux échanges de tirs » ne fut autre que Surve.

Mais ces policiers – comme bien d'autres – étaient loin d'être incorruptibles. Nombre d'entre eux se rapprochèrent des gangs mafieux jusqu'à, parfois, devenir leurs hommes de main. Pradeep Sharma lui-même fut finalement suspendu en raison de ses liens avec le gang de Dawood Ibrahim qui lui valurent le surnom de « Bombay Dirty Harry ». Il fut réintégré, puis à nouveau arrêté et finalement condamné à la prison à perpétuité en 2024. Sharma appartenait à une promotion de la Police Training School (PTC) de Nashik qui, formée par un « super flic », Arvind Inamdar, compta dans ses rangs toute une série d'« encounter specialists » qui s'étaient donné pour mission de débarrasser la cité de ses gangs mais qui, en réalité, leur étaient liés[1]. Dans les années 1990, le chef de la police de Bombay les traitait de « tueurs à gages » ne répondant plus aux ordres de leur hiérarchie[2] : « Ils reçoivent leurs ordres d'un chef de bande qui veut décimer le gang adverse[3] », disait-il. Les « fake encounters » connurent un point culminant entre 1995 et 1997, années au cours desquelles 135 « criminels » supposés furent éliminés par la police[4]. L'un d'entre eux était un simple marchand de cacahuètes qu'un policier à la gâchette facile avait pris pour un chef de gang. La Haute Cour de Bombay

1. Zaidi S. H., *The Class 83. The Punishers of Mumbai Police*, Delhi, Penguin, 2019.

2. Si cette prise de position est tout à l'honneur d'un homme qui, au demeurant, avait mené l'enquête sur les attentats de Bombay d'une main de maître, ce commissaire de police justifie avec beaucoup d'aisance le recours à la torture lors des interrogatoires de suspects notoires, une pratique qui fait parfois partie de la négociation avec des chefs de gangs soucieux d'épargner certains de leurs lieutenants aux mains de la police. Mehta S., *Bombay, Maximum City*, *op. cit.*, p. 224, 227 et 290-291.

3. *Ibid.*, p. 257.

4. Ce record sera battu en 1999, avec 89 « fake encounters » en une seule année (*ibid.*, p. 598).

chargea un juge local, A. S. Aguiar, de mener l'enquête à propos de trois cas similaires – tous, d'après le juge, se révélèrent être des « fake encounters »[1]. Le tribunal refusa cependant de prendre son rapport en considération en 1999, un an après que la police de Mumbai eut créé « six équipes spéciales » où l'on retrouvait certains des « encounter specialists » de la ville[2]. L'affaire fut portée devant la Cour suprême qui déclara en 2014 que ces agissements de la police justifiaient une enquête[3]. L'année précédente, pour la première fois, 13 policiers avaient été condamnés par la justice en raison de leur implication dans un « fake encounter » remontant en 2006 – une affaire où Pradeep Sharma était le principal accusé, mais à ce moment-là il fut acquitté[4].

Guerre des gangs, calculs politiques et montée en puissance de Dawood Ibrahim

Dans les années 1980 et 1990, Bombay vécut dans la peur de la violence mafieuse, qui, de plus en plus souvent, visait de nouvelles cibles, à commencer par quelques grands noms de Bollywood. Longtemps, les producteurs, scénaristes et acteurs célèbres avaient été soumis au racket ordinaire, ou « protection money ». Mais, dans les années 1980, les mafieux demandèrent des sommes toujours plus élevées, recoururent au kidnapping de façon plus fréquente et n'hésitèrent pas à exécuter les récalcitrants. Mushir Alam, un producteur à succès, dut ainsi verser 280 000 roupies en liquide à ses ravisseurs en 1982 après avoir été kidnappé en plein jour à Worli.

1. Koppikar S., « Spurt in killings and extortion spreads panic in Mumbai, police in a bind », en ligne sur *India Today*, 25 octobre 1998.

2. Mehta S., *Bombay. Maximum City*, *op. cit.*, p. 255.

3. Singh V. V. et Deshpande S., « Activists and cops welcome SC ruling on encounters, for different reasons », en ligne sur *The Times of India*, 24 septembre 2014.

4. Samervel R. et Ali S. A., « 13 Mumbai cops guilty of killing builder in fake encounter », en ligne sur *The Times of India*, 6 juillet 2013.

Bombay restait surtout en proie à la guerre des gangs[1]. Dawood Ibrahim fit assassiner le commanditaire du meurtrier de son frère, Sabir, en 1983 tandis que le gang des Pathans répliquait moins d'un mois plus tard en faisant exécuter Rajan Nair, un des lieutenants de Dawood qui venait d'être arrêté – et ce lors d'une audience au tribunal, plus aucune institution de la ville n'étant à l'abri de la mafia. Un nouveau crime commandité par Dawood Ibrahim, celui de Samad Khan, donna lieu à une enquête dont Dawood était la cible principale, ce qui le força à fuir à Dubaï en 1986, alors que la police s'apprêtait à l'arrêter par surprise.

Qui donc l'avait alerté ? Un homme politique dont l'identité est jusqu'à présent restée secrète[2], mais dont la couleur politique ne fait aucun doute étant donné que le Congrès était alors au pouvoir. Cet épisode témoigne des liens étroits qui s'étaient développés entre l'État et la mafia de Bombay. Une fois de plus, le parti du Congrès usait d'une tactique de court terme. Il avait, on s'en souvient, déjà pris le risque de faire monter la Shiv Sena en puissance pour contrer la gauche et ses syndicats – contribuant ainsi à créer une force politique violente et xénophobe. D'une manière finalement comparable, le gouvernement congressiste de Bombay promut le gang de Dawood Ibrahim pour faire contrepoids à celui des Pathans sans imaginer que la « Compagnie D », comme la presse devait le désigner, serait finalement en mesure de s'émanciper et de semer la terreur dans la ville. Cette « compagnie » d'un genre très particulier allait exercer un grand pouvoir sur Bombay pendant des années.

À partir de 1987-1988 – après que ses principaux lieutenants, Chhota Rajan et Chhota Shakeel l'eurent rejoint à Dubaï –, Dawood Ibrahim contrôla la pègre de Bombay à distance. Certes, son gang ne régnait pas sans partage. Un clan rival avait en effet pris forme

1. Sur cette guerre des gangs, voir les témoignages recueillis par Suketu Mehta à la fin des années 1990 (Mehta S., *Bombay. Maximum City*, *op. cit.*, p. 349-353 et 584).

2. Zaidi S. H., *Dongri to Dubai*..., *op. cit.*, p. 176.

autour de Rama Naik, qui fut finalement éliminé sur ordre de Dawood Ibrahim. Arun Gawli, un lieutenant de Naik, prit alors la tête du gang qui s'employa à venger son mentor. Au début de 1992, un de ses hommes de main, Shailesh Haldankar, tua Ibrahim Parkar, le beau-frère de Dawood Ibrahim, à Nagpada, au sud de Bombay. La « Compagnie D » riposta. Elle parvint, grâce à l'aide de politiciens, à localiser Haldankar. Les tueurs pénétrèrent jusque dans sa chambre d'hôpital en dépit d'un imposant dispositif de sécurité et firent passer de vie à trépas à la fois Haldankar et les deux policiers qui gardaient sa chambre. Ils étaient entrés dans le JJ Hospital en utilisant la voiture de fonction du maire de Bhiwandi-Nizampur[1]. L'enquête traîna en longueur et déboucha, en septembre 2008, sur un non-lieu : non seulement les documents à charge réunis au fil du temps avaient disparu, mais nul n'osa témoigner contre le présumé coupable, Brijesh Singh, qui avait été arrêté en février 2008 – pas même les policiers qui avaient assisté à la scène du crime[2]. Dawood Ibrahim, dont le gang comptait alors 5 000 membres[3], jouissait de protections au plus haut niveau, lui qui « arrosait » volontiers les hommes au pouvoir, tout en les maintenant dans la peur.

Dans ces conditions, les mafieux ne craignaient ni la police ni la justice. Lorsqu'ils se retrouvaient en prison, celle-ci prenait d'ailleurs parfois des allures d'hôtel. Un membre de la Compagnie D incarcéré pendant trois ans confiait à Suketu Mehta que « la Compagnie lui accordait sept mille roupies par mois pour ses faux frais et en versait dix mille de plus à sa famille. Confortablement logés, ses hommes ont à leur disposition des tas de petits luxes appréciables, telle la télé et un billard autour duquel ils tuent le temps en planant [car ils ont aussi accès aux drogues douces]. Leurs repas sont préparés à l'extérieur et livrés deux fois par jour.

1. *Ibid.*, p. 221.

2. Holla A., « JJ hospital shoot-out accused off the hook », en ligne sur *Mumbai Mirror*, 23 septembre 2008.

3. Zaidi S. H., *Dongri to Dubai…*, *op. cit.*, p. 215.

Ils peuvent se procurer des filles, de l'alcool, mais pour cela il faut 'passer la douane', autrement dit graisser la patte des gardiens[1] ». La corruption de la police s'explique en partie par la paupérisation dont elle était alors victime : seuls 60 % des agents occupaient des logements de fonction, les autres en étaient réduits à habiter dans des bidonvilles[2].

Depuis Dubaï, Dawood Ibrahim pouvait continuer ses activités grâce à la présence, sur place, de ses hommes de main. Au début des années 1990, le principal d'entre eux n'était autre qu'Abu Salem. Originaire d'Azamgarh (Uttar pradesh oriental), il était le lieutenant du frère de Dawood, Anis, depuis le milieu des années 1980. Lorsque ce dernier partit pour Dubaï à la fin de la décennie, Salem s'affirma comme l'un de ses principaux relais à Bombay[3]. Mais poursuivi par la police, Salem se replia, lui aussi, sur Dubaï. Cela ne ralentit pas sa « carrière » et il prit même rapidement du galon lorsqu'il fut chargé par Anis de rançonner des hommes d'affaires de Bombay. L'immobilier, un secteur alors en plein essor – comme nous le verrons –, était devenu la cible privilégiée des gangs. Les cinq frères Jain qui dirigeaient Kamla Constructions (une entreprise de promotion immobilière) furent ainsi priés par Salem de lui verser 1 million de roupies par mois. Ils refusèrent et Pradeep – l'un des cinq – fut assassiné le 7 mars 1995. Le 18 septembre, ce fut le tour de Om Prakash Kukreja, un autre promoteur immobilier qui avait refusé de payer la fameuse « protection money ». Sa famille, donnant l'exemple,

1. Mehta S., *Bombay. Maximum City*, *op. cit.*, p. 292.

2. *Ibid.*, p. 239. À la faiblesse des salaires s'ajoute celle des effectifs puisque le nombre de policiers pour 1 000 habitants est passé à Bombay de 4,3 en 1951 à 2,6 à la fin des années 1990 (*ibid.*, p. 238-239).

3. C'est lui qui devait livrer à Sanjay Dutt – une vedette de Bollywood qui avait déjà rendu visite aux frères Ibrahim à Dubai – des AK-56 et des grenades que l'acteur, aux dires de la police, envisageait d'utiliser pour venger la démolition de la Babri Masjid en 1992-1993. Sanjay Dutt était le fils de Sunil Dutt et d'une très grande actrice musulmane, Nargis. Sur cet épisode, voir Zaidi S. H., *My name is Abu Salem*, Gurgaon, Penguin, 2014, p. 43.

se rendit aussitôt à Dubaï pour verser 10 millions de roupies à Salem[1]. D'autres parrains – y compris Chhota Rajan et Arun Gawli – procédaient de la même façon et exécutèrent des promoteurs (Manish Shah, Dilip Valecha, Natwarlal Desai...) et des industriels appartenant parfois à de vieilles familles des milieux d'affaires de Bombay (comme Karim Maredia, Vallabh Thakkar ou Sunit Kathau). L'élite économique vivait dans une tension extrême.

C'était aussi le cas des vedettes de Bollywood, un milieu sur lequel Salem concentra finalement son attention. Une affaire défraya la chronique et plongea la ville dans la stupeur, celle de Gulshan Kumar, un des plus grands producteurs de Bollywood auquel le mafieux chercha à extorquer 500 000 roupies tous les mois. Kumar refusa et le paya de sa vie en 1997. Le biographe de Salem affirme : « Bientôt, tous les grands noms de Bollywood se retrouvèrent dans l'agenda de Salem. Et lorsqu'ils allaient en Europe pour tourner une scène ou interpréter une chanson, ils s'arrêtaient systématiquement à Dubaï pour lui prêter allégeance en personne[2]. »

Si Salem travaillait toujours pour de l'argent, celui-ci ne venait pas nécessairement du racket : il pouvait être payé par d'autres commanditaires qu'Anis qui souhaitaient faire disparaître un rival ou assouvir une vengeance personnelle. C'est ainsi que Nadeem – une autre figure de Bollywood – semble avoir demandé à Salem d'exécuter Gulshan Kumar ou que l'aîné des Vaghani – une famille d'industriels – aurait requis ses services pour kidnapper un frère cadet. Bref, la pègre de Bombay remplissait des fonctions utiles à certains membres des milieux auxquels, par ailleurs, elle s'attaquait. Des liens complexes continuaient aussi d'exister avec la police et la classe politique. En effet, des « ripoux » continuaient à jouer leur partition au plan individuel. Salem bénéficia ainsi de la protection d'un officier de police à la réputation douteuse, Sanjay Shinde. De la même façon, bien des hommes politiques trouvèrent auprès des mafias les ressources financières dont ils avaient besoin

1. *Ibid.*, p. 79.
2. *Ibid.*, p. 86-87. Les données de cette section procèdent de cette source.

pour disputer les élections. Salem finança par exemple les activités de Romesh Sharma, une figure de l'univers interlope aux confins du crime, de la politique et de l'immobilier dans les années 1990, années de la libéralisation économique[1]. Les liens de Salem avec le monde politique étaient tellement étroits que lorsque le Central Bureau of Investigation (CBI) put enfin retrouver sa trace et venir le chercher en novembre 2005, dans une prison de Lisbonne, où il avait trouvé refuge en 1999, l'opération fut menée dans le plus grand secret et l'on eut recours à un avion de l'armée[2].

Les années 1980 marquèrent donc l'essor d'une mafia aux ramifications transnationales qui alimenta la violence tant du fait de la guerre des gangs que des réactions policières qu'elle suscita et des relations qu'entretenaient le crime organisé, la police et le monde politique. Notons que, dans ce contexte, les gangs se partagèrent la ville, certains quartiers étant clairement identifiés comme leurs bastions : si Dongri était le fief de Dawood Ibrahim et Bandra celui de son frère, Anis, Byculla appartenait au territoire de Gawli et Dadar à celui d'un autre parrain hindou, Amar Naik[3].

À partir des années 1990, la violence des mafias se doubla d'une autre forme de brutalisation de la société de Bombay liée, cette fois, au rôle des extrémistes religieux.

Violences hindoues-musulmanes et ghettoïsation

À la différence d'autres villes indiennes comme Ahmedabad qui connut des émeutes de grande ampleur à intervalles réguliers, Bombay, au cours des premières décennies de l'Inde indépendante,

1. *Ibid.*, p. 151. Sur Romesh Sharma et ses efforts – soutenus par Dawood Ibrahim – pour créer un parti politique, voir Singh K. S. et Gupta H., « Romesh Sharma : A true personification of Delhi's ugly underbelly », en ligne sur *India Today*, 9 avril 2013.

2. Zaidi S. H., *My name is Abu Salem*, *op. cit.*, p. 179.

3. Zaidi S. H., *Black Friday. The true story of the Bombay bomb blasts*, Delhi, Penguin, 2002, p. 154-155.

ne fut endeuillée que par une émeute significative, celle de Jogeshwari qui, en 1974, fit quatre morts[1]. Jusqu'aux années 1970, la ville était le symbole du multiculturalisme à l'indienne qui, en 1977, s'incarna dans un film culte, *Amar, Akbar, Anthony*, du nom de trois frères élevés à Bombay dans des familles de trois religions différentes, l'hindouisme, l'islam et le christianisme[2].

À partir des années 1980, cependant, le tropisme nationaliste hindou de la Shiv Sena changea la donne. Le parti avait d'emblée promu un discours identitaire puisant aux sources de l'hindouisme, ne serait-ce qu'en raison de son identification à Shivaji, présenté comme le défenseur des hindous face aux Moghols[3]. Mais ce substrat idéologique se combinait à bien d'autres, y compris le chauvinisme maharashtrien et l'anti-communisme. La Shiv Sena, connue pour son opportunisme, avait d'ailleurs su s'allier à la Ligue musulmane lorsque cela avait servi ses intérêts en 1973. En fait, le registre nationaliste hindou ne devint central dans le discours de Bal Thackeray qu'au début des années 1980, à un moment où son parti, après sa rupture avec le Congrès et en perte de vitesse, cherchait à se réinventer.

Le biais anti-musulman de la Shiv Sena s'exprima d'abord par une désinformation systématique visant à réveiller chez les hindous une peur de l'Autre. Le quotidien du parti, *Marmik*, affirmait que les musulmans « demandent un tiers des postes dans les forces armées. Leur objectif est clair. [...] Ils n'hésiteront

1. Menon M., « Jogeshwari riots – Old wounds, new ghettos », *in* Menon M., *Riots and after in Mumbai. Chronicles of truth and reconciliation*, New Delhi, Sage, 2012, p. 83-85.

2. Elison W. *et al.*, *Amar Akbar Anthony. Bollywood, Brotherhood and the Nation*, Cambridge Mass., Harvard University Press, 2016.

3. Il s'agit là d'une simplification et même d'une caricature historique liée à l'idéologie véhiculée par Tilak, comme l'atteste l'ouvrage de James Laine qui montre les relations contrastées que Shivaji entretenait avec les souverains musulmans de Delhi et de sa région. Laine J., *Hindu King in Islamic India*, Oxford, Oxford University Press, 2003). Voir aussi Sharma M. S., « Shivaji and the Mughals : The relationship was complicated », en ligne sur *The Times of India*, 19 septembre 2020.

pas à inviter les armées de pays musulmans [...] sous prétexte de défendre la communauté musulmane[1] ». Cette propagande se doublait de diatribes dont Thackeray avait le secret et qui étaient autant de provocations. On date d'ailleurs le tournant nationaliste hindou de la Shiv Sena des discours qu'il prononça entre janvier et avril 1984. En janvier, il annonça, lors d'un *meeting* à Shivaji Park, qu'il s'était donné pour mission de former une Confédération hindoue (Hindu Mahasangh) visant à instaurer un Hindu Rashtra (État-nation hindou) où les musulmans ne seraient les bienvenus que s'ils prêtaient allégeance aux valeurs de la communauté majoritaire sur la base d'une équation simple : « Celui qui vit en Hindustan est un hindou[2]. » Bal Thackeray alla encore plus loin lors d'un grand *meeting* sur la plage de Chowpatty à Bombay le 21 avril 1984 :

> J'utilise le mot *landia* [litt. les « circoncis », un terme très péjoratif qu'utilise la Shiv Sena] comme synonyme de « musulmans ». [...] Les *landias* ont créé le Pakistan. Ils n'ont donc pas le droit de vivre en Inde. Les musulmans indiens sont un cancer pour ce pays. Le cancer est une maladie incurable. En 1947, ce cancer était fort de 25 millions de personnes. Maintenant il s'est répandu dans tout le pays. La seule façon de s'en guérir, c'est une opération. Ô, Hindous, prenez les armes et éradiquer ce cancer[3].

Dans d'autres discours, Thackeray présentait volontiers les hindous comme des victimes des musulmans. Après l'émeute de 1984 à Bhiwandi, le chef de la Shiv Sena accusa par exemple les ouvriers du textile musulmans d'avoir agressé les travailleurs hindous[4].

Cette propagande était de plus en plus efficace auprès des milieux ouvriers victimes de la désindustrialisation – nous y reviendrons

1. Cité dans Blom Hansen T., *Urban violence in India...*, *op. cit.*, p. 77.

2. Cité dans Purandare V., *Bal Thackeray...*, *op. cit.*, p. 131.

3. Cité dans Banerjee S., *Warriors in Politics : Hindu Nationalism, Violence, and the Shiv Sena in India*, New York, Routledge, 2022, p. 115-116.

4. *Ibid.*, p. 63.

Illustration n° 22 : Bal Thackeray dans les années 1980, au moment où la Shiv Sena fait preuve d'une agressivité croissante envers les musulmans. À l'arrière-plan, l'emblème du parti, un tigre montrant les crocs.

au chapitre suivant –, à un moment où la gauche connaissait un profond déclin. C'est donc une Shiv Sena plus forte que jamais qui opta pour le nationalisme hindou dans les années 1980. Ses provocations furent un facteur majeur de l'émeute entre hindous et musulmans qui éclata le 17 mai 1984 à Bhiwandi et qui s'étendit aussitôt à Bombay. Ces violences durèrent dix jours et ne prirent fin qu'après le déploiement de l'armée, qui soumit neuf quartiers de la ville au couvre-feu : Girgaum, Kurla, Kherwadi (à Bandra), Nagpada, Dongri, Pydhonie, VP Road, Musafirkhana et Crawford Market. L'émeute s'étant étendue hors de la ville, on dénombra 52 morts dans le district de Thane et 10 à Kalyan, en plus des 87 de Bombay – et des 256 de Bhiwandi[1].

Les émeutes de 1984 contribuèrent au succès de la Shiv Sena aux municipales de 1985 en donnant au parti l'image d'un protecteur des hindous, la communauté d'où venaient la majorité des électeurs. Elle remporta 74 sièges, contre 37 au Congrès, la première exploitant aussi les divisions du second, et en particulier celles liées au sempiternel conflit entre le BPCC et le MPCC, le Congrès de Bombay et le Congrès du Maharashtra. En effet, pour torpiller l'ascension de Murli Deora, le leader du BPCC, Vasantdada Patil, le chef du MPCC, prétendit que Deora voulait amputer le Maharashtra de sa métropole phare pour en faire un territoire de l'Union directement administré par New Delhi. Réveillant ainsi une peur ancienne, Patil offrait la municipalité de Bombay sur un plateau à la Shiv Sena – qui s'empressa de dénoncer les soi-disant plans du BPCC pendant la campagne[2].

Les violences de 1984 contribuèrent à radicaliser une frange de la communauté musulmane qui était déjà travaillée par un courant fondamentaliste, comme le montrerait l'attitude de certains lors de l'Affaire Rushdie à la suite de la publication des *Versets sataniques*. Alors que Salman Rushdie y était né et en avait vanté le cosmopolitisme, Bombay fut en effet la première ville de l'Inde – et même du monde – où les manifestations anti-Rushdie prirent une tournure violente, bien que les autorités aient interdit le livre dès sa sortie. Le 24 février 1989, la police, qui avait pourtant déjà procédé à des centaines d'arrestations, se retrouva face à une foule

1. Purandare V., *Bal Thackeray…*, *op. cit.*, p. 134.

2. Kulkarni D., *The Cousins Thackeray. Udhav, Raj and the Shadow of their Senas*, Gurgaon, Penguin Random House, 2019, p. 62-63.

cherchant à défiler à Bombay Sud. Cette bataille rangée qui dura trois heures fit 12 morts parmi les manifestants[1].

Le tournant de 1992-1993 : de l'émeute au pogrome

Les violences intercommunautaires qui éclatèrent à Bombay en décembre 1992 s'inscrivaient dans le contexte de ce qu'on appelle « l'affaire d'Ayodhya ». Cette ville d'Uttar Pradesh est l'une des sept villes saintes de l'hindouisme. Elle apparaît dans l'épopée du *Ramayana* comme la capitale du dieu Ram, un avatar de Vishnou particulièrement révéré dans l'Inde du Nord. Dans les années 1980, le mouvement nationaliste hindou ranima à son propos une théorie très ancienne suivant laquelle les envahisseurs moghols auraient détruit le temple qui avait été édifié sur le lieu de naissance de Ram pour y construire, en 1528, une mosquée baptisée Babri Masjid, du nom du premier empereur moghol, Babur. Après des années de mobilisation demandant la reconstruction du temple de Ram, des militants nationalistes hindous la détruisirent à coups de pioche et de barre à mine le 6 décembre 1992.

C'est à Bombay que les musulmans furent les premiers à descendre dans la rue en signe de protestation. Cette réaction, plus prompte et plus vive qu'ailleurs en Inde, peut s'expliquer de deux façons. Premièrement, des quartiers musulmans (comme Dongri et Pydhonie) étaient visés, depuis quelques mois, par une opération de démolition de bâtiments illégaux qui, pour la plupart, appartenaient à la mafia locale. Le rapport de la Commission Srikrishna, formée en 1993 – d'un seul homme, l'ancien juge Srikrishna – pour mener l'enquête au lendemain des violences par le gouvernement (congressiste) du Maharashtra, sous la pression du Premier ministre (lui aussi congressiste) de l'époque, Narasimha Rao[2], indique à ce

1. Hazarika S., « 12 die in Bombay anti-Rushdie riot » en ligne sur *The New York Times*, 25 février 1989.

2. Sudhakarrao Naik, le chef du gouvernement du Maharashtra, n'a nommé cette commission d'enquête qu'à reculons et son successeur – issu de la Shiv Sena en 1995 – la dissoudra aussitôt après avoir pris ses fonctions, avant de devoir

propos que les propriétaires, musulmans, avaient vécu cette campagne de démolition comme une provocation[1]. Cette campagne était diligentée par le Deputy Commissioner G. R. Khairnar, connu tant pour sa grande intégrité que pour ses méthodes[2].

Deuxièmement, la Shiv Sena et les composantes du mouvement nationaliste hindou développé par le RSS, à commencer par la Vishva Hindu Parishad, militaient depuis des mois en faveur de la construction d'un temple à Ayodhya, sans doute pour mieux rebondir sur la scène politique locale après leur défaite aux élections municipales de Bombay en 1992. Nombre de leurs cadres s'étaient rendus sur place et Bal Thackeray prétendit même que ses hommes avaient détruit la mosquée. Les célébrations qui marquèrent cette démolition étaient également, pour les musulmans, des provocations.

Décembre 1992 : musulmans vs *police puis Shiv Sena* vs *musulmans*

C'est dans ce contexte que de jeunes musulmans exprimèrent leur colère au soir du 6 décembre 1992. Pour reconstituer l'enchaînement des faits, la meilleure source demeure le rapport de la Commission Srikrishna. Selon lui, les jeunes musulmans qui se rassemblèrent par groupes de plusieurs centaines se contentèrent d'abord de manifester leur colère pacifiquement. Il souligne que ces agissements avaient été spontanés, aucune organisation ni aucun leader ne les coordonnant. La plupart d'entre eux venaient de quartiers défavorisés de Bombay où le taux de chômage était

la reconstituer sous la pression d'Atal Bihari Vajpayee au cours des treize jours de son premier mandat de Premier ministre en 1996. Le rapport fut finalement remis en février 1998. Il repose sur l'audition de 502 témoins.

1. Hon. Justice B. N. Srikrishna, *Report of the Srikrishna Commission appointed for inquiry into the riots at Mumbai, during December 1992-January 1993 and the March 12, 1993 bomb blasts, volume 1*, *in* Anand J. (dir.), *Damning verdict*, Mumbai, Sabrang Communications and Publishing Pvt., 1998, p. 171.

2. Fernandes A., « When the Police failed », *in* Padgaonkar D. (dir.), *When Bombay burned. Reportage and comments on the riots and blasts from the Times of India*, New Delhi, UBSPD, 1993, p. 213.

particulièrement élevé et où les mafias recrutaient facilement, comme Bhendi Bazar, Dongri ou Pydhonie. Là, les manifestants entonnèrent un même slogan : « Police ko daro mat » (N'ayez pas peur de la police)[1]. Le même jour, des hindous furent attaqués par des musulmans munis d'armes blanches, notamment dans le quartier de Ghatkopar[2]. Les manifestants s'en prirent aussi à des symboles de l'État indien et de ses services publics. Des bureaux de poste furent caillassés, et des bus incendiés. D'autres cibles s'ajoutèrent à cette liste le 7 décembre lorsque des groupes de plusieurs centaines – voire de plusieurs milliers[3] – de musulmans cherchèrent à brûler d'autres bus[4], mais aussi à imposer un « bandh » (soit une « opération ville morte ») aux commerçants qui refusaient de fermer leur magasin, dans le quartier de Byculla notamment. Surtout, onze temples hindous furent vandalisés et, plus grave encore, trois policiers (deux à Deonar, un à Byculla), tués à l'arme blanche.

Dans un premier temps, la riposte vint de la police, dont Justice Srikrishna jugea toutefois la réponse disproportionnée. La police tira en effet sans sommation, faisant 92 morts, dont 72 musulmans (131 musulmans furent aussi blessés). Néanmoins, le couvre-feu imposé le soir du 7 décembre eut peu d'effet, tout comme le recours à l'armée, simplement appelée par le gouvernement pour patrouiller en ville. Le 8 décembre, de nouveaux tirs de la police firent 52 morts (dont 31 musulmans) et encore 17 le jour suivant (dont 12 musulmans). La tension retomba ensuite mais le répit fut de courte durée car la Shiv Sena passa à l'offensive. Le 8 janvier, les 221 branches (ou *shakhas*) que comptait le parti dans la ville se réunirent chacune dans son quartier et le lendemain *Saamna* – un quotidien, dont le titre signifiait « Confrontation », que Thackeray avait fondé en

1. *Report of the Srikrishna Commission*, *op. cit.*, p. 172.
2. *Ibid.*, p. 122.
3. Comme à Nagpada (*ibid.*, p. 167).
4. Comme à Kurla (*ibid.*, p. 14[illegible]).

1989 – annonçait dans un article en première page : « Les jours qui viennent seront à nous[1]. »

La tactique utilisée par la Shiv Sena consista à mobiliser les hindous sur le mode religieux : à partir de la fin décembre, le parti organisa de grands rassemblements appelés Mahaartis parce qu'ils se tenaient chaque soir au moment d'un rituel observé par chaque temple, Aarti, au cours duquel le prêtre fait tournoyer le feu tandis que les dévots entonnent des chants en l'honneur de leur divinité de prédilection. Il s'agissait bien sûr là d'une réinterprétation – rappelant celle des fêtes de Ganesh – car, loin de se tenir dans un temple, ces célébrations eurent lieu dans la rue où elles avaient vocation à attirer des milliers de participants soi-disant pour contrer les congrégations de masse des musulmans au moment de la prière du vendredi. Le premier Mahaarti (Grand Aarthi) se tint le 26 décembre et la série se poursuivit jusqu'au début de février 1993. Au total, on compte 408 Mahaartis entre le 26 décembre et le 5 janvier. Dans 172 cas, ils rassemblèrent plus de 1 500 personnes.

L'atmosphère de la ville se tendit du fait de ces démonstrations de force et sous l'effet d'attaques répétées à l'arme blanche dont les coupables n'étaient jamais identifiés. Des dizaines de personnes furent ainsi poignardées : 57 hindous (dont 16 succombèrent à leurs blessures) et 16 musulmans (dont quatre périrent) le 7 janvier, 66 le lendemain (11 hindous et 15 musulmans décédèrent), 57 le 9 janvier (faisant respectivement 27 et 33 morts), 81 le 10 (à l'origine de 10 et 39 décès) et 86 le 11 (11 hindous et 44 musulmans en moururent)[2]. Parmi les victimes figuraient trois porteurs ou « coolies » (*Mathadis* en marathi) hindous. Leur syndicat se mobilisa et la Shiv Sena exploita l'événement : alors même que ce crime semblait ne rien avoir à faire avec un conflit intercommunautaire, « la Shiv Sena déclencha la fureur [des hindous] en

1. Sardesai R., « The great betrayal », *in* Padgaonkar D. (dir.), *When Bombay burned…*, *op. cit.*, p. 199. L'article de Bal Thackeray a été intégralement reproduit dans Purandare V., *Bal Thackeray…*, *op. cit.*, p. 202-203.

2. *Report of the Srikrishna Commission*, *op. cit.*, p. 14-15.

prétendant que les meurtres avaient été commis par des musulmans, lançant un véritable appel à prendre les armes[1] ».

Le juge Srikrishna date toutefois le début de ce qu'il appelle le « Hindu 'backlash' » du 8 janvier, quand les violences ne furent plus seulement sporadiques mais se répandirent à travers la ville. Étudiant les violences ayant eu lieu dans 26 quartiers de la ville – correspondant à la juridiction de commissariats de police[2] –, il en déduisit un mode opératoire récurrent ; dans tous les cas, les cadres de la Shiv Sena étaient impliqués : « Les shakhas [branches de la Shiv Sena], dans différentes unités administratives [de la ville], devinrent des centres de commandement locaux. Les attaques de musulmans par les shiv sainiks furent orchestrées avec une précision militaire, avec, en main, la liste des établissements [commerciaux] et des électeurs [avec leur adresse][3]. » Très souvent, des élus de la Shiv Sena menaient les assaillants armes au poing[4].

La police tira à nouveau sans sommation, faisant 27 morts (dont 18 musulmans) le 8 janvier, 37 (dont 22 musulmans) le 9, 45 (dont 23 musulmans) le 10 et 26 (dont 7 musulmans) le 11. La violence commença à décliner le 12 janvier après que l'armée eut enfin été autorisée à intervenir[5]. Le bilan humain des mois de décembre et janvier s'élèverait finalement, d'après des sources officielles sous-estimant l'ampleur des violences selon les ONG[6], à 900 morts (575 musulmans et 275 hindous) et 2 036 blessés (dont 1 105 musulmans et 893 hindous). Les décès étaient

1. *Ibid.*, p. 13.

2. Un nombre plus important – 43 au plus fort des violences – fut toutefois touché (*ibid.*, p. 15).

3. *Ibid.*, p. 15.

4. Tel fut le cas de Milind Vaidya, un conseiller municipal à Mahim (*ibid.*, p. 14).

5. *Ibid.*, p. 15-16.

6. La sous-estimation en question tient notamment au fait que les corps de nombreuses victimes n'ont jamais été retrouvés. Ce phénomène « des disparus » était particulièrement prononcé dans le quartier de R.A.K. Marg (*ibid.*, p. 183-187).

principalement dus à des tirs de la police – 356 – et à des coups de couteau (« stabbing ») – 347[1].

Anatomie d'une violence de masse

Les spécialistes des violences de masse ont démontré depuis longtemps que celles-ci, loin d'être irrationnelles, répondent à une certaine logique[2]. Dans la plupart des cas, des entrepreneurs en violence collective, bien organisés et entraînés, mobilisent la foule à leur suite en exploitant la haine, la peur et la colère pour former ce que Victor Turner appelle des *communitas*, de véritables groupes en fusion[3]. Les violences de Bombay illustrent parfaitement ce *modus operandi*. D'un côté, Justice Srikrishna souligne la participation aux assauts de groupes de plusieurs centaines, voire de plusieurs milliers de personnes venant de tous les milieux sociaux : « Même des citoyens habituellement respectueux de la loi furent pris d'une frénésie communautaire et vus en train d'attaquer des membres de la communauté rivale[4]. » D'un autre côté, le rôle d'entrepreneurs en violence ethno-religieuse ne fait pas l'ombre d'un doute. Le phénomène des Mahaartis en témoigne : la mobilisation hindoue prit une ampleur particulière dans le cadre des célébrations qui formèrent des congrégations chauffées à blanc que les cadres de la Shiv Sena lancèrent ensuite à l'assaut des quartiers musulmans. Justice Srikrishna est, sur ce point aussi, catégorique : « À partir du 8 janvier au minimum, il n'y a aucun doute que la Shiv Sena et les shiv sainiks prirent l'initiative des attaques visant les musulmans et leurs biens sous les ordres de plusieurs leaders de la Shiv Sena, du chef de shakha [Shakha Pramukh] jusqu'au grand chef, Bal Thackeray qui, tel un général rompu au combat, commanda à

1. *Ibid.*, p. 18.
2. Voir *The Online Encyclopaedia of mass violence*, en ligne sur SciencesPo.
3. Christophe Jaffrelot a appliqué ce raisonnement à l'utilisation des processions religieuses à des fins violentes par les nationalistes hindous (« Processions hindoues, stratégies politiques et émeutes entre hindous et musulmans », *Purushartha*, études réunies par Vidal D. *et al.*, n° 16, 1994, p. 261-287).
4. *Report of the Srikrishna Commission*, *op. cit.*, p. 16.

ses loyaux shiv sainiks de mener des représailles en attaquant les musulmans[1]. »

Parmi les shiv sainiks ayant joué un rôle clé dans les violences figurent des conseillers municipaux comme Milind Vaidya (élu à Mahim) et des représentants siégeant à l'assemblée régionale comme Madhukar Sarpotdar (député de Bandra East, une circonscription comprenant Behrampada, un bidonville gagné sur les marécages où, sur 72 000 âmes, 50 000 étaient musulmanes[2] et où Sarpotdar fit le coup de poing).

Si la Shiv Sena put être l'architecte de violences de masse d'une telle ampleur, c'est que la police ne s'interposa pas, bien au contraire. Justice Srikrishna l'accusa d'avoir fait preuve d'hostilité envers les musulmans en réprimant sauvagement leurs manifestations pacifiques en réponse à la démolition de la Babri Masjid, puis en s'adonnant à des exactions systématiques. On observe en effet « une connivence active entre les policiers et les foules d'émeutiers hindous[3] » et de fortes réticences de la police à s'attaquer aux cadres de la Shiv Sena. Quand le 11 janvier l'armée – enfin appelée à la rescousse – remit à la police Sarpotdar, dans la jeep duquel les soldats avaient trouvé trois pistolets et deux choppers non déclarés, les forces de l'ordre le relâchèrent faute de preuve[4]. La police de Bombay procéda en outre, dans les quartiers musulmans, à des perquisitions musclées et à des arrestations arbitraires en nombre. Les témoignages recueillis par Roma Chatterji et Deepak Mehta sont à cet égard édifiants. À Dharavi, le lieu de leur enquête, la police « arrêta tous les mâles [musulmans] de 15 ans et plus[5] ».

En outre, Justice Srikrishna reproche à la police d'avoir traité les « Mahaartis » comme purement religieuses et d'avoir donné à ses organisateurs « une entière liberté, alors qu'elles étaient de

1. *Ibid.*, p. 20.
2. Banerjee S., *Warriors in Politics...*, *op. cit.*, p. 43.
3. *Report of the Srikrishna Commission*, *op. cit.*, p. 24.
4. Sardesai R., « The great betrayal », art. cit., p. 205.
5. Chatterji R. et Mehta D., *Living with Violence. An Anthropology of Events and Everyday Life*, Londres, Routledge, 2007, p. 75.

toute évidence utilisées à des fins politiques, des discours communalistes provocants y étant proférés et les foules qui y assistaient s'adonnant, à la fin de la cérémonie, à des attaques contre les établissements musulmans voisins, qu'ils endommageaient et pillaient[1] ».

Enfin, la police renâcla à enregistrer les plaintes que les musulmans vinrent déposer aux postes quand les violences cessèrent, alors que ses agents soumettaient les musulmans arrêtés lors des rafles à un strict contrôle judiciaire qui dura des mois et même des années pour certains.

Le comportement de la police au cours des violences de 1992-1993 à Bombay s'explique en partie par l'attitude du pouvoir politique dont elle dépendait : le gouvernement du Maharashtra. Celui-ci fut à ce point passif que les médias parlèrent d'un « Absentee state »[2]. Sudhakarrao Naik, le chef du gouvernement congressiste au moment des faits, se montra « incapable ou non désireux d'agir contre la Sena[3] ». Des policiers intègres ayant cherché à réprimer la Shiv Sena au plus fort des violences confièrent à Rajdeep Sardesai, alors journaliste au *Times of India*, qu'ils avaient été sommés par des ministres de relâcher les responsables du parti qu'ils avaient arrêtés soit préventivement, soit en raison de leurs méfaits[4]. Naik lui-même aurait dit au chef de la police, S. K. Bapat, « d'y “aller doucement” avec la Shiv Sena[5] ». Le Congrès préférait ne pas s'attaquer au parti de peur que cela ne galvanise ses militants. De la même manière, « le refus du gouvernement d'interdire les Mahaartis reflétait sa peur de provoquer un retour de manivelle hindou[6] ».

L'attitude de Naik eut notamment pour effet de retarder l'intervention de l'armée qui mit un terme aux violences au bout de neuf

1. *Report of the Srikrishna Commission*, *op. cit.*, p. 23.
2. Selon le mot de Darryl D'Monte (D'Monte D., « A grisly second round », *in* Padgaonkar D. (dir.), *When Bombay burned…*, *op. cit.*, p. 154).
3. *Ibid.*, p. 155.
4. Sardesai R., « The great betrayal », art. cit., p. 196.
5. *Ibid.*, p. 198.
6. *Ibid.*, p. 196.

jours en décembre, puis à nouveau en janvier. Dans ces conditions, c'est au pouvoir central que s'adressèrent les Bombayites les plus désireux de voir revenir la paix civile. Lorsque le Premier ministre Narasimha Rao se rendit enfin dans la ville le 15 janvier, il fut interpellé par une délégation comprenant J. R. D. Tata. Mais Rao lui-même se montra « ambivalent », allant jusqu'à discuter de la situation avec des leaders de la Shiv Sena, dont Sarpotdar.

Une ville défigurée

Les violences de Bombay en 1992-1993 marquèrent un tournant historique : non seulement les relations entre hindous et musulmans en souffrirent irrémédiablement, mais la géographie humaine de la ville en sortit transformée.

L'intensité et l'ampleur des violences ne se mesurent pas seulement ici en termes statistiques : au-delà des chiffres, c'est la manière dont elles se déroulèrent qui frappa les esprits. Le rapport de Justice Srikrishna commence d'ailleurs par là, dès le premier paragraphe : « Pendant cinq jours en décembre 1992, du 6 au 10, et quinze jours en janvier 1993, du 6 au 20, Bombay, la *urbs prima* de ce pays, a été secouée par des émeutes et une violence sans précédent de par leur ampleur et leur férocité, comme si les forces de Satan s'étaient emparées de la ville, détruisant toutes les valeurs humaines et les comportements civilisés[1]. » Le rapport décrit des épisodes insoutenables avec la précision clinique que requiert ce genre de document. Il indique comment, le 12 janvier, sur Kasturba Marg (la rue qui porte le nom de l'épouse du Mahatma Gandhi), « une foule hindoue cerna deux femmes musulmanes puis les attaqua, les dépouillant de leurs vêtements. L'oncle de la plus jeune, âgée de 19 ans, vint à son secours, mais ils furent tous les deux passés à tabac et brûlés vifs[2] ». Tel fut le lot de bien des victimes – même si les morts tués par balle ou poignardés furent plus nombreux. Le 14 janvier, « trois musulmans

1. *Report of the Srikrishna Commission*, *op. cit.*, p. 1.
2. *Ibid.*, p. 16.

voyageant dans une voiture de marque Maruti à Pratiksha Nagar en furent sortis, passés à tabac, puis remis dans le véhicule, qui fut incendié – ils moururent brûlés vifs[1] ». Certains de ceux aspergés d'essence survécurent à leurs blessures, et figurent dans le bilan humain parmi les « blessés » les plus mal en point et/ou souffrant souvent de traumatismes psychologiques[2].

Illustration n° 23 : Les émeutes de Bombay (1993) : des assaillants nationalistes hindous.

Pour comprendre l'importance du choc subi par la ville il faut avoir le courage, comme Suketu Mehta, d'écouter le témoignage des assaillants de la Shiv Sena. L'un d'eux attesta qu'en 1992-1993 des voisins s'entretuèrent de la pire des manières à Bombay – tous les milieux sociaux étant saisis par cette folie meurtrière. Un militant de base de la Shiv Sena se souvenait, en 1996 : « À quatre heures du matin la foule s'est rassemblée, une foule comme je n'en avais jamais vue. Avec des belles dames et des beaux messieurs qui ramassaient ce qui leur tombait sous la main pour avoir une arme. On est parti avec eux vers le quartier musulman et en chemin on a croisé un panwallah [vendeur de bétel à chiquer] à vélo. Je

1. *Ibid.*, p. 54.
2. *Ibid.*, p. 182.

le connaissais : je lui achetais du *pan* tous les jours. [...] Je l'ai brûlé vif. On l'a aspergé de pétrole et on a craqué l'allumette. Je ne pensais qu'à une chose : ce type était un musulman ! Lui, il tremblait, il criait "J'ai des enfants, j'ai des enfants[1] !" »

Le rapport de Justice Srikrishna donne une idée de l'ampleur de la mobilisation des shiv sainiks en évaluant chaque fois que c'est possible le nombre des participants aux violences. Le 9 janvier, par exemple, alors que 3 000 à 5 000 musulmans s'étaient réfugiés dans un hôtel, Super Vihar, et autour du bâtiment, ils furent bientôt cernés par 40 000 à 50 000 hindous. Ils furent ainsi assiégés pendant trois jours, trois journées au cours desquelles la police ne parvint pas à les ravitailler. L'armée, appelée à la rescousse, « fut aussi la cible des attaques de foules hindoues que les militaires durent disperser par des tirs[2] ». Le fait que l'armée ne parvienne pas à se faire respecter – un fait avéré plus d'une fois en janvier 1993 – atteste aussi l'intensité des violences.

Un autre signe tient à la méthode d'identification de certaines victimes dont les assaillants voulaient vérifier qu'ils appartenaient bien à une communauté adverse avant de leur faire violence. Les risques d'erreur étaient limités lorsque les cibles se trouvaient dans des quartiers homogènes, des temples, des mosquées, ou lorsque les assaillants avaient en main la liste des électeurs du lieu avec leur adresse. Mais que faire des passants anonymes ? Parfois, leurs vêtements signalaient leur religion, parfois non. Dans ce cas, les hommes étaient sommés de montrer s'ils étaient circoncis ou non. Le rapport de Justice Srikrishna évoque pudiquement cette technique d'authentification lorsqu'il mentionne la façon dont les émeutiers « ascertain » (vérifient) la communauté dont pouvait être membre leur victime potentielle[3]. Dans leur enquête sur les violences ayant

1. Mehta S., *Bombay, Maximum City*, *op. cit.*, p. 68.

2. *Report of the Srikrishna Commission*, *op. cit.*, p. 58.

3. *Ibid.*, p. 154, 175, 181. Un shiv sainik confie d'ailleurs à S. Mehta : « Tous ceux qui venaient ici [qui venaient à passer par la route de Jogeshwari], le boulanger, le laitier, on leur faisait baisser leur pantalon. S'ils n'étaient pas faits comme nous, on les tuait. » (Mehta S., *Bombay, Maximum City*, *op. cit.*, p. 70.)

eu lieu à Dharavi, Roma Chatterji et Deepak Mehta, moins tenus à la bienséance, montrent combien cette stigmatisation corporelle a traumatisé la communauté musulmane – d'autant plus que les hommes circoncis étaient passés à tabac ou lynchés[1].

Le rôle des militantes nationalistes hindoues dans ces violences introduisit un autre élément de genre contribuant à en faire un moment paroxystique : les femmes de la Shiv Sena participèrent en effet à ces atrocités, certes de façon plus ou moins directe. Atreyee Sen, dans son étude de la branche féminine de la Shiv Sena – largement fondée sur une enquête ethnographique dans le bidonville de Nirmal Nagar (proche de Bandra) – le montre bien. Ces interlocutrices non seulement propagèrent des rumeurs infondées propres à attiser les passions, mais elles poussèrent aussi leurs maris au crime en leur demandant de montrer qu'ils étaient des hommes – un argument de poids dans un milieu où rejoindre la Shiv Sena était justement un moyen d'affirmer sa virilité[2]. « À Nirmal Nagar, des femmes mariées à des "couards" dissimulèrent les vêtements de leurs maris. Certaines leur passèrent même des jupons pendant qu'ils dormaient. Ces femmes ne leur rendirent leurs *dhotis* et autres pantalons que lorsque ces hommes s'engagèrent à participer aux violences. » Les hommes qui restaient à l'écart des émeutes étaient taxés d'« eunuques » et d'« impuissants » par les femmes des bidonvilles.

Certaines femmes participèrent également physiquement aux violences sans, bien sûr, être en première ligne. Elles préparaient les cocktails Molotov (« petrol bombs »), ravitaillaient les assaillants

Mais certains (et certaines) pouvaient chercher à se faire passer pour hindous (ou musulman) en changeant de nom. Mehta rapporte d'ailleurs : « Pendant les émeutes, les imprimeries tournaient à plein régime. Elles fabriquaient des doubles de jeux de cartes de visite personnalisés : l'un avec un nom musulman et l'autre avec un nom hindou. N'importe quel quidam arrêté en pleine rue pouvait vivre ou mourir selon qu'il disait s'appeler Ram ou Rahim » (*ibid.*, p. 76).

1. Chatterji R. et Mehta D., *Living with Violence…*, *op. cit.*, p. 71 et 92.

2. Sen A., *Shiv Sena Women. Violence and Communalism in a Bombay Slum*, Londres, Hurst, 2007, p. 46.

de jour comme de nuit, montaient la garde, telles des vigies, sur les terrasses, chantaient à perdre haleine le soir venu pour tenir les musulmans éveillés, dans l'angoisse. Celles qui travaillaient comme domestiques dans les immeubles où les musulmans avaient fait disparaître leurs noms des boîtes aux lettres servirent d'« indics », révélant l'emplacement de leurs appartements. Certaines, enfin, cherchaient à empêcher l'arrivée des secours, y compris les pompiers venus pour éteindre des incendies.

Dans quelques cas, elles perpétrèrent elles-mêmes des violences directes. En réaction à l'attaque d'un temple, un groupe de femmes interviewées par Sen se souvient d'avoir pris l'initiative : « Nous nous sommes rendues sur place et avons menacé les musulmans. Nous nous sommes introduites dans leurs magasins et avons détruit leurs biens… de sorte qu'ils ne relèvent jamais la tête, ces bâtards. »

En outre, les femmes de la Shiv Sena furent nombreuses aux Mahaartis, creusets, voire vecteurs, de tant de violences anti-musulmanes. Certaines femmes confièrent à Atreyee Sen que leur « implication dans ces rituels les transporta jusqu'à la transe ». Quand la vague de violence retomba, les femmes de la Shiv Sena jouèrent enfin un rôle très important pour éviter le retour des familles musulmanes qui avaient fui les quartiers mixtes où leur communauté était en minorité, n'hésitant pas à les harceler pour les pousser à vendre leur bien – ou ce qu'il en restait.

Les violences de décembre 1992-1993 transformèrent profondément la ville, tous les milieux sociaux ayant été touchés. Certes, les bidonvilles (comme ceux de Dharavi) furent les cibles privilégiées des nationalistes hindous, parce que c'était de là qu'étaient venus les premiers manifestants musulmans et/ou parce qu'il s'agissait de proies faciles : rien de plus simple que de mettre le feu à un assemblage de planches et de bâches en plastique. Mais la classe moyenne musulmane fut également prise dans la tourmente, y compris dans les quartiers huppés de Malabar Hill[1]. Les shiv

1. Fernandez C. et Fernandes N., « A city at war with itself », *in* Padgaonkar D. (dir.), *When Bombay burned…*, *op. cit.*, p. 74.

sainiks cherchaient, parfois, à soutirer quelques roupies à des musulmans aisés : le tarif pour ne pas subir de violences allait de 1 000 roupies par appartement à 500 000 roupies par immeuble. Mais cette tactique n'excluait pas des débordements. C'est ainsi que des commerçants musulmans furent non seulement rançonnés mais aussi pillés, comme à Jagannath Sunkersett Road, qu'ils aient tenu des magasins d'électroniques ou de chaussures. Les Parsis possédant des « Irani restaurants », bien que non musulmans, ne furent pas épargnés, de même qu'une autre corporation : celle des journalistes, qu'ils soient musulmans (comme ceux de *Urdu Times* et *Inquilab*) ou hostiles à la Shiv Sena (comme ceux de *Mahanagar*).

Deux exemples d'attaques visant la classe moyenne furent rapportés dans la presse et/ou le rapport de Srikrishna d'une façon détaillée. Le premier concerne le Diamond Jubilee Compound (proche de L. T. Marg, dans le sud de Bombay), un complexe comptant 200 familles musulmanes, pris pour cible par la Shiv Sena le 8 janvier. Haroon Rashid, le rédacteur en chef de *Blitz* en Ourdou, qui résidait dans le Compound, fit sans succès appel à la police. L'incendie qui s'ensuivit réduisit en cendres les 3 000 livres que Rashid avait dans sa bibliothèque mais on ne dénombra pas de victimes[1]. Toujours dans le sud de Bombay, 12 appartements de Dalal Estate, un complexe surtout habité par des Parsis, fut attaqué à coups de bombes artisanales. Les assaillants visaient une famille musulmane qui avait déjà fui. Un survivant parsi confia par la suite : « Nous ne cessions de hurler que nous étions Parsis, mais ils refusaient d'écouter. Ils nous ont bloqués chez nous et deux types ont couru dans l'escalier pour répandre de l'essence. » Deux octogénaires, le célèbre philatéliste Phiroze Medhora et sa femme, Mehroo, une ancienne principale de collège, périrent brûlés vifs[2].

Le fait que la classe moyenne de la ville soit frappée – au-delà des musulmans de surcroît – explique l'ampleur de la réaction de la société civile, ou plutôt de son élite. Un Parsi, précisément

1. *Report of the Srikrishna Commission*, *op. cit.*, p. 145-146.
2. Fernandez C. et Fernandes N., « A city at war with itself », art. cit., p. 65.

le plus célèbre de l'Inde, J. R. D. Tata, conduisit la délégation des citoyens de Bombay qui rencontra Narasimha Rao lors de sa visite éclair du 15 janvier. Avant cela, Tata, Nani Palkhivala (un grand avocat), Ramkrishna Bajaj (le shérif de la ville) et d'autres citoyens de marque avaient publié une lettre ouverte où l'on pouvait lire : « La situation est totalement hors de contrôle à Bombay. Des voyous, des criminels, des gangsters et de véritables bêtes ont pris le pouvoir dans la ville. Depuis quatre jours, Bombay est le théâtre de scènes de violence et d'un désordre sans parallèle au cours des 300 ans d'histoire de cette ville[1]. »

En frappant toutes les catégories sociales de la ville, les violences de 1992-1993 donnèrent lieu à un véritable processus de ghettoïsation. Un ghetto se définit d'abord par son homogénéité ethnique (qu'elle soit religieuse, linguistique ou raciale) et son hétérogénéité sociale (en termes de castes et de classes) : c'est un lieu où se retrouvent des personnes partageant une même identité minoritaire, qu'elles s'y soient regroupées faute de trouver un logement dans les quartiers mixtes, du fait de discriminations, ou par souci de leur sécurité. Ce dernier facteur joua un rôle déterminant à Bombay pour des observateurs avisés – comme A. A. Khan, le chef de l'Équipe anti-terroriste (Anti-Terrorist Squad) de Bombay, l'un des rares officiers de police musulman de la ville, qui commenta les événements en ces termes : « Les émeutes ont été organisées dans un but bien précis : faire disparaître une certaine communauté de certains quartiers de la ville[2]. » Cette thèse est étayée par le boycott économique et social des musulmans que la Shiv Sena orchestra en même temps que les émeutes : outre la destruction des magasins et hôtels-restaurants appartenant à des musulmans, le parti chercha à empêcher les hindous de se fournir chez les commerçants musulmans encore en activité et les entreprises de la ville d'embaucher des musulmans. En réponse, l'entreprise Mahindra et Mahindra demanda à

1. Cité in *ibid.*, p. 75.
2. *Ibid.*, p. 91.

ses 170 employés musulmans (sur 5 630 salariés) de prendre un congé. La même demande fut faite à l'entreprise Larsen et Toubro ainsi qu'aux hôtels Oberoi et à la firme Bombay Dyeing. Une entreprise publique, Mazagaon Docks, ne demanda, elle, qu'à 100 de ses 2 000 employés musulmans de venir travailler lorsqu'elle fut soumise au même utlimatum. Ces manœuvres d'intimidation, qui firent davantage encore chuter la production industrielle et les services de Bombay, conduisirent bien des travailleurs migrants à partir, accomplissant ainsi par d'autres moyens que la violence physique le « nettoyage ethnique » que certains considéraient comme l'objectif premier des émeutes. Les musulmans refusant de fuir n'avaient, eux, qu'une solution : la ghettoïsation.

Plusieurs mécanismes d'homogénéisation ethnique furent à l'œuvre dès le déclenchement des violences. Tout d'abord, les musulmans vivant dans des quartiers à majorité hindoue les quittèrent, la police les escortant, parfois pendant l'émeute même, à la périphérie de la ville, au lieu de les protéger. Entre 150 000 et 250 000 personnes furent ainsi déplacées[1]. Certaines retournèrent dans leur État d'origine – l'Uttar Pradesh, le Bihar ou le Kérala[2] – mais nombre d'entre elles cherchèrent à demeurer dans l'île de Bombay ou à ne pas trop s'en éloigner. C'est ainsi que s'organisèrent des « relief camps » (camps de secours) – accueillant une centaine de milliers de personnes – avant que puisse s'organiser un départ vers le nord et l'est en direction de Thane et Bhiwandi. Les réfugiés furent installés dans des zones déjà habitées par des musulmans ou dans de véritables « no man's lands » ne bénéficiant d'aucun service et à peine viabilisés. La journaliste Meena Menon a ainsi été à la rencontre des habitants de Naya Nagar (« Quartier neuf ») situé dans le district de Thane, en lisière de

1. Menon M., *Riots and after in Mumbai…*, *op. cit.*, p. XLVI.

2. D'après Ashghar Ali Engineer, 150 000 personnes auraient quitté la ville : « Bombay Riots : Second Phase », *Economic and Political Weekly*, n° 28, 1993, p. 505-508. Voir aussi Fernandez C. et Fernandes N., « A city at war with itself », art. cit., p. 69.

Bombay. Fort de ses 100 000 habitants, ce « ghetto sûr » fut en partie conçu et aménagé par Syed Nazar Hussain, un industriel qui avait aussi fait construire des appartements, des écoles et un hôpital[1]. On retrouve là le paradoxe de la ghettoïsation – observable ailleurs depuis, notamment à Ahmedabad[2] : le regroupement de musulmans riches et pauvres – soucieux d'assurer leur sécurité – favorise des initiatives de développement privé dans les nouveaux ghettos de la part de ses membres disposant d'un capital social – et financier. La création d'écoles et d'hôpitaux privés ne suffit toutefois pas à pallier la mise à l'écart produite par la ghettoïsation, comme l'observe Menon : « Il y a de nombreux écrivains, poètes, réalisateurs, et journalistes dans cette zone et la scène culturelle y est riche, mais, d'une manière ou d'une autre, le fait qu'elle soit majoritairement musulmane gâche tout[3]. » Le stigmate est trop lourd à porter : la plupart des habitants « ont quitté des quartiers cosmopolites pour un ghetto et ne peuvent pas être vraiment heureux ». Le district de Thane abrite, depuis les violences de 1992, le plus grand ghetto musulman de la région de Bombay, Mumbra, où résidaient déjà des musulmans originaires de la côte du Konkan qui virent affluer des coréligionnaires : la bourgade est passée de moins de 45 000 habitants à environ 800 000 personnes. Le lieu ne se situe pas seulement à 40 kilomètres du centre, il a été construit en hâte (au point que l'effondrement de tout un bâtiment a fait 74 morts en avril 2013) et ne dispose pas des mêmes infrastructures que les zones comparables à majorité hindoue – les coupures de courant y sont aussi beaucoup plus fréquentes[4]. Pour les habitants de Shivaji Nagar interrogées par Qudsiya Contractor, il s'agit d'un scénario général : partout où les musulmans sont en majorité, les services publics sont encore

1. Menon M., *Riots and after in Mumbai*..., *op. cit.*, p. 115.

2. Jaffrelot C. et Laliwala S., « Les paradoxes de la ghettoïsation en Inde : le cas de Juhapura », *Critique*, tome LXXVI, n° 872-873, 2020, p. 48-63.

3. Fernandez C. et Fernandes N., « A city at war with itself », art. cit., p. 120.

4. Fernandes N., *City Adrift*..., *op. cit.*, p. 97-98.

plus défaillants qu'ailleurs, l'accès à l'eau étant, par exemple plus aléatoire qu'en moyenne[1].

L'exode qui a suivi les violences de 1992-1993 a modifié le ratio entre les musulmans *de* Bombay et ceux vivant à sa périphérie sans que le nombre des premiers ne baisse radicalement puisqu'ils représentaient encore 36,6 % de la population de la ville au début des années 2000 (alors que les seconds ne représentaient que 12,4 % de la banlieue)[2] – soit une moyenne d'environ 20 %. Dix ans plus tard, les musulmans représentaient 25,1 % de la population de l'île de Mumbai, désormais appelée « district » (contre 60,7 % d'Hindous) d'après le recensement de 2011[3]. Mais presque partout, dans le centre ou à la périphérie, ils ont quitté les quartiers où ils étaient minoritaires pour rejoindre ou former des ghettos. Les habitants hindous de leurs anciens immeubles les ont empêchés de s'installer dans les appartements abandonnés par les fuyards[4]. Même les Dalits ont peu à peu refusé de cohabiter avec eux alors qu'ils appartiennent souvent à la même classe sociale.

En parallèle, les hindous ont déserté les quelques quartiers à majorité musulmane que compte Bombay. Le « Radhabai *chawl* incident » a été ici un facteur déclenchant[5]. Le 8 janvier 1993, à Jogeshwari, une famille hindoue habitant ce *chawl* a été enfermée de l'extérieur dans son appartement auquel il a été mis le feu. Neuf personnes, dont quatre femmes et un homme de la famille Bane, ont été brûlées vives. Cet incendie a été attribué

1. Contractor Q., « Remaking the « *mohalla* » : Muslim *basti*-dwellers and entrepreneurial urbanism in Mumbai », *in* Smitha K. C. (dir.), *Entrepreneurial urbanism in India*, Springer, 2016, p. 137-155 ; Contractor Q., « Quest for water. Muslims at Mumbai's periphery », *Economic and Political Weekly*, vol. XLVII, n° 29, 21 juillet 2012, p. 61-67.

2. Ces chiffres, issus du rapport de la Sachar Commission, sont cités par Menon M., *Riots and after in Mumbai*…, *op. cit.*, p. xxxv.

3. *District Census Handbook, Mumbai*, *op. cit.*, p. 35.

4. Menon M., *Riots and after in Mumbai*…, *op. cit.*, p. 177.

5. *Ibid.*, p. 98-99.

à des musulmans[1]. L'exode des hindous fut des plus significatifs à Jogeshwari[2], même si une certaine solidarité transcendant les clivages religieux s'y est manifestée plus de dix ans plus tard lors des inondations de 2005[3]. Les « Hindu ghettoes » qui ont pris forme après les violences de 1992-1993, à la différence de leurs homologues musulmans, ont bénéficié d'un fort soutien du gouvernement et de la municipalité[4].

Ce chassé-croisé et l'exode des musulmans vers le nord et l'est eurent pour effet de pratiquement réduire à néant les quartiers mixtes. Les violences de 1992-1993 ont donc transfiguré – et même défiguré – une ville encore connue, jusque-là, pour son cosmopolitisme. Les musulmans ayant quitté les quartiers mixtes où ils vivaient avant les émeutes regrettent leur vie d'avant[5].

Le phénomène de ghettoïsation n'est pas vécu par les seuls musulmans. Analysant la façon dont les lieux de Bombay/Mumbai où vivent les musulmans sont dépeints au cinéma depuis les années 1950, Aravind Unni montre que les quartiers mixtes et fluides du Bombay cosmopolite sont désormais remplacés par la création d'un « espace musulman » dans le Mumbai des années 1990 et suivantes – et ce de la part de metteurs en scène hindous[6].

Les émeutes de 1992-1993 ont suscité un traumatisme collectif. « How can we forget[7] ? » est le leitmotiv entendu de la part des

1. D'après le *Srikrishna Report*, qui y voit le point de départ du « Hindu "backlash" » : « Les médias donnèrent un tour sensationnel à cet incident à travers des reportages exagérés en forme de provocation » (*Report of the Srikrishna Commission*, *op. cit.*).

2. *Ibid.*, p. 92. Voir Kothari M. et Contractor N., *Planned Segregation : Riots, Evictions and Dispossession in Jogeshwari East, Mumbai/Bombay, India*, Mumbai/Genève, YUVA, COHRE, 1996.

3. Menon M., *Riots and after in Mumbai…*, *op. cit.*, p. 95.

4. *Ibid.*, p. 97.

5. *Ibid.*, p. 277.

6. Unni A., *Reading the « Muslim space » in Bombay (Mumbai) through cinema*, Mumbai, en ligne sur Urban Design Research Institute, 2007.

7. Cité dans Chatterji R. et Mehta D., *Living with Violence…*, *op. cit.*, p. 52.

musulmans de Bombay bien des années plus tard[1]. Certes, les membres des communautés hindoue et musulmane, lorsqu'ils sont amenés à se croiser, sauvent les apparences, mais chacun vit sur ses gardes : « En apparence, tout va bien, mais il n'y a plus de confiance mutuelle[2]. » Certains musulmans se considèrent désormais comme étrangers dans leur propre ville, l'un d'entre eux avouant : « J'ai été transformé par la terreur. Je ne peux plus me sentir chez moi dans certaines *galis* [ruelles][3]. » Un tel sentiment est d'autant plus fort lorsque changer de quartier n'est pas possible. Dans ce cas, les familles musulmanes optent pour le repli sur soi, un processus qui peut aller jusqu'au retrait des écoles. « J'ai retiré mon fils et ma fille de l'école. Ils n'arrivaient pas à s'y faire des amis[4] », confiait une mère de famille de Dharavi.

Le trauma va toutefois au-delà d'un rapport à la ville : c'est en tant qu'hommes et en tant que femmes que les membres de la communauté musulmane ont été victimes d'un véritable processus de déshumanisation. Non seulement ils ont été pourchassés comme des animaux, identifiés en fonction de leur apparence physique (du vêtement à la barbe en passant par les signes de la circoncision), mais se remettre de ce traumatisme a été difficile. Une musulmane de Dharavi confiait en 2001 – presque dix ans après les faits : « Les hommes ici, les musulmans, sont tous impuissants. Chaque jour leur honneur est bafoué. Ils disent que les musulmans se reproduisent avec des prostituées, que leurs enfants sont la progéniture de Dawood[5]. »

En outre, bien des musulmans qui avaient été victimes de rafles ont été astreints à un contrôle judiciaire qui les a obligés

1. Dans l'enquête de terrain qu'elle a réalisée à Shivaji Nagar dix-sept ans après les violences de 1992-1993, Qudsiya Contractor a été immédiatement confrontée au souvenir de ce qu'elle analyse comme un traumatisme collectif (Contractor Q., « Melancholia of the past : remembering communal violence in a Mumbai slum », *South Asia*, 2022).

2. Cité dans Chatterji R. et Mehta D., *Living with Violence…*, *op. cit.*, p. 73.

3. Cité in *ibid.*, p. 107.

4. Cité in *ibid.*, p. 121.

5. Cité in *ibid.*, p. 119.

à se rendre au poste de police à intervalles réguliers pendant des années pour des interrogatoires qui ne vont pas toujours sans violence. En 2001, l'épouse d'un musulman de Dharavi subissant ces contrôles affirmait :

> Il est maintenant « libre », mais chaque semaine il doit pointer au poste de police de Dharavi. Parfois il me parle de ses conversations avec les policiers. Ce sont toujours les mêmes insultes. Un jour l'un d'eux lui a demandé si son dos allait mieux. Vous savez la police l'a passé à tabac. Ils l'appellent le bossu circoncis[1].

Dans ce contexte, les initiatives visant à réconcilier les musulmans et les hindous de Bombay ont eu du mal à se développer. En 1993, le gouverneur du Maharashtra présida à la formation de « Mohalla committees » (Comités de quartier) co-dirigés par le chef du poste de police local et un « facilitateur » choisi parmi les citoyens. Ces comités étaient censés remplir quatre missions : recueillir les plaintes concernant l'attitude des policiers, traiter de questions de tous les jours (du ramassage des ordures à la distribution d'eau), faciliter l'accès à l'éducation et promouvoir la bonne entente entre les communautés[2]. L'activité de ces comités n'a vraiment été soutenue que dans les zones où les ONG étaient déjà bien implantées et se sont impliquées.

Bombay-Mumbai, cible privilégiée des terroristes

À peine Bombay émergeait-elle des violences de janvier 1993 qu'en mars une série d'attentats la faisait retomber dans un bain de sang dont les ressorts étaient à nouveau ethno-religieux, mais le mode opératoire bien différent : la ville entrait dans l'ère du terrorisme.

1. Cité in *ibid.*, p. 120.
2. Sharma K., *Rediscovering Dharavi…*, *op. cit.*

Mars 1993 : Dawood Ibrahim venge les siens

Les attentats de mars 1993 furent aussi sophistiqués que mortels. Le 12, 12 explosions parcoururent la ville du nord au sud[1]. Se succédant à un rythme infernal, elles frappèrent des lieux particulièrement populaires et/ou symboliques. À 13 h 20, la bourse était touchée, à 13 h 35, c'était le tour de Narsi Natha Street, à 13 h 45, le bâtiment d'Air India sur Nariman Point volait en éclats, peu après, à 14 h 31, c'était le tour d'une station-service située plus au nord, près du siège de la Shiv Sena. À 14 h 58, Century Bazar était victime d'une nouvelle explosion, puis Zaveri Bazar (15 h 15) et, une minute plus tard, le Plaza Cinema de Dadar. Cette vague se déplaça ensuite vers le centre et le nord où le SeeRock Hotel de Bandra fut atteint à 15 h 50, puis les hôtels Centaur de Juhu et de Santa Cruz à 15 h 55. Chaque fois, un véhicule bourré d'explosifs était à l'origine d'une détonation dévastatrice.

La Commission Srikrishna, dont le mandat fut étendu par le gouvernement de la Shiv Sena et du BJP de manière à ce que son rapport porte aussi sur ces attentats, conclut que 257 personnes, ce 12 mars 1993, perdirent la vie tandis que 713 autres furent blessées, parfois grièvement. Quant aux dégâts matériels, ils s'élevaient à 270 millions de roupies[2]. L'opération avait été conçue et réalisée par le gang de Dawood Ibrahim – qui nia toutefois y être pour quoi que ce soit dans cette affaire[3], même s'il admettait que la démolition de la Babri Masjid avait été un tournant personnel. L'enquête conclut – sans toujours apporter de preuves à l'appui de ses conclusions – qu'après la démolition de la Babri Masjid, le 6 décembre 1992, l'Inter Services Intelligence (les services du renseignement militaire pakistanais) avait favorisé la concertation de parrains des mafias de Bombay visant à orchestrer la riposte.

1. Les lignes qui suivent, sauf mentions contraires, procèdent du récit détaillé de Zaidi S. H., *Black Friday…*, *op. cit.*

2. *Srikrishna report*, *op. cit.*, p. 44.

3. Cité dans Zaidi S. H., *Black Friday…*, *op. cit.*, p. XIX.

Parmi eux figuraient Dawood Ibrahim, Anis Ibrahim, Mohammad Dossa, Tiger Memon et Tahir Merchant. Cette opération, qui avait Bombay pour cible, reposait largement sur les épaules de Memon et Dossa, deux résidents de la ville. Le premier était un trafiquant proche de Dawood Ibrahim qui avait fait fortune dans le trafic d'or au cours des années 1980 et qui eut pour tâche de recruter de jeunes musulmans pour les envoyer (généralement *via* Dubaï) suivre une formation au Pakistan – une formation portant notamment sur la fabrication de bombes artisanales à base de RDX. Les explosifs en provenance du Pakistan étaient arrivés par le Gujarat où les « douaniers chargés de surveiller cette partie de la côte avaient été payés pour regarder ailleurs[1] ».

L'enquête qui suivit les attaques terroristes mobilisa 157 policiers qui interrogèrent 3 741 personnes. La police de Bombay inculpa finalement 189 suspects dans un acte d'accusation long de 9 104 pages[2]. Les principaux accusés, Dawood Ibrahim et Tiger Memon, ne comparurent pas lors du procès – qui s'étendit sur douze années à partir de 1995 – car ils avaient trouvé refuge à Dubaï puis à Karachi. Le frère de Tiger Memon, Yakub, qui avait été arrêté à Kathmandou fut, lui, condamné à mort et exécuté en 2015.

Ces attentats creusèrent davantage encore le fossé qui séparait les hindous des musulmans. Parmi ces derniers, certains applaudirent en effet le carnage provoqué par la Compagnie D. L'un d'eux confia à Suketu Mehta à propos des hindous : « Ils nous insultaient tout le temps, ils déchiraient les burkas de nos femmes, dans les trains. Si ces bombes n'avaient pas explosé, il n'y aurait plus eu un survivant parmi nous. Les bombes les ont rendus un peu "dhila" – un peu froussards[3]… »

Après les attentats, la police de Bombay procéda à des rafles de jeunes musulmans à travers la ville. Jusqu'au mois de mai, des centaines d'entre eux furent arrêtés et souvent torturés avant, dans

1. *Ibid.*, p. 49 et 170-171 et Mehta S., *Bombay, Maximum City*, *op. cit.*, p. 205.
2. Zaidi S. H., *Black Friday…*, *op. cit.*, p. 220-221.
3. Cité in *ibid.*, p. 77.

la plupart des cas, d'être relâchés. Le journaliste d'investigation Zaidi, qui en a interrogé plusieurs pour ses livres, observait en 2002 : « Nombre de ceux qui furent libérés me dirent qu'ils garderont les traces de ces semaines à jamais. »

Bombay, victime récurrente des jihadistes

Les attentats de mars 1993 ne furent que les premiers d'une longue série. Si Bombay était devenue un foyer d'islamisme – en partie à cause de l'implication de la « mafia musulmane » –, elle le resta, en partie aussi, à cause du traitement infligé aux musulmans pendant les violences de 1992-1993 et après. Ce contexte était en effet propice à l'infiltration de groupes jihadistes pakistanais, à commencer par Lashkar-e-Taiba (LeT), une organisation réputée proche de l'armée. L'implantation du LeT à Bombay n'était pas récente ; elle remonterait même à la création de Tanzim Islahul Muslimeen dans le bidonville de Mominpura, dans les années 1980. Ce mouvement d'obédience Ahl-e-Hadis (la version indienne du salafisme) attira de nombreux musulmans après les émeutes de 1984 à Bhiwandi qui ébranlèrent singulièrement la minorité musulmane. Deux hommes jouèrent alors un rôle clé : Abdul Karim, mieux connu sous le nom de « Tunda », et Azam Ghauri, qui avait commencé sa carrière d'activiste dans les rangs du mouvement armé maoïste People's War Group. Ils aspiraient à créer une organisation de défense des musulmans indiens s'inspirant du modèle de la Shiv Sena et du RSS, pour venger les victimes des violences inter-communautaires. Au début des années 1990, Karim se rendit à Dakha où il rencontra Zaki-ur-Rahman, un cadre pakistanais du LeT dont la mission était de développer le mouvement en Inde. Au milieu des années 1990, Karim dirigeait la branche nord indienne du LeT depuis Dhaka, à travers un mouvement étudiant baptisé le Islamic Chattra Shibir[1].

1. Swami P., « Behind Bangalore : The origins of the long jihad », *The Hindu*, 1er septembre 2006 ; Swami P., « Harnessing hate », *Frontline*, 11 août 2006, p. 128-130.

Si les violences de Bombay, en 1992-1993, avaient contribué à mobiliser les réseaux islamistes, le pogrome du Gujarat, en 2002[1], déclencha le passage à l'acte de cellules dormantes – notamment à Bombay, devenue Mumbai. Le 2 décembre, une bombe placée sous le siège d'un bus public fit deux morts et 50 blessés à côté de la gare de Ghatkopar. Moins de deux mois plus tard, le 27 janvier 2003, une autre bombe placée sur un vélo fit un mort et 25 blessés près de la gare de Vile Parle. Et le 13 mars 2003, une nouvelle explosion dans le compartiment d'un train de banlieue alors qu'il entrait en gare de Mulund tua 10 personnes et en blessa 70 autres, sans doute pour marquer le dixième anniversaire des attentats de 1993. Le 28 juillet, une bombe explosa à nouveau dans un bus près de la gare de Ghatkopar, faisant 4 morts et 32 blessés. Le 25 août, 48 personnes furent tuées et 150 autres blessées dans deux attentats au sud de Bombay – l'un près de Gateway of India, l'autre à Zaveri Bazaar.

Parmi les attaques terroristes attribuées à des groupes d'origine pakistanaise, la plus marquante fut toutefois celle qui tua 209 personnes et en blessa plus de 700 à Bombay le 11 juillet 2006. Les sept bombes avaient été disposées dans des compartiments de première classe de trains de banlieue. D'après la police le complot aurait été conçu à Bahawalpur (Pakistan), chez un commandant du LeT et en présence d'activistes indiens[2]. Environ 50 personnes y auraient été formées à la confection d'explosifs. Après quoi les terroristes se seraient divisés en trois groupes qui seraient entrés en Inde *via* le Népal pour le premier, le Bangladesh pour le deuxième et le Kutch (Gujarat) pour le dernier puis se seraient répartis en sept équipes composées chacune d'un Pakistanais et d'un Indien pour disposer leurs explosifs. Parmi les Indiens arrêtés par

1. En février-mars 2002, l'État du Gujarat, dont Narendra Modi dirigeait depuis peu le gouvernement, fut le théâtre de massacres de masse ayant fait environ 2 000 victimes parmi les musulmans.

2. Thakurdesai P., « How the case was cracked », *India Today*, 16 octobre 2006, p. 26.

la police après l'attentat, certains d'entre eux étaient bien intégrés socialement et d'autres, ou les mêmes, appartenaient au syndicat étudiant SIMI (Students Islamic Movement of India). Tel était le cas de Tanvir Mohammed Ansari qui fut accusé d'avoir procuré les 20 kg de nitrate d'ammonium utilisés par le commando. C'était un médecin pratiquant la médecine traditionnelle dite « unani » à l'hôpital Saboo Siddique de Byculla. Ehtesham Siddiqui, qui fut accusé d'avoir apporté le RDX et d'avoir fabriqué la bombe qu'il avait disposée ensuite à Mira Road, était imprimeur. Il se défendit d'avoir quelque lien dans les attentats et relata même, lors de son procès, la façon dont la police de Bombay le persécutait depuis des années[1]. Il n'en fut pas moins condamné à mort en 2013.

Si les attentats de novembre 2008 furent moins meurtriers que ceux de 2006 puisqu'ils firent 170 victimes et 304 blessés, ils traumatisèrent Bombay d'une manière bien plus durable. Un commando de 10 jihadistes du Lashkar-e-Taiba arrivés par la mer prit d'assaut des lieux à nouveau symboliques de la ville, le 26 novembre. Parmi eux, la gare centrale Chhatrapati Shivaji Terminal (anciennement Victoria Terminus), les prestigieux hôtels de luxe Oberoi Trident et Taj Mahal Palace, l'hôpital Cama, le très populaire restaurant Leopold et le centre juif Loubavitch proche de Nariman Point. Chaque fois, les terroristes, qui s'étaient dirigés vers ces lieux deux par deux, tuèrent au moyen d'armes automatiques des plus sophistiquées, y compris des AK 47 et des grenades particulièrement meurtrières. Les forces de l'ordre abattirent une majorité des membres du commando, mais les quatre survivants se replièrent sur l'hôtel Taj Mahal où ils prirent des otages et tinrent la ville – et même l'Inde – en haleine du 26 novembre à 21 h 45 au 29 novembre à 8 h 15, soit une soixantaine d'heures[2]. Les forces spéciales indiennes parvinrent ensuite à les neutraliser

1. *Examination-in-chief by adu Sharif Shaikh for A4 & A5*, 2013.

2. Pour une présentation détaillée du film des événements, voir Jagtiani L., *Mumbai Terror Attacks*, Delhi, Rupa, 2009. En français, voir Fitoussi M., *La Nuit de Bombay*, Paris, Fayard, 2014.

et à capturer le seul survivant, Mohammed Ajmal Kasab, qui passerait aux aveux, indiquant aux enquêteurs combien le LeT et l'armée pakistanaise étaient impliqués dans cette opération. Sur les 170 morts, on dénombrait 36 musulmans et 26 étrangers, et parmi les 304 blessés, 49 musulmans, 26 étrangers et 37 représentants des forces de l'ordre.

La décennie suivante commença par une nouvelle série d'attentats, le 13 juillet 2011, lorsque trois bombes explosèrent presque en même temps dans trois lieux du sud et du centre de la ville. Dans le Sud, à Zaveri Bazaar – une fois encore –, une bombe placée dans la sacoche d'un deux-roues explosa à 18 h 54. Une minute plus tard, une autre bombe, placée dans une « lunch box », explosa dans le quartier de Opera House sur Charni Road. La troisième avait été installée sur un pylône électrique proche d'un arrêt de bus de Dadar, près de Kabutar Khana. Elle détonna à 19 h 06. Ces trois bombes firent 26 morts et 130 blessés.

Cette fois – comme souvent –, l'identité des coupables fit davantage l'objet de spéculations que de certitudes. Les attentats furent attribués tantôt à des islamistes indiens du mouvement Indian Mujahideen, tantôt à la « mafia musulmane » – sans exclure l'implication de groupes, et même de l'État, pakistanais. Comme toujours, la police de Bombay étant tenue par une obligation de résultat, elle rafla des centaines de jeunes musulmans qu'elle garda pendant des semaines et même des mois derrière les barreaux – y compris lorsqu'aucune preuve tangible de leur implication ne pouvait être avancée – et les soumis à un traitement de choc. L'un d'eux, Faiz Usmani, décéda en garde à vue[1].

Bombay était devenue « un terrain de chasse hypersensible pour les terroristes », pour reprendre les mots-clés d'un éditorial du *Times of India* de 2011 qui reflète l'atmosphère de la ville, près de vingt ans après les explosions de 1993 : « Plus de 600 personnes sont mortes dans des attentats [à Mumbai depuis le début des

1. Shetty R., « Mumbai : CID probe ordered in Usmani's death », *CNN-IBN*, en ligne sur Internet Archive, 18 juillet 2011.

années 1990]. Cette danse macabre a mis les nerfs des habitants à dure épreuve, les conduisant même à craindre que Mumbai suive la voie de Karachi [une ville alors soumise à un type de violence comparable][1]. »

La vague terroriste des années 1990-2000 eut un effet radical sur les mafias de Bombay/Mumbai. La « Compagnie D » perdit progressivement de son influence, non seulement parce que le réseau de Tiger Memon fut démantelé, mais aussi parce que l'unité du gang ne résista pas à l'intensification du conflit entre hindous et musulmans. Chhota Rajan rompit avec Dawood Ibrahim au nom de la défense de ses coreligionnaires hindous après les violences de 1992-1993. Or Rajan, exilé à Kuala Lumpur, conservait une forte influence à Bombay. En 1997, il aurait fait serment de venger les hindous de Mumbai ayant été victimes du gang de son ancien patron, dont il connaissait les relais locaux. Face à une police à ses yeux impuissante, et alors que la justice, elle, lui semblait bien trop lente, il fit exécuter, en 1998, en plein jour, plusieurs des accusés des attentats de 1993[2]. Cette guerre fratricide affaiblit le monde du crime organisé. En outre, les politiciens de la ville, de l'État du Maharashtra et de l'Inde entière ne pouvaient plus protéger Dawood Ibrahim comme avant sans prendre le risque, au moindre soupçon, de ruiner leur réputation.

Malgré tout, Bombay/Mumbai restait l'épicentre de la mafia indienne et de la guerre des gangs. Dawood Ibrahim y gardait en effet des hommes de main à disposition, à commencer par Abu Salem qui pratiquait un racket très efficace dont la plus grande part tombait dans l'escarcelle de son chef. En outre, Arun Gawli poursuivait sa carrière. Cet ancien ouvrier du textile, qui avait rejoint le gang de Rama Naik après que la crise de ce secteur l'avait mis au chômage, avait pris le relais de Naik à sa mort, on l'a vu. Seul Maharashtrien hindou parmi les chefs de gangs,

1. « Mumbai : Hot hunting ground for terror », en ligne sur *The Times of India*, 14 juillet 2011.

2. Zaidi S. H., *Black Friday*..., *op. cit.*, p. 264-265.

il avait longtemps profité de la protection de la Shiv Sena, avant de rompre avec ce parti dans les années 1990 – au point de faire abattre des shiv sainiks – et de former le sien propre, l'Akhil Bharatiya Sena. Finalement élu à l'assemblée du Maharashtra pour représenter la circonscription de Bombay appelée Chinchpokli, Gawli symbolisait la fusion entre le monde politique et celui du crime organisé. La police échouerait à l'inculper jusqu'aux années 2010, du fait des protections dont il jouissait et parce que les témoins avaient trop peur des représailles pour témoigner à la barre. En 2012, Arun Gawli fut finalement arrêté et condamné pour le meurtre, en 2007, d'un élu municipal de la Shiv Sena, Kamlakar Jamsandekar[1].

Les violences entre hindous et musulmans avaient aussi perdu de leur intensité mais cela tenait en partie à la relégation des seconds dans un statut de citoyens de deuxième zone qui se traduisait, notamment, par leur ghettoïsation. Le ressentiment qui travaillait cette minorité était en outre avivé par l'impunité des coupables. Alors que la Commission Srikrishna citait nommément 31 policiers accusés d'avoir tué ou laissé tuer des innocents, seuls 17 d'entre eux avaient été inculpés et, en 2001, tandis que 10 autres avaient été promus, dix ans après les faits, aucun n'avait encore été condamné. Plus généralement, seules 60 % des 2 267 plaintes déposées avaient donné lieu à un procès-verbal, et sur ces 853 procès-verbaux, seuls 42 avaient donné lieu à un procès. Une trentaine avaient débouché sur des acquittements et 8 sur une condamnation[2].

Si Bombay, renommée Mumbai en 1995, comme nous le verrons au chapitre suivant, était devenue une cible privilégiée des terroristes dans les années 2000, c'est qu'elle était alors le symbole de l'émergence économique d'un pays aux taux de croissance record en ce début de XXIe siècle. En un sens, Mumbai était ici victime de son succès.

1. « Arun Gawli convicted in murder case », en ligne sur *The Hindu*, 24 août 2012.

2. Mehta S., *Bombay, Maximum City*, *op. cit.*, p. 166.

Chapitre neuf

De Bombay à Mumbai : Tertiarisation et mondialisation *vs.* corruption, identitarisme et inégalités (les années 1980-2020)

Les années 1980-1990 ne marquèrent pas un (nouveau) tournant du seul point de vue des relations entre hindous et musulmans à Bombay. Ce fut aussi une phase de bouleversement socio-économique et politique au cours de laquelle Bombay – devenue Mumbai en 1995 – était censée entrer dans la modernité.

Ces deux décennies furent d'abord marquées par un mouvement de désindustrialisation massif. Bombay avait été façonnée par ses activités industrielles, d'immenses usines ayant vu le jour au cœur de la ville dès l'époque coloniale. En 1951, la part des Bombayites travaillant dans le secteur secondaire était déjà de 40 % de la population active. Vingt ans plus tard, elle était passée à 45,4 %. Ce fut son point culminant. En 1991, cette proportion était déjà retombée à 40 %. Cette courbe en cloche se retrouve dans la trajectoire de la main-d'œuvre proprement industrielle qui crût de 37 % en 1951 à 42 % en 1971 avant de revenir à 37 % vingt ans plus tard. En parallèle, la part des services dans l'emploi déclina de 59 % en 1951 à 54 % en 1971 avant de remonter à 60 % en 1991[1]. Le point de bascule, et même l'événement qui acta le déclin de l'industrie à Bombay, ne fut autre que la grève des ouvriers du textile qui, de 1981 à 1983, battit des records, tant en termes de durée du conflit que de nombre de travailleurs impliqués.

1. Deshpande S. et Deshpande L., « Work, wages, and well-being : 1950s to 1990s », *in* Patel S. et Masselos J. (dir.), *Bombay and Mumbai*..., *op. cit.*, p. 65.

En 1991, l'Inde s'engagea sur la voie de la libéralisation économique. New Delhi allégea les contraintes étatiques qui pesaient sur les entreprises indiennes, réduisit les barrières douanières et invita les investisseurs étrangers à s'implanter dans le pays. Bombay, sa capitale économique, fut la première concernée par ces réformes : la ville était appelée à se moderniser et à s'internationaliser encore plus vite que les autres. De fait, elle connut une croissance à deux chiffres et initia une tertiarisation rapide, le secteur des services prenant le relais d'une industrie repoussée en périphérie. Cette mutation s'accompagna d'une « gentrification » spectaculaire, la hausse vertigineuse des prix de l'immobilier, ajoutée à la désindustrialisation, forçant les pauvres et les anciens ouvriers à habiter des bidonvilles parfois très éloignés des *chawls* où ils vivaient jusque-là.

La ville devint-elle moderne et globale pour autant ? Cet embourgeoisement se traduisit non seulement par un essor de la corruption, mais aussi par un mouvement de fermeture identitaire marqué par la montée du nationalisme hindou dont les hérauts – la Shiv Sena et le BJP – remportèrent pour la première fois le pouvoir au Maharashtra – ce qui leur permit de rebaptiser Bombay, Mumbai, tout un symbole. Quant à l'entrée de Bombay-Mumbai dans la globalisation, celle-ci restait incertaine, tant au plan économique que culturel.

Heurs et malheurs de la classe ouvrière : « grève du siècle » et désindustrialisation

En dépit de la domination du RMMS déjà soulignée, la scène syndicale avait toujours été travaillée par de vives tensions à Bombay, les organisations de gauche cherchant à offrir une alternative aux travailleurs. Des syndicats rouges fusionnèrent ainsi en 1960 pour constituer le Mumbai Girni Kamgar Union. Bien que ce MGKU fût bien plus populaire que le RMMS, le Tribunal industriel conserva à ce dernier son statut d'unique représentant des ouvriers dans les négociations collectives. D'où des protestations, des manifestations et des grèves, comme celle de 1966 initiée par le leader communiste S. A. Dange – puis suspendue au bout de douze jours. De nouveaux mouvements d'une ampleur comparable eurent lieu dans les années 1970. En 1973-1974, par exemple, le MGKU lança un appel à la grève générale pour protester contre la réorganisation de la semaine de travail décidée par le RMMS et ses interlocuteurs patronaux de la Mill Owners Association (MOA) de Bombay – une réorganisation qui empêchait les ouvriers de tous jouir au même moment de leur repos hebdomadaire[1]. En 1979, une nouvelle grève fut déclenchée par le MGKU et un autre syndicat socialiste, la Girni Kamgar Sabha (Assemblée des travailleurs du textile), afin, à nouveau, de faire perdre au RMMS son statut officiel – en vain : aucune élection syndicale ne fut organisée, le RMMS conservant son monopole de représentant des ouvriers du textile grâce à ses appuis dans l'appareil d'État[2].

Ces formes de régression sociale sont à resituer dans le cadre de la politique économique d'Indira Gandhi qui, depuis le milieu des années 1970, comme nous l'avons vu, était très favorable au secteur privé. Cette politique de l'offre, qui revenait à favoriser systématiquement le patronat, avait franchi un cap pendant l'État d'urgence. C'est peu après qu'éclata en 1981 une grève qui devait entrer dans l'histoire comme la « grève du siècle ».

L'élément déclencheur fut, à nouveau, les primes (les fameux « bonus ») versées aux ouvriers du textile – qui avaient déjà été au cœur des revendications ouvrières lors des grèves d'avant l'indépendance, puis de 1951, 1966, 1974 et 1979. En 1980, la Payment of Bonus Ordinance avait laissé aux entreprises la possibilité de moduler ces « bonus » entre des marges allant de 8,33 et 20 % du salaire – tout en précisant que ces primes devaient être versées en fonction des gains de productivité et non plus

1. Wersch H. van, *The 1982-83 Bombay Textile Strike…*, *op. cit.*, p. 90.

2. Heuzé G., *Inde…*, *op. cit.*, p. 22. Sauf mention contraire, cette section tire ses données de cette source.

des profits. Neuf usines payèrent des primes représentant plus de 17 % des salaires tandis que 34 autres versèrent des primes d'un montant inférieur à 12,5 %, conformément à ce que le RMMS et le patronat avaient négocié. Ce chiffre fut jugé insuffisant par les ouvriers qui avaient déjà été victimes, en 1979, de décisions « anti-sociales » lorsque le patronat du textile avait remplacé le congé hebdomadaire au profit de jours de repos tournants, puis en 1981 lorsque le gouvernement avait fait voter une loi sur le maintien des services essentiels (justifiant la réquisition de grévistes).

En réaction à la réduction des bonus, le MGKU lança un mot d'ordre de grève. Mais le syndicat perdit vite l'initiative car le 23 octobre, des centaines de travailleurs du textile se rendirent à la demeure de Datta Samant pour lui demander de prendre la tête de leur mouvement. Samant incarnait alors un nouveau type de leader syndical. Il n'appartenait pas au monde ouvrier lui-même. Venu, dans les années 1950, de sa bourgade du Konkan (côte du Maharashtra au sud du Bombay) suivre des études de médecine dans la grande ville, il s'y installa comme docteur généraliste avant de s'engager dans les luttes sociales. Il s'efforça en particulier de syndiquer les travailleurs du secteur informel, en plein essor et dont aucune centrale ne se souciait. C'est ainsi que, dès les années 1960, il défendit les ouvriers des carrières de Powai, près de son quartier, Ghatkopar. Loin des appareils et des grandes entreprises, il s'illustra par plusieurs succès, arrachant de haute lutte quelques concessions pour des travailleurs précaires. C'est toutefois en défendant des salariés de l'entreprise Godrej – une action qui lui valut de passer un an en prison – qu'il gagna en popularité, au point de se lancer en politique et de rejoindre, en 1971, le Congrès sous l'étiquette duquel il fut élu à l'assemblée de l'État en 1972. Il n'en fut pas moins emprisonné pendant l'État d'urgence – une période funeste pour tous les syndicalistes, y compris ceux du parti au pouvoir. Libéré, il créa sa propre centrale qui déclenche des grèves tous azimuts : 88 en 1977, 144 en 1978, 130 en 1979 et 156 en 1980.

En 1981, Samant refusa d'abord le défi que les ouvriers venus le trouver lui demandaient de relever, puis il finit par accepter le

26 octobre. Ce jour-là, il prononça un discours au Standard Mills où des milliers d'ouvriers s'étaient rassemblés, pour dire qu'au-delà des primes, il demanderait des hausses de salaires et l'embauche des *badlis* (les travailleurs précaires faisant office d'intérimaires). Seul un syndicat organisé se rallia à sa cause, le Sarva Shramik Sangh (SSS), d'obédience communiste. Mais le 30 octobre, il fonda un nouveau syndicat, en s'inspirant du nom du premier syndicat de Dange qui avait lancé la fameuse grève de 1928, le Maharashtra Girni Kamgar Union (MGKU, à ne pas confondre avec le Mumbai Girni Kamgar Union), lors d'un *meeting* monstre où il annonça également une grève illimitée si trois demandes n'étaient pas satisfaites : des augmentations de salaires allant de 200 à 440 roupies par mois, une harmonisation à la hausse des primes et l'embauche des *badlis* ayant travaillé plus de 240 jours par an.

Le gouvernement de New Delhi, qui prit le dossier en main, court-circuitant celui du Maharashtra, joua le pourrissement : Indira Gandhi refusa de rencontrer Samant et la grève s'installa. Elle s'éternisa même, les grévistes étant obligés de travailler hors des usines ou de retourner dans leur village pour survivre[1]. La grève permit alors de mesurer l'ampleur des liens unissant Bombay à son hinterland, un fait indissociable non seulement du poids des migrants dans la population de la ville, mais aussi des mouvements pendulaires que ces migrants continuaient d'effectuer entre la ville et leurs villages d'origine. Cette relation entre Bombay et les campagnes du Maharashtra se traduisit aussi par un mouvement de solidarité de la part du monde paysan qui envoyait des vivres aux ouvriers de la ville. Un syndicat d'agriculteur, la Shet Mazdoor Parishad de Sharad Joshi, se chargea même de l'acheminement du grain *via* des convois de camions.

Ceux qui étaient restés en ville ne cessèrent de manifester. Le 10 mars, par exemple, « deux cent mille personnes défilent sur sept kilomètres en l'honneur de "ceux du textile" avant de se presser sur l'esplanade de Kala Godha, sous les portraits de Samant auxquels

1. *Ibid.*, p. 29.

la gauche mêl[ait] sans problème ses drapeaux rouge. Les discours durent huit heures[1] ». Les manifestations furent systématiquement réprimées, mais les policiers eux-mêmes exprimèrent un mécontentement croissant. La police municipale finit par se mettre en grève en août 1982. Certains de ses membres montèrent des barricades et incendièrent des bus – 140 au total. Un temps, policiers et ouvriers en grève firent donc cause commune et dans ce contexte l'insurrection gagna les beaux quartiers de Malabar Hill dont certaines villas furent pillées – ainsi que des épiceries car ces émeutes étaient aussi celles de la faim. En réponse, New Delhi déploya l'armée dont l'action fit 13 morts (4 ouvriers et 9 policiers). Le syndicat de policier fut dissous et des centaines de ses membres mis à pied

La lutte des ouvriers se poursuivit et connut un dernier point d'orgue à la suite de ce que l'on appellerait « le mouvement du 11 octobre » – qui différait des précédents car il visait à mobiliser au-delà de Bombay dans de grandes villes du Maharashtra comme Poona, Kolhapur, Nashik. Déclenché par Datta Samant, il fut immédiatement stoppé par son arrestation et celle de milliers de manifestants qui bravaient l'état d'exception à travers le Maharashtra. Ce mouvement souffrit, par ailleurs, de la décision de George Fernandes de lancer une autre agitation, parmi les travailleurs de l'entreprise de bus publique, BEST, le 14 octobre : Fernandes et Samant, qui n'avaient jamais voulu travailler ensemble, étaient plus que jamais en concurrence pour le leadership du mouvement ouvrier à Bombay. C'est que Fernandes, auréolé de ses exploits de l'État d'urgence et de son passage par le gouvernement de New Delhi[2], au début des années 1980, revint à la base et reprit du service auprès des 40 000 travailleurs de BEST et de bien d'autres du secteur public.

1. *Ibid.*, p. 71.

2. Entré dans la clandestinité dès 1975, Fernandes s'était adonné à des actes de sabotage spectaculaires pendant l'État d'urgence, avant d'être arrêté, puis jugé et finalement libéré, en héros, au début de 1977 – après quoi il avait rejoint le gouvernement du Janata Party, l'alternative au Congrès né de la fusion de la plupart des partis d'opposition qui gouverna l'Inde en 1977-1979.

La répression s'abattit peu après sur le mouvement. En novembre, les pouvoirs publics ordonnèrent des descentes de police dans les quartiers ouvriers où rafles et passages à tabac se multiplièrent, sans parler de la mise à sac systématique des locaux des syndicats. Saisie par ces derniers, la Haute Cour de Bombay dénonça, amère ironie, « la violence des syndicalistes qui cause la douleur des travailleurs[1] » dans son verdict de janvier 1982. À ce moment-là, un an après le début du mouvement, on comptait encore 160 000 grévistes, dont 50 000 à Bombay même, mais l'épuisement gagna les troupes de Samant, toujours emprisonné – tandis que les industriels avaient trouvé des alternatives.

Leur stratégie, appuyée par les gouvernements du Maharashtra et de New Delhi, s'inscrivait dans une politique déjà ancienne consistant à réduire l'influence des syndicats en soutenant les petites entreprises textiles, voire les travailleurs à domicile. Aux yeux des capitalistes du textile de Bombay – qui dominaient le secteur – 44 des 47 usines cotonnières appartenaient à des groupes familiaux tels que Mafatlal, Goenka, Tata, Birla ou DMC –, la grande usine favorisait la syndicalisation et les mobilisations ouvrières et présentait donc plus d'inconvénients que d'avantages. Au-delà, l'industrie cotonnière leur semblait condamnée en raison de l'essor des textiles synthétiques. Comme l'écrit Gérard Heuzé, ces groupes multisectoriels n'investissaient plus dans les « textile mills » depuis les années 1970. Au début des années 1980, « [elles] ne conservent leurs unités du Girangaon que dans la mesure où il reste possible d'en tirer un profit qu'elles réinjectent dans [...] la chimie, les ciments ou les productions mécaniques. Les ouvriers ont vu vieillir depuis trente ans le capital de leur industrie, la modernisation n'ayant touché qu'un noyau réduit d'entreprises. La plupart des machines textiles ont plus de vingt-cinq ans. Le pourcentage de métiers à tisser automatique est le plus bas du monde (25 %)[2] ».

1. Cité dans Heuzé G., *Inde...*, *op. cit.*, p. 129.
2. *Ibid.*, p. 66.

Avant même la grève, les patrons avaient commencé à délocaliser leur production vers les ateliers de Bhiwandi, situé à 40 kilomètres de Bombay. Pendant la grève, ce mouvement s'accéléra et se diversifia – vers Surat, Ahmedabad etc. : à Bhiwandi, « 25 000 métiers à tisser tournaient 14 heures par jour afin de briser la grève textile[1] ». Les patrons limitèrent ainsi leurs pertes – et même finirent par réaliser des profits. En parallèle, ils durcirent le ton vis-à-vis des grévistes : 30 000 « show-cause notices », des avertissements en forme de menaces de licenciement furent envoyés en mai 1982[2] – en octobre, ce chiffre monta à 42 163 et celui des licenciements à 8 066. En outre, tous les grévistes perdirent les avantages liés au Employees State Insurance Scheme (ESIS), y compris les dédommagements en cas de maladie, d'accident, de grossesse etc.

Illustration n° 24 : Datta Samant faisant campagne lors des élections de 1984 dans sa circonscription de « Bombay South Centra » qui était encore peuplée de nombreux ouvriers.

1. *Ibid.*, p. 140.
2. Wersch H. van, *The 1982-83 Bombay Textile Strike…*, *op. cit.*, p. 241. Sauf mention contraire les pages qui suivent procèdent de cette source.

Quant aux gouvernants, pendant longtemps, ils ne firent guère qu'une concession, consistant à accorder aux grévistes une allocation logement rétroactive au début de 1981. En octobre 1982, le gouvernement de New Delhi fit un pas de plus : il offrit aux grévistes une augmentation dérisoire de 30 roupies par mois – perçue comme humiliante par les bénéficiaires potentiels. De nombreux ouvriers – 42 979 pour être précis – démissionnèrent, mais les victimes de licenciements – 51 814 – furent encore plus nombreuses. Les autres travailleurs retournèrent à l'usine peu à peu : fin avril, 80 000 d'entre eux avaient repris le travail. En juillet, Datta Samant leva le mot d'ordre de la grève, sans s'avouer battu : il créa une formation politique, le Parti indépendant des travailleurs, dont le nom rappelle celui du premier parti d'Ambedkar. Deux cent cinquante mille personnes assistèrent au *meeting* fondateur, signe que la popularité de Samant n'avait pas été affectée par l'issue non concluante de la grève. Il fut élu à la Lok Sabha en 1984, dans la circonscription où se trouvaient les quartiers ouvriers de Parel et Lalbag. Mais cela ne changea rien au déclin de l'industrie de Bombay dont la « grève du siècle » avait été le chant du cygne.

Cette grève ouvrait une décennie appelée à marquer un tournant dans la structure socio-économique et politique de Bombay. L'industrie textile passa de 200 000 travailleurs à 70 000 de 1970 à 1990. Ce déclin alla de pair avec la quasi-disparition des « syndicats rouges » et des partis de gauche qui, après le sursaut de 1977 – année où ils profitèrent des alliances qu'ils nouèrent avec d'autres partis d'opposition au Congrès après l'État d'urgence –, n'auraient plus guère d'élus.

Une autre conséquence politique de la crise du monde ouvrier, et plus précisément de « la grève du siècle », fut la rupture de la Shiv Sena avec le Congrès, qui l'avait déjà entraînée dans sa chute lors des municipales de 1978. En août 1982, Bal Thackeray, qui assistait – impuissant – depuis des mois à un face-à-face entre des syndicats autres que le sien (ceux de Samant et Fernandes), d'un côté, et les patrons associés aux gouvernements (du Maharashtra et de l'Union indienne), tenta de reprendre l'initiative pour sortir

« sa » ville de la crise. Il suggéra que les concessions déjà faites par les gouvernements congressistes sous forme de primes soient intégrées aux salaires des ouvriers et qu'on leur fasse en outre des avances de 1 500 à 2 000 roupies. Les dirigeants du Congrès ne saisirent pas cette opportunité et, le 9 septembre 1982, Bal Thackeray annonça le divorce avec le parti au pouvoir[1], qui allait être suivi du virage nationaliste hindou que l'on sait.

Le déclin des organisations de gauche issues du mouvement ouvrier que précipita la « grève du siècle » aida la Shiv Sena à poursuivre sa marche en avant. En 1991, Mohan Rawale, un leader du parti qui avait présidé son syndicat étudiant de 1979 à 1984, remporta d'ailleurs le siège de Bombay Sud-Central, où résidaient encore des milliers d'ouvriers (et d'anciens travailleurs des usines de Girangaon). Les cadres de la Shiv Sena eux-mêmes cultivaient leur base populaire : non seulement ils continuaient de vivre dans des quartiers pauvres (et même d'habiter dans des *chawls*)[2], mais ils poursuivaient leur travail social sous une forme encore mieux organisée. Dans son étude de la Shiv Sena, Sikata Banerjee met l'accent sur le prestige de ses « ambulances blanches, ornées de l'emblème du tigre rugissant de la Shiv Sena [...], qui sillonnaient les rues pour venir en aide aux pauvres citadins et leur apporter une aide médicale d'urgence[3] ».

La « grève du siècle » eut aussi un impact important sur la place des femmes dans la société. En privant les hommes d'emploi, elle força ces dernières à chercher du travail. Leur taux de participation à la main-d'œuvre passa ainsi, dans le district (ou l'île) de Mumbai, de 9,9 % en 1981 à 12 % en 1991[4]. Cela

1. Purandare V., *Bal Thackeray*..., *op. cit.*, p. 127.

2. Voir aussi les entretiens de Naipaul avec un certain M. Patil, leader de la Shiv Sena in Thane et M. Raote, l'une des 18 personnes ayant participé à la réunion inaugurale de la Shiv Sena, chez Bal Thackeray, le 19 juin 1966 (Naipaul V. S., *L'Inde : un million de révoltes*, *op. cit.*, p. 23 et suiv.).

3. Banerjee S., *Warriors in Politics*..., *op. cit.*, p. 117.

4. *District census handbook, Mumbai*, *op. cit.*, p. 54. Les chiffres de « Greater Mumbai » sont très comparables : 8,97 % en 1981 à 11,02 % en 1991 et à

finirait par leur donner, dans certains cas, une relative autonomie, mais à court terme l'urgence de rapporter de l'argent à la maison les mettait dans la dépendance de patrons souvent peu scrupuleux. Les cas de harcèlement, voire d'exploitation sexuelle, n'étaient pas rares. C'est dans ce contexte que la « Mahila Aghadi » (« front féminin ») de la Shiv Sena fut créée en 1985. Les militantes y acquirent une nouvelle confiance en elles et même une culture militante à force d'entraînement tant physique que psychologique[1].

Un archipel de bidonvilles

Si la question de l'emploi se posait d'une façon nouvelle dans une ville désormais en voie de désindustrialisation, celle du logement s'inscrivait dans la continuité d'une crise chronique. Car comme l'écrit Suketu Mehta : « Le logement est à Bombay ce que la politique est à Delhi : l'obsession souveraine, l'objet fétiche, une raison d'être et le sujet autour duquel tournent les conversations, le business, les journaux et les rêves[2]. » La fermeture des usines accrut encore l'ampleur du problème : les ouvriers devaient souvent quitter les *chawls* et, condamnés à des emplois précaires, se réfugier dans des bidonvilles.

Or au début des années 1980, loin de poursuivre dans la voie du « redéveloppement » qui avait été esquissée dans les années 1970, les autorités se lancèrent dans une nouvelle série de démolitions de bidonvilles qui visa plusieurs sites de la péninsule de Bombay avec, en juillet 1981, l'« Operation Eviction » et à la fin 1985

13,06 % en 2001 (Singh D. P., « Employment Situation in Mumbai : An analysis », en ligne sur IMSN, p. 5).

1. Voir Sen A., *Shiv Sena women*..., *op. cit.*, en particulier aux pages 21, 23, 27 et 39.

2. Mehta S., « Mumbai », *in* Pinto J. et Fernandes N. (dir.), *Bombay, Meri Jaan*..., *op. cit.*, p. 336.

l'« Operation Demolition ». La première fut décidée par le chef du gouvernement du Congrès, A. R. Antulay. Elle concerna 100 000 personnes qui furent déplacées au moyen de centaines de bus et de camions en pleine mousson[1]. Le documentariste Anand Patwardhan en a tiré un film des plus poignants, *Bombay, hamara shahar* (Bombay, notre ville, 1985)[2]. La section locale du mouvement de défense des droits humains, la People's Union for Civil Liberties (PUCL), saisit aussitôt la justice – qui, elle, prit son temps. En 1985, la Cour suprême rendit un jugement exigeant des autorités qu'elles préviennent désormais à l'avance les habitants d'éventuelles démolitions et qu'elles les relogent s'ils pouvaient produire un justificatif de domicile. Mais la Cour reconnaissait aussi au gouvernement le droit de procéder à de telles démolitions – et ce, comme jadis, au nom d'une certaine morale. L'arrêt précisait en effet que les habitants des bidonvilles « font leur cuisine et dorment où bon leur semble. Leurs filles grandissent, font leur toilette sous l'œil des voyeurs passant par-là, sans égard pour la pudeur féminine qu'elles devraient observer. Une fois le repas et la toilette terminés, les femmes s'épouillent mutuellement. Les garçons mendient. Les hommes sans travail s'adonnent au vol à la tire avec la bénédiction des forces de l'ordre[3] ».

À la fin de 1985, l'« Operation Demolition » (aussi appelée « Operation Slum-Wreck ») concerna surtout de petits bidonvilles d'où elle délogea 15 000 familles[4]. La même année fut toutefois lancé le programme ALIS (Affordable Low Income Shelter) initié par le gouvernement du Maharashtra dans le cadre du Bombay Urban Development Project soutenu par la Banque mondiale. En

1. Sebastian P. A., « Operation Eviction », *Economic and Political Weekly*, n° 16-38, 1981, p. 1526.

2. Ce film, comme tous ceux de Patwardhan, est disponible en ligne sur IMDB.

3. Banerjee S., *Warriors in Politics*..., *op. cit.*, p. 54.

4. Singh G., « Bombay slums face Operation Demolition », *Economic and Political Weekly*, n° 21-16, 1986, p. 684-687.

neuf ans, le programme ALIS permit à des milliers de résidents des bidonvilles d'améliorer leur habitat[1]. Mais 1985 fut aussi l'année de la visite de Rajiv Gandhi qui déboucha sur un grand plan de lutte contre l'habitat précaire à Bombay.

Cette visite intervint dans un contexte bien particulier : alors que le Premier ministre de l'Inde se rendait à Bombay pour célébrer le centième anniversaire de son parti, le Congrès, créé en 1885 dans cette même ville, celle-ci fut le théâtre d'une mobilisation contre l'« Operation Demolition ». Descendirent en effet dans la rue des militants de plusieurs ONG de défense des habitants des bidonvilles. En réponse, Rajiv Gandhi annonça, en décembre, le Prime Minister Grant Project (PMGP) consacré à Dharavi, « le plus grand bidonville d'Asie », qu'il parcourut lors de sa visite. Ce PMGP devait être un projet pilote que d'autres bidonvilles pourraient adopter ensuite.

Dharavi, laboratoire d'un improbable « redéveloppement »

Si, après la fermeture des usines de Girangaon, nombre des ouvriers quittèrent leurs *chawls* pour migrer vers le nord[2], certains n'allèrent pas très loin, à Dharavi, l'un des bidonvilles les plus centraux de Bombay – et l'un des plus anciens aussi.

Dharavi se situe au cœur de la péninsule de Mumbai, coincé entre les lignes de chemin de fer connues sous le nom de « Western and Central Railways », avec sur son flanc ouest Mahim et Bandra, au nord la rivière Mithi qui se jette dans la mer d'Arabie à travers Mahim Creek et à l'est les quartiers de Sion et Matunga.

1. Weinstein L., *The Durable Slum. Dharavi and the right to stay put in globalizing Mumbai*, Minneapolis, University of Minnesota Press, 2014, p. 69-71.

2. Entre 1981 et 1991, les banlieues septentrionales de la ville ont vu leur population croître de 50 % alors que plusieurs quartiers méridionaux ont vu la leur décliner (Whitehead J. et More N., « Revanchism in Mumbai ? Political economy of rent gaps and urban restructuring in a global city », *Economic and Political Weekly*, n° 42-25, 2007, p. 2428-2434).

Carte n° 4 : Les bidonvilles à Mumbai aujourd'hui, 2024

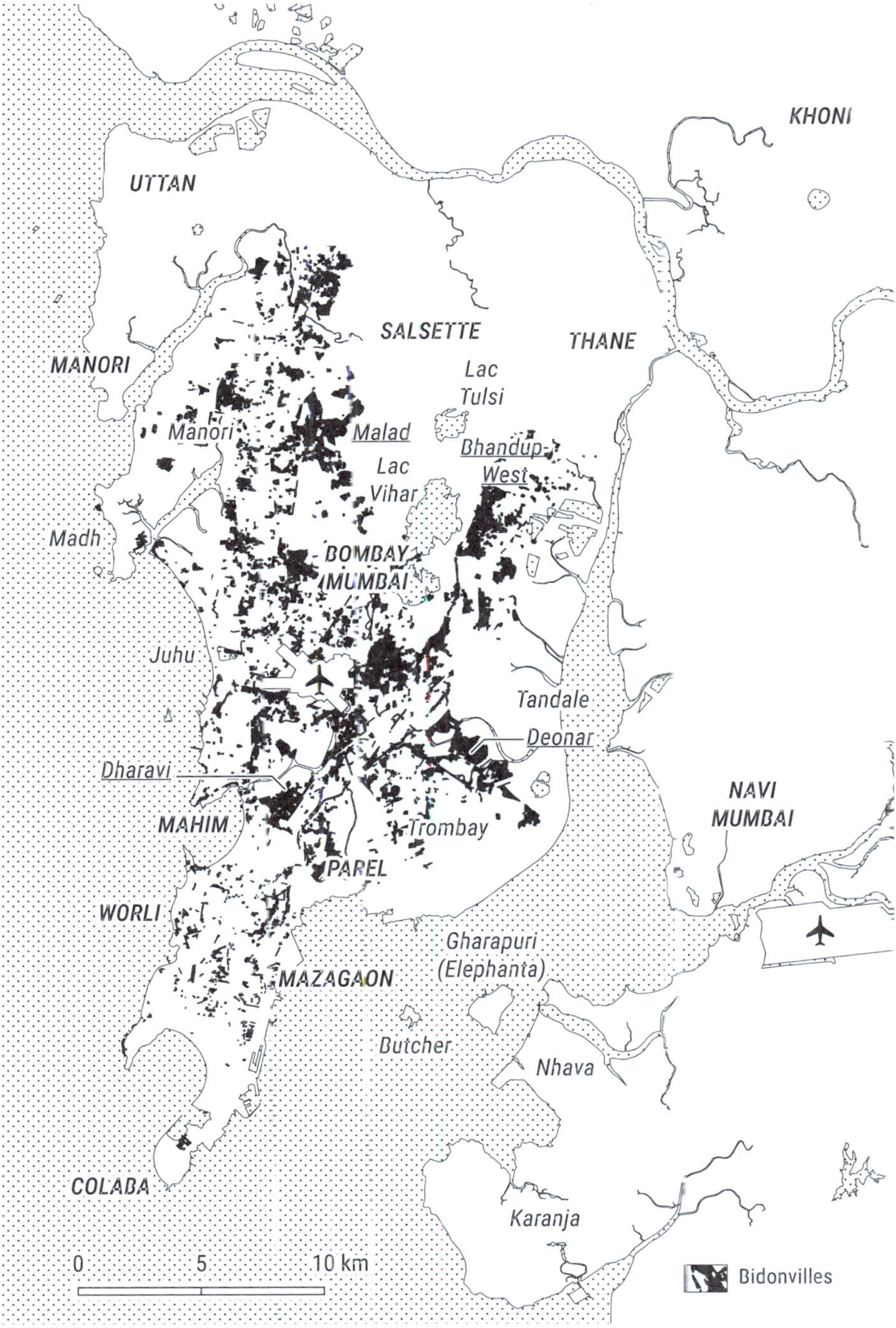

Sources : Slum Rehabilitation Authority - Greater Mumbai
https://sra.gov.in/ (slums) et OpenStreetMap

Dans les années 1980, il comptait environ 500 000 habitants, ce qui en faisait « le-plus-grand-bidonville-d'Asie » suivant la formule consacrée[1].

Illustration n° 25 : Dharavi.
Photographie de Christophe Jaffrelot.

Dharavi s'est développé à partir d'un village de pêcheurs, de caste Koli, qui y résident encore et continuent d'utiliser leurs embarcations traditionnelles dans la Mahim Creek et au-delà – mais le littoral s'est éloigné à mesure que Bombay a gagné sur la mer et cette communauté a été comme submergée par l'urbanisation et victime de la pollution des eaux. Au XIXe siècle, alors que Dharavi était encore loin de la ville, même s'il fut intégré à la municipalité de Bombay en 1864, il fut progressivement cerné par les usines et des migrants venant de toute l'Inde y vinrent

1. Sharma K., *Rediscovering Dharavi...*, *op. cit.*, p. 36.

pour y travailler ainsi que sur les docks[1]. Les travailleurs du cuir, en provenance du pays tamoul, et en particulier du district de Tirunelveli, furent parmi les premiers à s'y installer lorsqu'ils furent rejetés du centre-ville, alors que Dharavi était aussi connu comme une des principales décharges publiques de la ville. Au XXe siècle, le quartier devint un centre de tannage du cuir à la suite de la construction par les Britanniques d'un immense abattoir à proximité[2]. Quand celui-ci fut déplacé plus au nord en 1971, les tanneries suivirent dans les années 1980 et des activités de cordonnerie prirent le relais à Dharavi. Parmi les autres migrants qui se pressèrent à Dharavi dès la fin du XIXe siècle figuraient aussi les potiers du Kathiawar (la péninsule cernée par la mer d'Oman qui fait aujourd'hui partie du Gujarat). Si on en comptait 319 familles en 1932, lors d'un premier recensement, celles-ci étaient plus de 2 000 dans les années 1980 – toujours majoritairement en provenance du Gujarat[3]. Mais au cours du XXe siècle, de nombreux migrants arrivèrent également depuis ces immenses réservoirs de main-d'œuvre que sont l'Uttar Pradesh et le Bihar, deux des États les plus pauvres de l'Inde.

À ces nouveaux migrants s'ajoutèrent donc, dans les années 1980, des victimes de la désindustrialisation reconverties dans de nouvelles professions du secteur informel comme les métiers du textile ou les activités de recyclage. Dharavi se diversifia peu à peu et investit – le mot n'est pas trop fort car ses habitants acquirent, dans le même temps, de nouveaux équipements – dans les secteurs que le reste de la ville délaissait volontiers. En 1986, une enquête de la National Slum

1. Lynch O., « Political mobilization and ethnicity among Adi-Dravida in a Bombay slum », *Economic and Political Weekly*, n° 9-39, 1974, p. 1657 et « Potters, plotters, and prodders : Marx and Meaning or Meaning versus Marx », *Urban anthropology*, n° 8-1, 1979, p. 1-27. De nombreux dockers avaient élu domicile à Dharavi après l'explosion d'un navire dans le port de Bombay en 1944, qui avait détruit bien des habitations.

2. Saglio-Yatzimirsky M. C., *Intouchable Bombay…*, *op. cit.*, p. 54-55.

3. Sharma K., *Rediscovering Dharavi…*, *op. cit.*, p. 113.

Dwellers' Federation (née en réaction au démantèlement de la Janata Colony en 1976) évaluait à 1 044 le nombre d'entreprises manufacturières à Dharavi, dont 244 employant entre 5 et 10 personnes. La diversité des activités recensée dans les années 1980 était remarquable : outre 152 entités faisant des produits alimentaires, on trouvait 15 imprimeries, 111 restaurants, 25 boulangeries, 4 fabriques de savon et 722 entreprises de recyclage qu'il faut voir à l'œuvre pour en croire ses yeux. Car si certaines se contentaient de trier les chiffons, d'autres remettaient les pots de peinture usagés en état ou – mieux encore – transformaient les plastiques en granulés. Quatre-vingt-cinq de ces 722 entreprises travaillaient à l'export. Toutes étaient « alimentées » par les hommes, les femmes et les enfants qui faisaient les poubelles et les décharges à longueur de journée à Mumbai et remplissaient indirectement les camions dont la ronde matinale encombrait les rues de Dharavi tous les jours. Les activités de recyclages du plastique du bidonville étaient les plus importantes de l'Inde : en 1986, elles employaient 5 000 personnes qui rapportaient 6 millions de roupies par an.

La dynamique de Dharavi n'a pas faibli de la fin du XXe siècle au début du XXIe. En 2010, son « chiffre d'affaires » était estimé à 600 millions de dollars[1]. Ce dynamisme atypique a conduit certains observateurs à valoriser l'esprit d'entreprise des miséreux[2] et les « success stories » individuelles[3] – un peu comme celle que relate le film *Slumdog Millionaire* dont les premières scènes se déroulent précisément à Dharavi. Surtout, ils y voient autre chose qu'un bidonville. Certes, il s'agit d'une ville à part

1. Chatterji R., « Slums and the global city. Housing plans in Dharavi, Mumbai », *in* Bates C. et Mio M. (dir.), *Cities in South Asia*, *op. cit.*, p. 84.

2. Sur la célébration – aux accents parfois indécents – de l'esprit d'entreprise à Dharavi, voir Bansal R. et Gandhi D., *Poor little big slum*, Delhi, Westland, 2012. Voir aussi « Harvard students get lessons on Dharavi », *Wall Street Journal*, 19 mai 2010.

3. Sharma K., *Rediscovering Dharavi*..., *op. cit.*, p. 91.

entière[1], avec ses quartiers, ses activités économiques, ses services publics, ses écoles, etc. Mais l'habitat et l'urbanisme sont bien ceux d'un bidonville, ou plus précisément de ce que Mike Davis appelle un « mega-slum », comparable à Kibera à Nairobi, Tondo à Manille ou Orangi Town à Karachi[2]. Aujourd'hui encore[3], hormis de rares rues – d'ailleurs très encombrées, au point qu'on peine à les traverser à pied –, Dharavi compte surtout des boyaux étroits et sombres. De part et d'autre, les habitations, « en dur », avec un étage auquel on accède par une échelle, accueillent surtout des dortoirs où s'entassent des travailleurs ou des familles tandis que les ateliers se trouvent au rez-de-chaussée. Les cabanes, elles, sont en torchis avec des murs de planches. Les toits sont invariablement en tôle ondulée ou dans un plastique dont la couleur bleue signale de très loin les bidonvilles (notamment vus d'avion).

Les conditions sanitaires, identiques à ce qu'on trouve dans d'autres bidonvilles de Bombay, sont déplorables : l'enlèvement des ordures n'est pas garanti par les activités de recyclage dont le rebut s'ajoute aux déchets domestiques. En l'absence de tout-à-l'égout, le système d'évacuation des eaux usées se résume à des rigoles qui débordent en périodes de mousson et les toilettes publiques (il n'y en a pas vraiment d'autres) souffrent de la surpopulation et d'un manque d'entretien élémentaire. Comme dans la plupart des bidonvilles, l'eau est rare, une quarantaine de familles devant se partager un robinet dans les années 1990[4].

La promiscuité est bien plus forte à Dharavi que dans le reste de la ville, non seulement parce que les gens s'entassent à plusieurs par pièce, mais aussi parce que la densité y est plus importante :

1. Saglio-Yatzimirsky M. C., *Intouchable Bombay…*, *op. cit.* p. 254.
2. Davis M., *Planet of Slums*, Londres, Verso, 2006.
3. La description qui suit se fonde sur la demi-douzaine de séjours que Christophe Jaffrelot a effectué à Dharavi entre 2010 et 2020.
4. Saglio-Yatzimirsky M. C., *Intouchable Bombay…*, *op. cit.*, p. 50.

si en 1991, Bombay comptait 24 200 personnes au km^2, elles sont plus de 100 000 sur le même espace, en moyenne, à Dharavi. C'est que le bidonville a connu un taux de croissance de sa population deux fois supérieur à celui de la ville des années 1950 aux années 1990 : 8 % contre 4[1]. De passage à Dharavi lors de son dernier travelogue indien, Naipaul ne pouvait s'empêcher de tomber dans des clichés bien compréhensibles :

> La puanteur était à la limite du supportable, mais il fallait bien la supporter. Le taxi se trouva immobilisé dans un embouteillage, causé par une longue file de camions lourdement chargés de l'autre côté de la route. Le bidonville de Dharavi était aussi une espèce de zone industrielle où existaient de nombreuses affaires illicites, notamment des tanneries et des usines de produits chimiques qui n'auraient jamais été autorisées dans une zone urbaine mieux réglementée. [...] La puanteur des peaux d'animaux, des excréments, du marécage, des produits chimiques et des émanations d'essence, la poussière des vieux chiffons, la brume ambrée qui émanait des pots d'échappement des camions et que le soleil de l'après-midi traversait à l'oblique – quel soulagement de laisser tout cela derrière soi et de ressortir dans l'autre Bombay, le Bombay qu'on connaissait, auquel on avait mis si longtemps à s'habituer, le Bombay des rues pavées, des autobus et des gens en costumes légers[2].

L'échec multifactoriel du PMGP

La première grande initiative de réhabilitation du « plus grand bidonville d'Asie » fut donc le Prime Minister Grant Project (PMGP) auquel Rajiv Gandhi, ému par ce qu'il y avait vu, décida de consacrer un milliard de roupies sur le budget du gouvernement fédéral. New Delhi nomma en 1986 un comité dirigé par l'architecte Charles Correa. Ce dernier, toutefois, au lieu de prendre la peine de mener l'enquête de terrain préalable qui s'imposait,

1. *Ibid.*, p. 47.
2. Naipaul V. S., *L'Inde : un million de révoltes*, *op. cit.*, p. 70.

se contenta de demander à une agence d'Hyderabad d'évaluer la population de Dharavi à partir de photos aériennes. En 1987, le Comité Correa estima donc à seulement 55 000 le nombre de foyers concernés par le PMGP[1]. Cela amena des ONG à conduire leur propre recensement – d'où il ressortit que Dharavi comptait 530 225 personnes réparties en 106 000 familles et vivant dans 86 000 lieux d'habitation, ainsi que 43 entités industrielles et 244 ateliers[2].

Ces données furent prises en compte, mais le projet se heurta rapidement à plusieurs difficultés. Premièrement, le gouvernement du Maharashtra, aux mains du Congrès, ne voulait pas travailler de concert avec la municipalité que la Shiv Sena venait de conquérir. Deuxièmement, le budget annoncé pour les habitants de logements précaires – un milliard de roupies – fut réduit des deux tiers lorsque les responsables du projet considérèrent que l'essentiel des fonds devait aller à la réhabilitation de bâtiments existants[3]. Il restait toutefois 370 millions de roupies pour les résidents d'habitats précaires. Cependant, une partie de l'argent alla à l'assainissement de Mahim Creek et à l'élargissement des rues. Deux nouvelles difficultés surgirent ensuite : d'une part, les bénéficiaires de l'aide financière de l'État devaient mettre au pot (alors que nombre d'entre eux étaient déjà très endettés), et, d'autre part, les autorités optèrent pour une forme de « redéveloppement » qui impliquait de remplacer des cahutes par des immeubles. L'opération était plus avantageuse pour les promoteurs immobiliers mais obligeait les habitants à déménager un temps (incertain) et à suspendre leurs activités économiques – voire à y renoncer. Au total, si les infrastructures furent améliorées, seuls quelques centaines de résidents bénéficièrent finalement du PMGP qui avait révélé de nombreux points de blocage qui n'étaient pas tous financiers[4].

1. *Ibid.*, p. 172.
2. Weinstein L., *The Durable Slum…*, *op. cit.*, p. 79-80.
3. Sharma K., *Rediscovering Dharavi…*, *op. cit.*, p. 81.
4. Weinstein L., *The Durable Slum…*, *op. cit.*, p. 82.

L'approche du PMGP fut étendue à l'ensemble des bidonvilles de la ville en 1991 lorsque le gouvernement congressiste du Maharashtra introduisit le Slum Re-Development Program (SRP). Dans ce cadre, les habitants des bidonvilles étaient incités à se constituer en « housing societies », sortes de coopératives dans lesquelles ils étaient invités à se regrouper avant de contacter un architecte et un promoteur immobilier. Les investisseurs privés s'engageaient à financer 60 % de la construction, 40 % de l'investissement restant à la charge des habitants. Cela hypothéqua d'emblée le projet, sans compter que les règles et normes encadrant les investissements les plus lucratifs dissuadèrent ces promoteurs. Le SRD était quasiment mort-né et la défaite du Congrès aux élections régionales de 1995 scella son sort.

Mais la question du financement n'est pas la seule en cause. Un obstacle pratique ne fut pas pris en compte par les tenants d'un « redéveloppement » censé faire vivre les habitants des bidonvilles dans de grands ensembles, des immeubles de dizaines d'étage. Comme l'observe P. Vohra : « S'ils vendent des noix de coco ou des outils, il leur était plutôt difficile de monter et descendre leur barda dans les escaliers[1]. » Cette réalité faisait peser une hypothèque particulièrement lourde sur la pertinence du PMGP et du SRP. Remplacer les cahutes servant non seulement de dortoir mais aussi d'ateliers par des immeubles rendrait très difficile la poursuite d'une activité économique où l'accès des marchandises, des matières premières, voire des travailleurs et des clients devait être facile. Ensuite, dans les plans de réhabilitation proposés par les autorités, seules les activités enregistrées officiellement étaient prises en compte, or il y en avait bien d'autres relevant de l'informel. Enfin, seuls ceux qui pouvaient faire la preuve d'une résidence fixe depuis six mois

1. Vohra P., « No man's land : a visual essay (Mumbai) », *in* Ali K. A. et Rieker M. (dir.), *Comparing Cities. The Middle East and South Asia*, Oxford, Oxford University Press, 2009, p. 6.

étaient éligibles à une réhabilitation, quand bien des habitants n'avaient aucun papier[1].

Au total, le nombre d'habitants des bidonvilles, qui avait déjà doublé entre 1971 et 1981, passant de 2 à plus de 4 millions, alors que le nombre des personnes bénéficiant d'un logement formel restait le même, à 4 millions[2], continua de croître par la suite. Vingt ans plus tard, la part des habitants de Mumbai vivant dans un bidonville était passée à 54 % d'après le recensement de 2001. Celui de 2011 a ramené ce chiffre à 41,7 %, mais cela représente encore 5,2 millions de personnes sur 12,5. Au début des années 2000, l'architecte et urbaniste P. K. Das, connu pour son engagement au service des pauvres, donnait de la situation une photographie plus complète que ces agrégats : les 5 à 6 millions de personnes résidant dans un bidonville vivaient alors dans 2 500 implantations représentant 2 525 ha, soit 6 % de la superficie de la ville (437 km²). La moitié se situait sur des terrains privés, un quart sur des terres du gouvernement et le solde sur des terres appartenant à la municipalité. Qu'ils habitent dans des bidonvilles ou des *chawls* – ou ailleurs encore –, 82 % des Mumbaikars logeaient dans une seule pièce, le plus souvent insalubre[3]. À tous ceux qui avaient ainsi un toit, Das ajoutait un million d'hommes, de femmes et d'enfants vivant sur le trottoir.

1. Saglio-Yatzimirsky M. C., *Intouchable Bombay*..., *op. cit.*, p. 225-226.

2. Mahadevia D., « State-supported segmentation of Mumbai : policy options in the global economy », *Review of development and change*, n° 3-1, 1998, p. 12-41.

3. Das P. K., « Slums : The continuing struggle for housing », *in* Patel S. et Masselos J. (dir.), *Bombay and Mumbai*..., *op. cit.*, p. 210.

« Gentrification » et tertiarisation à l'ère néo-libérale

Si les pauvres de Bombay ne sont pas parvenus à sortir des bidonvilles, c'est aussi que les prix de l'immobilier se sont envolés sous l'effet d'une demande inédite, celle de la nouvelle classe moyenne attirée par l'essor du secteur tertiaire.

Des appartements de standing à la place des usines

À Bombay, l'année 1991 ne marqua pas seulement un tournant en raison de la politique de libéralisation enclenchée par le gouvernement de New Delhi ; cette année-là, le Maharashtra adopta aussi une politique immobilière scellant le sort de la classe ouvrière et de l'industrie de Bombay au profit de la classe moyenne et du tertiaire. La grève de 1981-1982 ayant permis à de nombreux industriels de fermer leurs usines qui, disaient-ils, produisaient à perte, ils souhaitaient maintenant vendre ces espaces pour profiter de l'augmentation du prix du mètre carré[1]. Les ouvriers, eux, voulaient relancer l'industrie textile. Une négociation s'engagea, dont le gouvernement fut aussi partie prenante. En 1991, de laborieux pourparlers aboutirent à un compromis aux termes duquel les 595 acres qu'occupaient encore les usines de Bombay devaient être divisés en trois tiers : le premier irait au gouvernement pour qu'il crée des lieux publics (y compris des espaces verts dont la ville manquait cruellement), le deuxième serait consacré à la construction de logements bon marché et le troisième pourrait être utilisé par les propriétaires des usines pour bâtir des habitations et des centres commerciaux. Cet accord fut consigné dans un amendement à l'article 58 des Development Control Regulations (DCR) de l'État du Maharashtra.

La même année, Sharad Pawar, alors à la tête du gouvernement du Congrès du Maharashtra, introduisit aussi dans les DCR des

1. Adarkar N. et Pathak V. K., « Recycling mill land : tumultuous experience of Mumbai », *Economic and Political Weekly*, n° 40-51, 2005, p. 5365-5368.

clauses propres à inciter les promoteurs immobiliers à investir dans la ville, et ce, en assouplissant les normes relatives au Floor Space Index (FSI) et aux Transferable Development Rights (TDR) : pour mieux rentabiliser l'espace les promoteurs pouvaient désormais construire des immeubles comptant davantage d'étages et devenir propriétaires de parcelles constructibles du centre de la ville en échange d'autres, plus périphériques appelées, elles, à rester vierges. Le secteur immobilier s'ouvrait ainsi largement aux acteurs privés. Aussitôt, les prix flambèrent : dans le centre de Bombay, le prix du mètre carré fut multiplié par 4, 5 ou 6 suivant les quartiers entre 1991 et 1996[1], année où les prix de l'immobilier du sud de la ville dépassèrent ceux de Tokyo pour devenir les plus chers au monde[2]. Entre 1991 et 2001, 4,5 km^2 de ces terrains où se trouvaient encore des usines (désaffectées pour la plupart) et des cités ouvrières (les fameux *chawls*) furent vendus à des promoteurs (voire à des hommes politiques devenus spéculateurs immobiliers) et 70 % de cette surface furent transformés en appartements[3]. Dix ans plus tard, 50 fabriques des quartiers de Worli, Parel, Lalbag, Prabhadevi, Byculla et Saat Rasta avaient été transformées en logements ou en grands magasins appelés « malls »[4]. D'autres « mills » deviendraient des « malls », comme Phoenix où l'on trouve également des centres de loisirs comme Bowling Co. et Fire and Ice.

1. Hatekar N., « Informality, missing markets, and political organisations », *in* Patel S. *et al.* (dir.), *Mumbai/Bombay. Majoritarian neoliberalism, informality, resistance and wellbeing*, Londres/New York, Routledge, 2022, p. 44.

2. Nijman J., « Mumbai's real estate market in 1990s : de-regulation, global money and casino capitalism », *Economic and Political Weekly*, n° 35-7, 2000, p. 575-582.

3. D'Monte D., *Ripping the fabric : The decline of Mumbai and its mills*, Delhi, Oxford University Press, 2002, p. 37.

4. Dans les années 2000, les propriétaires de biens immobiliers – y compris d'usines – bénéficièrent aussi de l'abolition d'une loi remontant à 1976, le *Urban Land Ceiling and Regulation Act* (ULCRA) qui demandait à ceux qui possédaient plus de 500 m^2 de terrain non construit ou bien de le vendre au gouvernement (à un prix fixe) ou bien d'y abriter des pauvres ou d'en faire un usage public. Cette obligation disparue, les propriétaires se mirent à vendre leurs biens à un très bon prix.

Illustration n° 26 : Usines désaffectées au cœur d'habitations.
Photographie de Didier Sandman.

Sur toute cette période, seuls 46 000 anciens ouvriers furent relogés, la plupart à la périphérie de la ville[1], en dépit des clauses de sauvegarde qui avaient été introduites grâce à l'article 58 des DCR. Ces clauses disparurent pratiquement en 2001, lorsque le gouvernement du Congrès, faisant le jeu des patrons et des promoteurs, revint sur l'accord trouvé dix ans plus tôt. Désormais, la règle des trois tiers ne s'appliquait plus qu'aux surfaces non construites des sites industriels, le reste étant considéré propriété des entreprises privées. Ce nouveau mode de calcul réduisit la superficie utilisable pour

1. Menon M., « Land for Mumbai's Millworkers », *Economic and Political Weekly*, n° 47-29, 2012, p. 19-23.

des habitations accessibles aux ouvriers de 54 à 10 ha et celle dont pouvaient jouir les autorités pour le bien public de 66,2 à 12,75 ha[1]. Cela scellait le sort des ouvriers et ouvrait grande la porte de l'ancienne capitale industrielle du pays à une classe moyenne de cols blancs, et même de cadres d'entreprise, qui allaient faire de Bombay/Mumbai un haut lieu d'une nouvelle économie de services.

L'enrichissement par les services

La décennie 1991-2001 fut celle d'une transition socio-économique majeure dans la trajectoire de Bombay/Mumbai[2]. Certes, l'emploi manufacturier avait commencé à décliner dès le recensement de 1981, mais en 1991 les ouvriers d'usine représentaient encore une part de la population active supérieure à celle des employés du commerce (35,31 % contre 24,90) ; en 2001, ce rapport s'inversa : la proportion des premiers tomba à 25,67 % et celle des seconds monta à 32,9 %[3]. En 2005-2006, le secteur tertiaire représentait 74 % de la main-d'œuvre et 79 % sept ans plus tard. Si cette tertiarisation est commune à toutes les grandes villes de l'Inde (les « class I cities »), elle fut plus prononcée à Mumbai où elle concernait, en 2012, plus de 69 % des hommes ayant un emploi et 74 % des femmes dans la même situation alors que la moyenne des autres « villes de première classe » n'était que de 63 et 70 %. La mutation sociologique aura donc été rapide, transformant une cité ouvrière en un bastion de la classe moyenne

1. Adarkar A., « Urban governance – whose ball game is it anyway ? », *in* Baud I. et Wit J. de (dir.), *New forms of urban governance in India : shifts, models, networks and contestations*, Delhi, Sage, 2008, p. 535-555.

2. C'est d'ailleurs pourquoi l'étude de Sujata Patel sur le marché du travail à Bombay s'arrête aux années 1990, avant que le changement ne l'emporte sur une continuité qu'elle fait remonter aux années 1930. Patel S., « Work and workers in Mumbai, 1930s-90s », *Economic and Political Weekly*, n° 33-45, 1998, p. 2904-2908.

3. Hatekar N., « Informality, missing markets, and political organisations », *in* Patel S. *et al.* (dir.), *Mumbai/Bombay*..., *op. cit.*, p. 30.

– ce qui n'exclut pas la persistance d'inégalités abyssales comme on le verra. L'année de bascule se situe au tournant du millénaire. En l'an 2000, en effet, le revenu par tête annuel baissa pour la première fois depuis au moins dix ans – de 41 907 roupies à 40 105 –, enregistrant, notamment, les effets de la paupérisation d'une classe ouvrière décimée par les fermetures d'usines et forcée de se reconvertir dans des emplois précaires. Le revenu par tête reprit toutefois sa marche en avant dès 2001 pour, finalement, connaître une croissance inouïe, signe de l'enrichissement rapide de la nouvelle classe moyenne : entre 2000 et 2009, le revenu annuel par tête des habitants de Mumbai progressa en effet de 122 %, à 89 343 roupies – celui des habitants du Maharashtra n'étant alors que de 54 867 roupies[1]. Une décennie plus tard, la mégalopole poursuivant sa marche en avant, le PNB nominal de la ville s'établit à 310 milliards de dollars en 2021 – soit près de 10 % du PNB de l'Inde – (contre 297 pour Delhi), d'où une richesse par individu se situant autour de 23 000 dollars, contre seulement 7 500 pour Delhi. D'où aussi le fait qu'un tiers des impôts sur le revenu collectés en Inde viennent des contribuables de Mumbai. Une richesse qui est plus que jamais due à l'essor du secteur tertiaire. Si celui-ci avait commencé avant la libéralisation de 1991, il s'accéléra ensuite, passant de 62,64 % du produit local brut en 1993-94 à 73,82 % en 2005-06 – la part du secteur secondaire chutant, dans le même temps, de 36,12 % à 25,30 %.

Cette métamorphose est notamment liée à la multiplication des Zones économiques spéciales. La principale d'entre elles fut créée à Mumbai en janvier 2000, à Andheri Est. Elle est alors le fruit de la conversion en ZES de l'ancienne Santacruz Electronic Export Processing Zone (SEEPZ) qui avait été fondée en 1973 pour faire de la ville une plaque tournante de l'assemblage et de l'exportation de produits bruns. En 1987-1988, de grands joailliers indiens – dont Tata – avaient rejoint ce site qui, en 2006-2007, représentait 40 % des exportations de bijoux indiens, soit plus de

1. Singh D. P., « Employment Situation in Mumbai… », art. cit., p. 16.

2,2 milliards de dollars[1]. En devenant une des trois ZES indiennes tournées vers l'exportation en 2000, cette zone bénéficiait des avantages qui devaient être codifiés par le *Special Economic Zones Act* de 2005, en termes d'allègement – voire d'exemption – des droits de douane pour les produits et services importés, de certaines clauses du droit du travail et de certaines taxes ou impôts[2]. Cette transformation alla de pair avec une montée en puissance des services informatiques. Des entreprises comme Infosys et Wipro prenaient en effet leur essor et se taillaient une place de choix dans la ZES. Sur les 24 entités listées au titre de la SEEPZ, 14 étaient spécialisées dans l'informatique[3].

Dans les années 1990-2000, le symbole de la tertiarisation de Mumbai ne fut autre que le nouveau quartier d'affaires dit « BKC », trois initiales pour désigner le Bandra Kurla Complex qui s'étend sur les deux quartiers du même nom. Conçu à partir de 1977 par une agence de l'État du Maharashtra, la MMRDA, ce quartier d'affaires occupe, aujourd'hui encore, 370 ha gagnés en grande partie sur la mer, la rivière Mithi, le Vakola Nalla (un affluent de la Mithi) et Mahim Creek. Si 14 % de cet espace est réservé à des habitations, sa majeure partie est consacrée à des institutions financières publiques et privées (principalement des banques et des compagnies d'assurances) où travaillent environ 200 000 personnes[4]. L'essor de BKC contribua à faire de Mumbai un haut lieu de la finance internationale en jouant la carte du « FIRE », « Finance, Insurance, Real Estate ». De fait, l'indice boursier mesuré par le Bombay Stock Exchange s'envola après la libéralisation du début des années 1990, passant (sur une base 100 en 1978-1979) de 138,87 en 1980-1981 à 1 069,18 en 1990-1991 puis à 1 368,08 en 1991-1992.

1. « Jewelry Stolen from SEEPZ Unit », en ligne sur Idex, 24 mai 2007.
2. « Santacruz Electronic Export Processing Zone (SEEPZ) », en ligne sur Seepz.
3. « List of Operational SEZ in India-Source-SEZ India, Government of India" (PDF). sezindia.nic.in.
4. « Mumbai Metropolitan Region Development Authority », en ligne sur MMRDA.

La découverte de monuments historiques

À mesure que de nouveaux quartiers se développaient, ceux ayant connu leur heure de gloire à l'époque coloniale et dans les années 1950-1960 furent menacés de destruction. La mobilisation des riverains pour protéger des monuments historiques du sud de Bombay avait commencé dès les années 1970 lorsque ceux-ci virent les bâtiments gagnés sur la mer défigurer les environs de Nariman Point (à commencer par l'Indian Express Building)[1]. Des descendants de vieilles familles de Bombay (d'origine parsie ou sindhie pour nombre d'entre elles[2]) créèrent ainsi le Save Bombay Committee (1973), le Bombay Environmental Action Group (1979) et l'Oval Cooperage Residents Association[3]. Celle-ci, fondée en 1978, se consacra à la réhabilitation de cet espace vert unique – surtout connu pour son terrain de cricket – dégradé par toutes sortes de constructions illégales. Le jardin du Horniman Circle, le bâtiment du Old Yacht Club puis la Bandra Beach – menacée par la construction d'un complexe hôtelier – firent l'objet d'autres mobilisations, qui avaient aussi pour objectif d'identifier les sites à protéger. Dès 1978, Foy Nissen établit une liste de 90 entités qui fut peu à peu étoffée pour finalement contenir 624 entrées réparties en trois catégories d'une valeur plus ou moins grande (de Grade I à Grade III)[4]. En 1991,

1. Shyam Chainani, qui jouera un rôle clé dans ce groupe des années 1960 aux années 2000, en reconstitue la carrière dans ses mémoires. Chainani S., *Heritage & Environment. An Indian Diary*, Mumbai, Urban Design ResearchGate Institute, 2007, p. 20.

2. Parmi les acteurs de cette mobilisation, on retrouve outre S. Chainani, Ashok Advani, Cyrus Gudzer, Rusi Karanjia (le rédacteur en chef de *Blitz*), Mulk Raj Anand, Olga Tellis, S. S. Varde, B. K. Boman Behram.

3. Voir les souvenirs de Shyam Chainani, Cyrus Guzder, Rahul Mehrotra, Shirin Bharucha et Nayana Kathpalia recueillis par Rosheen Kabraji pour sa thèse intitulée « Urban Transformations and the Politics of Colonial Heritage : State-Society Contestations and Collaborations in Mumbai and Karachi » (King's College London, 2023).

4. Chainani S., *Heritage & Environment*..., *op. cit.*, p. 53.

cette démarche reçut l'appui du gouvernement du Maharashtra qui édicta enfin une *Heritage Regulation for Greater Bombay* et officialisa cette liste, tout en créant une Coastal Regulation Zone rendant impossible la construction d'immeubles de grande hauteur à moins de 500 mètres de la mer. L'*Heritage Regulation* qui fut promulguée en 1995 permit l'année suivante l'établissement, au sein de la municipalité, d'un Heritage Conservation Committee. Il comprenait certains des plus ardents défenseurs des monuments historiques de la ville, à commencer par Rahul Mehrotra, un architecte réputé qui dirigeait alors le célèbre Urban Design Research Institute, dédié à la défense du patrimoine architectural de la ville. Ces progrès n'empêchèrent pas la démolition de certains joyaux – comme le bungalow de Sahyadri, à Malabar Hill, où avaient pourtant résidé les chefs du gouvernement de la province jusqu'aux années 1970 et qui figurait sur la fameuse liste : neutraliser les promoteurs immobiliers liés aux hommes politiques (voire ces mêmes hommes politiques devenus promoteurs immobiliers) était une tâche des plus ardues.

Au-delà de cette défense d'espaces réservés à l'élite, les défenseurs de la mémoire urbaine de Bombay s'intéressèrent aussi à la préservation des constructions témoignant de l'histoire ouvrière de la ville et ce, sans surprise, à partir de 1990, quand l'industrie commençait à appartenir au passé (aux yeux de la bourgeoisie en tout cas). Cette année-là, le Comité Kanga (du nom de Jamshhed Kanga, un ancien commissaire municipal siégeant à la National Commission on Urbanization) élargit la notion de « monuments historiques » pour y inclure les *chawls* – et en sauver certains. L'essor de l'immobilier moderne à partir des années 1990 alla de pair avec la « muséification » de certains symboles du passé comme le United Mill, une usine préservée pour permettre d'interpréter l'histoire industrielle de la ville[1]. D'autres vestiges du passé n'échappèrent pas à la destruction ou à la folklorisation. Ce fut le cas de Kamathipura, haut lieu de la prostitution de Bombay

1. Chalana M., « Slumdogs vs. Millionaires », *Journal of Architectural Education*, n° 63-2, 2010, p. 30.

qui occupa jusqu'à quatorze rues d'un quartier on ne peut mieux situé, à proximité des anciennes usines de Girangaon. Avant même la « gentrification » des années 1990, c'est avec l'épidémie de SIDA des années 1980 que commença le déclin des travailleuses du sexe. Certaines tombèrent malade (le taux d'infection par la maladie étant monté jusqu'à 4 % dans l'indifférence générale)[1]. La libéralisation du marché immobilier à partir des années 1990 se traduisit par une flambée des prix à Kamathipura, le pied carré passant de 8 000-10 000 roupies en 2000 à 10 000-12 000 en 2007 – dix ans plus tard, les prix auraient presque doublé[2]. Aujourd'hui, les prostituées n'occupent plus que deux rues et leur nombre a chuté de 45 000 en 1992 à 1 600 en 2009 et 500 en 2018[3], une évolution également liée aux réseaux sociaux. Il reste que celles qui y vivent encore n'ont pas hésité à rénover leur lieu de travail[4]. Ombre de lui-même, le quartier de Kamathipura n'en demeure pas moins une attraction dont le cinéma se fait l'écho, de *Salaam Bombay !* (1988) à *Slumdog millionaire* (2008) en passant par *Sadak* (1991).

1. Eliot E., « La diffusion du VIH à Bombay », *Espaces Populations Sociétés*, en ligne sur Persée, n° 15-2, 1997 et Saggurti N. *et al.*, « Migration, mobility and sexual risk behavior in Mumbai, India : Mobile Men with Non-Residential Wife Show Increased Risk », *AIDS and behavior*, en ligne sur ResearchGate, vol 13, 2009, p. 921-927.

2. Banerjee P., « Beyond brothels : how real estate and online sites are changing red light areas », en ligne sur *The Hindustan Times*, 30 avril 2017.

3. Lewis C., « Red light district swaps sin for skyscrapers », en ligne sur *The Times of India*, 28 novembre 2009 et Kamath N., « Maharashtra government pushes for revamp of Mumbai's Kamathipura area », en ligne sur *The Hindustan Times*, 6 janvier 2018.

4. Voir les rapports de l'ONG Prerana, *Red-light area mapping : Kamathipura*, en ligne sur Fight Trafficking de 2019 et 2021.

Affairisme, corruption et criminalisation du politique

Les années 1990-2000 furent autant celles d'un regain de croissance économique que, corrélativement, d'une explosion de la corruption. Ce phénomène est des plus paradoxaux si l'on se fie aux préceptes des bailleurs de fonds sous les auspices desquels l'Inde libéralisa son économie – à commencer par le FMI, auquel le pays doit d'avoir échappé à la banqueroute en 1991 en échange de réformes. Ces bailleurs de fonds considéraient que l'étatisme non seulement bridait la croissance mais favorisait aussi la corruption, les entreprises, dans un système dirigiste étant sans cesse amenées à demander des autorisations administratives à des fonctionnaires qui, en échange, exigeaient des dessous-de-table. En réduisant le rôle de l'État, l'Inde aurait dû s'affranchir de ce fléau. En réalité, le pays, après 1991, connut une recrudescence de la corruption pour deux raisons. Premièrement, en libéralisant, le pays attira des capitaux étrangers et permit à ses propres chefs d'entreprise de se faire des affaires fort lucratives, surtout lorsque des services publics entiers, comme les télécommunications, furent à vendre : les pots-de-vin que les multinationales étrangères ou indiennes qui tenaient désormais le haut du pavé étaient en mesure d'offrir aux bureaucrates et aux hommes politiques pour obtenir des passe-droits se chiffraient désormais en millions de dollars – voire en milliards. Car – et c'est le deuxième facteur explicatif de l'essor de la corruption – même après une cure de libéralisme comme celle qu'a connue l'Inde, il était resté – et il resterait toujours – des règlements (à contourner), notamment ceux régissant les appels d'offres et la compétition des candidats aux privatisations[1].

Capitale de l'affairisme en Inde, Bombay fut aux premières loges de l'explosion de la corruption après 1991. L'affaire qui,

1. Sur la relation entre privatisation et corruption dans l'Inde d'après 1991, voir Jaffrelot C., *La Démocratie en Inde : Religion, caste et politique*, Paris, Fayard, 1998, p. 252 et suivantes.

dans la ville, et dans toute l'Inde, défraya la chronique au début des années 1990 porte le nom d'Harsh Mehta, le fils d'un petit entrepreneur du textile du Gujarat venu chercher fortune dans la grande ville. Après s'être mis à son compte comme courtier, il l'avait trouvée en quelques années à la faveur du boum boursier. Devenu riche en un temps record, il campait le personnage du self-made-man, démontrant ainsi le bien-fondé de la libéralisation économique. À ce titre, il fit la une de bien des magazines spécialisés, y compris *Business Today* qui le présenta comme « Racing Bull ». Or, en 1992, une journaliste d'investigation, Sucheta Dalal, apporta la preuve que le succès de Mehta reposait sur des fraudes d'une ampleur encore inégalée dans le pays, puisque leur montant s'établissait à plus de 1,3 milliard de dollars. L'enquête de la police confirma l'importance du délit – signe que la libéralisation n'avait pas permis de lutter contre la corruption, au contraire. D'autant plus que Mumbai fut secouée par un scandale comparable bien des années plus tard, lorsqu'un ancien associé de Mehta, Ketan Parekh, fut déclaré coupable de malversations comparables – mais pour un moindre montant – entre 1998 et 2001[1].

À partir des années 2000, la corruption concerna bien plus le secteur immobilier. Une affaire fait à nouveau ici figure de symbole, le scandale de l'Adarsh Housing Society, qui éclata en 2010, mais dont l'origine remonte à la décennie précédente, lorsqu'à la suite de la guerre de Kargil contre le Pakistan (1999) l'État décida de construire un immeuble pour les veuves des soldats morts au combat. Non seulement ce bâtiment de 31 étages occupa un site – très prisé – de Colaba sans respecter les normes inhérentes aux propriétés de l'armée (à laquelle appartenait le terrain) et aux zones côtières (or l'immeuble donnait sur la mer), mais surtout un nombre considérable d'hommes politiques – pour l'essentiel

1. Sur ces deux affaires, voir le livre de Dalal S. et Basu D., *The Scam : who won, who lost, who got away from Harshad Mehta To Ketan Parekh*, South Asia Books, 1993.

appartenant au Congrès –, de fonctionnaires et de hauts gradés s'y octroyèrent des appartements qu'ils n'étaient pas en droit de posséder. L'affaire qui éclata en 2010 força le chef du gouvernement du Maharashtra, Ashok Chavan (Congrès), à démissionner et se traduisit par l'inculpation de deux de ses prédécesseurs, de deux anciens ministres, de trois officiers à la retraite et de douze hauts fonctionnaires.

Ce scandale n'était que la manifestation la plus spectaculaire d'un mal endémique : la question du logement restant la plus pressantes de toutes à Mumbai, le secteur de l'immobilier donnait et donne toujours lieu d'une façon presque systématique à des pratiques corrompues. D'un côté les acheteurs sont prêts à engloutir des fortunes dans l'acquisition d'un bien sur « l'île » ou à proximité[1]. D'un autre côté, les fonctionnaires (voire les dirigeants politiques) appliquent ou non les règles du jeu en termes de hauteur des bâtiments, de comptabilisation des garages, des balcons, etc. Entre les deux, les promoteurs jouent les intermédiaires dans un échange de services alimentant la corruption : des fonctionnaires du Building & Factory Department d'un arrondissement de Mumbai – c'est à ce niveau que se négocient les permis de construire –, pour autoriser lesdits promoteurs à bâtir puis à vendre des appartements dérogeant aux normes, leur demanderont un dessous-de-table, qu'ils récupéreront ensuite auprès de leurs clients. Parfois, le permis de construire aura été accordé au titre d'une simple rénovation, mais l'ancien bâtiment sera rasé pour bâtir du neuf. Les voisins saisiront le Vigilance Department de la municipalité, mais ses employés – qui touchent souvent un

1. En 2023, B. K. Goenka, le patron du groupe Welspun, a déboursé 2,4 milliards de roupies pour un triplex de luxe à Worli – l'ancienne cité ouvrière –, Niraj Bajaj, le PDG de Bajaj Auto, a dépensé plus de 2,5 milliards de roupies pour un autre triplex, à Lodha Malabar, où ce record a ensuite été battu par une autre transaction quand la famille Taparia a acquis six appartements pour la modique somme de 3,7 milliards de roupies (Bharucha N., « In Mumbai, real estate prices rise, records fall », en ligne sur *The Times of India*, 16 avril 2023).

pourcentage sur les dessous-de-table – feront la sourde oreille[1]. Ces mécanismes sont tellement routinisés à Mumbai que les tarifs de ces pots-de-vin sont de notoriété publique. Ils varient naturellement selon les quartiers : en 2014, ils étaient de 1 200 roupies par pied carré – soit 50 % du coût des travaux – sur l'île, de 800 roupies à Bandra et Andheri et de 600 dans la banlieue est[2]. Un entrepreneur en bâtiment évalue à 35 % le surcoût lié à l'obtention de toutes les autorisations administratives réclamées par les fonctionnaires – moyennant finances. Outre qu'elles rendent l'accès au logement très difficile, ces pratiques sont lourdes de conséquences. Premièrement, elles incitent les responsables politiques et les bureaucrates à maintenir le marché immobilier dans une économie de rareté pour faire sans cesse monter les prix. C'est l'une des raisons pour lesquelles la ville nouvelle de Navi Bombay/Mumbai a mis tant de temps à prendre son essor, nous y reviendrons. Deuxièmement, elles tirent tellement les prix vers le haut que bien des appartements ne trouvent pas preneurs[3] : en 2022, 132 253 logements restaient invendus, 15 % d'entre eux relevant de la catégorie des appartements de luxe[4].

Nombre d'hommes politiques ont investi beaucoup d'argent (et de temps) dans le secteur immobilier. C'est notamment le cas de leaders de la Shiv Sena, comme Manohar Joshi. Au milieu des années 1990, celui-ci usa de son autorité de chef du gouvernement pour autoriser un promoteur proche de son gendre à construire un immeuble sur un site réservé à une institution éducative à Poona. Le scandale qui éclata en 1999 l'obligea à démissionner. Mais Joshi poursuivit sa carrière immobilière à travers sa propre entreprise, le

1. Shah D., « Mumbai, a monarch city of corruption and dishonesty in reality business », en ligne sur *Redevelopment of housing society* [sans date].

2. Chadha S., « Rs 1,200 per sq ft : Mumbai realty bribery is half of actual building cost », en ligne sur *Firstpost*, 24 octobre 2014.

3. En 2010, il y avait 28 fois plus de logements ne trouvant pas d'acheteurs que de logements vendus tous les mois (Raja J. S. et Datta K., « What's wrong with the real estate sector in India », en ligne sur *The Economic Times*, 9 juin 2011).

4. Bharucha N., « In Mumbai, real estate prices rise… », art. cit.

Kohinoor Group and Infrastructure Leasing & Financial Services, dont le patron n'était autre que son propre fils et son associé, le neveu de Bal Thackeray, Raj. Le groupe Kohinoor tire son nom de Kohinoor Mill[1], l'usine située à Dadar, juste en face du siège de la Shiv Sena, à la place de laquelle les Joshi ont développé Kohinoor Square, un complexe commercial qui abrite notamment des hôtels et des écoles privées. Dans les années 2000, Joshi et Thackeray furent accusés de réaliser des profits indus à force de spéculation foncière et de détournement de crédits immobiliers[2].

Si l'image de Joshi fut ternie par ces affaires, ce n'était rien comparé à la trajectoire de Raj. Cette dernière montre en effet qu'à Mumbai le « business » de l'immobilier ne fut pas seulement à l'origine d'une recrudescence de la corruption dans les années 1990, mais alimenta aussi la criminalisation du politique. Les relations clandestines anciennes entre les réseaux mafieux et les responsables des partis prirent une tournure nouvelle à partir de ces années-là, lorsque l'immobilier devint un secteur particulièrement juteux. Les promoteurs – avec la bénédiction de certains hommes politiques – recoururent de fait aux services d'hommes de main pour convaincre les propriétaires réticents à vendre un bien susceptible d'être valorisé, ou les locataires à libérer les lieux. Certains assassinats ciblés s'expliquent par ce genre de conflits sans que les commanditaires aient toujours été identifiés. Le cas de Raj Thackeray est ici une exception, car il fut nommément désigné par la presse dans une affaire des plus sordides. Il avait jeté son dévolu sur l'un des bâtiments du centre de Mumbai, Laxmi Nivas, dont la réhabilitation lui aurait rapporté beaucoup d'argent s'il avait pu l'acquérir, mais l'un des occupants, Ramesh Kini, refusait de vendre son appartement. Il fut retrouvé mort en

1. Kohinoor Mill avait été acquis en 2006 pour la modique somme de 4,31 milliards de roupies (Phadke M., « Kohinoor Square – a Mumbai real estate mess that's behind Raj Thackeray's troubles », en ligne sur *The Print*, 21 août 2019).

2. Bharucha N., « Raj Thackeray's firm made Rs 300 cr by selling stake in mill », en ligne sur *The Economic Times*, 15 novembre 2009.

juillet 1996, plusieurs jours après avoir disparu et quelque temps après une ultime tentative de négociation avec Raj. L'enquête conduisit le Central Bureau of Investigation jusqu'à ce dernier[1]. Celui-ci fut finalement blanchi après des tractations secrètes entre Bal Thackeray et le Premier ministre, Deve Gowda – qui avait la haute main sur la police chargée de l'enquête[2]. Mais les investigations, avant d'avorter, avaient révélé l'implication d'un gangster réputé, Amar Naik, qui, travaillant pour Raj, aurait été responsable de l'enlèvement et de la mort de Ramesh Kini. L'affaire Kini libéra aussi la parole de bien d'autres particuliers victimes d'intimidation de la part de shiv sainiks souhaitant les voir quitter leur logement[3].

La banalisation des pratiques de corruption explique la popularité de ceux qui se sont dressés contre elles. Ce fut le cas de G. R. Khairnar, un commissaire municipal adjoint de Bombay qui eut le courage de s'attaquer à un chef de gouvernement, et non des moindres, Sharad Pawar, connu pour son affairisme, qu'il accusa de corruption en 1993. Ce faisant, Khairnar aida l'opposition formée par le BJP et la Shiv Sena à remporter les élections de 1995. Victime des représailles du Congrès, il fut suspendu en 1994, puis jugé innocent par la Justice, ce qui lui permit de retrouver ses fonctions en 2000. Il s'attaqua alors en qualité de « Deputy Commissioner (Special – Demolitions) » à la « land mafia » qui prospérait grâce à l'immobilier. Son action fut toutefois de courte durée puisqu'il partit à la retraite en 2002. Son successeur, Kalam Patil, fut, lui, bien moins intègre – l'Anti-Corruption Bureau l'accuserait même d'avoir touché un pot-de-vin de 250 000 roupies[4].

1. Kini avait été convoqué à plusieurs reprises par Raj à son bureau où il l'avait maltraité en public.

2. Kulkarni D., *The Cousins Thackeray*..., *op. cit.*, p. 82-86.

3. Kulkarni D., « How A Murder Case Led To Raj Thackeray's Exit From Shiv Sena », en ligne sur *Huffpost*, 25 septembre 2019.

4. Vingt ans plus tard, la corruption est restée un mal endémique, comme en a témoigné au début des années 2020 un scandale concernant le racket à grande échelle qu'un commissaire de police de Mumbai réalisait pour un ministre de la

Des inégalités abyssales de caste et de classe

Depuis la fin du XXe siècle, les inégalités explosent à Mumbai. On y trouve certains des hommes d'affaires les plus riches de l'Inde, à commencer par Mukesh Ambani, dont la fortune, évaluée à 76,6 milliards de dollars en 2021, fait de lui l'un des hommes les plus riches du monde. D'origine gujaratie comme tant d'autres capitalistes de Mumbai, Mukesh Ambani a marqué la ville de son empreinte en y bâtissant une demeure unique en son genre, « Antilia ». Conçue par deux architectes américains et baptisée du nom d'une île de l'océan Atlantique que mentionne un conte espagnol du XVe siècle, cette bâtisse, du haut de ses 173 mètres (et 27 étages), domine Malabar Hill depuis le début des années 2010 – sa construction aurait coûté 1,2 milliard de dollars.

Mumbai, en 2015, concentrait 30 des 68 milliardaires que comptait alors l'Inde[1]. En 2023, leur nombre, dans la ville, était passé à 66[2]. En 2024, pour la première fois, la ville abrite plus de milliardaires qu'aucune autre ville d'Asie[3]. Parmi eux, on retrouve naturellement Ratan Tata, Ajay Piramal (originaire du Rajasthan, de caste marwari), Subhash Chandra (originaire d'Haryana), Azim Premji (né à Bombay), Yusuf Hamied (le fils de Khwaja Abdul Hamied, le fondateur de CIPLA), K. M. Birla (né à Calcutta et lui aussi de caste marwari), Anil Ambani (le petit frère de Mukesh, lui aussi d'origine gujaratie), Adi Godrej (un fils du sol de la communauté parsie), Rana Kapoor (le fondateur de « Yes Bank », d'origine punjabi), Rajiv Bajaj (né à Poona,

Shiv Sena (Delacroix G., « A Mumbai, le flic ripoux rackettait pour le ministre », en ligne sur *Le Monde*, 4 mai 2021).

1. Bharucha N., « Thirty of India's 68 billionaires live in Mumbai », en ligne sur *The Times of India*, 9 mars 2015.

2. « Mumbai reigns supreme with 66 billionaires ; Delhi, Bengaluru follow », en ligne sur *Mint*, 22 mars 2023.

3. « Mumbai becomes Asia's billionaire capital, topped by Mukesh Ambani », en ligne sur *Asia Nikkei*, 5 mars 2024.

le fief de cette grande famille d'industriels), Pallonji Mistry (le principal actionnaire du groupe Tata, parsi lui aussi), Madhukar Parekh (le PDG de Pidilite Industries, d'origine gujaratie), Anand Mahindra (né à Mumbai mais d'origine nord-indienne), Deena Mehta (une figure de la finance indienne née au Gujarat), Nusli Wadia (né à Mumbai dans une famille d'origine parsie), Uday Kotak (un banquier d'origine gujaratie), Dilip Shanghvi (le fondateur de Pharmaceutical Industries, né au Gujarat également). Cette liste est révélatrice de l'absence de nouveaux venus qui seraient nés au Maharashtra mais hors de Bombay/Mumbai. On y retrouve des héritiers ou des personnalités issues d'autres régions de l'Inde, et en particulier du Gujarat, signe que Mumbai reste dominée sur le plan économique par des non-Maharashtriens malgré le nativisme de la Shiv Sena. La liste, plus longue, des 100 personnes les plus riches de Mumbai confirme cette impression : les Gujaratis continuent d'arriver en tête (11 sur les 91 dont la communauté est facilement identifiable), suivis par les Marwaris (10), les Parsis – qui ont souvent des origines gujaraties – (9), les Vaishyas d'Inde du Nord, surtout des Khatris (9 également), et les Sindhis (5)[1]. Le solde à 91 est constitué par deux musulmans, un Irani et un Brahmane du Nord : le profil sociologique de l'élite économique de Mumbai ressemble donc beaucoup à celle du Bombay de 1947 du point de vue des communautés. Mais son niveau de richesse a encore progressé. Ce constat s'applique d'ailleurs au-delà des 100 personnes les plus riches : au milieu des années 2010, Mumbai abritait 2 700 millionnaires en roupies[2].

Au-delà des super-riches, Mumbai accueille, depuis le début du XXIe siècle, une importante classe moyenne supérieure : en 2002, un quart des habitants se situait dans les deux tranches de revenus

1. Singh A., « List of Richest People in Mumbai [2023] », en ligne sur BigBoysLife, 25 décembre 2022.

2. « The rich list : Over 2,700 people in Mumbai are worth more than Rs 60 crore », *Forbes*, en ligne sur Firstpost, 6 août 2014.

les plus élevés en Inde, entre 120 000 et 600 000 roupies[1]. Si les super-riches résident de préférence à Cuffe Parade, Church Gate, Marine Drive et Prabhadevi, où le pied carré coûtait entre 7 000 et 13 500 roupies en 2003, cette classe moyenne supérieure se retrouve plutôt à Bandra, Santa Cruz, Byculla, Sion, Chembur, Ghatkopar, Mulund, Andheri, Goregaon et Borivali où les prix s'étalent entre 2 000 et 7 000 roupies le pied carré, tandis que la classe moyenne inférieure et les milieux plus populaires encore sont par exemple contraints d'habiter à Vasai et Virar où l'on trouve le pied carré à 700-1 000 roupies[2]. Que le coût du logement couvre un éventail allant de 700 à 13 500 roupies le pied carré ne donne toutefois qu'une idée partielle des inégalités, étant donné le nombre de ceux vivant dans des bidonvilles ou dans la rue.

À la base de la pyramide sociale dont nous venons d'examiner la pointe, les pauvres restent très nombreux – en partie parce que les riches ont besoin d'eux, notamment comme domestiques. La gentrification de Mumbai s'est en effet accompagnée d'un afflux de main-d'œuvre féminine destinée aux travaux de la maisonnée – d'où une augmentation de la participation des femmes à la population active qui passe à 13,7 % en 2001[3]. Parmi elles se trouvent de nombreuses aborigènes issues de zones tribales parfois très lointaines, comme l'Orissa[4].

En 2007-2008, les travailleurs du secteur informel (« casual wage labour ») touchaient, à Mumbai, 112 roupies par jour – contre 369 roupies pour ce qui concerne les salariés. Or les premiers ne réussissent à travailler qu'un peu plus de cinq jours

1. Young S. J., « Leveraging Mumbai : global finance, the state and urban politics », *in* Coelho K. *et al.* (dir.), *Participolis. Consent and contention in neoliberal urban India*, Londres, Routledge, 2013, p. 176.

2. Sharma R. N., « The housing market in Mumbai metropolis and its irrelevance to the average citizen », *in* A. Shaw (dir.), *Indian Cities in Transition*, Hyderabad, Orient Longman, 2007, p. 290.

3. *District census handbook, Mumbai*, *op. cit.*, p. 54.

4. Minj N., « Mumbai through the eyes of four Adivasi women workers », en ligne sur *Scroll.in*, 27 juillet 2022.

par semaine[1]. De fait, plus que le chômage – moindre à Bombay qu'ailleurs en Inde –, ce qui frappe à la lecture des statistiques fournies par le National Sample Survey Office, l'INSEE indien, c'est la montée de la précarité. Si les taux de chômage bondissent entre 1993-1994 et 1999-2000, ils retombent dans les années suivantes, à mesure que les ouvriers retrouvent des « petits boulots ». Entre 1999-2000 et 2004-2005, alors que le pourcentage des salariés chute de 68 à 52 %, la part de ceux qui deviennent « self-employed » ou rejoignent le marché du « casual labour » passe respectivement de 29 à 40 % et de 3 à 8 %. Ces évolutions reflètent une transformation des modes de production, et en particulier la fin des usines, qui avaient déjà beaucoup décliné depuis les années 1980. Entre 1998 et 2005, la part des unités de production employant plus de 500 personnes est tombée de 0,16 % à 0,08 % tandis que la proportion de celles employant entre 1 et 5 personnes a progressé de 72,83 % à 81,74 %.

Les Dalits sont parmi les premières victimes du creusement des inégalités. Leurs difficultés socio-économiques sont liées au déclin du secteur public car les quotas d'emploi qu'ils y occupent représentent un nombre de postes de travail de plus en plus maigre. Mais la marginalisation de ces castes s'explique aussi par leur division, qui n'a cessé de s'approfondir, et par la montée de la Shiv Sena – et de l'extrême droite nationaliste hindoue en général. À partir des années 1990, les mobilisations dalites à Bombay/Mumbai ne furent plus guère que sporadiques et le résultat, dans bien des cas, de provocations visant Ambedkar, leur seul plus petit dénominateur commun durable – comme l'attesta la ferveur accompagnant le centième anniversaire de sa naissance en 1991. Un épisode dramatique en témoigne. En 1987, le gouvernement du Maharashtra publia, dans le cadre de l'édition des œuvres complètes de B. R. Ambedkar appelées *Dr Babasaheb Ambedkar : Writings and Speeches*, un volume intitulé *Riddles of Hinduism* où une association de caste maratha décela une critique inacceptable

1. Singh D. P., « Employment Situation in Mumbai... », art. cit., p. 15.

des dieux Rama et Krishna. Cette Maratha Mahasangh (Grande Association des Marathas) lança une agitation demandant la suppression d'une annexe intitulée « The riddle of Rama and Krishna ». Le gouvernement du Maharashtra retira le livre des librairies. Des groupes dalits jusque-là rivaux s'entendirent pour manifester leur mécontentement au cours d'une marche appelée « Bhim March ». Cette manifestation fut si massive que le cortège s'étendait sur plus d'un kilomètre. Ébranlé, le gouvernement revint sur sa décision, ce qui eut le don d'irriter Bal Thackeray. La Shiv Sena organisa alors une autre manifestation et appela les « pure-blooded Hindus » à se mobiliser. Le 5 février, les organisations dalits tinrent une contre-manifestation qui réunit 500 000 personnes. Cette démonstration de force dégénéra, le Martyr's Memorial lui-même s'en trouvant endommagé. Provocation ultime, la Shiv Sena, le lendemain, orchestra une « cleaning operation » pour purifier les lieux[1]. Le gouvernement remit le livre en circulation en se contentant d'ajouter au texte incriminé qu'il n'en partageait pas les vues. La Shiv Sena s'empara de cet enjeu lors de l'élection partielle de Vile Parle, Bal Thackeray déclarant lors d'un discours de campagne : « Bien que ce pays appartienne aux hindous, Ram et Krishna y sont insultés. » Son candidat remporta l'élection, mais l'affaire fut portée devant la Commission électorale qui considéra que Thackeray avait utilisé des arguments religieux pendant la campagne. La Cour suprême confirma ce jugement et priva Thackeray de son droit de vote pour six ans.

Lorsque la Shiv Sena prit le pouvoir au Maharashtra en 1995, les Dalits – et en particulier les Mahars – furent une cible privilégiée de Bal Thackeray et de son parti. En juillet 1997, une statue d'Ambedkar ayant été profanée (une guirlande de chaussures avait été accrochée autour de son cou), des Dalits défilèrent en signe de protestation. Pour toute réponse, la police ouvrit le feu sur les manifestants, faisant douze morts. L'émotion fut telle que le

1. Purandare V., *Bal Thackeray*, *op. cit.*, p. 162-163.

gouvernement Shiv Sena/BJP dut nommer une commission d'enquête, sans que cela ne débouche sur des sanctions significatives[1]. C'est que, dans les années 1990, comme les musulmans, les Dalits aussi connurent un processus de marginalisation dans la politique de Mumbai[2]. Certes, le rapprochement – éphémère – du Congrès et du RPI permit à ces partis de porter un Dalit à la tête de la municipalité, mais cette réussite ne fit pas illusion très longtemps : le second était devenu un acteur marginal en raison de ses divisions et de la propension de ses leaders à se faire coopter ; les Dalits eux-mêmes, en tant que groupe, étaient fragmentés en sous-castes rivales et les intouchables étaient des plus vulnérables depuis la crise du textile qui les avait privés d'emplois stables et de syndicats.

L'étude réalisée par A. Shaban et Z. Aboli montre bien qu'au début du XXIe siècle, même s'ils restent présents dans des bidonvilles de « Island Bombay », comme Dharavi, les Dalits se concentrent dans la banlieue est[3], la plus déshéritée de toutes, et en particulier à Deonar, où la plus grande décharge de la ville côtoie le plus grand abattoir du pays[4]. L'effort de la municipalité pour refouler les Dalits – et les musulmans – à la périphérie remonte d'ailleurs à la délocalisation de l'abattoir de Bandra[5] au début des années 1970[6]. Il s'agissait alors du plus grand abattoir

1. Rodrigues E. A. et Gavaskar M., « Emancipation and Dalit politics », art. cit., p. 153-54.

2. Rajendra Vora et Suhas Palshikar, « Politics of locality, community and marginalization », *in* Patel S. et Masselos J. (dir.), *Bombay and Mumbai…*, *op. cit.*, p. 177.

3. Shaban A. et Aboli Z., « Socio-spatial Segregation and Exclusion in Mumbai », art. cit., p. 164.

4. Le roman de Marie Saglio, *Bombay*, permet de se représenter la vie des habitants des bidonvilles de cette zone au quotidien (M. Saglio, *Bombay*, Paris, Serge Safran, 2023).

5. Mirza S., « Neoliberalism and majoritarian politics. Hindutva and restructuring the meat business », *in* Patel S. *et al.* (dir.), *Mumbai/Bombay…*, *op. cit.*, p. 86.

6. Saglio-Yatzimirsky M.-C., « L'abattoir de Deonar (Mumbai, Inde) : centre industriel ou autel sacrificiel ? », *in* Balbir N. (dir.), *Penser, dire et représenter l'animal dans le monde indien*, Paris, Honoré Champion, 2009.

d'Asie. C'est encore, à la fin des années 1990, le plus grand de l'Inde puisqu'on y abat – officiellement – 100 bœufs ou buffles, 600 ovins et 300 porcs chaque jour. Pour des raisons religieuses, seuls les musulmans se chargaient des premiers au début du XXIe siècle et seuls des non-musulmans des derniers – tandis que les ovins sont l'affaire de tous. Parmi les hindous travaillant à Deonar, les Dalits sont très surreprésentés, en particulier les castes spécialisées que sont les Khatiks et les Chambhars.

Plutôt que de parler des Dalits en général, il vaut mieux examiner la situation des ex-intouchables au niveau des sous-castes ou *jatis*. À Mumbai comme ailleurs au Maharashtra, aujourd'hui encore, on observe en effet une différenciation socio-économique croissante au profit des Mahars qui occupent une fraction très substantielle des quotas réservés aux ex-intouchables dans le secteur public, à l'université et dans les assemblées élues. Ce déséquilibre a suscité l'envie, voire le ressentiment, d'autres *jatis*, comme les Chambhars : si les Mahars soutiennent le RPI, voire le Congrès, les Chambhars, les Dhors et les Bhangis ont souvent rejoint la Shiv Sena – qui a su les attirer, non seulement par son discours anti-Mahars, mais aussi en se présentant comme le défenseur de l'hindouisme, la religion permettant ici d'oblitérer l'opposition traditionnelle entre castes dites « inférieures » et castes dites « supérieures »[1].

La Shiv Sena a également utilisé cette tactique vis-à-vis des Other Backward Classes (OBCs), qui – comme leur nom ne l'indique pas – regroupent en réalité des castes basses, sans pour autant être des ex-intouchables. Les OBCs avaient été bien représentés dans l'organigramme de la Shiv Sena dès l'origine, conformément à sa dimension plébéienne, mais conserver leur soutien dans les années 1990 fut moins facile. Au début de cette décennie, le Premier ministre V. P. Singh annonça la mise en œuvre partielle du rapport

1. Lele J., « Saffronization of the Shiv Sena : The political economy of city, state and nation », *in* Patel S. et Thorner A. (dir.), *Bombay. Mosaic…*, *op. cit.*, p. 206.

de la Commission Mandal qui recommandait notamment de réserver 27 % des emplois du secteur public aux OBCs. À Mumbai comme ailleurs, les OBCs furent séduits par cette politique que le parti du Congrès ne critiquait pas, à la différence du BJP, l'allié de la Shiv Sena. En 1991, cette dernière perdit son principal leader OBCs, Chhagan Bhujbal, qui avait été maire de Bombay en 1985-1986 et élu à l'assemblée du Maharashtra dans l'une des circonscriptions les plus populaires de Bombay, Mazagaon, en 1985 et 1990. Ce fut précisément pour neutraliser l'affirmation politique des basses castes que le BJP et la Shiv Sena cherchèrent à mobiliser le répertoire religieux dans les années 1990 – avec succès à Bombay où gentrification et creusement des inégalités se doublèrent de xénophobie nationaliste hindoue.

L'Hindutva au pouvoir – au gouvernement, à la BMC ou dans la rue

Corrélativement à la métamorphose économique et sociale dont nous venons de prendre la mesure, les années 1990, à Bombay/Mumbai, virent s'opérer un tournant politique. En 1995, la Shiv Sena et le BJP remportèrent les élections et, même s'ils perdirent les suivantes, ils restèrent suffisamment forts pour influencer leur nouveau bastion – au point d'être à nouveau portés au pouvoir à plusieurs reprises, tant au niveau de l'État que de la municipalité au XXIe siècle.

Cette mutation politique durable était le fruit d'une polarisation de la société suivant une ligne de clivage religieuse que les émeutes et les attentats de 1992-1993 avaient exacerbée, aidant ainsi la Shiv Sena à reprendre pied après sa défaite aux municipales de 1992 face au Congrès – le parti n'avait conservé que 70 sièges, contre 111 au Congrès (et 14 au BJP). À Bombay comme ailleurs, en 1995, ces violences intercommunautaires se traduisirent par une mobilisation des électeurs de la communauté majoritaire derrière leurs champions, et surtout derrière la Shiv Sena. Un député de ce parti, Sanjay Nirupam, n'en faisait pas mystère dans ses réponses à Suketu Mehta lorsque celui-ci aborda le volet politique de son enquête : « Après les émeutes de 1993, aux élections on a remporté 30 des 34 sièges à pourvoir [à Bombay]. On est bien en démocratie, le peuple s'est exprimé. Une nouvelle émeute serait aussi à notre avantage, politiquement[1]. » Instrumentaliser la religion jusqu'à en faire le ressort de la violence permettait de souder la majorité hindoue par-delà les clivages de classe, de caste et de langue. Un shiv sainik confia d'ailleurs à Mehta : « Quand on touche à la religion, ça ne compte plus d'être gujarati ou bhaiyya. Contre les musulmans on est tous des hindous, et cette fois on va les expulser de Bombay » – sous-entendu, maintenant qu'on dispose du pouvoir.

Le premier gouvernement Shiv Sena/BJP du Maharashtra

La Shiv Sena, jusqu'à son alliance avec le BJP, n'avait pratiquement aucune présence au sein de l'assemblée du Maharashtra, même à travers les circonscriptions de Bombay. En 1985, le Congrès avait raflé 27 des 34 circonscriptions de la ville, n'en laissant qu'une à la Shiv Sena. En revanche, la même année, cette dernière avait remporté 74 sièges (deux fois plus que le Congrès) lors des élections municipales, permettant à Bhujbal de devenir maire de la ville, signe de l'implantation du parti dans la grande métropole. Cinq ans plus tard, la situation changea du tout au tout : associé au BJP, la Shiv Sena obtint 52 sièges à l'assemblée de l'État et son allié 42[2]. C'était à Bombay que la Shiv Sena fit ses meilleurs scores, avec 14 sièges, contre 9 au BJP, 9 au Congrès et un à la Ligue musulmane. La tendance se confirma aux élections de 1995, lorsque le parti de Bal Thackeray gagna 73 sièges, son allié 65 et le Congrès seulement 80. À nouveau,

1. Mehta S., *Bombay, Maximum City*, *op. cit.*, p. 167.

2. Ramenant la majorité (relative) du gouvernement du Congrès, dirigé par Sharad Pawar, à 141 sièges sur 288.

Bombay apporta nombre de ses suffrages à la Shiv Sena, le parti triomphant avec 18 sièges, contre 12 au BJP, 2 au Samajwadi Party et 1 au Janata Dal : pour la première fois de son histoire, le Congrès n'avait aucun élu à Bombay. Un des leaders de la Shiv Sena de la première heure, Manohar Joshi, maire de Bombay en 1976-1977 après avoir été l'un des employés municipaux de la ville, prit la tête du gouvernement – que Bal Thackeray, qui n'avait jamais été candidat à aucune élection, se targua de contrôler à distance.

L'une des premières mesures du gouvernement Joshi consista à rebaptiser la ville Mumbai, du nom de la déesse qui aurait présidé au destin de la cité avant l'arrivée des Européens : il s'agissait d'une décision symbolique censée rendre à la ville son identité première. Elle fut la première de nombreuses manifestations d'un identitarisme aux accents nationalistes maharashtriens. Renommer les lieux créés par les Britanniques non seulement pour évacuer l'héritage colonial, mais aussi pour renouer avec la grandeur passée de l'Inde dite « pré-musulmane » ou même « anti-musulmane » devint quasi-obsessionnel. Dans cette perspective, la figure de Shivaji fut systématiquement mise en avant : Victoria Terminus (VT) fut rebaptisé Chhatrapati Shivaji Maharaj Terminus (CSMT) et l'aéroport connut le même destin. La deuxième mesure de Joshi fut plus controversée encore puisqu'il s'agissait de suspendre la commission de Justice Srikrishna qui avait été chargée d'enquêter sur les émeutes de 1992-1993 (elle serait rétablie en 1996 sur ordre de l'éphémère premier gouvernement Vajpayee). Troisièmement, dès le 31 mars 1995, le gouvernement abolit la State Minorities Commission, une institution créée par son prédécesseur que Manohar Joshi accusait d'avoir voulu ainsi flatter les musulmans[1]. Quatrièmement, toujours en 1995, le *Maharashtra Animal Preservation Act* de 1976 fut amendé de manière à interdire l'abattage des « vaches, taureaux et bœufs utiles pour la

1. Banerjee S., *Warriors in Politics…*, *op. cit.*, p. 171.

production de lait, la reproduction et le dressage ou tout autre usage agricole ». La cible était une fois encore la communauté musulmane qui faisait notamment tourner l'abattoir de Deonar. Ensuite, le gouvernement Joshi décida d'« enterr[er] treize des quatorze affaires qui incriminaient Bal Thackeray pour son rôle dans les émeutes de 1992[1] », avant de s'attaquer aux migrants du Bangladesh, des clandestins accusés de prendre le travail des fils du sol. Nombre d'entre eux furent déportés en train jusqu'à Calcutta – d'où ils revinrent d'ailleurs presque aussitôt. La plupart des personnes ainsi reconduites « chez elles » faute de papiers d'identité étaient en réalité des Bengalis indiens, bien des Bangladeshis ayant, eux, pris la peine de se procurer de faux papiers – parfois, d'ailleurs, grâce à des protecteurs de la Shiv Sena, moyennant finance[2].

Les shiv sainiks acquirent d'ailleurs très rapidement une réputation des plus sulfureuses. C'est que des cadres et des leaders de la Shiv Sena, dès lors qu'ils eurent le sentiment de contrôler l'État – et donc la police –, se mirent à rançonner les riches[3], allant bien au-delà des simples intimidations ou du chantage, comme en témoignent certains assassinats ciblés. Ces méthodes musclées leur aliénèrent quelques soutiens. Dans son livre sur Bal Thackeray, la journaliste Sujata Anandan rapporte que « les hommes d'affaires et les cadres d'entreprise qui étaient des amis déclarés de la Shiv Sena s'étaient détournés de son régime, lassés par les méthodes d'extorsion de fonds du parti. Lors d'un *meeting* public à Mumbai South, en novembre 1998, auquel participaient des ministres et des fonctionnaires, y compris des officiers de police, ils signifièrent à Thackeray un véritable ultimatum. Le racket et les assassinats

1. Mehta S., *Bombay, Maximum City*, *op. cit.*, p. 166.

2. Anandan S., *Hindu Hriday Samrat. How the Shiv Sena Changed Mumbai Forever*, Delhi, Harper Collins India, 2014, p. 124.

3. Suketu Mehta note à la fin des années 1990 que « dans le monde des affaires, la pratique de l'extorsion est si bien établie qu'un récent arrêté de la Haute Cour de Bombay stipule que les sommes ainsi soutirées sont déductibles des impôts » (Mehta S., *Bombay, Maximum City*, *op. cit.*, p. 219).

ciblés cessèrent presque aussitôt, mais c'était trop tard pour la Shiv Sena[1] ».

La manière forte dont le parti s'était fait une spécialité se traduisit aussi, sous le gouvernement Joshi, par des attaques sporadiques. Signe de la transformation radicale de l'atmosphère de la ville, le peintre M. F. Husain, l'enfant chéri de la Bombay cosmopolite des années 1940-1950, vit son appartement de Mumbai saccagé par des militants en avril 1998, un acte de vandalisme que Bal Thackeray lui-même applaudit. Il devait punir l'artiste d'avoir montré une divinité hindoue trop peu vêtue au goût des nationalistes hindous[2]. Dans le même « esprit », en janvier 1999, le siège du Board of Control for Cricket in India (BCCI) fut attaqué pour protester contre l'éventualité d'un match Inde-Pakistan.

L'impopularité croissante de la Shiv Sena tenait également à son échec sur le front de l'immobilier : le parti avait promis de donner à tous des logements décents et peu coûteux lors de sa campagne de 1995, un article de foi qui avait surtout séduit les Mumbaikars. De fait, son programme différait non seulement de celui du Congrès dont la base était bien moins urbaine que la Shiv Sena, une créature bombaïte[3], mais aussi de celui qu'elle avait promu jusqu'aux années 1980 et qui impliquait la destruction des bidonvilles. Désormais, le parti tablait sur la construction de 800 000 logements destinés à 4 millions de résidents d'habitats précaires. Si la Shiv Sena rompait ainsi avec ses anciens plans qui visaient les classes moyennes, c'est qu'elle souhaitait récupérer un électorat potentiel de plusieurs millions de pauvres[4]. En 1997, le gouvernement Joshi créa donc la Slum Rehabilitation Authority (SRA) dont l'objectif était d'attirer les investisseurs privés en leur permettant de construire des gratte-ciel encore plus élevés

1. Anandan S., *Hindu Hriday Samrat...*, *op. cit.*, p. 246.

2. Maheshwari M., *Art Attacks...*, *op. cit.*, p. 227-229.

3. Vora R., « Shift of power from rural to urban sector », *Economic and Political Weekly*, n° 31/2-3, 1995, p. 171-173.

4. Saglio-Yatzimirsky M. C., *Intouchable Bombay...*, *op. cit.*, p. 220.

que dans le passé grâce à un nouveau coefficient d'occupation des sols (le fameux « floor space index » – FSI) encore plus généreux avec les promoteurs. Ceux-ci pouvaient ainsi bâtir des tours dans lesquelles seraient non seulement relogés les habitants des bidonvilles sur lesquelles elles avaient été construites (dès lors qu'ils faisaient la preuve qu'ils y résidaient au 1er janvier 1995), mais où seraient aussi logés des acheteurs ayant payé le prix du marché. Cette logique reprenait celle du PMGP que Rajiv Gandhi avait initié en 1985 pour Dharavi, sauf que les habitants des bidonvilles ainsi relogés l'étaient à titre quasi grâcieux. Désormais, comme l'explique Marie-Caroline Saglio-Yatzimirsky, « les habitants éligibles se regroup[ai]ent et form[ai]ent une coopérative, ils collect[ai]ent un capital (50 roupies par membre + 1 roupie symbolique pour l'adhésion, environ 1,20 euros) et présent[ai]ent le projet à l'agence gouvernementale [la SRA]. Le service contact[ait] les constructeurs, propos[ait] un plan financier. Une caution de garantie importante de 20 000 roupies et de 840 roupies par mètre carré rajouté (460 euros et 18 euros par mètre carré environ) d[eva]it être déposée pendant la période de mise en œuvre du projet, autrement dit la construction. Le bénéficiaire [étai]t à terme propriétaire de son habitation. La SRA a approuvé la réhabilitation de 75 682 habitations[1] ». Problème : à l'été 1999, seules 23 280 habitations avaient été construites à Mumbai. C'est que, dans la seconde moitié des années 1990, le marché immobilier s'était retourné, le prix du mètre carré perdant 40 % de sa valeur du fait de l'éclatement de la bulle spéculative.

D'autres facteurs rendaient difficile l'élimination des bidonvilles. Dans les années 1990, « seules » 250 000 personnes vivaient sur des terrains publics dits « notifiés » (*notified*) et avaient donc vocation à devenir propriétaire de leur logement en vertu des réformes des gouvernements successifs, lorsque celui-ci serait « réhabilité » (*rehabilitated*) ou même construit. Mais les

1. *Ibid.*, p. 221.

autres – 80 % du total dans un lieu comme Dharavi – occupaient des terrains privés que les propriétaires souhaitaient récupérer et/ou dont ils tiraient un bénéfice en le louant. Pour se faire payer, ces *landlords*, qui pouvaient posséder jusqu'à 20 logements et ne résidaient généralement pas à Dharavi, avaient recours aux services de *slumlords* qui, au fil du temps, étaient devenus de puissants relais pour les politiciens locaux. Ces mafieux à la petite semaine qui n'hésitaient pas à utiliser la manière forte grâce à leurs hommes de main extorquaient des loyers astronomiques, en dépit d'une loi de 1981 au nom explicite : le *Maharashtra Prevention of Dangerous Activities (of Slumlords, Bootleggers and Drug Offenders and Dangerous Persons)*. Ces *slumlords* bénéficiaient de la protection de politiciens locaux en échange de services relevant d'une logique clientéliste : les *slumlords* faisaient voter leurs obligés comme il fallait – d'autant plus sûrement qu'ils aidaient les habitants du bidonville, comme la Shiv Sena à laquelle ils étaient souvent liés, en faisant l'intermédiaire avec l'administration[1] pour obtenir une connexion électrique ou un raccordement aux canalisations permettant de disposer d'un robinet supplémentaire[2].

Pour les hommes politiques, les bidonvilles fonctionnaient en effet comme des « banques de votes ». La situation de leurs habitants était tellement précaire qu'il n'était guère difficile d'obtenir leurs voix – leur seul capital ! – contre des promesses plus ou moins crédibles et/ou la distribution de saris, voire de bouteilles d'alcool. À n'en pas douter, le peu d'empressement que les élites politiques locales manifestèrent pour mettre en œuvre le PMGP et les plans qui lui succédèrent s'explique en partie par ces dispositifs clientélistes. L'intérêt bien compris des hommes politiques et de leurs affidés – y compris les

1. *Ibid.*, p. 46.

2. Sur le rôle des intermédiaires politiques, voir Lynch O., « Political mobilization and ethnicity among Adi-Dravida in a Bombay slum », *Economic and Political Weekly*, n° 9-39, 1974, p. 1663.

slumlords – hypothéqua donc bien des tentatives de réhabilitation des bidonvilles.

L'accumulation des revers enregistrés par le gouvernement du Maharashtra contribua à faire perdre le pouvoir à la Shiv Sena (et à son allié du BJP) lors des élections régionales de 1999 qui vit le retour de Sharad Pawar à la tête du Maharashtra – un recul qui n'empêcha pas la Shiv Sena de faire quasiment jeu égal avec le Congrès à Bombay où elle remporta 11 sièges contre 12 pour le Congrès, le BJP tombant, lui, à 8 sièges. En outre, en 2002, la coalition Shiv Sena/BJP conserva la municipalité, rebaptisée Brihanmumbai [Greater Mumbai] Municipal Corporation (les initiales « BMC » étant ainsi conservées) qu'elle avait déjà reconquise en 1997, avec 98 sièges à la première (contre 103 sièges en 1997) et 35 au second (contre 49 au Congrès et 12 au National Congress Party, né de la scission de Sharad Pawar en 1999). Surtout, même exclus du gouvernement du Maharashtra, les shiv sainiks conservèrent une bonne partie du pouvoir à travers leur capacité d'influence, notamment dans la rue.

Xénophobie à géométrie variable : la Shiv Sena contre les Indiens du Nord

Si Mumbai se présente comme un modèle de modernité après sa transition de l'industrie au service, ce n'est pas une ville plus ouverte aux autres pour autant. Au rejet des musulmans et des Dalits s'ajouta en effet, au début des années 2000, celui des migrants, suivant un répertoire d'action rappelant celui des premières heures du mouvement.

Près d'un demi-siècle après la création du parti au nom de la reconquête de Bombay par les Maharashtriens, la question migratoire restait d'une grande actualité. Certes, les flux de migrants n'avaient plus la même ampleur qu'au cours des décennies précédentes, mais ils étaient loin de s'être taris, tout simplement parce qu'on trouvait plus de travail à Mumbai que dans les autres villes de l'Inde et que les salaires y étaient plus élevés : entre 1991 et 2001, l'immigration expliquait encore 39 % de la croissance démographique de la ville[1]. Surtout, alors que les migrants des années 1950-1970 venaient surtout du reste du Maharashtra, en 2001, deux tiers d'entre eux étaient originaires d'un autre État de l'Inde[2]. Résultat, ces derniers représentaient 26,5 % des habitants de Mumbai, contre 16,2 % pour ceux nés ailleurs au Maharashtra. Et leur présence sur le marché du travail continuait d'être mal perçue par certains shiv sainiks, mais, fait nouveau, d'autres y voyaient un gisement en voix à exploiter. Car la stratégie de la Shiv Sena n'était plus aussi univoque depuis que Bal Thackeray avait passé la main.

En 2003, trop âgé pour continuer à diriger, il confia cette tâche à son fils Uddhav. Beaucoup plus modéré que son père, celui-ci s'employa à élargir la base du parti en commençant par Mumbai. Il lança le mouvement « Mee Mumbaikar » (Moi, Habitant de Mumbai) qui avait pour objectif « d'inclure tous ceux qui se sentaient appartenir à la ville, indépendamment de leur caste, de leur religion et de leur origine[3] ». Uddhav lança cette campagne à Bandra (un quartier connu pour sa communauté chrétienne) afin, notamment, de séduire des migrants venus de l'Inde du Nord. Ces locuteurs de hindi étaient de plus en plus nombreux en ville et occupaient des emplois de toutes sortes dans le secteur informel – y compris celui de chauffeur de taxi. D'après le recensement de 2011, la proportion des locuteurs de marathi était tombée à 39,4 % dans l'île (ou le district) de Mumbai, contre 16,3 % d'hindiphones, 15,4 % d'ourdouphones, et 11,7 % de locuteurs de gujarati[4]. L'évolution de Greater Mumbai était comparable : le nombre d'hindiphones y avait crû de 40 % depuis 2001 (de

1. Singh D. P., « Employment Situation in Mumbai… », art. cit., p. 4 et 15.

2. En 2001 (contre 30,7 % en 1971 et 28,13 % en 1981) alors que celles nées ailleurs au Maharashtra sont passées de 23,48 % en 1971 à 21,67 % en 1981 et 16,19 % en 2001 (*Ibid.*).

3. « *Me Mumbaikar* Campaign has been distorted : Uddhav », en ligne sur *The Times of India*, 12 juin 2003.

4. *District Census Handbook, Mumbai*, *op. cit.*, p. 35.

2 582 000 à 3 598 000). Par contraste, le nombre de locuteurs de marathi avait diminué, passant de 4 524 000 à 4 404 000[1]. C'est que la part des migrants venant d'ailleurs au Maharashtra avait déjà chuté de 41,6 % en 1961 à 37,4 % en 2001. Des quartiers populaires comme ceux de Shaitan Chowki, Andheri, Kurla et Malad accueillaient une proportion croissante d'hindiphones, mais des quartiers en proie à la « gentrification » voyaient aussi arriver d'ailleurs que du Maharashtra des cadres et des ingénieurs travaillant dans les services (financiers ou autres). Ces étrangers amenaient avec eux un style de vie n'ayant pas grand-chose à voir avec la culture de la province : les appartements de standing construits à la place des *chawls* de Parel ou Lalbag étaient parfois occupés, par exemple, exclusivement par des végétariens, alors que les castes les plus nombreuses de la province – à commencer par les marathes – consommaient de la viance[2]. L'arrivée d'étrangers dans les quartiers rénovés créait une « nouvelle forme d'apartheid linguistique et culinaire dans des zones traditionnellement dominées par les Maharashtriens de la classe ouvrière[3] ». Certains « fils du sol » pouvaient acheter un appartement dans les quartiers rénovés, mais s'en sentaient aussi exclus à cause du style de vie dominant symbolisé par l'absence de bouchers-volaillers !

Les hindiphones de Mumbai étaient aussi de plus en plus visibles à travers la célébration de fêtes régionales qui finissaient par concurrencer celle de Ganesh. Les Biharis, en particulier, donnaient un relief de plus en plus grand à leur Chhath Puja, une fête de quatre jours en l'honneur de Surya (le dieu du soleil). Enfin, les hindiphones amenaient aussi à Mumbai leurs partis politiques comme le Samajwadi Party qui, fondé en 1992 en Uttar Pradesh, remporta entre un et quatre sièges à Bombay

1. À noter que le nombre de Gujaratis et d'ourdouphones avait aussi décliné, respectivement de 1 434 000 à 1 428 000 et de 1 587 000 à 1 459 000.

2. Cité dans Kulkarni D., *The Cousins Thackeray*..., *op. cit.*, p. 163. Sauf mention contraire, les informations de cette section proviennent de cette source.

3. *Ibid.*, p. 170.

à l'assemblée du Maharashtra entre 1995 et 2019. Au début des années 1990, les hindiphones de Mumbai s'étaient trouvé un leader en la personne d'Abu Asim Azmi qui devint président du Samajwadi Party du Maharashtra et député d'une circonscription de la banlieue nord-est de Mumbai, Mankhurd Shivaji Nagar, en 2009. Or les migrants du Nord hindiphone cultivaient un sens duel de leur citoyenneté : alors que ceux venus du Punjab étaient réputés élire domicile à Mumbai, nombreux étaient ceux qui préféraient retourner voter dans leurs villages.

Uddhav souhaitait proposer que les migrants arrivés avant 1995 soient « naturalisés Mumbaikars[1] » – ce qui leur aurait notamment permis de bénéficier du quota d'emplois réservés aux Maharashtriens de souche. Mais une partie de la Shiv Sena contesta cette dilution de l'agenda du parti. Raj Thackeray, le cousin d'Uddhav, qui aurait aimé devenir le chef de la Shiv Sena à sa place et qui en dirigeait le syndicat étudiant, la Bharatiya Vidyarthi Sena (BVS), prit la tête de cette contestation. Il fit peu à peu de la lutte contre les migrants du Nord son cheval de bataille, à la fois par fidélité au programme initial de la Shiv Sena et pour déstabiliser Uddhav. Le 18 novembre 2003, des militants de la BVS vandalisèrent les bureaux du Railway Recruitment Board de la gare de Mumbai Central où des demandeurs d'emploi venus de l'Inde du Nord s'efforçaient de trouver du travail. Uddhav n'eut d'autre choix que de mettre fin à sa stratégie d'ouverture : poursuivre dans cette voie aurait permis à son cousin de le doubler par sa droite.

Ce « retour aux sources » maharashtriennes de la Shiv Sena fut l'une des raisons du revers que le parti essuya en 2004 car Mumbai avait changé. Les hindiphones y représentaient désormais une part importante de la population et soutinrent le Congrès lors des élections à la Lok Sabha puis à l'assemblée de l'État. À Mumbai, cet électorat contribua à faire perdre à la Shiv Sena et au BJP quatre de leurs cinq sièges, y compris celui de Manohar Joshi, le président sortant de la Lok Sabha. Quant aux circonscriptions de

1. Cité in *ibid.*, p. 115.

l'assemblée situées à Mumbai, le Congrès en remporta 15, contre 9 à la Shiv Sena, 5 au BJP et 3 au NCP.

La Shiv Sena enregistra un nouveau revers en mars 2006 lorsque Raj quitta le parti pour créer la Maharashtra Navnirman Sena (MNS) qui continuait d'avoir pour article de foi principal la défense des « fils du sol » contre les hindiphones. Ce nouveau parti peina toutefois à prendre son essor : lors des élections municipales de 2007, il ne remporta que 11 sièges, contre 83 à la Shiv Sena, 71 au Congrès, 28 au BJP et 14 au NCP. Mais il fit pression sur le gouvernement du Maharashtra d'une façon très efficace pour qu'il applique le quota de 80 % des emplois réservés aux personnes domiciliées au Maharashtra depuis au moins quinze ans. Le gouvernement congressiste de Vilasrao Deshmukh s'exécuta. Les shiv sainiks gardaient visiblement un grand pouvoir, même dans l'opposition, du fait de leur capacité à occuper l'espace public. Le MNS persécutait en outre les hindiphones dans la rue. En février 2008, une véritable chasse à l'homme fit deux morts – un agent de sécurité de l'entreprise Jindal Steel et un employé de Hindustan Aeronautics Limited. Craignant pour leur sécurité, de nombreux Indiens du Nord retournèrent dans leur village, au détriment de l'économie de Mumbai et de ses environs.

Uddhav tenta de résister au MNS en envoyant ses hommes de main contre ceux de Raj – d'où des rixes, comme celle d'octobre 2006 à Dadar. Mais le parti de Raj poursuivit sa marche en avant. Lors des élections de 2009 – les premières à reposer sur un redécoupage des circonscriptions prenant en considération la croissance des villes et où Mumbai comptait désormais 36 sièges d'élus à l'assemblée régionale –, le MNS attira un nombre considérable d'électeurs qui, sinon, auraient très probablement voté pour la coalition Shiv Sena/BJP. Étant donné le mode de scrutin à un tour pratiqué en Inde, Raj aida ainsi le Congrès et son allié, le National Congress Party (NCP) de Sharad Pawar, à gagner les 6 sièges de Mumbai à la Lok Sabha et 20 des 35 sièges à l'assemblée de l'État situés à Mumbai, y compris dans des bastions de la

Shiv Sena et du BJP comme Worli, Malabar Hill, Vile Parle et Goregaon. La Shiv Sena ne gardait que 4 sièges et le BJP 5. Cela aida beaucoup la coalition Congrès/NCP à conserver le pouvoir au Maharashtra avec respectivement 82 et 62 sièges. La MNS, elle, en avait remporté 13, dont 6 à Mumbai. La Shiv Sena, pour la première fois, passait derrière le BJP avec 44 sièges contre 46 à son partenaire qui, du coup, occupait le poste de leader de l'opposition.

Sur la défensive, la Shiv Sena réinvestit son répertoire identitaire, elle aussi dans la rue, où elle fit toutefois régner un autre type de police culturelle visant à imposer des normes de l'orthodoxie hindoue. À la fin des années 1990, le premier film de la trilogie de la réalisatrice Deepa Mehta, *Fire*, *Earth* et *Water*, avait suscité de fortes réactions de la part de la Shiv Sena parce qu'il montrait une relation homosexuelle entre deux femmes. Le 2 décembre 1998, quelque 200 shiv sainiks avaient envahi la salle du Cinemax de Goregaon et tout détruit à l'intérieur pour protester contre sa projection. Bal Thackeray lui-même s'exprima contre la projection du film en des termes éloquents : « Est-il juste de montrer de telles choses qui ne font pas partie de la culture indienne ? Cela peut corrompre les esprits des plus jeunes. C'est une sorte de SIDA social[1]. » Il ajouta qu'il n'aurait eu aucun problème avec le film si ses héroïnes avaient porté des noms musulmans plutôt que ceux de déesses hindoues (Sita et Radha)[2]. La responsable de l'aile féminie de la Shiv Sena, elle, déclara : « Si les besoins physiques des femmes sont satisfaits par des pratiques lesbiennes, l'institution du mariage va péricliter et la reproduction des êtres humains va s'arrêter[3]. » Quelques années plus tard, en 2006, *Water*, un film consacré au sort des veuves hindoues

1. Barry B., « A lesbian idyll, and the movie theater surrenders », *The New York Times*, 24 décembre 1998.

2. « Hindu leader says lesbian film should be about Moslem family », *Agence France Presse*, 14 décembre 1998.

3. Vanita R., *Queering India*, New York, Routledge, 2002.

(auxquelles il était interdit de se remarier même lorsqu'elles étaient encore très jeunes) dans les années 1930 provoqua des réactions similaires : des cinémas furent empêchés de le programmer, la Shiv Sena recourant à la manière forte autant que nécessaire. Le parti n'était plus au pouvoir, mais cela ne l'empêchait pas de faire régner une forme de censure. Dans la même veine, le mouvement prit pour cibles les couples qui célébraient la Saint-Valentin et avaient l'audace de se promener main dans la main, par exemple sur Marine Drive. Des incidents éclatèrent à plusieurs reprises. Celui du 14 février 2006 à Nallaspora, au nord de Mumbai, fut si violent que Bal Thackeray dut présenter ses excuses aux femmes qui en avaient été victimes.

En 2009, le célèbre joueur de l'équipe de cricket Sachin Tendulkar – un natif de Bombay – réagit à cette dérive et déclara : « Mumbai appartient à l'Inde. C'est comme ça que je vois les choses. Je suis un Maharashtrien et j'en suis très fier, mais je suis d'abord indien. » Aussitôt, Bal Thackeray lui répondit : « En faisant ces remarques, vous êtes sorti du domaine de la psychée marathie. Vous n'étiez même pas né lorsque les Manoos [mâles] Marathis ont conquis Mumbai et que 105 Maharashtriens ont sacrifié leur vie pour obtenir Mumbai [en référence au mouvement des années 1950][1]. » Le 20 novembre 2009, des militants de la Shiv Sena prirent d'assaut les studios des chaînes IBN7 et IBN-Lokmat à cause de la façon dont les propos de Bal Thackeray à l'encontre du sportif y avaient été commentés.

Au total, qu'elle soit ou non au pouvoir, la Shiv Sena continua, des années 1990 aux années 2000, à entretenir un climat de xénophobie dans la ville de Mumbai, son fief. Cette constance peut surprendre étant donné les transformations qu'avait connues la ville sur le plan sociologique à la suite de la « gentrification » consécutive à la libéralisation de 1991. C'est que ces processus ne s'étaient en rien traduits par davantage d'ouverture culturelle : les

1. « Thackeray slams Sachin over "Mumbai for all" remark », en ligne sur *The Times of India*, 16 novembre 2009.

Maharashtriens de souche, victimes de l'informalisation du marché du travail et de la précarisation de leur habitat, s'en remettaient toujours à la Shiv Sena pour défendre leurs intérêts tandis que la nouvelle classe moyenne soutenait le Bharatiya Janata Party. Ce dernier, de partenaire dominé de la Shiv Sena, allait devenir le chef de file de ce *diumvira* à la suite de l'élection de Narendra Modi à la tête du gouvernement de l'Inde en 2014, alors même qu'il incarnait un nationalisme hindou militant.

Le BJP à la conquête d'une ville devenue bourgeoise

Bombay n'avait jamais été une place forte du BJP jusqu'aux années 1990. Cela peut paraître paradoxal car le parti est le front politique d'une organisation, le RSS, née au Maharashtra en 1925 et dont le maître à penser n'était autre que V. D. Savarkar – l'auteur de la charte idéologique du nationalisme hindou, *Hindutva, Who is a Hindu* – qui avait élu domicile à Bombay en 1937 après des années de privation de liberté. Il était d'ailleurs directement venu à Bombay depuis Ratnagiri, où il était détenu par les Britanniques, pour s'installer à Dadar, où il vécut jusqu'à sa mort en 1966[1]. Si la ville l'avait adopté, comme en témoigna l'affluence lors de ses funérailles – dont le cortège, gros de 50 000 personnes, s'étira sur plus de 5 kilomètres –, c'est parce qu'elle voyait autant en lui un révolutionnaire – ce qu'il avait été dans sa jeunesse – qu'un nationaliste hindou[2]. Des communistes comme S. G. Sardesai et surtout Dange lui rendirent au reste un vibrant hommage[3], tandis que des socialistes comme George Fernandes et N. G. Gore vinrent s'incliner sur sa dépouille[4].

1. Keer D., *Veer Savarkar*, Bombay, Popular Prakashan, [1950] 1988, p. 224-225.

2. *Ibid.*, p. 545.

3. « Veteran patriot Veer Savarkar passes away », *The Times of India*, 27 février 1966 et « Citizens muster in thousands : last tributes to Veer Savarkar », *The Times of India*, 28 février 1966.

4. Keer D., *Veer Savarkar*, *op. cit.*, p. 545.

Sur le plan électoral, les partis nationalistes hindous restèrent longtemps groupusculaires, en partie en raison de la concurrence du Swatantra Party et de l'aile droite du Congrès qui présentait de fortes affinités avec le RSS et le parti de Savarkar, la Hindu Mahasabha. Un des leaders du Congrès, K. M. Munshi, comptera it d'ailleurs parmi les fondateurs du Swatantra, avant de rejoindre une composante de la nébuleuse du RSS, la Vishva Hindu Parishad – créée en 1964 à Bombay. En outre, le mouvement nationaliste hindou souffrait de deux handicaps. Premièrement, était sorti de ses rangs l'assassin du Mahatma Gandhi, Nathuram Godse, un fidèle de Savarkar, natif de la ville voisine de Poona. Deuxièmement, le mouvement était perçu comme particulièrement élitiste et provincial : tous ses leaders sans exception étaient de caste brahmane quand Bombay était non seulement un bastion dalit et ouvrier, mais aussi le temple d'une élite de classe plutôt que d'une élite de caste, celle des milieux d'affaires. De fait, le Jana Sangh, le parti créé par le RSS en 1951, et le BJP, son successeur à compter de 1980, ne remportèrent jamais plus d'un siège ou deux à Bombay lors des élections à l'assemblée de l'État avant les années 1990.

À partir de ces années-là, le BJP prit son essor, jusqu'à devenir le premier parti de Mumbai en 2014. Cette montée en puissance s'explique autant par des raisons sociologiques qu'idéologiques. La nouvelle classe moyenne responsable de la gentrification de la ville se reconnaissait dans le programme du BJP à deux titres. D'abord, le parti s'était prononcé – discrètement – contre les politiques de discrimination positive lancées au début des années 1990 tant par New Delhi que par nombre de gouvernements des États de l'Union. Partout, on s'en souvient, il s'agissait d'introduire un quota de 27 % en faveur des basses castes (les Other Backward Classes) dans le secteur public (entreprises nationalisées et administration). Au milieu des années 2000, ce même quota fut étendu aux institutions éducatives publiques (dont les universités, les écoles de médecine et même les Instituts indiens de technologie et de management). La classe moyenne née de la libéralisation économique, qui ne jurait que par l'esprit d'entreprise, se tourna vers le BJP au nom du mérite individuel que pénalisaient à ses yeux ces politiques. Elle cultivait un sens des hiérarchies sociales qui ressort bien des témoignages des femmes aborigènes travaillant pour elle comme domestiques : salaires très bas, retards de paiement, absence d'espace privé obligeant les employées à vivre à des kilomètres de leur lieu de travail, voire cas de claustration forcée et même de harcèlement sexuel étaient le lot de certaines de ces quasi-esclaves modernes[1].

Ensuite, la classe moyenne de Mumbai – comme celle des autres villes du nord et de l'ouest de l'Inde – appréciait la promotion de l'Hindutva qu'assuraient le RSS et ses filiales, à commencer par le BJP. Ce soutien était lié aux effets de polarisation sociale résultant des violences de 1992-1993 et au rejet des musulmans qui en découla – d'autant plus que le rôle du gang de Dawood Ibrahim favorisa dans l'esprit de certains un amalgame entre islam, mafias et terrorisme. Les affinités entre la classe moyenne et l'Hindutva tenaient également à la religiosité dont faisait preuve la première. Dans toutes les villes de l'Inde, elle cherchait dans l'hindouisme une ressource identitaire propre à compenser le matérialisme lié au consumérisme auquel la libéralisation avait donné naissance. Les « nouveaux riches » étaient particulièrement séduits par des gourous modernes dont l'anglais était la langue de prédilection et la discipline de salut compatible avec un style de vie laissant peu de place aux pèlerinages ou aux visites de temples. Nombre de ces gourous officiaient du reste à la télévision, comme Baba Ramdev dont les cours de yoga attiraient des millions de téléspectateurs, à Mumbai comme ailleurs. Dans cette ville, le leader spirituel le mieux implanté n'était autre que Swami Chinmayanda, un ancien journaliste qui avait créé la Sandepani Academy en 1963 à Bombay. Cette institution, rebaptisée Chinmaya Mission, avait pour mot d'ordre

1. Minj N., « Mumbai through the eyes of four Adivasi women workers », art. cit. Pour comprendre comment la libéralisation économique a favorisé la demande de personnel de maison en creusant les inégalités en Inde, voir Lahiri T., *Maid In India : Stories Of Inequality And Opportunity Inside Our Homes*, New Delhi, Aleph, 2017.

une formule dont le caractère quantitatif reflétait l'air du temps : « Donner au maximum de gens le maximum de bonheur pour le maximum de temps[1]. » C'était là, en 1964, que le RSS avait créé, avec le Swami, la Vishva Hindu Parishad, qui devait être l'architecte du mouvement pour la (re)construction du temple d'Ayodhya.

Mumbai aux avant-postes de l'Inde de Modi

Le BJP devint le premier parti de Mumbai – et du Maharashtra – dans le sillage de la montée en puissance de Narendra Modi. En mai 2014, l'Inde, pour la première fois de son histoire donna la majorité à la Chambre basse du parlement au BJP, permettant à Modi de devenir Premier ministre. Quelques mois plus tard, en septembre, le BJP était aussi en mesure de porter l'un des siens à la tête du gouvernement du Maharashtra, Devendra Fadnavis, un fait lui aussi inédit. Ces deux succès sans précédent du BJP suggèrent une convergence des trajectoires politiques nationale et provinciale, convergence à laquelle Mumbai a à chaque fois contribué en 2014 puisque la ville a donné 15 élus régionaux au BJP (contre 10 en 2009) et 3 députés à la Lok Sabha (contre 0 en 2009). Mais la poussée du BJP à Mumbai doit être relativisée car, dans les années 2010, le parti continuait croître et prospérer en tandem avec la Shiv Sena qui restait remarquablement implantée dans « sa » ville : si le BJP y gagna 15 sièges à l'assemblée du Maharashtra en 2014, la Sena en récolta 14 (contre 10 en 2009) – quant aux députés à la Lok Sabha désignés par Mumbai, la Shiv Sena en obtint aussi 3, la coalition Congrès/NCP ayant perdu les 6 sièges qu'elle avait gagnés en 2009 et étant passée de 15 sièges à 5 pour ce qui était des élus de la ville à l'assemblée de l'État.

À la tête du gouvernement du Maharashtra, la coalition BJP/Shiv Sena poursuivit, à partir de 2014, la même politique de repli nationaliste qu'elle avait initiée dans les années 1990 sous

1. « To give maximum happiness to maximum people for maximum time », en ligne sur *Chinmaya Mission*.

les auspices de M. Joshi. C'est ainsi que l'une de ses premières décisions, en mars 2015, consista à décréter un « beef ban » se traduisant par un durcissement de la loi votée en 1995 et jamais promulguée[1] : désormais, le *Maharashtra Animal Preservation (Amendment) Act* rendait passible de cinq ans de prison la consommation de viande bovine, sa vente ou sa simple possession. Cette mesure impacta directement les bouchers musulmans – notamment ceux de l'abattoir de Deonar et des quelque 900 points de vente que comptait alors Mumbai. Au-delà, le mode de vie des musulmans était remis en cause à travers leur culture culinaire[2].

La coalition au pouvoir ne cherchait pas à promouvoir ses idées seulement par la loi, mais aussi dans la rue – une spécialité de la Shiv Sena. Le 19 octobre 2015, certains de ses membres vandalisèrent ainsi, à nouveau, les bureaux du Board of Control for Cricket in India pour interrompre une réunion à laquelle participait le président du Pakistan Cricket Board.

Cette politique de polarisation de la société suivant une ligne de clivage religieuse fut l'un des ressorts du succès électoral de la coalition BJP/Shiv Sena aux élections de 2019 où elle réédita, à quelques sièges près, les scores obtenus cinq ans plus tôt avec 105 sièges à l'assemblée (contre 122 en 2014 pour le BJP) et 56 (contre 63) pour la Shiv Sena. À Mumbai, cette dernière restait – à nouveau de peu – derrière son partenaire avec 14 sièges contre 15 (le Congrès n'en conservait que 4).

Malgré ces mouvements de repli identitaire parfaitement en phase avec l'idéologie nationaliste hindoue, le gouvernement de Fadnavis tenait à transformer Mumbai en ville globale. Tel était l'objectif du programme baptisé « Mumbai Next » que le chef du

1. En 1995, une délégation de bouchers musulmans avait dissuadé le pouvoir central de promulguer la loi (Mirza S., « Neoliberalism and majoritarian politics. Hindutva and restructuring the meat business », *in* Patel S. *et al.* (dir.), *Mumbai/Bombay*..., *op. cit.*, p. 90-91).

2. Contractor Q., « Muslim women, caste and the beef ban in Mumbai », *in* Rao A. (dir.), *Gender, Caste and the Imagination of Equality*, New Delhi, Women unlimited, 2018, p. 257-273.

gouvernement lança dès janvier 2015 devant un parterre d'hommes d'affaires. Ce projet visait surtout à faire de Mumbai une capitale mondiale de la finance internationale et de l'industrie du loisir. Or, si la prétention à la modernité de Mumbai, née de l'essor des services et de sa « gentrification » aux dépens de la classe ouvrière, ne se traduisit par aucune ouverture socio-culturelle – au contraire ! –, le titre de ville globale qu'elle cherchait – et cherche encore – à se voir reconnaître demande aussi à être relativisé.

Ville globale ou ville-monde ?

Mumbai joue un rôle central dans l'internationalisation de l'économie indienne depuis les années 2000. En 2007, Jan Nijman soulignait que « Mumbai est le principal point d'articulation avec l'économie mondiale et la ville de l'Inde la plus globalisée », parce qu'à l'époque son aéroport transportait plus de voyageurs internationaux qu'aucun autre, parce que son port voyait transiter plus de marchandises qu'aucun autre, et parce que ses quartiers d'affaires accueillaient plus d'entreprises étrangères qu'aucune autre métropole indienne[1]. Mais Mumbai participe-t-elle pour autant d'une dynamique internationale propre à en faire une « ville mondiale », « une ville-monde » ou « une ville globale » ?

Si Peter Hall définit la ville mondiale d'une manière assez vague (comme un lieu où « est menée une part tout à fait disproportionnée des affaires les plus importantes du monde[2] ») et Saskia Sassen, au contraire, d'une façon étroite en ne retenant que des critères économiques et financiers[3], Fernand Braudel, en revanche, donne de la « ville-monde » une définition complète qui peut ici nous servir de guide. Il s'agit pour lui d'une cité où « les informations, les

1. Nijman J., « Mumbai since liberalization : the space-economy of India's Gateway City », *in* Shaw A. (dir.), *Indian Cities in Transition*, *op. cit.*, p. 239.

2. Hall P., *Les Villes mondiales*, Paris, Hachette, 1966.

3. Sassen S., *La Ville globale : New York, Londres, Tokyo*, Paris, Descartes & Cie, 1996.

marchandises, les capitaux, les crédits, les hommes, les ordres, les lettres marchandes [...] affluent et en repartent[1] ». Cette approche, bien qu'elle concerne à l'origine les villes du XVe siècle, a l'immense avantage de donner des outils variés pour mesurer le degré d'insertion des villes dans la globalisation et permettre de comparer Mumbai à d'autres métropoles de cette stature.

Quelle insertion dans l'économie mondiale ?

Si Mumbai est la principale tête de pont financière de l'Inde, c'est d'abord parce qu'y ont leur siège non seulement la Reserve Bank of India, mais aussi la Bourse de l'Inde, le Bombay Stock Exchange (BSE) et le National Stock Exchange (NSE) – et ce depuis, respectivement, 1935, 1875 et 1992, le dernier ayant été créé pour accompagner la libéralisation économique et prendre le relais de la BSE pour certaines transactions financières. En parallèle, la BSE s'était modernisée, s'efforçant de s'internationaliser en procédant à des participations croisées avec le Singapore Exchange dans les années 2000[2]. Le nombre d'entreprises étrangères ou de « joint ventures » impliquant une entreprise étrangère cotée aux BSE et au NSE reste toutefois assez faible. Seules 14 le sont et pour des capitalisations d'une valeur assez moyenne, sauf pour ce qui concerne Hindustan Unilever et Maruti Suzuki[3]. Mumbai, ici, a été mis en concurrence avec GIFT City, la nouvelle capitale financière de l'Inde que Narendra Modi a créée au Gujarat, près de Gandhinagar. Depuis 2022, les Indiens peuvent acheter des titres de huit entreprises américaines cotées aux États-Unis *via* GIFT[4].

1. Braudel F., *Civilisation matérielle, économie et capitalisme*, Paris, Armand Colin, 1979, p. 20.

2. En 2005, Singapore Exchange a investi 43 millions de dollars pour acquérir 5 % du capital du BSE.

3. Abhishek K., « Best Foreign MNC Stocks listed in Indian Stock Exchanges ! », en ligne sur *Trade brains*, 13 mai 2023.

4. « Netflix, Apple, Meta, 5 other US stocks begin trading on NSE IFSC. Here's how you can invest », en ligne sur *The Economic Times*, 4 mars 2022.

Mumbai continue néanmoins de dominer la scène financière indienne, ce qui s'explique par le fait que 8 des 10 (et 25 des 50) plus grandes banques du pays y ont leur siège. Seules 10 autres ont choisi Delhi. Là encore, cependant, la concurrence de GIFT commence à se faire sentir, comme en témoigne la décision du gouvernement Modi de transférer l'International Financial Services Centre (IFSC) de Mumbai à GIFT City en 2020.

Mais comment Mumbai se situe-t-elle par rapport aux autres grandes cités financières du monde ? Dans le classement du Globalization and World Cities Research Network où le poids des entreprises de services financiers est très important, elle figurait encore en 2020 au 7e rang mondial et comme la ville indienne la plus globalisée, devant Delhi et Bangalore[1]. Mais, à la différence de ces deux villes, elle n'a pas beaucoup progressé depuis 2000. Elle se retrouve d'ailleurs derrière Delhi dans le Global Financial Centres Index de 2022[2]. Par contraste, en 2024, Mumbai est devenue, devant Hong Kong, la quatrième place boursière du monde en termes de capitalisation avec 4 330 milliards de dollars.

Au-delà des institutions financières, Mumbai est le lieu de prédilection des multinationales tant indiennes qu'étrangères. Côté indien, la chose n'est pas nouvelle : dans leur ouvrage classique de 1986, *India's Industrialists*, Gita Piramal et Margaret Herdeck montraient déjà que sur les treize plus grands groupes indiens, cinq seulement n'avaient pas leur quartier général à Bombay (et plus précisément à « South Bombay » entre Nariman Point et Church Gate)[3]. Depuis la libéralisation des années 1990, les entreprises étrangères ne sont pas en reste : quand il s'est agi de s'installer en Inde, Bombay a souvent fait figure de porte d'entrée dans le pays. Si le nombre de celles y ayant élu domicile n'excédait pas

1. « The World According to GaWC », en ligne sur GaWC, 2020.

2. D'une façon surprenante, ce classement la situe à la 70e place mondiale, ce qui la met derrière Santiago du Chili ou encore Astana.

3. Piramal G. et Herdeck M., *India's Industrialists. Vol. 1*, Washington, Three Continents, 1986.

la vingtaine entre 1975 et 1980, ce chiffre a presque doublé sur la période 1980-1985 et atteint la cinquantaine au cours des cinq années suivantes avant de s'envoler : entre 1990 et 1995, ce ne sont pas moins de 90 entreprises étrangères qui ont pris pied à Bombay[1].

En 2000, Nijman recensait 611 entreprises étrangères à Mumbai, principalement installées dans le sud de la ville (et tout particulièrement à Nariman Point)[2], mais là aussi la concurrence de Delhi et Gurgaon est manifeste, surtout auprès des firmes qui ont besoin de cultiver les centres de décision politique. Si Total, Accenture, Novartis, Pfizer, Coca Cola, Siemens, Johnson et Johnson, Alibaba, eBay, etc. sont installés à Mumbai, ExxonMobil, Aramco, Samsung, Philips, Sony, Suez, Philip Morris ont choisi Delhi ou Gurgaon, tandis que les GAFA sont toutes à Hyderabad ou Bangalore, où l'on trouve aussi Tesla, Nike et Alstom, signe que les nouvelles technologies ont fait un autre choix et que l'industrie ne valorise plus aussi systématiquement Mumbai qu'avant[3]. La moitié des entreprises basées ailleurs n'en gardent pas moins des bureaux dans cette ville. C'est que 70 % des transactions financières ayant lieu en Inde ont encore Mumbai pour cadre. Ce tropisme ne se traduit toutefois pas par un afflux d'expatriés, sans doute en raison de la médiocre qualité de vie qu'elle offre si l'on en juge par le classement de *The Economist*[4]. De façon générale, le pourcentage d'étrangers installés à Bombay/Mumbai ne cesse de baisser pour atteindre des niveaux résiduels dans les statistiques officielles : de 3,37 % de la population en 1961, il est passé à 0,62 % en 2001[5].

1. Nijman J., « Mumbai since liberalization... », art. cit., p. 244.
2. *Ibid.*, p. 246.
3. À noter, dans le même esprit, que seuls 2 des 10 plus grands centres de recherche et développement de l'Inde se trouvent à Mumbai. Il s'agit, dans la physique nucléaire, du Bhabha Atomic Research Centre (BARC) et du Tata Institute of Fundamental Research (TIFR).
4. « The world's most liveable cities in 2023 », en ligne sur *The Economist*, 21 juin 2023.
5. Singh D. P., « Employment Situation in Mumbai... », art. cit., p. 5.

Une « ville-monde » se définit également, bien entendu, par son insertion dans le commerce mondial. Mumbai a longtemps été un point de passage obligé pour une part considérable des importations et exportations de l'Inde, et le demeure dans une certaine mesure. 60 % des droits de douane y sont collectés, ce qui s'explique en partie par le fait que 95 % des marchandises importées par l'Inde arrivent par la mer. Le port historique, le Bombay Port Trust (BPT), qui se trouvait coincé à l'extrémité sud-est de la ville, a toutefois été supplanté à la fin du XXe siècle par le Jawaharlal Nehru Port Trust, situé sur le territoire de Navi Mumbai. Ouvert en 1989, ce port a dépassé le BPT vingt ans plus tard, au terme d'un bel essor dans la seconde moitié des années 2000, lorsque le JNPT est passé de 2 267 en 2005 à 4 061 EVP (équivalents vingt pieds, l'unité de mesure utilisée pour évaluer la capacité des terminaux portuaires) en 2009. À l'époque, ce port se situait au 24e rang mondial et devant ceux de Tokyo, Jakarta ou Colombo. Si le JNPT a, ainsi, longtemps caracolé en tête des ports indiens, il a été détrôné par le principal concurrent privé du pays, que Gautam Adani a développé au XXIe siècle à Mundra (Gujarat). Connaissant une dynamique spectaculaire, celui-ci est passé de 2 895 EVP en 2015 à 6 660 en 2021, alors que le JNPT ne progressait que de 4 480 à 5 630 EVP. Si celui-ci reste le deuxième port de l'Inde, loin devant Chennai, il supporte mal la comparaison avec les autres ports du monde. En 2021, il se situait au 29e rang des ports à conteneurs, deux places derrière Mundra, mais aussi et surtout derrière 19 autres ports asiatiques, dont 9 chinois et ceux de Singapour, Busan (Corée du Sud), Kuala Lumpur, Tanjung Pelepas (aussi en Malaisie), Kaohsiung (Taïwan), Bangkok, Colombo, Jakarta et Haïpong (Viet Nam)[1]. Ces chiffres reflètent la faible intégration de l'Inde dans le commerce mondial, dont elle ne représente que 2 % des exportations mondiales (et 3 % des importations).

1. Ces données proviennent du site de l'American Association of Port Authorities.

Mumbai ne joue pas un rôle plus significatif dans la circulation internationale des personnes. En termes de trafic aérien, son aéroport se situait, en 2021, derrière celui de Delhi avec près de 22 millions de passagers, contre plus de 39 millions pour la capitale de l'Inde. Cela classe la ville au 51e rang mondial alors que Delhi, elle, occupe la 13e place[1]. Mais quelle est la part des voyageurs venant de l'étranger – ou s'y rendant ? Si la part des touristes entrés en Inde *via* Mumbai a décliné – après avoir culminé à près de 20 % en 2013 –, pour ne plus être que de 14 % en 2019[2], en dix ans, de 2009 à 2019, le nombre de touristes étrangers ayant atterri à Mumbai est passé de 1,1 million à 1,6 million[3]. De tels chiffres relèguent l'*Urbs Prima in India* très loin derrière les 20 villes les plus visitées au monde d'après le *Global Destination Cities Index 2019* : en 2018, la première, Bangkok, avait accueilli près de 23 millions d'étrangers et la vingtième, Hong Kong, plus de 8 millions[4]. Mumbai ne figure pas même parmi les 100 premières villes classées par Euromonitor International pour leur attractivité – un classement où Delhi se situe au 72e rang[5]. Un autre classement d'Euromonitor International centré sur les seuls touristes classe toutefois Mumbai au 19e rang avec près de 9 millions de touristes en 2018 (contre plus de 10 millions pour

1. Suivant l'Airports Council International (https://aci.aero/Data-Centre/Monthly-Traffic-Data/Passenger-Summary/Year-to-date). En 2018, date des dernières statistiques fiables d'avant la pandémie de COVID-19, le trafic de Mumbai avoisinait les 50 millions de passagers, loin derrière Delhi (près de 70 millions), ce qui classait l'aéroport Shivaji au 28e rang mondial, derrière Barcelone, Kuala Lumpur, Bangkok, Singapour, Jakarta, Istanbul et quatre villes chinoises. Mais Mumbai n'était qu'au 35e rang mondial en 2015 et a donc gagné du terrain depuis.

2. « Share of foreign tourist arrivals *via* Mumbai airport to India from 2011 to 2022 », en ligne sur *Statistica*, 2024.

3. « India Foreign Tourist Arrivals : by Port of Entry », en ligne sur CEIC, [sans date].

4. *Global Destination Cities Index 2019*, en ligne sur *Mastercard*. Si 10 villes sur les 20 les plus visitées au monde se situent en Asie, aucune n'est en Inde.

5. Yasmeen R. *et al.*, *Top 100 city destinations index 2021*, en ligne sur Euromonitor.

Delhi, classée 13e)[1]. En revanche, aucune ville indienne, à nouveau, ne figure dans le classement par ForwardKeys des 25 villes ayant accueilli le plus de visiteurs en 2022[2].

L'une des activités économiques de Mumbai les mieux insérées internationalement n'est autre que l'industrie cinématographique. Mais avec Bollywood, il n'est pas seulement question de chiffres d'affaires à l'exportation car c'est aussi le rayonnement culturel de l'Inde qui est ici en jeu. Des films sortis des studios de Bombay avaient commencé à se vendre à l'étranger dès les années 1940[3]. Cependant, *Aan*, mis en scène par Mehboob Khan et avec Dilip Kumar, fut le premier à bénéficier d'une sortie mondiale en 1952. Sous-titré en 17 langues, le film s'exporta dans 28 pays. À l'époque, l'URSS représentait le principal marché de Bollywood à l'étranger[4]. Dans les années 1960, ce fut toutefois en Afrique que les films de Bollywood se vendirent le mieux : ceux-ci y percevaient entre 20 et 50 % de leurs recettes à l'exportation.

Jusqu'aux années 1980, quelque 300 films indiens – principalement sortis des studios de Bollywood – tinrent l'affiche en Union soviétique où ils attirèrent un vaste public. Si, avec 100 millions d'entrées (soit 143 millions de dollars de recettes), *Awaara* (1954) fut un véritable « hit », d'autres films indiens dépassèrent les 60 millions de billets vendus, comme *My name is Joker* en 1970, *Bobby* en 1973, *Sholay* en 1978 et, la même année, *Gunpowder* – et même les 120 millions comme *Disco Dancer* en 1984 (qui aurait rapporté 198 millions de dollars). Parmi les films étrangers ayant dépassé les 20 millions d'entrées en URSS, 50 viennent de l'Inde,

1. *The 50 Most Visited Cities In The World*, en ligne sur EnjoyTravel.

2. La différence d'appréciation peut venir du fait que ForwardKeys fonde son analyse sur la destination figurant sur les billets d'avion (*The 2022 most visited destinations report*, en ligne sur ForwardKeys).

3. En 1946, c'est le cas de *Dharti ke lal*, de Khwaja Ahmad Abbas, qui montre la famine de 1943 au Bengale et qui fut projeté sur les écrans de l'URSS en 1949.

4. Rajagopalan S., *Indian Films in Soviet Cinemas : The Culture of Movie-going After Stalin*, Bloomington, Indiana University Press, 2008.

41 des États-Unis et 38 de France depuis les années 1940. Dans les années 1970, la Chine – où *Awaara* avait déjà connu un succès isolé – s'ajouta au marché soviétique grâce à des films comme *Caravan* (1971), *Noorie* (1979) et – à nouveau – *Disco Dancer*. Après une longue éclipse, Bollywood retrouverait le haut de l'affiche en Chine au début du XXIe siècle grâce à des « blockbusters » ayant Aamir Khan dans le rôle principal, comme *Lagaan* (2001), *3 idiots* (2009), *Dhoom 3* (2013), *Pk* (2014) et *Dangal* (2016) – un film qui aurait rapporté 294 millions de dollars, 100 de plus que son dauphin, *Disco Dancer*.

Mais l'audience internationale des studios de Bombay ne se déduit pas seulement du box-office : le jugement de la critique compte aussi. Or les jurys des grands festivals européens et nord-américains récompensèrent dès les années 1940 des films indiens qui – parfois – avaient été produits par les studios de Bollywood, même si le cinéma d'auteur (de Satyajit Ray à Mani Ratnam) avait leurs faveurs. *Neecha Nagar* (La ville basse) de Chetan Anand reçut le Grand Prix (ancêtre de la Palme d'or) lors du premier festival de Cannes en 1946. Huit ans plus tard, le même festival de Cannes décerna le Prix International à *Do Bigha Zamin* (Deux hectares de terre) produit, lui aussi, à Bollywood. Aux États-Unis également, les productions bollywoodiennes furent remarquées dès les années 1950 lorsque *Awaara* figura dans la liste des « meilleurs films de tous les temps » concoctée par *Time Magazine* et plus encore lorsque *Mother India* (1957) obtint une nomination pour un Oscar. Après une longue éclipse, les critiques occidentaux recommencèrent à apprécier les productions de Bollywood dans les années 1980 avec *Salaam Bombay !* (1988 – Caméra d'or à Cannes) et plus encore dans les années 2000 avec *Monsoon Wedding* (2001), *Lagaan* (2001) et *The Lunchbox* (2013). Aux États-Unis, les metteurs en scène et les acteurs ou actrices de Bollywood ne sont pas les seuls – ni même les premiers – à être récompensés : des compositeurs ont pu l'être aussi, ce qui ne passe pas inaperçu en Inde tant les chansons et les musiques de film sont importantes. A. R. Rahman, qui a introduit les synthétiseurs dans le style

« filmi » des studios de Bombay, a ainsi reçu deux Oscars pour la musique et la chanson de *Slumdog Millionaire* (2009), puis un Golden Globe (2009) et un Grammy en 2010.

Bombay a aussi été une ville d'écrivains internationalement reconnus, qu'ils y soient nés, y aient situé le fruit de leur œuvre ou les deux. Parmi les auteurs importants, il faut citer des scénaristes comme Sooni Taraporevala, qui a écrit le script de *Salaam Bombay !*, pour Mira Nair. Mais les romanciers nés à Bombay ou qui y ont élu domicile et ont situé la ville sur la scène littéraire internationale sont plus nombreux encore. Le plus célèbre de tous est bien sûr Salman Rushdie, dont le chef-d'œuvre, *Les Enfants de minuit*, qui a sa ville de naissance pour cadre, a reçu le Booker Prize en 1981. En 2008, à l'occasion du quarantième anniversaire du Booker Prize, le livre – traduit, entre-temps, dans plus de 40 langues – a été à nouveau récompensé comme le meilleur ouvrage parmi ceux couronnés par le prix. Rohinton Mistry, lui aussi né à Bombay, cinq ans après Rushdie, place également l'action de nombre de ses livres dans sa ville – voire dans sa communauté, les Parsis. Si ses principaux ouvrages, *Un si long voyage*, *L'Équilibre du monde* et *Une affaire de famille*, n'ont pas reçu de prix aussi prestigieux que le Booker et le Pulitzer, ils contribuent au rayonnement culturel de Bombay, comme en témoigne le nombre des langues – plus de 30 – dans lesquelles ils ont été traduits.

*

La mue qu'a connue Bombay/Mumbai entre la fin du XXe et le début du XXIe siècle pourrait se résumer à quelques termes choisis : modernisation, tertiarisation, « gentrification » et globalisation. Mais cela reviendrait à ignorer la persistance de problèmes comme la corruption, le creusement des inégalités, l'augmentation continue du nombre d'habitants des bidonvilles, la montée de l'intolérance, cause et conséquence de l'essor du nationalisme hindou, et les limites de l'insertion dans les flux internationaux qui amène une enseignante de l'université de Bombay experte en la matière, M. Pinto, à conclure : « Mumbai n'est pas une ville globale, mais une mégalopole avec des liens à travers le monde[1]. » De fait, si en 2014, Mumbai figurait au 41e rang des villes globales dans le classement de A. T. Kearney[2], en 2022, elle n'a même plus sa place dans un classement qui a été ramené à 30 villes seulement[3]. Quant au Global Power City Index, où le poids des variables économiques est pourtant très grand, Mumbai y figure à la dernière place, au 48e rang des villes prises en compte, derrière Johannesburg, Le Caire, Jakarta, Mexico ou Sao Paulo[4]. L'index le plus sophistiqué est toutefois celui de *The Economist* qui distingue clairement les domaines sur lesquels sont fondés les critères d'appréciation, avant de proposer un indice synthétique du point de vue de la compétitivité des villes globales. Là, Mumbai ne figure pas parmi les 60 villes les plus compétitives, mais ses atouts ressortent bien : elle apparaît au 26e rang pour ce qui est de sa « force économique » et au 47e au titre de sa « maturité financière ». Elle n'est toutefois pas classée parmi les 60 premières villes pour ce qui concerne l'« attractivité internationale », le « capital physique », ses « caractéristiques sociales et culturelles », son « capital humain », la qualité de son environnement naturel et l'« efficacité institutionnelle »[5].

1. Pinto M., « Urban governance in India – spotlight on Mumbai », art. cit., p. 42.
2. Kearney A. T., *2014 Global Cities Index and Emerging Cities Outlook.*
3. Kearney A. T., *Readiness for the Storm : the 2022 Global Cities Report.*
4. Mori Foundation, *Global City Index, 2021.*
5. *Hot spots : Benchmarking global city competitiveness*, The Economist Intelligence Unit, en ligne sur Citi, p. 6-7.

CHAPITRE DIX

Qui gouverne – et comment ? Démocratie locale, infrastructures et environnement

Le gouvernement des villes est, en Inde, une question épineuse qui n'est toutefois apparue dans les débats publics qu'à la fin du XXe siècle. C'est en effet en 1989, dans la dernière année de son mandat de Premier ministre, que Rajiv Gandhi considéra enfin cet enjeu comme une priorité. L'amendement à la Constitution que son parti, le Congrès, fit voter en août 1989 à la chambre basse du parlement, la Lok Sabha, ne fut toutefois pas validé par la Rajya Sabha (la chambre haute). Il fallut donc attendre 1992 – alors qu'un autre leader du Congrès, Narasimha Rao, occupait le poste de Premier ministre – pour voir voter le 74e amendement à la Constitution qui introduisit quelques innovations notables comme le transfert de certains domaines – 18 au total – de l'échelon des États à celui des municipalités et la création de comités d'arrondissement (*wards*) ainsi que des quotas de sièges de conseillers municipaux pour les castes les plus basses et les femmes[1]. Ces réformes, qui devaient permettre de décentraliser le pouvoir en élargissant les compétences des municipalités, restaient cependant tributaire des assemblées des États, une loi étant chaque fois nécessaire pour mettre en musique l'amendement, État après État[2]. C'est là le reflet d'un dysfonctionnement majeur qui n'a pas disparu, même là où

1. Baud I. et Wit J. de (dir.), *New forms of urban governance…*, *op. cit.*

2. Biju M. R., « Municipal administration in India : retrospect and prospect », in *Urban development debates in the new millennium : studies in revisited theories and redefined praxes*, Londres, Atlantic, 2005, p. 16.

ledit amendement a été adopté rapidement. Cette dépendance des villes envers le gouvernement des États rend la gestion municipale encore plus compliquée lorsque les partis ayant remporté les élections au conseil municipal, d'un côté, et au niveau de l'État de l'autre, ne sont pas de la même couleur politique.

La concentration du pouvoir au niveau des États n'est pas la seule raison de la relative impuissance des municipalités en Inde. Leur manque de ressources financières en est une autre – qu'explique d'ailleurs la première, les États refusant de laisser les villes lever des impôts locaux en nombre et en volume suffisants. La municipalité de Bombay, ici, a longtemps fait figure d'exception car la ville a traditionnellement joui d'une certaine aisance financière. Mais des problèmes budgétaires croissants ont incité les pouvoirs publics, au XXIe siècle, à se tourner vers des acteurs privés qui, dans le cas des milieux d'affaires, ne demandaient pas mieux que de s'impliquer dans la gouvernance de « leur » ville au moment où l'Inde libéralisait son économie. Au-delà, ONG et associations de citoyens ont été appelées à contribuer à la gestion municipale. Si cela n'a pas eu d'effet d'éviction sur les hommes politiques qui restent omniprésents, on a vu les acteurs se multiplier tout au long de la chaîne de décision.

Cette relative prolifération s'explique en partie par la diversité et l'ampleur des défis à relever, qu'il s'agisse de la congestion urbaine, du logement, de la participation des citoyens à la vie de la cité ou de la dégradation de l'environnement. Sur ces différents fronts, tous sont à la peine, les politiques mises en œuvre étant insuffisantes ou contradictoires.

Une conurbation ingérable ?

Pour camper le décor du dispositif administratif initial (voire historique) et analyser ses transformations, il est nécessaire d'embrasser une période très vaste, et de remonter notamment à l'indépendance.

Fragmentation et subordination de l'échelon municipal

Pour comprendre le mécano institutionnel qui présidait à la gestion de Bombay – avant Mumbai –, on est tenté de partir du Conseil municipal qui est *a priori* un centre de pouvoir important. Il lui revient d'ailleurs de désigner le maire depuis la loi de 1888 fondant la Bombay Municipal Corporation (BMC). Mais comme les autres grandes villes de l'Inde, Bombay était soumise à la domination du gouvernement de l'État de Bombay puis du Maharashtra. Or ce gouvernement a créé de nombreuses agences (*authorities*) chargées de traiter de dossiers qui, ailleurs dans le monde, sont du ressort des collectivités locales, comme les transports ou la distribution de l'eau. Toutes – qualifiées en Inde de « parastatal » car relevant du gouvernement de l'État – ont survécu aux réformes qui visaient pourtant à affirmer le rôle de la municipalité aux dépens de l'État fédéré. À Mumbai, la plus importante de ces agences est aujourd'hui la Mumbai Metropolitan Regional Development Authority (MMRDA) qui, en charge de l'urbanisme, fut créée en 1966 pour coordonner le développement de Bombay et de sa région, y compris de Thane et Kalyan[1]. Elle est responsable des projets d'infrastructure – généralement financés en tout ou partie par les budgets nationaux ou des bailleurs de fonds internationaux – comme les réseaux de transports ou l'approvisionnement en eau et les projets d'assainissement.

D'autres agences du même type sont aussi venues concurrencer la municipalité. La Maharashtra State Road Development Corporation (MSRDC), pour la construction des autoroutes, a bâti une cinquantaine d'autoponts à Bombay/Mumbai et réalisé les deux grands ponts reliant la ville à sa banlieue nord-ouest d'une

1. Sur les agences impliquées dans la gouvernance de Mumbai, voir Pinto M., « Urban governance in India – Spotlight on Mumbai », *in* Baud I. et Wit J. de (dir.), *New forms of urban governance*…, *op. cit.*, p. 50-54.

part et à Navi Mumbai d'autre part. Dans le secteur de l'habitat, la Maharashtra Housing and Development Authority (MHADA) est responsable de la construction des logements publics dans tout l'État – dont Mumbai – et la Slum Rehabilitation Authority (SRA), comme on l'a constaté, s'occupe de la transformation des bidonvilles en zones d'habitation à bon marché. Elle est également en charge, avec la MMRDA, du relogement (provisoire ou définitif) des personnes déplacées du fait de projets d'infrastructure (soit 680 000 personnes à la fin des années 2000). Chaque fois qu'elles interviennent sur le territoire administré par la ville, ces agences relevant de l'État du Maharashtra entrent potentiellement (et souvent dans les faits) en conflit avec les autorités municipales[1].

Les tensions entre la municipalité et le gouvernement de l'État trouvent toutefois leur expression la plus claire dans une figure majeure de la vie locale et héritée de l'époque coloniale : le « Municipal Commissioner » ou commissaire municipal, un haut fonctionnaire issu de l'Indian Administrative Service (IAS), équivalent indien de l'ENA française. Celui-ci est nommé – pour trois ans renouvelables – par le gouvernement du Maharashtra. En théorie, le Conseil municipal est censé élaborer les politiques municipales et le commissaire les appliquer. En pratique, les choses sont bien différentes et la démocratie locale s'en trouve affectée. Le tout-puissant fonctionnaire ne dépend que du gouvernement du Maharashtra et n'est donc pas responsable devant les citoyens de la ville. C'est l'une des causes de dysfonctionnement que la réforme de 1992 visait à corriger – largement en vain.

1. Zérah M.-H., « Mumbai ou les enjeux de construction d'un acteur collectif », *in* Lorrain D. (dir.), *Métropoles XXL en pays émergents*, Paris, Presses de Sciences Po, 2011, p. 148.

Portée et limites de la réforme de 1992

Le dispositif décrit plus haut, appelé le « système du Commissaire », est aussi connu sous le nom de « Système de Bombay ». C'est là, en effet, qu'il a été forgé avant d'être imité à travers l'Inde dès l'époque coloniale. C'est en partie pour remédier au déficit démocratique dont il souffrait et pour donner plus d'autonomie aux villes que le gouvernement indien a fait voter en 1992 le fameux « 74e amendement ». À Mumbai, la gestion des affaires municipales reste néanmoins concentrée entre les mains de ce haut fonctionnaire, en partie *de jure* et en tout cas *de facto*. Depuis la réforme de 1992, la Municipal Corporation of Greater Mumbai est appelée à désormais gérer les transports publics, la santé, l'éducation, la distribution de l'eau et même, dans ce qu'on appelle la « island city » (la ville insulaire ou la péninsule qui, aujourd'hui, forme un district en soi), la distribution de l'électricité, une compétence qui n'avait pourtant pas été prise en compte par le 74e amendement. En revanche, 2 des 18 secteurs listés dans l'amendement échappent à la MCGM : la planification urbaine (*urban planning*) et la régulation de l'usage des terrains et des bâtiments (ce qu'on appellerait en France le plan d'occupation des sols). Ces sujets clé sont du ressort d'une myriade d'institutions dépendant du gouvernement du Maharashtra, dont la MMRDA qui est de ce fait restée toute-puissante. Elle possède ainsi les terrains sur lesquels a, par exemple, été construit le complexe Banda-Kurla (BKC), l'immense centre d'affaire édifié pour décongestionner le sud de la ville. Qu'il s'agisse de ce projet ou d'autres, la MMRDA ne cesse d'entrer en conflit avec la Municipal Corporation of Greater Mumbai[1].

1. Ghosh A. *et al.*, « A Comparative Overview of Urban Governance in Delhi, Hyderabad, Kolkata, and Mumbai », *in* Ruet J. et Tawa Lama-Rewal S. (dir.), *Governing India's Metropolises*, New Delhi, Routledge, 2009, p. 33.

Illustration n° 27 : BKC.
Photographie de Christophe Jaffrelot.

La vie municipale n'a pas non plus été rendue beaucoup plus démocratique, en pratique, par les réformes des années 1990, même si, sur le papier, les progrès en termes de représentativité du conseil municipal sont réels. Le Conseil de la MCGM, qui comprend 236 membres, compte désormais un certain nombre de sièges réservés à des catégories de la population bénéficiant d'une forme de discrimination positive – les femmes et les basses castes. La mise en œuvre de cette réforme a été assez laborieuse, en raison, notamment, de recours en justice. Mais, pour les élections de 2017, avec des années de retard, 61 circonscriptions ont enfin été réservées à des candidats appartenant aux Other Backward Classes, 31 devant être de sexe féminin[1]. Plus généralement, les femmes

1. « Now, Mumbai will have third lottery to reserve seats for civic polls », en ligne sur *Mid Day*, 18 avril 2023.

disposent d'un quota de 118 sièges, dont huit pour des femmes dalites et un pour une femme adivasie[1]. Ces innovations rendent le conseil municipal plus représentatif, mais pas plus puissant.

Ce qui, dans la réforme de 1992, devait renforcer la main des élus municipaux, c'était la création des comités d'arrondissement. La ville est maintenant divisée en 24 arrondissements (*wards*) qui comptent environ 645 000 habitants chacun en moyenne. Ces habitants désignent un comité d'arrondissement auquel, en théorie, sont soumis les fonctionnaires dudit arrondissement. En outre, les Comités d'arrondissement intègrent depuis la réforme, outre les élus locaux et les fonctionnaires affectés à l'arrondissement, trois représentants d'ONG et de CBOs (Community-Based Organizations) – sur lesquelles nous reviendrons[2]. Ces comités n'ont toutefois pas réussi à rendre sa vitalité à la démocratie locale en raison du poids que conservent les fonctionnaires, le commissaire municipal s'appuyant sur une pyramide administrative faite de 14 commissaires municipaux adjoints qui ne voient dans le conseil municipal qu'une chambre d'enregistrement. Au quotidien, comme l'écrit une experte en la matière, Usha Thakkar, « le commissaire municipal se plaint souvent du fait que les membres élus [du Conseil municipal] font de l'obstruction, contrariant de façon intempestive le fonctionnement administratif, alors que le savoir-faire technique et l'expertise leur font défaut dans bien des domaines. [...] Les représentants élus, de leur côté, voient souvent le commissaire municipal comme un bureaucrate rigide qui bloque la mise en œuvre de leurs décisions[3] ».

Or, pour faire perdre son poste à un commissaire municipal, cinq huitièmes des élus municipaux doivent voter ensemble la

1. Bhalerao S. et Waghmode V., « BMC draws ward reservation lottery for elections, 118 of 236 seats for women », en ligne sur *The Indian Express*, 1er juin 2022.

2. Pinto M., « Urban governance in India – Spotlight on Mumbai », art. cit., p. 57.

3. Thakkar U., « The Commissioners and the corporators : power politics at municipal level », *in* Patel S. et Thorner A. (dir.), *Bombay. Mosaic...*, *op. cit.*, p. 251.

défiance. De sorte que – étant donné l'absence de majorité large – le remplacement d'un commissaire, lorsqu'il a lieu, est le fait du gouvernement de l'État, pas d'une logique démocratique.

Les citoyens ont clairement conscience du faible pouvoir des élus et, de ce fait, ne se déplacent pas en très grand nombre lors des élections municipales, même après la réforme de 1992 : le taux de participation est resté inférieur à 50 % de 1992 à 2017, année où il a dépassé les 55 % pour la première fois[1]. Une enquête du Gokhale Institute a révélé que seuls 30,5 % des Mumbaikars interrogés votaient « régulièrement » aux municipales – une majorité d'entre eux considérant que leur vote ne changeait rien[2]. Aujourd'hui, le peu de pouvoir de la municipalité – et le peu d'intérêt qui lui est accordé – se lit dans le fait qu'il n'y a ni maire ni conseil municipal à Mumbai depuis mars 2022 : jamais la ville n'aura été gérée aussi longtemps par l'administration de l'État, les élections étant reportées pour des questions de procédures – une situation concernant 26 autres grandes villes du Maharashtra[3].

Cependant, ce système n'a pas seulement pour effet de creuser un déficit démocratique. Les tensions entre les élus municipaux et le commissaire sont aussi responsables de retards – voire d'incohérences.

1. Les habitants de Bombay/Mumbai ne votent pas davantage lors des élections générales, ce qui est très atypique (« Mumbai's voters do a 'surge'ical strike », en ligne sur *The Times of India*, 30 avril 2019). Le taux de participation aux élections municipales est passé de 49,14 % en 1992, à 44,36 % en 1997, 42,02 % en 2002, 46,05 % en 2007, 44,75 % en 2012 et 55,28 % en 2017.

2. Parchure R. K. *et al.*, *Why people do not vote in Municipal Corporation elections : A voter-based survey in Brihanmumbai municipal corporation*, Pune, Gokhale Institute of Politics and Economics, 2017.

3. Acharya P., « 2 years without elected reps, how state-appointed administrator has been calling the shots at BMC, India's richest civic body », en ligne sur *The Indian Express*, 8 mars 2024 et Kulshreshta S., « Term of last elected municipal corporation ends in Maharashtra », en ligne sur *The Hindustan Times*, 31 décembre 2023.

Extension géographique et congestion nord-sud : « Navi Mumbai » ou l'impossible métropole d'équilibre

Les problèmes de gestion que rencontre la ville ont pris une dimension critique à la suite de l'essor tant géographique que démographique qu'elle a connu – un défi d'une ampleur peu commune. Outre la croissance démographique, qui a fait passer sa population de 4,1 à 9,9 millions entre 1951 et 1991, les frontières administratives de la ville n'ont cessé d'être révisées.

En 1945, les Greater Bombay Laws avaient donné naissance au Grand Bombay, qui incluait ce qu'on appelait alors « Town and Islands of Bombay » (les îles réunies par le processus de poldérisation), le port de Bombay (jusque-là autonome), les comtés de Bandra, Parle-Andheri et Kurla et les municipalités de Ghatkopar-Kirol et Juhu – à quoi s'ajoutaient 42 villages situés plus au nord. Dès 1950, ce périmètre fut étendu pour englober des zones encore plus septentrionales. Le même processus se répéta en 1957 et en 1965 (voir carte n° 1, premier rabat), date à laquelle les limites de la ville sont démarquées par la « Bassein Creek » et la « Thana Creek ».

Cette expansion administrative vers le nord était commandée par le dynamisme économique et la croissance démographique de la ville. Elle était, en un sens, dictée par sa configuration géographique, voire topographique, Bombay formant une péninsule en forme d'entonnoir où les centres d'activités industrielles – essentiellement les usines textiles – se situaient au sud, sur une étroite langue de terre où tous les ouvriers et leur famille ne pouvaient de toute évidence résider. D'où la formation d'un axe de communication nord-sud matérialisé depuis le Raj par deux lignes de chemin de fer de plus en plus surchargées. En 1961, le lieu de travail des habitants de Bombay se situait en moyenne à 11,5 kilomètres de leur lieu de vie – en 1970, cette distance moyenne atteignait 14,5 kilomètres[1].

1. Harris N., *Economic Development, Cities and Planning : The Case of Bombay*, Oxford, Oxford University Press, 1978, p. 34.

Jim Masselos, l'historien de Bombay le plus chevronné, souligne que les trains des Central and Western Railways structurent jusqu'à l'image de la ville que se font ses habitants : « Pour les banlieusards qui font la navette entre leur foyer et leur lieu de travail tous les jours, les lignes de chemin de fer dessinent non seulement une carte mentale, un ruban en forme de rail, mais aussi un espace qui est indissociable d'une temporalité car la distance est mesurée à partir du temps de trajet[1]. » De fait, ces derniers se sont allongés à mesure que la ville s'est étendue et densifiée, forçant les dirigeants à repenser une géographie urbaine menacée par le chaos.

Dès 1947, Albert Mayer, un urbaniste new-yorkais, et N. V. Modak, un ingénieur employé par la municipalité, préparèrent « A Master Plan Outline » qui n'avait aucun caractère officiel mais qui influencerait les réformes à venir[2]. Leur objectif numéro un était – déjà ! – de décongestionner Bombay. Cela devait passer, à leurs yeux, non seulement par une délocalisation des usines, mais aussi par la création d'une ville d'équilibre à Bassein – ce serait Vasai – et le développement d'un axe est-ouest reliant Bombay à Trombay, de l'autre côté de la « Thana Creek ». Ces idées firent peu à peu leur chemin – un chemin semé d'embûches. En 1954, le *Town and Planning Act* imposa aux autorités locales de préparer un Plan de développement. Bombay le produisit exactement dix ans plus tard, ce délai s'expliquant notamment par la création du Maharashtra en 1960 et le fait que son gouvernement s'intéressait désormais davantage à l'hinterland rural – bastion du Congrès – qu'à la grande métropole. Ce plan souffrait de bien des incohérences. D'un côté, il recommandait – comme le plan de Mayer et Modak – de délocaliser les industries hors de la ville et de ne plus créer de bureaux dans la zone du Fort, mais, d'un autre côté, il introduisait une notion nouvelle appelée à un grand avenir sous

1. Masselos J., « Defining Moments/Defining Events : Commonalities of Urban Life », *in* Patel S. et Masselos J. (dir.), *Bombay and Mumbai…*, *op. cit.*, p. 39.

2. Shaw A., « The Planning and Development of New Bombay », *Modern Asian Studies*, vol. 33, n° 4, 1999, p. 951-988.

le nom de « Floor Space Index ». Ce FSI fixait les ratios entre la surface habitable d'un bâtiment et la superficie de la parcelle où il se situait, un ratio variant suivant les zones, certaines étant censées pouvoir supporter des densités plus grandes que d'autres. Ce plafond était paradoxalement très élevé dans des zones déjà congestionnées, comme à Back Bay où il atteignait 3,5/4,5[1].

En réaction à ce plan, deux architectes, Charles Correa et Pravina Mehta, et un ingénieur en génie civil, Shirish Patel, publièrent dans *Marg* un article intitulé « Planning for Bombay »[2]. Leur idée-force visait à développer une métropole d'équilibre – une « Twin city » – située à l'est, de l'autre côté de la Thana Creek où le port de Bombay avait déjà commencé à s'étendre à Nhava Sheva. Ils prévoyaient que cette ville nouvelle s'étendrait sur 344 km² pris sur les districts de Thane et Raigad et recommandaient d'y transférer la capitale du Maharashtra pour y installer les bureaux de l'administration de l'État, le fameux « Secretariat » qui employait des milliers de personnes[3].

En 1965, l'État du Maharashtra publia un « Regional Plan for the larger Metropolitan Region of Bombay » qui prenait acte du fait que la mégalopole ne cessait de s'étendre et qui s'inspirait des vues de Correa, Mehta et Patel. En 1967, ces plans débouchèrent sur la création d'un Bombay Metropolitan Regional Board qui reprenait l'idée de créer une Navi Mumbai, une « Nouvelle Bombay », de l'autre côté de la Thana Creek. Pour gérer la formation de la nouvelle métropole, le gouvernement du Maharashtra établit en 1970 la City and Industrial Development Corporation (CIDCO) – dirigée par Shirish Patel – et la Bombay Metropolitan Regional Development Authority (BMRDA) en 1975. Le projet était des plus ambitieux puisque Navi Mumbai devait s'étendre

1. Dwivedi S. et Mehrotra R., *Bombay…*, *op. cit.*, p. 271

2. Ce numéro spécial de *Marg* appelé « Bombay : Planning and Dreaming » est entièrement consacré à Bombay. On y trouve aussi un intéressant article de Mulk Raj Anand intitulé « Splendours and miseries of Bombay », *Marg*, n° 18-3, juin 1965.

3. Dwivedi S. et Mehrotra R., *Bombay…*, *op. cit.*, p. 272.

– comme le prévoyait Correa, Mehta et Patel – sur une superficie de 344 km^2, ce qui en faisait potentiellement la plus grande métropole d'équilibre du monde. Problème, la relation entre l'ancienne ville et la nouvelle et entre leurs administrations ne fut jamais clairement définie[1]. Quelques activités furent délocalisées à Navi Bombay : le marché de l'acier à Kalanboli et le marché de gros des fruits et légumes à Vashi. Mais c'était bien peu.

Surtout, alors qu'il s'était agi de renforcer un axe est-ouest pour décongestionner l'axe nord-sud, dans les années 1970-1980, une décision vint contredire frontalement cet effort : le développement de la zone de Back Bay grâce à la conquête de nouvelles terres gagnées sur la mer à la hauteur de Cuffe Parade et Nariman Point, tout au sud de la ville. L'idée n'était pas nouvelle. Dès 1958, le gouvernement de l'État avait conçu ce qu'il appelait un « Back Bay Reclamation Scheme ». Ce projet avait rencontré l'opposition de tous ceux – notamment au sein de la municipalité – qui y voyaient le plus sûr moyen de densifier encore les activités humaines dans une zone, le sud de Bombay, qui avait déjà atteint un point de saturation[2]. Mais le gouvernement de l'État finit par passer en force, ne faisant qu'une concession aux opposants : 80 % de la surface ainsi ajoutée à la ville seraient consacrés au logement. En pratique, il n'en fut rien et non seulement des entreprises privées affluèrent, mais des institutions publiques – y compris la nouvelle assemblée de l'État en 1981[3] – y furent installées par le gouvernement. Des immeubles de plus de 150 mètres de haut (comme le World Trade Centre) y virent le jour grâce à un FSI très élevé (autour de 4). La multiplication des bureaux d'entreprises privées (comme celui de l'*Indian Express* et des entreprises Mafatlal ou Mittal Associates) et de services administratifs du

1. *Ibid.*, p. 273.

2. Sur ces débats, voir Bannerjee-Guha S., « Urban development process in Bombay : planning for whom ? », *in* Patel S. et Thorner A. (dir.), *Bombay. Mosaic…*, *op. cit.*, p. 104-105.

3. Fernandes N., *City Adrift…*, *op. cit.*, p. 138-139.

secteur public (comme le siège d'Air India et de la Shipping Corporation of India) se traduisit par un afflux de cols blancs : 300 000 employés venaient maintenant y travailler tous les jours[1]. Finalement, en 1990, les 80 % de l'espace soi-disant réservés au logement n'étaient plus que 27 %[2].

Navi Mumbai fut la première victime collatérale de cette politique[3], faute d'investissements suffisants, non seulement en termes d'activités économiques, mais aussi d'infrastructures et de services publics. Jusqu'au début des années 1990, la Nouvelle Bombay ne comptait pas un seul hôpital public, ni même un dispensaire, et pas une école municipale[4]. Dans cet espace immense, seule Vashi – le centre urbain le plus proche de la vieille Bombay – a « décollé », et encore, d'un point de vue résidentiel plus qu'économique. En fait, la Nouvelle Bombay est devenue une cité-dortoir haut de gamme pour une classe moyenne qui travaille dans la vieille ville – où elle peut se rendre en train depuis l'ouverture d'une nouvelle ligne en 1992[5]. L'ambition initiale a été détournée au profit d'un projet immobilier. Dès les années 1980, CIDCO a d'ailleurs cherché à attirer de riches indiens résidant à l'étranger – les fameux « Non Resident Indians » – pour leur vendre des logements de standing[6]. Il devint clair que si le gouvernement du Maharashtra avait souhaité développer à la fois Back Bay et Navi Mumbai, c'était pour des raisons financières, le premier permettant de satisfaire la demande d'entreprises privées et la seconde d'exploiter le boom naissant de l'immobilier[7].

1. Dwivedi S. et Mehrotra R., *Bombay…*, *op. cit.*, p. 293.
2. Bannerjee-Guha S., « Urban development process in Bombay… », art. cit., p. 106.
3. *Ibid.*, p. 109.
4. Pacione M., « City profile. Mumbai », *Cities*, vol. 23, n° 3, 2006, p. 235.
5. Shaw A., « Planning and local economies in Navi Mumbai : processes of growth and governance », *Urban geography*, n° 24-1, 2003, p. 2-15.
6. Bannerjee-Guha S., « Urban development process in Bombay… », art. cit., p. 113.
7. *Ibid.*, p. 109.

Navi Mumbai constitue donc une métropole d'équilibre en trompe-l'œil : certes, la ville a fini par s'étendre, de 6,30 km^2 en 1981 à 104,13 km^2 en 1991, pour atteindre 344 km^2 aujourd'hui, sa population croissant, elle, de 3 716,9 % dans le même temps[1]. Cette croissance s'est poursuivie au rythme de 8,2 % par an entre 1991 et 2001, faisant passer Navi Mumbai de 318 447 habitants à 703 947[2]. Mais les habitants, faute de trouver à s'employer sur place, doivent bien souvent se rendre quotidiennement dans la vieille ville et ne peuvent accéder à des biens immobiliers fort onéreux qui devaient, initialement, accueillir des milieux populaires habitant les bidonvilles – en 2003, le pied carré coûtait entre 1 200 et 2 500 roupies à Vashi et Nerul[3]. Résultat, quatre cinquièmes des habitants appartiennent aux catégories sociales les plus favorisées.

Au tournant du XXIe siècle, l'axe nord-sud de Bombay/Mumbai s'est trouvé encombrée pour deux raisons supplémentaires. Premièrement, peu à peu, les pouvoirs publics ont renoncé à contenir la densification de l'« île », considérant, en particulier, que c'était la meilleure façon de régler le problème des bidonvilles et des *chawls* insalubres. Les promoteurs qui s'engageaient à reloger leurs habitants sur place étaient désormais autorisés à construire des tours de plus en plus hautes, le FSI pouvant monter à 10 ou 15. D'où la construction de buildings de 60 étages (321 mètres) comme les « twin towers » Aradhya Avaan de Tardeo, voire de 90 étages (306 mètres) comme Minerva à Mahalaxmi. Cette nouvelle règle, inscrite dans la charte de la ville (la fameuse *Development Control and Promotion Regulation*) en 2018, a essuyé la critique des urbanistes pour lesquels les infrastructures (routières notamment) ne pouvaient absorber une telle croissance de la population – en vain.

1. Sita K. et Bhagat R. B., « Population change and economic restructuring in Indian metropolitan cities : a study of Mumbai », *in* Shaw A. (dir.), *Indian Cities in Transition*, *op. cit.*, p. 66.

2. Mumbai Metropolitan Region Development Authority, *Population and employment profile of Mumbai Metropolitan Region*, Mumbai, 2003.

3. Sharma R. N., « The housing market... », art. cit., p. 290.

Deuxièmement, l'État du Maharashtra – en dépit des réserves de la municipalité – a favorisé l'essor des banlieues nord qui ont explosé. Si la population de « Bombay Island » a stagné, avec un taux de croissance de 1,76 % entre 1961 et 1971, 1,03 % entre 1971 et 1981 et de 0,68 % entre 1981 et 1991, les banlieues nord, elles, ont crû respectivement de 7,57 %, 7,71 % et 5,51 %[1]. La zone de Vasai-Virar (aussi connue sous le nom de Bassein) est ainsi urbanisée à outrance[2]. Dès le milieu des années 1970, une partie de la zone fut exemptée du *Urban Land Ceiling and Regulation Act* (permettant la construction de logements pour 400 000 personnes). Ensuite, à partir de 1988, le gouvernement du Maharashtra commença à rendre constructible des zones jusque-là considérées comme « vertes »[3]. Entre 1981 et 1991, les bourgades de Vasai, Virar, Sopara et Sandor connurent une croissance démographique de 290 %[4], sans disposer des infrastructures nécessaires. En 1991, l'électricité ne fonctionnait que deux jours par semaine, par exemple. Le pied carré n'en coûtait pas moins de 300 à 400 roupies – ce qui amena des entreprises jusque-là surtout connues pour leurs activités industrielles à se transformer en promoteurs immobiliers, comme Mahindra et Mahindra ou Larsen et Toubro. À noter que, dès les années 1980, la municipalité s'était opposée à la politique d'urbanisation anarchique des banlieues nord, mais que l'État du Maharashtra était passé outre. En parallèle, la politique de « reclamation » consistant à gagner sur la mer se poursuivit. En quelques années, près de 55 km^2 furent ainsi ajoutés à la hauteur de Bhandup, Manori Creek et

1. Pacione M., « City profile. Mumbai », art. cit., p. 233.

2. Cette tendance s'est poursuivie entre 1991 et 2001, Virar passant de 57 600 à 118 945 habitants, soit une croissance de 7,5 % par an (Mumbai Metropolitan Region Development Authority, *Population and employment profile of Mumbai Metropolitan Region*).

3. Jose G., « Legislating the urban in Vasai-Virar. Planning (in) the periphery », *in* Patel S. *et al.* (dir.), *Mumbai/Bombay…*, *op. cit.*, p. 116-134.

4. Bannerjee-Guha S., « Urban development process in Bombay… », art. cit., p. 115.

surtout Malad où un ensemble de bureaux appelé Mindspace fut construit sur une énorme décharge[1].

Les banlieues nord explosaient, mais les emplois étaient toujours aussi nombreux au sud. Résultat, dans les années 1990, la distance moyenne parcourues par les banlieusards pour se rendre au travail par le train était passée à 22 kilomètres[2]. Au début des années 2000, 32 % de la population vivaient dans ce qu'on appelle « l'île de Bombay », 42 % dans les banlieues nord et 18 % à Navi Mumbai, tandis que 72 % des emplois se trouvaient sur « l'île »[3].

Non seulement les réformes successives, des années 1950 aux années 2000, n'ont pas permis de décongestionner Bombay/Mumbai, mais elles ont créé un mille-feuille administratif à l'indienne. À partir des années 1960, la Municipal Corporation of Greater Mumbai est au centre d'une « métropole polynucléaire », pour reprendre les termes de Marie-Hélène Zérah, qui souligne combien la « construction d'un acteur collectif » est problématique dans un environnement marqué du sceau de la fragmentation et de tensions récurrentes entre les autorités municipales et l'État du Maharashtra[4]. Si la BMC aussi appelée MCGM est la plus vaste et la plus riche des municipalités de l'Inde, elle est en effet dominée par une myriade d'agences parastatales et insérée dans un dédale d'autres dispositifs administratifs : non seulement « Greater Mumbai » comprend 24 arrondissements, mais se subdivise aussi en une « Mumbai City » (qui correspond à ce que l'on a longtemps appelé « l'île de Bombay ») et « Mumbai Suburban », deux entités auxquelles s'ajoute Navi Mumbai, la partie de la ville gérée par le ministère de la Défense et celle qui relève du port. En outre,

1. Le sol n'ayant pas été décontaminé, les dégagements de soufre y corrodèrent assez vite les ordinateurs, un indice de l'air que respiraient ceux qui, jusque-là vivaient sur la décharge (Fernandes N., *City Adrift*..., *op. cit.*, p. 87).

2. Masselos J., « Defining Moments/Defining Events... », art. cit., p. 46.

3. Mehta S., *Bombay, Maximum City*, *op. cit.*, p. 184.

4. Zérah M.-H., « Mumbai ou les enjeux de construction d'un acteur collectif », art. cit., p. 143.

la BMC n'est que l'une des 9 municipalités regroupées dans la Mumbai Metropolitan Region destinée à mieux coordonner les activités d'une zone de 6 328 km^2.

Comment rendre Mumbai vivable ?

Les Mumbaikars, surtout lorsqu'ils habitent dans de lointaines banlieues et sont condamnés à des allées et venues quotidiennes, décrivent volontiers Mumbai comme une ville impossible car des plus congestionnées, bruyantes et dangereuses. Rappelons-le : si entre 1981 et 2001 la population de « Bombay Island » augmenta à peine – de 3 285 000 à 3 327 000 –, celle des banlieues doubla presque, passant de 4,6 à 8,6 millions. Ce déséquilibre s'explique par le coût des logements – et leur rareté corrélative : entre 2003 et 2012, le prix de l'immobilier dans le district de Mumbai a été multiplié par plus de 5, de 147,5 à 773,7 dollars le pied carré, tandis que dans la banlieue est les prix étaient plus bas et plus stables, passant de 48,7 à 230,4 dollars[1]. Nombre de ces banlieusards travaillaient en ville, utilisant des trains bondés, jusqu'à 4 700 personnes s'entassant dans des rames à 9 wagons faits pour 1 700 personnes[2] (d'où des accidents fréquents dont le bilan humain s'établissait encore à 2 507 morts en 2022, dont environ 700 tombés du train où les victimes n'avaient pas réussi à monter complètement)[3]. Au problème des transports s'ajoutent des pénuries majeures allant de la crise chronique du logement, déjà évoquée, au manque d'eau.

Dans la seconde moitié du XXe siècle, la pénurie d'eau est devenue un problème croissant, qui tient autant à la raréfaction de

1. Shaban A. et Aboli Z., « Socio-spatial Segregation and Exclusion in Mumbai », *in* Ham M. van *et al.* (dir.), *Urban Socio-Economic Segregation and Income Inequality*, Springer, 2021, p. 157-158.

2. Pacione M., « City Profile. Mumbai », art. cit., p. 236-237.

3. Arlekar R. B., « Mumbai : 2,507 people died on railway tracks in 2022 », en ligne sur *Mid Day*, 12 avril 2023.

cette ressource – alarmante en 2024[1] – qu'à un défaut de gestion et de planification urbaine. Alors qu'entre 1999 et 2009, comme l'explique Lisa Björkman, la population de la ville a augmenté (officiellement) de 20 % et l'offre en eau de 30 %, les ressources humaines dédiées à la distribution de cette dernière, elles, ont stagné faute de budget[2]. Surtout, à la suite des réformes administratives citées plus haut, la ville a connu un processus d'urbanisation très extensif avec le quasi-triplement de sa superficie en 1950 et un quasi-doublement entre 1957 et 1965, puis la création de Navi Mumbai. Ce processus a conduit le Water Department à subdiviser les canalisations acheminant l'eau aux particuliers et aux entreprises, ce qui a eu pour effet de faire baisser la pression. Pour pallier ce problème, le réseau d'adduction a été repensé et de nouveau barrages construits parfois très loin de Bombay. En 1972, une nouvelle retenue sur la Vaitarna, à 72 kilomètres de la ville, permit d'ajouter 680 millions de litres par jour à l'approvisionnement de la ville. D'autres ont suivi entre 1980 et 1996. Mais ces efforts se révèlent insuffisants tandis que la ville continue de croître, les nouveaux habitants étant plus nombreux, plus dispersés (à la suite de la délocalisation des bidonvilles) et de plus gros consommateurs en moyenne.

Finalement, tout Mumbai ne pouvant recevoir de l'eau 24 heures sur 24 avec une pression suffisante, les équipes municipales ont organisé la pénurie en répartissant les coupures d'eau dans le temps et l'espace – avant de se mettre en grève, en 2000, lorsque la ville envisagea de sous-traiter l'ouverture des valves à des entreprises privées. Mécontents, les usagers attaquèrent les bureaux du Water Department de la municipalité – l'un d'entre eux étant même incendié.

Au-delà du problème de l'eau, le bilan de la gestion de Mumbai par les pouvoirs publics suscite de nombreuses critiques : aux

1. « As ground water level depletes, city stares at the bottom of well », *Mumbai Mirror*, en ligne sur *Times of India*, 21 janvier 2024.

2. Björkman L., *Pipe Politics, Contested Waters. Embedded Infrastructures of Millennial Mumbai*, Durham, Duke University Press, 2015, p. 30.

yeux des élites économiques, les dirigeants politiques et l'administration n'ont pas réussi à faire de la ville la vitrine de l'Inde moderne. Les dysfonctionnements sont volontiers attribués à la fragmentation du processus de décision lié au « foisonnement d'institutions publiques » et même à l'« empilement » qu'on observe[1]. Or la ville connaît de graves problèmes budgétaires dus à une certaine gabegie financière, voire à de la corruption. Alors que les mégalopoles indiennes n'ont en général qu'un maigre budget à gérer, la MCGM, elle, est en effet traditionnellement bien dotée. Elle collecte des taxes importantes, à commencer par l'octroi. En outre, elle reçoit des subventions de l'État du Maharashtra et l'aide de bailleurs de fonds internationaux comme la Banque Mondiale pour mener à bien de grands projets[2]. En 2003-2004, la MCGM disposait d'un budget de 58 milliards de roupies (près d'un milliard de dollars de l'époque). Cela explique que cette institution ait pu recruter, au fil du temps, une armée d'agents municipaux : ils étaient 140 626 exactement en 2003-2004. Cependant, disposer d'un tel budget ne signifie pas pour autant que l'institution soit opulente. En fait, elle est percluse de dettes et souffre d'un déficit chronique, qui s'élevait à 3,5 milliards de roupies en 2003-2004 (environ 72 millions de dollars)[3]. Dans ces conditions, la municipalité n'a pas procédé aux investissements qui s'imposaient et aux recrutements de personnel, quand la population de la ville a continué de croître. On a alors assisté à deux mouvements convergents. D'un côté les milieux d'affaires, très critiques de la gestion municipale, ont décidé de s'impliquer dans la gouvernance de Mumbai. De l'autre, les pouvoirs publics, à cours de solution et de moyens financiers, se sont montrés prêts à s'en remettre aux acteurs

1. Zérah M.-H., « Mumbai ou les enjeux de construction d'un acteur collectif », art. cit., p. 150.

2. Nainan N. et Baud I., « Negotiating for participation : decentralization and NGOs in Mumbai, India », *in* Baud I. et Wit J. de (dir.), *New forms of urban governance…*, *op. cit.*, p. 120.

3. *Ibid.*, p. 139.

privés du monde l'entreprise et des ONG, à un moment où les élites politiques ne juraient plus que par le marché.

Une mégalopole en voie de privatisation ?

Les politiques de réhabilitation des bidonvilles nous ont montré qu'en matière de logement les pouvoirs publics ont très tôt renoncé à investir en faveur des pauvres[1]. L'État s'en est explicitement remis au secteur privé à partir des années 1990 lorsque pour la première fois, des promoteurs immobiliers privés ont été invités à construire des logements pour les pauvres grâce à un processus de subventions croisées, reposant notamment sur la possibilité de bâtir des étages supplémentaires pour abriter les locataires insolvables des bidonvilles où étaient situés les nouveaux immeubles. Mais le processus de privatisation concerne bien d'autres domaines de la ville depuis les années 1990, sous l'impulsion des milieux d'affaires.

Des milieux d'affaires omniprésents – mais pas nécessairement compétents

Comparant l'évolution de Delhi, Hyderabad, Kolkata et Mumbai du point de vue des politiques publiques, bien des auteurs soulignent qu'à Mumbai les transformations de la gouvernance urbaine résultèrent des initiatives du secteur privé[2]. L'implication des milieux d'affaires reflète ici leur poids considérable dans une cité qui reste la vitrine économique du pays – et rappelle le rôle des philanthropes parsis au XIXe siècle.

En 1995, des industriels de la Chambre de commerce de Mumbai créèrent un mouvement baptisé « Bombay First », sur le modèle de « London First ». Ils souhaitaient remédier au déclin que la ville connaissait – selon eux depuis dix ans – tant au plan économique qu'en termes de qualité de la vie. Ces milieux d'affaires, en 2003, passèrent commande au cabinet de conseil McKinsey d'une étude visant à « offrir une vision complète de

1. Sharma R. N., « The housing market… », art. cit., p. 298-299.
2. Ghosh A. *et al.*, « A Comparative Overview… », art. cit., p. 43-44.

Mumbai en 2013, afin de permettre à la cité de devenir une ville de classe internationale[1] ». Leur modèle n'était autre que Shanghai, un point de comparaison dont l'essor contrastait avec la stagnation de Mumbai.

Aux yeux des auteurs, il convenait de donner un plus grand poids au secteur privé et au gouvernement du Maharashtra – à travers la figure de son chef – dans la modernisation de la ville. L'une des conclusions du rapport portait en effet sur la nécessité de « créer un organe de coordination unique. Aujourd'hui, Mumbai est gouvernée par dix agences différentes. Il n'y a pas une organisation ou un organisme vraiment responsable de ce qui se passe à Mumbai, [...] plusieurs villes des États-Unis ont élu des maires qui contrôlent toutes les instances de leur ville, y compris la police. Bien des transformations urbaines ont été l'œuvre de maires, comme "One-chop Zhu" Rongji à Shanghai et Rudolph Giuliani à New York. Pour Mumbai, cela passe probablement par la création d'un "Ministre de Mumbai" et d'un département ministériel ».

Cet appel à plus de centralisation visait à renforcer davantage encore le rôle du gouvernement du Maharashtra dans la gestion de Mumbai. Une autre recommandation du rapport énonçait : « Outre les agences gouvernementales, le secteur privé et les ONG de Mumbai vont devoir jouer un rôle actif pour réaliser le projet de Vision Mumbai. »

Ces recommandations furent prises très au sérieux par le gouvernement du Maharashtra qui, à l'époque, reposait sur une coalition regroupant le Congrès et le National Congress Party, né d'une scission du Congrès en 1999. Le gouvernement créa rapidement un poste de « directeur de cabinet » chargé du dossier. En 2005, celui-ci mit en place une Mumbai Transformation Support Unit (MISU) dont la tâche essentielle était de collecter l'information et de produire de l'expertise pour guider le processus de

1. A Bombay First – McKinsey Report, *Vision Mumba. Transforming Mumbai into a world-class city. A summary of recommendations*, Mumbai, 2003, p. 7.

réforme. Dès ses débuts, la MISU s'est appuyée sur la société civile et notamment des ONG dont le rôle n'a cessé de croître[1]. En 2004, le Citizen Action Group vit le jour pour faire travailler ensemble l'administration de l'État, les milieux d'affaires et les ONG. Il joua toutefois un rôle secondaire par rapport au Empowered Committee, fondé en 2006, qui réunit, lui, 17 hauts fonctionnaires et les représentants de 7 grands groupes industriels – ainsi que d'une banque spécialisée dans les prêts immobiliers. L'osmose croissante entre les milieux d'affaires et les élites politico-administratives qui gèrent les affaires urbaines s'est également traduite par du pantouflage, des hauts fonctionnaires qui suivaient jusque-là les dossiers de la réforme urbaine passant au secteur privé dans des filiales spécialisées, et appelées à répondre aux appels d'offres de l'État ou de la ville. Cette dernière reste d'ailleurs un acteur marginal dans la *Vision Mumbai*, avant tout portée par l'État fédéral et les industriels dont les sièges sociaux sont à Mumbai, sans compter le rôle de conseiller de la Banque mondiale et des cabinets de conseil qui contribuent à la construction de l'agenda réformateur.

Murli Deora, un industriel de Bombay entré en politique dès les années 1960, incarnait parfaitement cette osmose. Élu conseiller municipal en 1968, il devint même maire de la ville en 1977, avec le soutien de la Shiv Sena. De 1981 à 2003, il a été président du Comité régional du Congrès de Bombay/Mumbai – qui, depuis les années S. K. Patil, a toujours été dominé par les milieux d'affaires. Comme Patil, la circonscription parlementaire de prédilection de Deora était d'ailleurs « Bombay Sud », qu'il a remporté en 1984, 1989, 1991 et 1998, avant que son fils, Milind Deora, ne lui succède sur le même siège entre 2004 et 2014. Très influents au sein du Congrès, tant à Delhi qu'à Mumbai, dans les années 2000, les Deora ont largement contribué à impliquer les milieux d'affaires dans la gestion de « leur » ville.

1. Zérah M.-H., « Mumbai ou les enjeux de construction d'un acteur collectif », art. cit., p. 198.

Si ces derniers souhaitent jouer un rôle plus important dans la gestion des affaires municipales, l'efficacité de leurs interventions reste toutefois à démontrer lorsqu'il s'agit d'infrastructures, surtout celles construites dans le cadre de partenariats public privé (PPP), dont le nombre a beaucoup augmenté dans les années 2000[1]. Marie-Hélène Zérah offre deux exemples de ces limites à Mumbai, le Bandra Worli Sea Link (BWSL) et le Mumbai Trans-Harbour Link (MTHL)[2].

La construction du pont à péage qui relie Bandra à Worli, le fameux Bandra Worli Sea Link (BWSL), était en gestation depuis le premier plan d'aménagement régional de 1962. Dans les années 2000, cette opération associa principalement Reliance (le groupe de Mukesh Ambani) et les pouvoirs publics L'amateurisme dont fit preuve le consortium se traduisit toutefois par des retards et des surcoûts spectaculaires. Les ingénieurs durent en effet revoir leurs plans – notamment le mode de suspension du pont – pour ménager un passage navigable aux pêcheurs auxquels nul n'avait pensé avant. Or ces modifications impliquaient d'importer de Chine des équipements coûteux. En 2007, le maître d'œuvre demanda que le montant du contrat fût réévalué en conséquence et suspendit les travaux lorsqu'il se vit opposé une fin de non-recevoir. Après des mois de négociation, le coût du projet passa finalement à 275 millions d'euros – alors que le devis initial était de 67 millions. Cette différence s'explique aussi par un biais inhérent aux PPP suivant lequel les entrepreneurs répondant aux appels d'offres sous-estiment les coûts pour décrocher les contrats, sûrs (à juste titre) que l'État accordera une rallonge en cas de

1. La formule du PPP a par exemple été expérimentée pour la construction du métro. La première ligne, reliant Versova à Ghatkopar (soit 11,4 kilomètres), qui a été mise en fonctionnement en 2014, est le fruit d'un partenariat associant la Mumbai Metropolitan Regional Development Authority (MMRDA), Reliance et Veolia Transport. Motiram S., « Infrastructure projects and sustainable development », *in* Patel S. *et al.* (dir.), *Mumbai/Bombay*..., *op. cit.*, p. 105-107.

2. Zérah M.-H., « Mumbai ou les enjeux de construction d'un acteur collectif », art. cit., p. 168.

dépassement. Aucun de ces acteurs, de surcroît, n'a pris la peine de veiller aux respects des normes environnementales qui ont donc été violées dans des proportions telles que les opposants au projet ont pu saisir la justice – ce qui a encore retardé l'achèvement du projet jusqu'en 2009-20210.

Le pont reliant Mumbai à Navi Mumbai, le Mumbai Trans-Harbour Link (MTHL), a posé des problèmes comparables. En 2004, un appel d'offres fut lancé, auxquels répondirent six consortiums, parmi lesquels trois furent sélectionnées deux ans plus tard. Mais l'un des consortiums éliminés, dont le chef de file n'était autre que Reliance Energy Limited, du groupe d'Anil Ambani, le frère – et rival – de Mukesh, entama un recours auprès de la Cour suprême. Celle-ci, au bout d'un an, demanda à l'agence des routes du gouvernement du Maharashtra, la MSRDC, de considérer cette candidature comme valable. Un nouvel appel d'offres fut donc lancé et, au terme de la procédure de sélection, seuls les deux consortiums dont les figures de proue étaient les groupes de Mukesh et Anil Ambani restaient en lice. Le second était tellement déterminé à empêcher le premier de remporter le marché qu'il promit un retour sur investissement en sept ans (alors que Mukesh l'évaluait, lui, à soixante-quinze ans). Finalement, « [c]es écarts [...] et l'irréalisme des offres ont obligé le gouvernement du Maharashtra à annuler, après réflexion, l'attribution du contrat pour revenir à une solution classique avec financement public[1] ».

Pour Marie-Hélène Zérah, ces études de cas reflètent « un retard d'apprentissage de la part des autorités publiques dans leur capacité à piloter des PPP ». Ce défaut de compétence est aggravé à ses yeux par l'absence de grandes firmes spécialisées dans les travaux publics et dotées d'une expertise d'urbaniste.

Si le monde des affaires de Mumbai disait vouloir investir dans la ville, ils s'intéressaient surtout, en fait, aux opérations immobilières de nature largement spéculatives. Mais l'implication du secteur privé dans l'immobilier – dont on a déjà mesuré l'ampleur

1. *Ibid.*, p. 170.

et les conséquences sociales – s'est aussi révélée problématique. L'exemple de Dharavi, à nouveau, en témoigne. Après les échecs du PMGP et de ses émules mentionnés plus haut, les pouvoirs publics, échaudés, s'en sont remis là aussi au privé d'une manière encore plus systématique que par le passé. Cette démarche s'inscrit dans un cycle répression-réhabilitation comme dans les années 1980. Les projets de reconversion des bidonvilles de Mumbai ne progressant guère, la municipalité, à la fin des années 1990, avait recommencé à utiliser la manière forte pour en démanteler certains (tel, en 1997, celui de Bandra-Sion Link Road). D'autres furent ravagés par des incendies dont la cause resta mystérieuse, comme celui de Rajiv Nagar, qui détruisit 4 500 cabanes en 1999. Il ne pouvait s'agir là de solutions durables – en tout cas, pas pour Dharavi. En 2004, le gouvernement du Maharashtra lança donc un nouveau plan de « redéveloppement » qui reposait sur un principe maintenant acquis : étant donné le coût du mètre carré, les promoteurs rentreraient dans leurs fonds s'ils remplaçaient le bidonville par des tours où ils relogeraient une partie des habitants tandis qu'ils vendraient le reste des logements au prix du marché, qui avait remonté au début des années 2000[1]. C'est dans ce cadre que fut initié le « Dharavi Redevelopment Project » qui visait à attirer des investisseurs non seulement indiens, mais aussi étrangers pour un montant prévisionnel de 2 milliards de dollars permettant de construire des logements, des bureaux et des grands magasins. En juillet 2007, l'appel à projet fut diffusé dans les médias de plus de 20 pays. Soixante-dix-huit promoteurs immobiliers – un tiers basé à l'étranger – y répondirent. L'heureux élu fut Mukesh Mehta, un architecte[2], dont le plan souffrait toutefois des mêmes limites que ses prédécesseurs car il ignorait à nouveau l'une des grandes

1. Sur les politiques de réhabilitation des bidonvilles de Mumbai au début du XXIe siècle, voir Bautès N. *et al.*, « Ressources foncières et pression immobilière à Mumbai (Inde). Quelles stratégies possibles pour les habitants des bidonvilles ? », *Revue Tiers Monde*, vol. 206, n° 2, 2011, p. 55-74.

2. Weinstein L., *The Durable Slum…*, *op. cit.*, p. 103.

spécificités de Dharavi : son caractère industriel qui rendait inadéquat l'espace – 225 pieds carrés – que Mehta souhaitait réserver aux résidents qui devaient être relogés dans ce cadre. Udhav Thackeray conduisit en août 2008 une délégation d'opposants au projet auprès du chef du gouvernement – congressiste – du Maharashtra, Vilasrao Deshmukh. Cette délégation dénonça en particulier le conflit d'intérêts qui ressortait du rôle de Mukesh Mehta dans le processus de décision : d'un côté, celui-ci était consulté par le gouvernement en tant qu'expert, d'un autre, il avait répondu à l'appel d'offres en tant que promoteur. Deshmukh constitua un « comité d'experts » de 10 personnes qui s'émut de cette situation et, surtout, se fit l'écho des inquiétudes des habitants avant de suggérer des amendements au projet. Ces tensions – auxquelles s'ajouta l'exploitation politique dont l'affaire faisait l'objet, l'opposition n'étant pas insensible à l'énorme « banque de votes » que représentait Dharavi – inquiétèrent les 14 promoteurs encore en lice. En octobre 2009, la moitié d'entre eux se retirèrent de la compétition. Début 2010, le Dharavi Redevelopment Plan était *de facto* mis entre parenthèses, un échec qui témoignait à nouveau des difficultés inhérentes à la privatisation des affaires urbaines.

Systèmes hybrides et zones grises : transports, électricité, eau

Face aux échecs relatifs mais répétés du secteur privé et aux formes de résistance que les entreprises rencontraient de la part des citoyens et, parfois, de l'opposition politique, voire des bureaucrates, les autorités ont élaboré des dispositifs plus hybrides encore que les PPP.

En matière d'infrastructures de transport, dans les années 2010, un nouveau *modus operandi* consistant à confier les travaux à des consortiums associant des entreprises indiennes et étrangères a ainsi pris forme. L'archétype de ce « modèle » n'est autre que la ligne n° 3 du métro répondant aux besoins de l'axe nord/sud. La construction de cette ligne a été confiée à huit consortiums chargés d'une portion plus ou moins grande des travaux et associant systématiquement un opérateur indien à un binôme chinois, russe, turc ou taiwanais – un facteur inédit de globalisation de la ville. Non seulement les opérateurs étrangers jouent ici un rôle clé pour la réalisation des travaux, mais le financement vient aussi largement de l'extérieur puisque, à l'instar du train Ahmedabad-Mumbai, ce projet de 3,8 milliards de dollars a vu le jour grâce à un prêt de la Japan International Cooperation Agency (JICA). La voie express courant le long de la côte ouest de Mumbai a aussi été construite par une pléiade d'entreprises indiennes et étrangères (chinoises et sud-coréennes), le bureau d'étude chargé de l'ensemble du projet, AECOM Technology Corporation, étant, lui, lié à une entreprise américaine spécialisée dans les infrastructures.

S'agissant de la fourniture d'électricité, les pouvoirs publics et les entreprises privées se sont partagé Mumbai, mais sans collaborer. Pour ce qui est de la distribution du courant, à côté de la régie municipale, BEST, qui dessert le centre-ville, on trouve au début du XXIe siècle non seulement la Maharashtra State Electricity Distribution Company – l'agence de l'État – mais aussi Tata Power Company Ltd. et Reliance Industries Ltd., l'entreprise d'Anil Ambani. Les Tatas sont les fournisseurs historiques de la ville en électricité puisque, dès le début du XXe siècle, leur première centrale hydroélectrique du pays alimentait Parel en courant[1]. Par contraste, Anil Ambani est un nouveau venu puisqu'il n'a acquis l'entreprise Bombay Suburban Electric Supply Ltd (créée en 1929) qu'en 2003. En 2015, ces deux entreprises comptaient respectivement 600 000 et 2,9 millions d'abonnés, contre 900 000 pour BEST et 200 000 pour MahaVitaran[2]. Quant à la production, elle est assurée par Mahagenco, une société publique, ainsi que par les deux mêmes entités privées, Tata Power disposant d'une unité de production à Trombay. En 2018, Gautam Adani a racheté

1. Power T., « The power of dreams », en ligne sur Tata.
2. Jog S., « Tata Power plans to strengthen distribution network in Mumbai », en ligne sur *Business Standard*, 21 septembre 2015.

les activités de production et de distribution électriques d'Anil Ambani, créant ainsi une nouvelle entité baptisée Adani Electricity Mumbai Ltd. En 2020, cette entreprise a connu sa première panne massive qui a privé de courant ses clients pendant neuf heures[1].

Dans le domaine de l'eau, les pouvoirs publics envisagèrent aussi une privatisation partielle dès la fin des années 1990[2], à la suite d'une proposition de la Banque mondiale. Celle-ci avait en effet demandé au Département de l'eau de la ville d'utiliser, pour étudier la question des pénuries, le reliquat du Bombay Sewage Disposal Project que la Banque avait financé en 1995. L'objectif n'était autre qu'une fourniture continue, 24 heures sur 24 et 7 jours sur 7, grâce à un partenariat public privé[3]. Le Département en question refusa l'idée, mais le gouvernement du Maharashtra demanda à la ville de postuler au Public Private Infrastructure Avisory Fund de la Banque mondiale qui débloqua 700 000 dollars en 2003 après que le gouvernement de New Delhi eut apporté son soutien au projet. Des opposants à la privatisation constituèrent un collectif baptisé « Mumbai Pani » (L'eau de Mumbai) en 2006. Les élus locaux et les ingénieurs du département de l'eau de la ville y étaient aussi hostiles[4]. Le projet fut abandonné et nul ne parla plus de privatiser l'eau à Mumbai – en tout cas officiellement.

Ce processus n'en prit pas moins un certain essor. Pour pallier la pénurie d'eau à laquelle Mumbai était confrontée, différentes stratégies virent en effet le jour, relevant toutes d'une logique de privatisation informelle. Premièrement, les usagers eurent recours à des pratiques illicites, des habitants des bidonvilles installant de

1. Dasgupta S., « How Mumbai is left at the mercy of Adanis », en ligne sur *The Telegraph*, 6 mars 2023.

2. Björkman L., *Pipe Politics*…, *op. cit.*, p. 34.

3. Bawa Z., « From watertight to watered down : the case of public consultations in Mumbai's Water Distribution Improvement Project (WDIP) », *in* Coelho K. *et al.* (dir.), *Participolis*…, *op. cit.*, p. 95.

4. Zérah M.-H., « Mumbai ou les enjeux de construction d'un acteur collectif », art. cit., p. 166.

minces tuyaux (appelés spaghettis) pour se connecter au réseau. La pratique était parfois orchestrée par des réseaux mafieux, qui se mirent, en outre, à vendre de l'eau par camions-citernes entiers[1]. Deuxièmement, des associations de riverains des beaux quartiers et des institutions disposant de capacités de stockage (les universités, par exemple) optèrent pour des fournisseurs privés, légaux, qui s'approvisionnaient auprès de la municipalité. Ces pratiques désorganisent aujourd'hui encore plus le Département de l'eau, dont les ingénieurs mal considérés et mal payés tendent à passer au secteur privé – se procurer de l'eau de la ville auprès des agents du « Hydraulic Department » moyennant quelques pots-de-vin n'étant pas exceptionnel pour ces fournisseurs privés.

La société civile contre les politiques ?

Une autre forme de privatisation larvée tient à la façon dont les pouvoirs publics se déchargent de certaines tâches sur les citoyens au nom d'un renforcement de la société civile.

« Power to the people »

Nombre d'ONG indiennes ont développé de longue date leurs activités à Mumbai. Pratham s'est investie dans l'éducation des enfants des bidonvilles. Le Joint Area Action Group (JAAG), un élément constitutif de l'Action for Good Governance in India and Networking in India (AGNI), a joué un rôle d'intermédiaire important entre les citoyens et leurs élus ou l'administration[2]. Mais les groupes locaux méritent ici une attention particulière. C'est le cas de l'Institute for Community Research (ICOR), d'obédience catholique, qui, avec l'aide de l'Église, s'est

1. Björkman L., *Pipe Politics*..., *op. cit.*, p. 139 et 181.
2. Pinto M., « Urban governance in India – spotlight on Mumbai », art. cit., p. 60.

mobilisé contre le projet de privatisation de l'eau, de concert avec l'AGNI[1]. Sur le front du logement, il faut mentionner Nivara Hakk Suraksha Samiti (NHSS), créée par l'actrice de cinéma Shabana Azmi et l'architecte-urbaniste P. K. Das, qui a défendu les habitants des bidonvilles contre les expulsions et destructions[2]. L'ONG la plus emblématique de la scène bombayite n'en demeure pas moins la Society for the Promotion of Area Resource Centres (SPARC) qui a été créée en 1984 et dont l'initiative revient à des universitaires et des journalistes ainsi qu'à d'anciens hauts fonctionnaires et ingénieurs de la fonction publique qui avaient à cœur d'aider les plus pauvres à améliorer ou sauver leur habitat[3].

Ces ONG ont beaucoup aidé les victimes de la crise du logement à défendre leurs droits, contribuant à l'affirmation d'une société civile des bidonvilles qui a pris naissance dans les années 1970 à Dharavi[4]. Ces organisations n'ont pas seulement mobilisé les citoyens dans la rue, mais ont aussi intenté des actions en justice. L'une de ces démarches a concerné la date d'installation de ces habitants dans leur bidonville qui pouvait les rendre éligibles à une aide de l'État. En 2006, la Haute Cour de Bombay débouta les associations qui contestaient le fait que seuls ceux qui y vivaient depuis 1995 au moins étaient concernés. Ces associations firent donc appel et obtinrent de la Cour suprême que la date couperet soit décalée à l'an 2000 – un succès majeur.

La réforme des institutions municipales qui intervint au tournant du siècle entérina cette évolution et l'habilla des atours de « la participation » en donnant aux ONG des sièges au Conseil municipal. L'État compensait ainsi le fait que les citoyens se

1. Zérah M.-H., *Quand l'Inde s'urbanise. Services essentiels et paradoxes d'une urbanisation bricolée*, Paris, Éditions de l'Aube, 2020, p. 255.

2. R. N. Sharma reproche toutefois à la NHSS de s'être montré complaisante avec les promoteurs immobiliers (Sharma R. N., « The housing market... », art. cit., p. 308).

3. https://sparcindia.org et https://www.sparcindia.org/team.html.

4. Weinstein L., *The Durable Slum...*, *op. cit.*, p. 155-156.

désintéressaient de la chose publique au point de ne plus guère voter. Outre l'entrée de représentants des ONG au Conseil municipal, la municipalité a encouragé la formation de comités de quartier. Cependant, cette démarche s'est également inscrite dans la logique de privatisation à l'œuvre depuis quelques années. Il s'agissait à nouveau, pour l'administration, de sous traiter une partie de ses responsabilités à des CBO, « Community Based Organizations », invitées, par exemple, à participer au Slum-Adoption Programme[1] et à contribuer à certains services municipaux.

Sous-traiter les services municipaux au privé et aux citoyens

Depuis les années 1990, les autorités municipales sous-traitent le traitement des eaux usées, la valorisation énergétique des déchets et surtout la collecte des ordures ménagères[2], non seulement à de petites entreprises privées, mais aussi à des ONG et à des associations de citoyens. Les CBO doivent ici s'inscrire dans le cadre d'actions qualifiées d'Advanced Locality Management (ALM) pour organiser la collecte et le traitement des ordures – tri sélectif y compris –, en échange de quoi les employés municipaux sont censés être davantage à l'écoute des administrés. Les réunions de concertation se sont, de fait, multipliées.

C'est que le traitement des déchets constitue un enjeu considérable pour Mumbai. Au début du siècle, la ville générait 7 500 mètres cubes de déchets tous les jours. Les 26 000 employés du Solid Waste Management Department de la ville – qui ne recevait que 4 % du budget municipal – ne pouvaient faire face à ce défi toujours plus grand étant donné l'augmentation de la

1. Nainan N. et Baud I., « Negotiating for Participation... », art. cit., p. 130 et Redkar S., « New management tools for Mumbai's Solid Waste Management », *in* Baud I. et Wit J. de (dir.), *New forms of urban governance...*, *op. cit.*, p. 221.

2. Zérah M.-H., *Quand l'Inde s'urbanise...*, *op. cit.*, p. 199.

population[1]. Conséquence, on comptait 823 initiatives entrant dans le cadre des ALM en 2005. Certaines travaillent de concert avec des ONG comme Stree Mukti Sangathana (Association de libération des femmes) ou Akbar Mumbai pour organiser et former les chiffonniers qui collectent et trient les déchets à longueur de journée. Ce genre d'initiative souffre d'un biais sociologique évident car les personnes qui s'investissent le plus dans les ALM (comme on appelle communément les initiatives prises dans ce cadre) ne sont pas les habitants les plus pauvres qui triment toute la journée, mais des membres de la classe moyenne – y compris des cadres du secteur privé – dotés d'un fort capital social[2]. Certaines ALM ont ainsi fini par se rapprocher d'ONG avec lesquelles elles forment des réseaux et échangent des « bonnes pratiques » dont les beaux quartiers sont les seuls à profiter. Marie-Hélène Zérah souligne en outre que le transfert de compétences à des opérateurs privés – qu'il s'agisse d'ONG ou de PME –, s'il permet « une amélioration relative du service[3] », se traduit par une « informalisation de l'emploi et de très dures conditions de travail », les employés municipaux (qui bénéficiaient d'une certaine protection sociale) étant remplacés par des agents précaires.

La façon dont l'État s'appuie sur certaines ONG conduit parfois celles-ci à sortir de leur rôle. Le 74e amendement prévoyait, comme on l'a vu, que les ONG soient représentées dans les Comités d'arrondissement. S'insérer ainsi dans la nouvelle architecture institutionnelle de la ville n'a, tout d'abord, pas été du goût des ONG – qui ont toutefois fini par envoyer 32 représentants dans 11 des 16 comités ainsi créés en 2002[4]. En revanche, les ONG ont été invitées par la municipalité à prendre le relais à

1. Redkar S., « New management tools… », art. cit., p. 214.

2. Zérah M.-H., *Quand l'Inde s'urbanise…*, *op. cit.*, p. 239.

3. Zérah M.-H., « Mumbai ou les enjeux de construction d'un acteur collectif », art. cit., p. 164.

4. Nainan N. et Baud I., « Negotiating for Participation… », art. cit., p. 138.

un moment où elle n'avait plus les moyens financiers et humains de s'acquitter de certaines tâches.

SPARC a ainsi contribué à la mise en œuvre du Slum and Sanitation Program qui, lancé en 1995, visait à améliorer le réseau d'assainissement de la ville. Le fait qu'une ONG ait pu participer à un tel projet – grâce à la Banque mondiale, son bailleur de fond principal – était alors une première. Il s'agissait de construire des centaines de blocs sanitaires en associant la population des bidonvilles concernés par l'opération, 70 % des habitants devant donner leur accord quant à l'emplacement des toilettes et se montrer prêts à contribuer financièrement à l'opération[1]. L'ONG est toutefois apparue comme un bras armé du pouvoir au cours de cette opération, et plus encore du fait de son implication dans la question du relogement temporaire des habitants des bidonvilles le temps des travaux pour améliorer les voies de communication (routes, lignes de métro etc.). Dans ce cas, analyse Zerah, SPARC « [a] pouss[é] les ménages à accepter rapidement les offres de logement pour satisfaire aux projections de l'agence d'urbanisme ». L'ONG fait ici plus figure de courroie de transmission des autorités que de représentante des intérêts des pauvres[2].

La résilience des politiques

Les responsables d'initiatives citoyennes et d'ONG ont parfois tenté d'entrer en politique en formant des partis ou en se portant candidats. C'est ainsi qu'en 2007 et 2012 des candidats « indépendants » se sont présentés aux élections municipales,

1. Zérah M.-H., *Quand l'Inde s'urbanise…*, *op. cit.*, p. 248.

2. Bhide R. N. et Bhide A., « World Bank funded slum sanitation program in Mumbai : participatory approach and lessons learnt », *Economic and Political Weekly*, n° 40-17, 2005, p. 1784-1789. Sur le role ambigu des ONG dans la réhabilitation des bidonvilles de Mumbai, voir Bautès N. *et al.*, « Acting from the slums : Questioning social movement and resistance », *in* Saglio-Yatzimirsky M.-C. et Landy F. (dir.), *Megacity Slums. Social exclusion, space and urban policies in Brazil and India*, Londres, Imperial College Press, 2014, p. 377.

principalement dans des quartiers bourgeois où ils bénéficiaient du soutien d'ALM. Tous ont été battus par des candidats de partis bien établis.

Les partis politiques restent en effet des acteurs incontournables de la vie municipale. Certes, leurs élus jouent un rôle secondaire au niveau du processus décisionnel, mais ils conservent certaines prérogatives. Si les PME avec lesquelles la municipalité contracte en matière d'assainissement sont identifiées par les ingénieurs d'arrondissement, leur certification est du ressort de l'élu local. De même les associations de quartier doivent, elles aussi, être parrainées par un élu local[1]. Surtout, les politiques restent des intermédiaires indispensables entre les citoyens et l'État, en particulier pour les plus démunis qui n'ont d'autres canaux de communication pour obtenir un raccordement électrique ou avoir accès aux magasins à bon marché réservés à ceux vivant sous le seuil de pauvreté[2]. Cela alimente une relation de type clientéliste comparable à celle cultivée par les *slumlords*[3]. Les apprentis politiciens se spécialisent d'ailleurs volontiers dans ce genre de fonction : ils gagnent en popularité, localement, dès qu'ils sont jugés comme assez persuasifs auprès du Département de l'eau ou de la police. Le niveau de politisation de l'accès à l'eau est tel que si personne ne sait vraiment quel parti a fait (re)venir l'eau lorsqu'elle vient à manquer, tout le monde sait qu'elle est arrivée « grâce aux politiques[4] », selon l'expression consacrée.

Dans ce contexte, les entrepreneurs politiques qui réussissent à se faire une place au soleil de Mumbai sont les « patrons » efficaces disposant d'un bon réseau – ce qui implique de disposer de fonds considérables. Les partis sont de fait de véritables pompes

1. Zérah M.-H., « Mumbai ou les enjeux de construction d'un acteur collectif », art. cit., p. 164-165.

2. Björkman L., « « You can't buy a vote » : meaning of money in Mumbai election », *American Ethnologist*, n° 41-4, 2014, p. 621.

3. Björkman L., *Pipe Politics…*, *op. cit.*, p. 204.

4. *Ibid.*, p. 222.

aspirantes (et refoulantes) à roupies et le contrôle (même partiel) de la ville est pour eux vital, ne serait-ce qu'en raison du budget de la municipalité.

La compétition électorale entre les grandes formations politiques ne faiblit pas, comme en témoigne le nombre de leurs candidats – qui, entre 1992 et 2017, est passé de 936 à 1579 –, et le déclin du nombre de candidats indépendants – et le nombre d'élus indépendants ou n'appartenant pas aux trois principaux partis, la Shiv Sena, le BJP et le Congrès.

Tableau n° 3 : Les résultats des élections municipales à Bombay/Mumbai (en sièges)

	1992	1997	2002	2007	2012	2017
Shiv Sena	70	103	98	84	75	84
BJP	14	26	35	28	31	82
INC	111	49	61	71	52	31
NCP	–	–	12	14	13	9
MNS	–	–	–	7	28	7
Samajwadi Party	–	21	10	8	9	6
Autres	10	04	0	6	4	3
Indépendants	16	18	11	9	15	5
Total	221	221	227	227	227	227
Nombre de candidats dont (indépendants) et [présentés par des partis]	2 222 (1 286) [936]	2 792 (1 995) [797]	2 064 (1 166) [898]	2 394 (925) [1 469]	2 358 (966) [1 392]	2 277 (698) [1 579]

Remporter les élections municipales à Mumbai fut une priorité de la Shiv Sena dès sa création – un objectif atteint en

1968, un an après la naissance du mouvement –, non seulement pour des raisons politiques (voire identitaires : Mumbai n'est-il pas le berceau des « fils du sol » maharashtriens ?), mais aussi financières : sans cette ressource, le parti se retrouve bien plus dépourvu que ceux qui, comme le BJP et le Congrès, contrôlent d'autres États.

Le développement contre l'environnement ou la montée des périls écologiques

Jusqu'aux années 2020, les partis politiques de Mumbai ne prêtaient guère attention à la question environnementale. Seuls quelques ONG et autres mouvements de citoyens s'en souciaient sans faire vraiment avancer leur cause – hormis quelques succès locaux arrachés à coups de mobilisations de rue et de démarches juridiques[1]. Résultat : les espaces verts représentent moins de 5 % de la surface de la ville, chaque habitant ne disposant que d'un mètre carré d'un tel espace en moyenne – contre 31 pour les Londoniens et 26 pour les New-Yorkais. Une prise de conscience s'opère aujourd'hui en raison de l'ampleur du défi.

Inondations, pollution atmosphérique et déforestation

Face aux enjeux écologiques du XXIe siècle, Mumbai est plus vulnérable encore que la plupart des villes indiennes du fait même de la façon dont la ville a été gagnée sur la mer. Née d'un long processus de poldérisation, cette mégalopole compte aujourd'hui bien des quartiers se situant sous le niveau de la mer. L'élévation du niveau des océans – et de la mer d'Arabie – conduit

1. C'est ainsi que furent par exemple créés la Bandra Banstand Promenade sur un espace côtier promis aux promoteurs immobiliers et l'espace vert de Land's End (Sankalia T., « Public space and citizenship in Mumbai », *City*, vol. 23, nº 3, 2019, p. 306-326).

les prospectivistes à une conclusion saisissante : Mumbai, submergée de part en part, pourrait redevenir un archipel dès 2050 (voir carte n° 5, p. 506)[1].

Des inondations de grande ampleur ont commencé à se multiplier. D'un côté, l'absence (ou la mauvaise qualité) d'un tout-à-l'égout souvent mal entretenu (et donc bouché de part en part) et la forte proportion de bidonvilles aux habitats précaires font de la ville une zone structurellement exposée aux inondations. D'un autre côté, l'évolution du climat démultiplie ce risque : le régime des pluies s'est en effet transformé, les précipitations de la mousson ne s'étendant plus que sur une brève période et avec une violence plus grande. Ces changements, que les scientifiques attribuent au réchauffement de la mer d'Arabie, sont à l'origine de catastrophes naturelles à répétition. Le 26 juillet 2005, des précipitations d'un niveau record pour la ville (944 mm en 24 heures) paralysèrent la mégalopole. Ces pluies torrentielles se poursuivirent pendant une semaine. Le bilan humain s'établit officiellement à 1 094 morts. Quant au coût pour la ville et ses habitants, il aurait dépassé les 100 millions de dollars. Les inondations furent surtout dévastatrices dans le Nord-Ouest, autour de la rivière Mithi. C'est que son cours avait été détourné et réduit par l'extension d'une piste de l'aéroport et la construction du quartier d'affaire BKC, alors que son débit à son embouchure s'était trouvé amoindri par le Bandra Worli Sea Link. En outre, le tout-à-l'égout était sous dimensionné et les tuyaux rejetant l'eau dans la mer non protégés contre les vagues.

La catastrophe de 2005 fut aussi révélatrice des effets de la destruction de la mangrove le long de la rivière Mithi et de la Mahim Creek, chaque fois pour y construire de nouveaux bâtiments. Entre 1991 et 2001, des années de booms immobiliers, 40 % de la mangrove a disparu[2]. Le Bandra-Kurla Complex – qui

1. Nandi J., « Key infra in Mumbai, other coastal cities may submerge by 2050 », en ligne sur *The Hindustan Times*, 8 avril 2022.

2. Pathak S., « Mangroves Help Fight the Effects of Climate Change. So Why Is Mumbai Destroying Them ? », en ligne sur *NPR*, 25 novembre 2019.

fut durement touché en 2005 – avait notamment été édifié au prix de cette forme de déforestation. Ces atteintes à l'équilibre écologique de la ville ont conduit la Haute Cour du Maharashtra à geler toute destruction de mangrove dans l'État et à interdire la construction de bâtiments à moins de 50 mètres de sa zone[1]. Le gouvernement du Maharashtra a lui-même créé une cellule destinée à la protéger, en 2012, lorsque le Congrès et le NCP étaient au pouvoir. Mais cela n'a pas empêché ces partis, et surtout les gouvernements de New Delhi et du Maharashtra, dirigés par le BJP à partir de 2014, de soutenir le projet d'un train rapide entre Ahmedabad et Mumbai dont la ligne ferroviaire impliquait la destruction de 32 044 arbres de la mangrove.

Qu'elles soient de grande ampleur comme en 2005 et/ou plus modérées comme en 2017 où elles firent 21 morts, les inondations qui, tous les ans, ont lieu à Mumbai pendant la mousson se traduisent également par la recrudescence de maladies – et même des épidémies de choléra – lorsque l'eau stagne, en particulier dans les bidonvilles.

La qualité de l'air est aussi devenue un enjeu sanitaire majeur pour la ville. En décembre 2022, son « Air Quality Index » qui reflète notamment la concentration de particules fines était moins bon que celui de la capitale indienne pour la première fois depuis qu'existe cette mesure. Cette tendance est liée à l'augmentation du parc automobile : entre 2011 et 2016, le nombre de véhicules circulant dans la métropole a bondi de 2 à 3 millions[2]. Or, au lieu de promouvoir des moyens de transport alternatifs, les dirigeants ont longtemps privilégié l'automobile et le bus – en 2015, la compagnie BEST faisait circuler 3 600 bus transportant 4,8 millions de passagers par jour –, comme en témoigne la construction de

1. Sarkar L. H., « Mangroves in Mumbai », *IJCRT*, vol. 5, n° 4, 2017 (https://www.ijcrt.org/papers/IJCRT1704193.pdf).

2. Geary W., « The automobilization of Mumbai : a walking city that privileges cars », en ligne sur Infrapolitics. L'image animée de W. Geary montrant les flux de voyageurs empruntant les trains, les routes et le métro est très parlante.

60 autoponts de 1999 à 2015 et, dans le même temps, la création du Bandra Worli Sea Link, de l'Eastern Freeway, de la Jogeshwari-Vikhroli Link Road et de la Santacruz-Chembur Link Road.

Illustration n° 28 : Autoroutes urbaines à Mumbai.

Une autre source de pollution atmosphérique tient bien sûr aux travaux de construction qui dégagent poussières et microparticules. Du reste, lorsque le pic de pollution de décembre 2022 commença à susciter une vive inquiétude parmi les habitants, la municipalité fit suspendre les chantiers dans 24 arrondissements pendant dix jours.

Des pouvoirs publics pour ou contre la défense de l'environnement ?

À Mumbai, l'environnement a souvent été sacrifié sur l'autel du développement de nouvelles voies de communication visant à faciliter le mouvement pendulaire de banlieusards toujours plus nombreux. Une décision des années 2010 est devenue le symbole de cette contradiction, celle d'abattre plus de 5 000 arbres pour construire la ligne n° 3 du métro, dont 2 000 pour servir de dépôt aux voitures et locomotives dans le secteur d'Aarey. Ce havre de verdure au nord de Mumbai faisait pourtant office de zone tampon avec le parc naturel Sanjay Gandhi, le dernier poumon forestier de la région[1].

Cette opération de déforestation a suscité une intense mobilisation de la part tant des ONG que de simples citoyens. Saisie de l'affaire, la Haute Cour du Maharashtra commença par suspendre les travaux en 2017 puis indiqua que cette ligne de métro était indispensable pour décongestionner Mumbai – ce qui aurait aussi des vertus écologiques, soulignaient les juges. En appel, la Cour suprême suspendit puis valida le projet, pour les mêmes raisons. En échange les entreprises devaient replanter ailleurs près de 3 700 arbres, ce qui ne satisfaisait pas les plaignants étant donné le manque à gagner et le fait que lesdits arbres ne pousseraient pas au même endroit.

En 2019, la Shiv Sena, qui continuait à faire peau neuve sous l'impulsion d'Uddhav Thackeray, promit de défendre cette cause dans son programme électoral. Cette inflexion reflétait l'influence croissante du fils d'Uddhav, Aaditya, environnementaliste apparemment convaincu qui avait déjà fait campagne pour proscrire les sacs plastiques de Mumbai et nettoyer à la fois les plages et les rivières de la ville. Il fut nommé ministre de l'Environnement dans le gouvernement de son père en 2019. Aaditya était le premier à porter ce titre au Maharashtra, après avoir été le premier Thackeray à être élu à l'Assemblée de l'État – et ce dans une circonscription de Mumbai, Worli. Ce ministre de vingt-neuf ans fut en partie responsable, en octobre 2020, d'une décision majeure du gouvernement, celle d'arrêter les travaux à Aarey. De plus, les poursuites engagées contre ceux qui avaient manifesté pour défendre la zone verte furent stoppées et 800 acres de cette zone furent classées comme réserve forestière. En 2021, il annonça aussi l'installation de 1 500 bornes de recharge dans le cadre d'un plan visant à porter à 25 % la part des véhicules électriques

1. Minj N., « Common ground : why the fight by Adivasis against Mumbai Metro carshed is a fight for survival », en ligne sur *Scroll.in*, 5 octobre 2022.

circulant à Mumbai d'ici 2025. Le gouvernement du Maharashtra publia ensuite, en mars 2022, un Mumbai Climate Action Plan inédit, aucune ville de l'Inde n'ayant encore pris une telle initiative. Ce plan concernait le traitement des déchets, la gestion de l'eau, l'efficacité énergétique des bâtiments, la qualité de l'air, la promotion de la nature en milieu urbain et les transports. Cette initiative fut toutefois annulée par le gouvernement d'Eknath Shinde, qui succéda à celui d'Uddhav Thackeray à la suite de la scission de la Shive Sena en 2022. Rien ne semble donc pouvoir empêcher la poursuite des travaux et l'achèvement – d'ici la fin de 2024 – d'une ligne de métro nouvelle entre Colaba et SEEPZ.

Un projet parallèle illustre la persistance de modes de transport anti-écologiques à Mumbai et du caractère structurant de l'axe nord-sud. Depuis plus de dix ans, les gouvernants successifs s'attachent en effet à développer un réseau autoroutier sur la côte ouest de la ville. Ce projet qui implique de détruire des kilomètres de mangrove a reçu l'assentiment du nouveau ministère de l'Environnement, des forêts et du changement climatique en 2017, moyennant un don de 2 % du coût du projet à la « Mangrove Cell » de l'État du Maharashtra. En 2019, la Cour suprême fit toutefois suspendre les travaux en raison de considérations écologiques qu'elle jugea finalement, trois ans plus tard, insuffisamment sérieuses pour renoncer au projet. Son argument était simple : « On ne peut pas dire aux pays en développement de stopper leurs projets seulement parce qu'ils sont susceptibles de contribuer au changement climatique[1]. »

Cette autoroute urbaine à huit voies de près de 30 kilomètres relie aujourd'hui le viaduc de Worli Sea Link à Princess Flyover Road et le Bandra Sea Link à Kandivali. Chacun des tronçons est connecté à la ville qu'ils longent par d'immenses échangeurs rappelant les grandes villes américaines. D'après les rapports des

1. Sinha B., « NGO opposed Greater Mumbai civic body's plea to carry out development work & road construction together. Court rejects contention, says it's question of civilisation », en ligne sur *The Print*, 30 septembre 2022.

consultants commandés par la BMC, 130 000 véhicules devraient l'emprunter tous les jours. Pour séparer la route de la mer, un mur de 8,50 mètres de haut a aussi été construit sur les quelque 7 kilomètres du trajet gagnés sur la mer. L'ouvrage est protégé des vagues non plus par des tétrapodes, comme ce fut le cas pour Marine Drive par exemple, mais par des blocs de 2 à 8 tonnes chacun.

La justification du projet par le commissaire municipal adjoint, Ashwini Bhide, chargé de la phase 1, montre que la stratégie de développement de Mumbai suivant un axe est-ouest et par des moyens autres que la route était décidément passée au second plan :

> L'objectif ultime du MCRP [Mumbai Coastal Road Project] est de décongestionner les routes existantes. Mumbai est tout en long et on s'y déplace surtout suivant un axe nord-sud. Les routes y offrant le mode de communication le plus direct, la ville ne maintiendra des moyens de locomotion rapides que si elle améliore ses routes. À défaut, les zones mal connectées ne pourront pas réaliser leur potentiel en dépit de leur valeur foncière[1].

Les pouvoirs publics continuèrent encore à promouvoir cet axe nord-sud en décidant, au mois de mars 2023, de construire un nouveau « sea link » de 43 kilomètres de long entre Versova et Virar.

L'axe est-ouest n'a toutefois pas été totalement délaissé, le Mumbai Trans Harbour Link (MTHL) ayant été relancé avec l'aide, à nouveau, de l'agence japonaise JICA. Ce MTHL, long de quelque 22 kilomètres, comptera deux fois trois voies et devrait être emprunté par 70 000 véhicules quotidiennement lorsqu'il sera en service. La ligne de métro qui vise à faciliter la traversée de Mumbai d'est en ouest, ouverte en 2014, ne s'étend en revanche que de Versova à Ghatkopar (et ne traverse donc pas la Thana

1. Acharya P. et Adimulan S., « High-speed coastal road corridor : A sea-change in the way Mumbai drives », en ligne sur *The Indian Express*, 19 juin 2023.

Creek). Au lieu de relier la côte est et la côte ouest au moyen d'un métro, c'est une voie express de plus qui fera le travail entre Sewri et Worli, des échangeurs la reliant aux deux extrémités, respectivement au MTHL et au Bandra Worli Sea Link.

La priorité donnée à la route reflète la transformation sociologique et politique (voire idéologique) de Mumbai : il s'agit en effet de permettre aux propriétaires de véhicules individuels capables de payer des péages exorbitants de se déplacer dans la ville. Ceux-ci sont certes moins nombreux que les autres – seuls 40 000 d'entre eux empruntent le Sea Link (alors que les usagers des trains de banlieue sont plus de 7 millions tous les jours). D'ailleurs, la population de « Island City » a diminué de 7,6 % entre 2001 à 2011, alors que celle du reste de « Greater Mumbai » a crû de 8 %. Mais cette élite est riche, influente et se déplace beaucoup plus que les ouvriers d'usine d'hier qui ont longtemps vécu sur place.

Carte n° 5 : Mumbai aujourd'hui, 2024

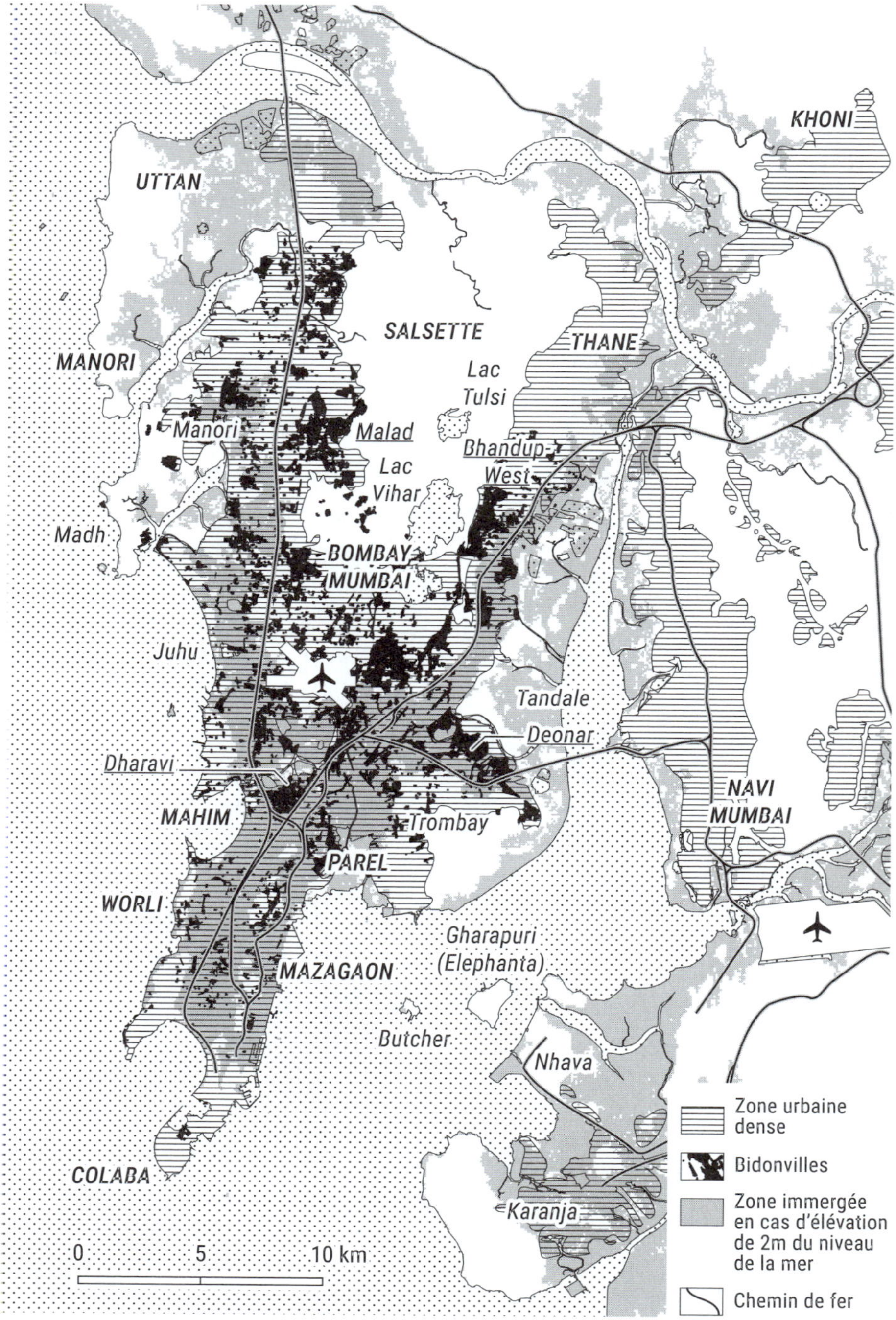

Sources : National Remote Sensing Center - ISRO, https://bhuvan-app1.nrsc.gov.in/thematic/thematic/index.php (tâche urbaine) ; Slum Rehabilitation Authority - Greater Mumbai, https://sra.gov.in/ (slums) ; Climate Central, https://coastal.climatecentral.org (élévation du niveau de la mer) et OpenStreetMap

Conclusion

Au terme de ce voyage, on comprend mieux pourquoi Bombay/Mumbai laisse rarement ceux qui la connaissent indifférents. À l'époque coloniale, Bombay était connue sous le nom de *Urbs prima in Indis*, la Première Ville de l'Inde, que représente encore un ange au fronton de l'hôtel de ville, de style néo-gothique, qui date de 1893. Cette formule un peu ronflante signifiait alors simplement qu'en arrivant de Grande-Bretagne *via* le canal de Suez, Bombay était la première ville de l'Inde que l'on voyait, mais bien des auteurs ont ensuite donné un autre sens à cette formule latine, comme si Bombay, devenue Mumbai, occupait le premier rang au palmarès des villes de l'Inde.

De fait, nombre d'observateurs de Bombay, devenue Mumbai en 1996, résistent difficilement aux superlatifs. Suketu Mehta la qualifie ainsi de « Maximum City »[1]. En effet, Bombay/Mumbai pèse « lourd » en Inde, ne serait-ce qu'au plan démographique puisqu'elle a longtemps été la ville la plus peuplée du pays – avec 16,3 millions d'habitants contre 12,7 à Delhi en 2001[2], – ce qui valait, notamment, à ses deux lignes de chemin de fer de transporter tous les jours 50 % de ceux qui prenaient le train au

1. Mehta S., *Bombay, Maximum City*, *op. cit.*

2. Ce chiffre couvre l'ensemble formé de Greater Mumbai, Thane, Kalyan-Dombivali, Navi Mumbai, Bhiwandi, Mira-Bhayander et Ulhas Nagar (Mumbai Metropolitan Region Development Authority, *Population and employment profile of Mumbai Metropolitan Region*, Mumbai, 2003).

quotidien en Inde au début des années 2000, comme le souligne Mark Frazier dans son parallèle avec Shanghai, une des villes phares du XXe siècle à laquelle on compare volontiers Bombay/Mumbai[1].

Mais cette métropole ne sort pas de l'ordinaire seulement à cause des grands nombres qu'on lui associe spontanément : la qualité le dispute ici à la quantité. Jerry Pinto et Naresh Fernandes – qui peinent à utiliser le nom que porte la cité depuis 1996 – n'hésitent pas à écrire « Bombay is an addiction »[2]. Et les amoureux de Bombay/Mumbai sont nombreux. Certains d'entre eux la comparent parfois même à une femme – une métaphore qu'on retrouve notamment dans la poésie sur un mode parfois osé[3], chose qu'on observe d'ailleurs dans le cas d'autres villes.

Il est d'autant plus facile de s'identifier ainsi, subjectivement, à Bombay/Mumbai qu'elle ne ressemble à aucune autre. Mehta considère d'ailleurs « qu'elle n'a rien d'une ville indienne », qu'il s'agit d'« une imitation de l'Occident » avant d'ajouter qu'elle « n'est ni d'ici ni de là-bas »[4]. Tel était déjà le diagnostic de V. S. Naipaul dans les années 1960 lorsqu'à la suite de son arrivée à Bombay lors de son premier voyage en Inde il observe qu'« il s'agit là de l'imitation, non pas de l'Angleterre, pays réel, mais d'un pays légendaire, anglo-indien[5] ».

C'est que Bombay a certes été développée par des Européens, mais qu'elle a acquis une personnalité propre qui s'incarne

1. Frazier M. W., *The Power of Place. Contentious Politics in Twentieth-century Shanghai and Bombay*, Cambridge, Cambridge University Press, 2019, p. 139.

2. Pinto J. et Fernandes N., « Introduction : The lived city », *in* Pinto J. et Fernandes N. (dir.), *Bombay, Meri Jaan…*, *op. cit.*, p. XI.

3. C'est surtout vrai des pionniers de la littérature dalit comme Narayan Surve, qui fut un enfant des rues de Bombay avant de connaître la gloire et qui explique : « I have a *relationship* with Bombay » (Fernandes N., « Urban fabric », art. cit. p. 73).

4. Mehta S., *Bombay, Maximum City*, *op. cit.*, p. 46.

5. Naipaul S., *L'Illusion des ténèbres. Une expérience de l'Inde*, Paris, Christian Bourgois, [1964] 1989, p. 71.

notamment dans le parlé des films de Bollywood, le bambaiya hindi[1], presque une langue à part, dans certaines de ses musiques « traditionnelles », comme le « Bhendibazar gharana », inventé à la fin du XIXe siècle et porté à la postérité par les frères Dagar[2], dans sa cuisine – riche de plats typiques[3] – et, jusqu'à il y a peu, dans sa flotte de taxis noirs et jaunes, l'iconique « kaali peeli » (*noir jaune*), depuis peu concurrencés par Uber et Ola[4] !

Que Bombay/Mumbai soit unique ne signifie cependant pas qu'on l'aime ou qu'on l'admire toujours. En effet, elle fascine autant qu'elle effraie – une ambivalence omniprésente dans ce genre littéraire qu'est devenu la « Bombay fiction ». Chez Salman Rushdie déjà, la vitalité de la ville est perçue comme prédatrice, Bombay étant prompte à dévorer ses propres enfants. C'est que chaque être s'y épuise à survivre au chaos urbain, au risque de la chute : perdre sa situation, c'est vivre dans la hantise de la misère, omniprésente, à l'affût. Dans *Les Enfants de minuit*, lorsque Saleem se retourne sur son enfance, que voit-il ? « La ville, se chauffant au soleil d'été comme un lézard suceur de sang. Notre Bombay : elle ressemble à une main, mais en fait c'est une bouche, toujours ouverte, toujours affamée, avalant la nourriture et le talent venant de toute l'Inde[5]. »

La ville n'effraye pas seulement, elle déçoit aussi les pauvres qui y étaient venus lourds de tant d'espoirs. Daya Pawar, l'un

1. Surtout utilisé par les acteurs qui, à l'écran, campent « les méchants » du crime organisé, le Bombaiya Hindi est un mélange de hindi et d'ourdou où figurent des expressions de marathi (variante konkani) et des mots de gujarati.

2. Comme son nom l'indique, ce genre musical est né à Bhendibazar, un vieux quartier musulman de Bombay (Rao S., « The Bhendibazar Gharana », *in* Pinto J. et Fernandes N. (dir.), *Bombay, Meri Jaan…*, *op. cit.*).

3. Comme le poisson appelé « Bombay duck » (« A brace of Bombay ducks », *in* Pinto J. et Fernandes N. (dir.), *Bombay, Meri Jaan…*, *op. cit.*, p. 123).

4. Kuttler T., « Socio-spatial embedding of platform mobilities. A study on taxi driving », *in* Patel S. *et al.* (dir.), *Mumbai/Bombay. Majoritarian neoliberalism…*, *op. cit.*, p. 136.

5. Rushdie S., *Les Enfants de minuit*, Paris, Livre de poche, [1981] 1987, p. 184.

des premiers littérateurs dalits à avoir écrit son autobiographie, présente Bombay comme un miroir aux alouettes : « Là où je viens le soir reposer ma tête, la vie est un enfer, mais le monde de luxe que j'aperçois de loin brille de mille tentations, comme une pierre précieuse[1]. »

Aujourd'hui, la déception gagne des membres de l'élite pour lesquels Mumbai n'est qu'une pâle version de ce qu'était Bombay.

La ville n'est plus ce qu'elle était…

Le cosmopolitisme a décliné sous l'effet du nativisme maharashtrien de la Shiv Sena et du nationalisme hindou, alimentant la nostalgie de tous, en particulier de l'élite culturelle et bien sûr des minorités. En 2024, les musulmans ont vu 15 de leurs magasins de Mira Road rasés par des bulldozers municipaux en représailles à leurs manifestations contre l'inauguration par Narendra Modi du temple d'Ayodhya construit sur les décombres de la Babri Masjid[2]. À cette ligne de clivage identitaire s'en sont ajoutées d'autres, socio-économiques, à mesure que la désindustrialisation a décimé la classe ouvrière et que la tertiarisation de l'économie a favorisé la montée en puissance de la classe moyenne et des « super riches ».

Il faut relativiser le caractère inédit de ces divisions. L'architecte R. Mehrotra soulignait en 1991, dans un très beau texte, que Bombay n'avait jamais été une, mais duale, la ligne de fracture principale opposant ceux qui disposaient d'un logement « en dur » à ceux des bidonvilles[3]. Cette dualité renvoyait à la superposition de différences sociales et culturelles, ce que Suketu Mehta, riche

1. Pawar D., *Ma vie d'intouchable*, *op. cit.*, p. 164.

2. « Punitive demolitions of Muslims' properties must stop : Amnesty after Mira Road bulldozer action », en ligne sur *Scroll.in*, 25 janvier 2024.

3. Mehrotra R., « Bombay city : one space, two worlds », *Architecture and design*, nov.-déc. 1991, p. 12-19.

Mumbaikar d'origine gujarati, signifie lorsqu'il écrit : « Nous habitions Bombay et n'avions guère de rapports avec Mumbai. »

Au-delà de cette bicéphalie, aujourd'hui, c'est la fragmentation qui semble prévaloir, les oppositions s'étant multipliées au fil du temps entre « fils du sol » parlant marathi et migrants, entre hindous et musulmans, entre classe moyenne et pauvres des bidonvilles, héritiers d'un milieu ouvrier aujourd'hui en perdition, entre la vieille ville et Navi Mumbai…

Dans le même temps, la scène semble également se dédoubler en raison du rôle majeur d'acteurs clandestins opérant dans l'ombre. Ceux-ci s'incarnent dans les gangs mafieux, dans la clique des promoteurs immobiliers, dans les politiciens corrompus – qui ont parfois soutenu en sous-main des groupes extrémistes, comme le Congrès l'a fait avec la Shiv Sena pendant des années.

Bien des histoires de Bombay/Mumbai sont donc teintées de nostalgie[1] – au point que nombre de ses aficionados peinent à l'appeler Mumbai, s'accrochant au souvenir de Bombay[2]. Et ce, non pas seulement du fait des transformations sociales et culturelles, mais aussi urbanistiques et architecturales. De fait, la ville a beaucoup changé physiquement. Les échangeurs à huit voies masquant le front de mer jusqu'à Marine Drive l'ont défigurée, voire déshumanisée[3]. La montée en puissance des nationalistes de tous poils a métamorphosé sa culture politique. Longtemps, Bombay a eu la chance d'être dépourvue d'une majorité ethnique[4]. Aucun groupe ne pouvant dominer les autres, respecter la diversité et former des coalitions à géométrie variable était la règle. Cet équilibre a été rompu par la formation d'une identité maharashtrienne des plus militantes sous les auspices de la Shiv Sena,

1. Voir le très bel ouvrage de Naresh Fernandes, dont le titre reflète la tonalité : Fernandes N., *City Adrift…*, *op. cit.* Voir aussi Kapoor C., « When Mumbai was Bombay », en ligne sur *The Indian Express*, 14 mars 2024.

2. Voir le titre du livre de Pinto J. et Fernandes N. (dir.), *Bombay, Meri Jaan…*, *op. cit.*

3. Fernandes N., *City Adrift…*, *op. cit.*, p. 9.

4. *Ibid.*, p. 108.

puis par la cristallisation d'un communalisme hindou au périmètre plus étendu encore – mais qui refoule les minorités religieuses, voire les Dalits, dans une citoyenneté de seconde zone. Arjun Appadurai, qui grandit à Bombay et s'impliqua beaucoup dans l'ONG SPARC, voit dans la transformation de la ville un processus de « décosmopolitisation »[1]. En s'appuyant sur des œuvres de fiction – littéraires ou cinématographiques –, Rashmi Varma parvient à la même conclusion lorsqu'elle dit Bombay/Mumbai en voie de « provincialisation »[2].

L'effacement de certains traits culturels qui étaient propres à Bombay est le résultat quasi mécanique d'une dilution liée à la croissance démographique et à l'extension géographique. À côté des excroissances urbaines formées par Navi Mumbai et Vasai-Virar, qui font partie intégrante de Greater Mumbai, de véritables villes de plus d'un million de personnes, Thane et Kalyan, se sont développées à la périphérie, de sorte que la MCGM se retrouve au centre d'une « ville-région », pour reprendre le concept de A. J. Scott[3].

Mais l'une des raisons principales pour lesquelles Mumbai suscite du dépit tient à son impuissance à donner un toit décent à la majorité de ses habitants. Qu'est-ce qu'une ville dont la moitié des résidents dorment sous des tôles ou des sacs plastiques ? Certes, on l'a dit, les habitants de Dharavi sont fiers de leur bidonville et certains de ceux qui ont grandi dans ce « village urbain » en ont apprécié l'atmosphère. Mais gardons-nous de toute idéalisation.

1. Appadurai A., « Spectral housing and urban cleansing : notes on Millenial Mumbai », *Public Culture*, n° 12-3, 2000, p. 649.

2. Varma R., « Provincializing the global city. From Bombay to Mumbai », *Social Text*, n° 22-4, 2004.

3. Scott A. J. (dir.), *Global City-Regions. Trends, policy, theory*, Oxford, Oxford University Press, 2001. Or les instances de coordination avec Thane et Kalyan brillent par leur absence.

Necropolis ?

Pour bien comprendre à quoi la vie y ressemble, rien ne vaut un témoignage comme celui de Katherine Boo qui a fréquenté pendant des années, à partir de 2008, un de ces lieux situés à proximité de l'aéroport. Ce docu-fiction littéraire où tout est véridique – sauf l'enchaînement des événements – montre la violence physique et morale à laquelle sont exposés les habitants qui travaillent sans relâche pour leur survie et sombrent plus souvent qu'à leur tour, victimes des jalousies, des règlements de compte, de la corruption, de la maladie, des intempéries[1].

La façon dont la vie côtoie ainsi la mort au quotidien – dans les bidonvilles de Mumbai en particulier – justifie-t-il le terme de « necropolitics » que Rishi Jha applique aux formes de gouvernance qui perpétue cette réalité[2] ? De fait, les conditions sanitaires dans lesquelles vivent des millions d'habitants des bidonvilles ou de « sans domicile fixe » (évalués à 54 000 en 2020[3]) expliquent la persistance de maladies graves à l'origine d'une terrible morbidité[4]. Si la malaria frappe moins, la tuberculose reste un fléau (d'autant plus que les cas résistants aux antibiotiques ont crû de 63 % entre 2014 et 2018), à l'instar de la dengue, en plein essor, et des diarrhées. Or la ville n'a pas investi dans la santé publique – d'autant moins depuis que la « gentrification » va

1. Boo K., *Annawadi. Vie, mort et espoir dans un bidonville de Mumbai*, Paris, Buchet Chastel, 2013.

2. Jha R., « Necrosettlements : Life-threatening housing, necropolitics and the poor's deadly living in Mumbai », en ligne sur *Political geography*, 2022.

3. Le mémoire de L. Allemand et M. Sagnières distingue les « sans domicile fixe » des habitants des « zopadpattis » que l'on rencontre notamment le long des voies ferrées (Allemand L. et Sagnières M., *Along Bombay's Streets*…, *op. cit.*, p. 45 et p. 194-195).

4. Ce paragraphe procède de l'excellent chapitre de Padma Prakash et Sangeeta Rege, « Health and healthcare in the city. A social history perspective », *in* Patel S. *et al.* (dir.), *Mumbai/Bombay*…, *op. cit.*, p. 175-209.

de pair avec la privatisation des services en tous genres. Pour les maladies contagieuses, comme la tuberculose, il n'existe qu'un hôpital public, Kasturba Gandhi Infectious Diseases Hospital. Les établissements de santé, en outre, restent concentrés dans l'île de Mumbai : les banlieues, où résident trois quarts des habitants, ne disposent que de 8 hôpitaux quand l'île en possède 12. Cette situation reflète en partie l'évolution de la politique municipale qui s'est traduite par une baisse constante de la part de la santé dans le budget : de 30 % dans les années 1980 à 15 % en 1995 et 8,8 % en 2012-2013 – une trajectoire qui montre que l'approche reste la même, quel que soit le parti au pouvoir. Résultat : la ville comptait 54 docteurs pour 100 000 personnes au début des années 2020. Or aux maladies physiques il faut ajouter celles qui frappent les esprits, de nombreuses enquêtes montrant, par exemple, combien vivre dans un bidonville est à l'origine de graves désordres psychiques[1].

Habiter Mumbai implique une charge mentale particulière aussi pour ceux qui font la navette entre leur logement et leur lieu de travail dans des trains de banlieue bondés – et au lourd bilan humain du fait d'accidents fréquents –, pour les Dalits victimes de discriminations d'un autre âge et pour les musulmans hantés par le souvenir des émeutes de 1992-1993.

Mumbai demain

Les incertitudes qui pèsent aujourd'hui sur l'avenir de Mumbai concernent non seulement l'environnement, dont traite le dernier chapitre du livre, mais aussi les équilibres politiques et la situation économique et sociale. Sur ce plan, la ville a perdu, avec son industrie, la classe ouvrière qui faisait d'elle une terre de

1. Dev S. *et al.*, « Spatializing stigma-power : Mental health impacts of spatial stigma in a legally-excluded settlement in Mumbai, India », *PLOS Glob Public Health*, n° 3-7, 2023.

contraste social où les riches côtoyaient les travailleurs. Si cette mixité demeure – comme en témoigne le nombre de bidonvilles –, les pauvres ont été refoulés à la périphérie et pèsent moins lourd que les prolétaires autrefois regroupés en syndicats : la gentrification croissante confère aux dominants un pouvoir toujours plus grand, au point qu'ils ont fait main basse sur la ville.

Au-delà de la montée en puissance de cette catégorie sociale, une poignée de « super riches » est en passe de prendre le contrôle de la ville. Certes, Bombay/Mumbai a connu plusieurs grands patrons dans le rôle de citoyens d'exception entretenant une relation privilégiée (pour le meilleur et pour le pire) avec les leaders politiques : à J. R. D. Tata (puis à son neveu, Ratan) a succédé Dhirubhai Ambani (puis son fils, Mukesh). Mais aujourd'hui, d'une façon inédite, la ville assiste à l'avènement d'un nouveau leader des milieux économiques à travers la personne de Gautam Adani, un Gujarati, lui aussi[1]. Adani, plus proche du Premier ministre Modi que ne l'étaient Tata de Nehru et Dhirubhai Ambani d'Indira Gandhi, a remporté en novembre 2022 l'appel d'offres concernant la modernisation de Dharavi[2], après être devenu propriétaire de l'aéroport de Mumbai – entre autres choses. Cette nouvelle configuration ouvre une phase d'incertitude : qu'adviendra-t-il de cette économie politique hautement personnalisée lorsque Modi quittera la scène politique indienne ?

Dans le domaine proprement politique aussi, une forme d'incertitude tend à prévaloir, comme en témoigne la situation des shiv

1. En 2020, il a aussi fait l'acquisition d'un terrain d'Andheri pour 5 milliards de roupies en 2022 (Barucha M., « Mumbai : Adani company takes over Rs 5,000 crore project on RTO land », en ligne sur *The Times of India*, 20 mai 2020).

2. La branche « immobilier » du groupe Adani, « Adani Realty », a remporté l'appel d'offres concernant la réhabilitation de Dharavi pour un montant de 5 069 crore. Son projet porte sur le relogement de 58 000 familles et de 12 000 établissements commerciaux et artisanaux. (Saigal S., « Adani Group wins Dharavi redevelopment project with Rs. 5,069 crore bid », en ligne sur *The Hindu*, 29 novembre 2022). Les opposants au projet se sont aussitôt mobilisés (« Large protest in Mumbai against Dharavi Redevelopment Project given to Adani Group », en ligne sur *The Wire*, 17 décembre 2023).

seniks. Leur parti a connu en 2022 une scission sans précédent : pour la première fois de son histoire, cette formation a vu une majorité de ses élus à l'assemblée du Maharashtra rompre avec la direction – restée aux mains d'Uddhav Thackeray. Ces dissidents ont suivi Eknath Shinde, un vétéran du parti qui avait décidé de rejoindre le BJP pour devenir chef du gouvernement de l'État avec l'appui de ce dernier. Cette scission sera-t-elle sans lendemain ? Signera-t-elle au contraire le déclin de la lignée des Thackeray ? Selon la réponse qui sera apportée à cette question, Mumbai sera le théâtre d'un militantisme hindou plus ou moins prononcé. Un nouveau chapitre pourrait s'écrire si la Shiv Sena, « canal historique » dirigé par Uddhav Thackeray, reprenait le pouvoir en continuant de se distinguer par un œcuménisme culturel qui tranche sur le répertoire nationaliste hindou du père de ce dernier et du BJP[1]. Un positionnement qui a déjà attiré à elle des soutiens inédits parmi les musulmans aux élections de 2017[2].

1. Avant la scission, la Shiv Sena s'était déjà prononcée en faveur de l'octroi de quotas pour les musulmans alors que le BJP a toujours refusé de faire bénéficier les minorités religieuses de la discrimination positive (« Muslims should be given quota, says Shiv Sena », *The Asian Age*, 21 novembre 2018).

2. Parab B., « Eye on BMC polls, Shiv Sena tries to woo Muslims », *The Asian Age*, 25 janvier 2017 ; Sawant A., « BMCPolls2017 : Shiv Sena wins for the first time in Bandra's Muslim pockets », *DNA*, 23 février 2017 ; Saigal S., « Shiv Sena's Muslim supporters staying loyal to Uddhav Thackeray », *The Hindu*, 21 mars 2023.

Index des noms de lieux et de monuments

Index des noms de personnes, d'organismes et d'institutions

Table des documents

TABLE

Les chapitres un à cinq ont été rédigés par Vanessa Caru et les chapitres six à dix l'ont été par Christophe Jaffrelot.

Composition et mise en pages
Nord Compo à Villeneuve-d'Ascq

PAPIER CERTIFIÉ

Fayard s'engage pour l'environnement en réduisant l'empreinte carbone de ses livres. Celle de cet exemplaire est de :
1,800 kg éq. CO_2
Rendez-vous sur www.fayard-durable.fr

Dépôt légal : août 2024
Achevé d'imprimer en août 2024
sur les presses de la Nouvelle Imprimerie Laballery
58500 Clamecy
Pour les éditions Fayard, 13 rue du Montparnasse, 75006 Paris
36-0320-6/01
Numéro d'impression : 408035

Imprimé en France

La Nouvelle Imprimerie Laballery est titulaire de la marque Imprim'Vert®